国家出版基金项目
NATIONAL PUBLICATION FOUNDATION

丝绸之路青海道史

崔永红 ◇ 著

青海人民出版社

图书在版编目（CIP）数据

丝绸之路青海道史 / 崔永红著 . —— 西宁 : 青海人民出版社 , 2020.11（2021.10 重印）
ISBN 978-7-225-06037-8

Ⅰ . ①丝… Ⅱ . ①崔… Ⅲ . ①丝绸之路—历史—青海
Ⅳ . ① K294.4

中国版本图书馆 CIP 数据核字 (2020) 第 194120 号

丝绸之路青海道史

崔永红　著

出　版　人　樊原成
出版发行　青海人民出版社有限责任公司
　　　　　　西宁市五四西路 71 号　邮政编码 : 810023　电话 :（0971）6143426（总编室）
发行热线　（0971）6143516 / 6137730
网　　　址　http://www.qhrmcbs.com
印　　　刷　青海雅丰彩色印刷有限责任公司
经　　　销　新华书店
开　　　本　720 mm × 1010 mm　1/16
印　　　张　24.5
字　　　数　380 千
版　　　次　2021 年 1 月第 1 版　2021 年 10 月第 2 次印刷
书　　　号　ISBN 978-7-225-06037-8
定　　　价　78.00 元

目 录

绪　论

一

任何一种文明都是流动的、开放的，这是文明传播和发展的一条重要规律。习近平主席在 2019 年亚洲文明对话大会开幕式上的主旨演讲中说："中华文明是在同其他文明不断交流互鉴中形成的开放体系。"① 中国和西域文明的交流互鉴由来已久，它对中西文明的发展、进步起了重要的促进作用。

丝绸之路是古代中国与中亚、西亚、印度、北非、南欧等地相互交往的通道，它不仅是东西商业贸易之路，而且是中国和亚欧各国间政治往来、文化交流的通道，是东西交流互鉴的友好象征。"丝绸之路"一词最早是由德国地理学家费迪南·冯·李希霍芬于 1877 年提出来的，原指两汉时期中国与中亚河中地区（指锡尔河和阿姆河流域以及泽拉夫尚河流域，包括今乌兹别克斯坦全境和哈萨克斯坦西南部）以及印度之间以丝绸贸易为主的交通路线。其后，德国历史学家 A. 赫尔曼把丝路延伸到地中海西岸和小亚细亚，确定了丝绸之路的基本内涵。几千年来，这条古代中国与西方交往的通道在世界历史上留下了光辉灿烂的一页，而且随着人类社会的发展，它将继续对东西方经济文化交流与发展产生深远影响和

---

① 习近平：《深化文明交流互鉴　共建亚洲命运共同体——在亚洲文明对话大会开幕式上的主旨演讲》，载 2019 年 5 月 16 日《人民日报》第 2 版。

积极的推动作用。特别是 2013 年国家主席习近平提出"一带一路"倡议，迅速得到丝绸之路沿线众多国家的积极响应，古丝绸之路被赋予新的含义，焕发出新的活力，已经并将继续产生更大的经济社会效应。

中西陆路交通主干道一般以今甘肃、青海两省与新疆维吾尔自治区的毗连处作为界线，划分为东段、西段。东、西段均有多条线路。东段大体可划分为中、北、南三条支线，青海道是主干道东段经过青海地区的通道，也就是南支线的主体，具体是指自东段起点西行经湟水流域、青海湖、柴达木盆地，与中西陆路交通主干道西段相衔接的道路。丝绸之路青海道是丝绸之路的有机组成部分，由于战争和割据等原因，中支线河西走廊丝道偶尔会出现中断现象，届时，青海道等支线便取而代之，发挥主干道的作用。但长期以来丝绸之路青海道没有引起人们足够的重视，有的教科书上提到丝绸之路时往往漏掉青海道。有鉴于此，这方面的研究和宣传需要进一步加强。

丝绸之路青海道初创于史前，约形成于东周时期，南北朝至唐朝时期，尤其是公元 5 ~ 9 世纪，青海道因"吐谷浑道""唐蕃古道"的兴起而进入鼎盛期，一度发挥了中西陆路交通主干道东段主线的作用，为中西经济文化交流做出了伟大贡献。这一时期，从青海向西、向西南、向北、向东、向东南，都有畅通的交通路线，联系着中国与西域、印度，中原与西藏高原、漠北，中国北方与南方等地的频繁交往。唐末五代时期，青海道趋于沉寂。北宋时期，唃厮啰政权管辖青海地区，青海道又以"青唐道"的名义复兴，持续近百年。之后，青海省境内的道路虽局部（主要是河湟地区）比较繁盛，与河西走廊中东部的联系也较多，但经柴达木盆地西北尕斯口与丝绸之路西段直接相衔接的路行人则很少，相对冷清。南宋时期，丝绸之路的衰落日趋明显。蒙元时期，由于蒙古的西征和对中亚、西亚广大地区的直接统治，使东西驿路通畅，丝路又繁荣一时，许多欧洲使者、教士和商人都沿此路东来中国。回族、撒拉族先民就是那时东来的。明朝建立后，采取闭关政策，虽然出嘉峪关经哈密去中亚的道路未断，但陆上丝路作为中西交通路线已远不如海路重要了。清朝进一步实行"闭关锁国"政策，并且当时的奥斯曼帝国匪盗猖獗，加上其对西亚的掠夺，丝绸之路更趋衰落，青海道更不必说。然而，作为中西陆路交通有机组成部分的青海道虽然总体上处在衰落期，但此道作为局部区域的通道并没有衰落不振。明、清、民国时期，作为区域通道，古丝绸之路青海道不仅仍在使用，某些方面诸如驿传设施、路况改善等方面反而有很大发展，为当代青海交通业的进一步发展奠定了很好的基础。尤其是茶马互市持续兴盛，茶马古道繁荣一时，青海与陕西、四川、湖北等地区的联系更加密切。总体上讲，茶马古道所行，实际上大多是历史上古丝绸之路青海道的老路线，即是将原来羌中道、吐谷浑道、青唐道等的线路略加变化后继续使用。茶马古道的热络大大冲淡了丝绸之路的冷清。

二

丝绸之路青海道的真实存在，除了较多的史籍记载足以证明外，青海省境内大量史前及各个历史时期的遗迹遗物可以提供铁证。这些遗迹遗物包括沿途数以百计的古城、星罗棋布的烽燧以及众多的岩画、古渡口、古桥址，还有大量古代中西钱币、丝绸及其他器物等。

史前时期丝绸之路青海道已有雏形。目前所知，距今约 3.7 万年左右的旧石器时代晚期，青海就有了最早的先民。[①] 茫崖市冷湖 1 号地点发现了先民制造的石核和石叶等石器。距今 3 万年的先民们打制的石器已在小柴旦湖滨发现，其石器风格证明他们来自华北地区。至迟到了铜器时代，中西经济文化交流就开始了。从今青海省境通往西域的古道起码从距今 4000 年前的远古社会即开始存在，早期应该叫 "玉之路" "铜之路"。青海民和县喇家齐家文化遗址出土了许多玉器，据专家考证，这些玉器属广义的和田玉。青海省境内齐家文化时期的铜器也与西域关系密切。新疆东部多处古遗址、古墓葬出土的陶器，与甘肃、青海的史前陶器有着密切的联系，说明甘青地区与西域的文化交流互鉴很早。汲县战国墓出土的古籍《穆天子传》中提到的 "乐都" "积石"，都是今青海境内的地名，这也是由中原取道青海进而通达西域的道路在战国之前即已被开通的证明。

汉代张骞通西域事件影响很大，《史记》《汉书》等典籍将青海道称为 "羌中道"，因其位于古羌人聚居区而得名，它的开辟和使用与古代羌人有着非常紧密的联系。尽管实际上张骞并没有途经青海，但羌中道的名声由张骞通西域事件而为人们熟

---

① 参看高星、周振宇、关莹：《青藏高原边缘地区晚更新世人类遗存与生存模式》，载《第四纪研究》，2008 年第 6 期。

知。"羌中道"沿途密布大量古城，还有不少古城与丝绸之路的烽燧等遗迹，它们共同见证了"羌中道"的存在及繁荣。古城遗迹如西汉时期的西平亭、东亭、长宁亭，汉代郡级城池金城郡、西海郡、西平郡等。各郡均下辖若干个县，各县均筑有城池。金城郡城址附近汉代烽火台迄今仍矗立在海东市民和回族土族自治县巴州镇。史料所记新莽时期所设西海郡一带"边海亭燧相望焉"并非虚语，已经得到包括都兰县香日德南北坼堠等诸多古迹的印证。上述郡、县城池与河西走廊张掖、武威、酒泉、敦煌诸城的联系很密切，由此与西域的联系也日益密切起来。

吐谷浑是东晋初至唐前期活动在青海高原上的游牧王国，盛时其疆域东起今甘肃甘南藏族自治州和四川松潘一带，西至今新疆和田一带，南以昆仑山为界，奄有黄河源头地区，北至祁连山脉。南北朝时，吐谷浑既与北朝各政权建立较好的关系，又与南朝的各政权保持朝贡关系。吐谷浑王国适应时代所需，及时扮演沟通各方联系的纽带和桥梁之角色，引导、护送西域商使往来南朝与北朝，维护并提高了其东西方国际贸易中继站的地位，从而使丝绸之路青海道一度十分繁盛，发挥了主道的作用。隋炀帝西巡使吐谷浑一度失国，但丝绸之路青海道被隋置于大一统帝国统一管理下后，兴盛度更有提升。唐代，"唐蕃古道"一度兴盛，它不仅是汉藏交往中具有举足轻重地位的大道，而且还是中原经过西藏前往尼泊尔、印度等地的国际通道南亚走廊。此道更丰富了丝绸之路青海道的内容。吐谷浑亡于吐蕃后，"吐谷浑道"几乎全程在吐蕃辖境之内，也便于统一管理与使用，故又继续兴盛了一个时期。

"青唐"是唃厮啰政权都城（在今西宁）的名称。唃厮啰政权是北宋时期以河湟地区吐蕃人为主建立的地方性政权，又称青唐吐蕃政权、安多吐蕃政权。"青唐道"是宋代丝绸之路青海道的别名。11世纪前半叶，西夏控制了河西走廊地区后，其官吏将士对过境贡使、商人，不仅盘查十分苛刻，加之税收又重，使贡使和商人们叫苦不迭。为了避开西夏的劫掠和盘剥，中西贡使和商人们开始改行吐谷浑时代曾十分兴盛的青海道，于是丝绸之路青海道在经历了100多年的沉寂后再次兴盛起来，并被人们称为"青唐道"。

"吐谷浑道"沿线众多古城、烽火台、古渡口以及出土的大量丝织品和西域货币等，都是"吐谷浑道"兴盛的铁证。主要的古城如：位于今都兰香日德的吐谷浑都城，位于青海湖西北15里的伏俟城（也是吐谷浑都城），此二城一度是东西方贸易的关键中转站。此外，还有沙州慕贺川（吐谷浑早期的总部即都城，今贵南县境内古城密布）、浇河城（今贵德县河西乡先锋三村黑古城）、树敦城（今共和县恰卜恰镇上塔买古城，一说共和县曲沟乡菊花城）、洪和城（在今甘肃临潭）等。今同德县巴沟、谷芒、唐干等乡镇境内总共有大小 10 座古城，兴海县大河坝、唐乃亥、桑当、龙藏、中铁等乡镇境内也总共有近 10 处古城，推测上述 20处古城中大约 1/3 是吐谷浑国所筑城池，它们应与保障"吐谷浑道"南支线及黄河上的诸渡口有关，其中有著名的吐谷浑曼头城（在今兴海县河卡乡幸福村内）、赤水城（今兴海县桑当乡夏塘古城）。主要的烽火台除湟源县境内数座唐代所筑烽火台外，乌兰县茶卡镇、都兰县香日德镇等处早期的坏墩仍在发挥维护丝绸之路"吐谷浑道"的作用。主要的黄河古渡口有尕毛羊曲、龙羊峡、班多等处，吐谷浑人曾在那里建造过著名的河厉桥。

货币是商品经济发展的产物，其中贵金属货币是商品经济兴旺发达的象征，因此，在考古发现中贵金属货币的发现点往往是经济往来频繁的地区。1956 年，西宁市解放路出土波斯萨珊王朝卑路斯执政时期（公元 457 ~ 483 年）的银币76 枚；1999 年，乌兰县铜普大南湾遗址出土一枚查士丁尼一世（公元 527 ~565 年在位）时期的东罗马金币及波斯萨珊王朝不同时期的 6 枚银币；2002 年，都兰县香日德镇以东 3 公里处的沟里乡牧草村的吐谷浑墓中又发现金币 1 枚，是东罗马帝国迪奥多西斯二世（公元 408 ~ 450 年在位）索里德斯金币。中原钱币则有唐"开元通宝"等。唐龙支县故城（位于海东市民和回族土族自治县古鄯镇桦林嘴村阳山社西北古城）中曾一次出土开元通宝钱 60 余斤。柴达木盆地出土的元代纸币国内罕见。青海东部多处出土宋代钱币、银饼等。

丝绸之路青海道沿途出土的丝绸残片是此道存在和一度繁荣的有力物证。海西蒙古族藏族自治州都兰县等地吐谷浑、吐蕃时期墓葬数以千计，这些古墓中出土的丝绸种类几乎囊括唐代的所有品种，其中织金锦、缂丝，嵌合组织显花绫、素绫、绀锦等均属国内首次发现。据统计，已出土丝绸残片 350 件，其中中原汉地织造的品种占总数的 85%；西方中亚、西亚所织造的品种占总数的 14%。在中、西亚织品中，以粟特锦居多，还有一件 8 世纪波斯文字锦。如此样式众多且图案丰富的丝织品在都兰等地被集中发现，表明吐谷浑、吐蕃时期都兰地区应该是当时青海道的一个枢纽和东西贸易的中继站。

三

丝绸之路青海道具有一定的普遍性价值。

一是总体上的不可或缺性。丝绸之路青海道是丝绸之路的关键节点，是丝绸之路不可或缺的有机组成部分，它与青海道以外的其他通道，如丝绸之路主干道东、西段的全体线路组合，才构成沟通中国与域外的国际通道。从几千年的使用历史看，丝绸之路东段各条支线均负有其特殊的使命，各自有各自的不可取代性，少了哪一条都不行。假如少了以青海道为主体的南支线，丝绸之路就是不完整的，某些时段就可能陷入中断、闭绝。

二是与其他道的互补性。丝绸之路青海道与其他支线存在密切的互补互济关系。从历史上使用情况看，各条支线之间并不是互相封闭、孤立存在的关系，而是相互联通、随时交替使用、并行不悖的关系。总体而言，整个丝绸之路繁荣时期，丝绸之路青海道随之繁荣；整个丝绸之路萧条时期，丝绸之路青海道随之萧条。但不同支线均有其特有的兴盛期和冷落期。

三是丝绸之路青海道使用主体的多样性。在历史长河中，不同时期丝绸之路青海道的具体线路不尽一样，使用的主体也各有侧重，处在不断变动之中。各个历史时期丝绸之路青海道上行走的人五花八门，形形色色，有中西官方使者，有中西商旅，有往来取经传道的僧人，有行军打仗的兵卒，还有移民百姓，等等。军队行军打仗对丝绸之路青海道的使用最为频繁，其中绝大多数行走在柴达木盆地以东段尤其是河湟地区的道路上，其例不胜枚举；也有一部分行走在柴达木盆地及以西，例如北魏与吐谷浑交战时吐谷浑主慕利延西逃之路，又如唐与吐谷浑交战时，吐谷浑西撤路线等。行走过丝绸之路青海道最著名的国家元首级人物要数隋炀帝。大业五年（公元 609 年），隋炀帝率百官、宫妃及各路大军数十万人西巡，在西平郡（治今青海乐都）陈兵讲武，之后溯西宁北川河北上，经由大斗拔谷（今青海、甘肃交界之扁都沟）到今甘肃张掖，接见高昌、伊吾及西域 27 国的君长和使者。隋炀帝的西巡，将丝绸之路的管辖权、经营权从吐谷浑和突厥手中收归大隋朝廷，保证了丝绸之路的畅通，密切了内地和西域的关系，从而也促进了中国和西亚、欧洲各国的经济文化交流。

四

　　丝绸之路青海道存在和某一时段兴盛的客观前提是地缘优势。青海道正好地处东亚与中亚的结合部，处在中西陆路交通主干道东段与西段之间途经地带，与丝绸之路主干道河西走廊道平行且毗邻。青海地区历史上一向为屏蔽关中、中原的门户，是中央王朝向西发展的重要根据地之一。湟水、黄河谷地和柴达木盆地的海拔只有 2000 米至 3000 米，境内大部分地区地势起伏和缓、地域辽阔，由各条山脉所分割形成宽谷与狭谷地带，根据不同的纬度高低形成若干条从西北向东南方向延伸的自然通道。丝绸之路青海道沿途部分区段如西宁及其以东，人烟稠密，供应充足，许多城镇都是因丝绸之路而发展起来的；即使某些人居稀疏的地段如柴达木盆地西部，也具备可资利用的水、草等条件，可满足古代人畜通行的需要。

　　丝绸之路青海道存在和某一时段兴盛的政治经济文化等原因是相关方面有沟通和交流的需求。如吐谷浑国为了生存和发展，必须拓展、强化"吐谷浑道"，加强中西交通，以期从中获取巨大利益。以公元 445 年的事件为例，北魏派军讨伐吐谷浑，吐谷浑王慕利延不得不带领部落经由青海湖南向西败逃，后来却率部攻占了于阗（今新疆维吾尔自治区和田），又南征罽宾（今克什米尔地区）获胜，遂逐步控制了丝绸之路南道，并使之日趋兴盛。又如魏晋南北朝时期，随着佛教的兴盛，僧人西行求法渐成潮流，经由丝绸之路青海道西行求经僧侣增多，有代表性的如法显、昙无竭、释慧览、宋云、印度人阇那崛多等，他们有与西域进行交流的需求。唃厮啰政权有意识地强化中西贸易，也有很多经济利益可图。那时人们所行线路，有的经今西宁、都兰、格尔木、花土沟、茫崖，西行到达西域；有的经今西宁、都兰、大柴旦、马海、当金山口，与河西走廊道汇合；有的经今西宁市、门源县、祁连县东北，北越祁连山到张掖，然后与河西走廊道汇合。众人的往返行走，提高了丝绸之路青海道的利用率。

　　丝绸之路青海道有其独具的特点。

　　一是在历史长河中，不同时期有不同的叫法。如两汉时期，《史记》《汉书》等典籍将青海道称为"羌中道"；南北朝前期至盛唐前期曾被史书称为"青海道"、"河南道"或"吐谷浑道"，加之这时"唐蕃古道"异军突起，使丝绸之路青海道的构成更趋多样、内容更加丰富多彩；两宋时期丝绸之路青海道曾被称为"黄头回鹘道"或"青唐道"。

二是不同时期其具体走向也有所不同。"羌中道"和"青唐道"差不多，均偏北一点；"吐谷浑道"则偏南一些，尤其是与南北朝时期与南朝交往的路线偏南，大多路段处在高海拔地区。无论哪个时期，各道均有多条支线。

三是丝绸之路青海道平常作为丝绸之路不可或缺的辅道而存在，使用频率不太高，但某些历史时段取代河西走廊道成为中西陆路交通主干道东段的主道，具有可以与河西走廊线比肩的枢纽地位。而且凡处在兴盛期，丝绸之路青海道多由少数民族政权经营并管辖。

21 世纪的今天，青海形成了初具规模的现代交通网络和货畅其流、人便于行的现代交通运输格局。历史上的丝绸之路青海道，已发展成为"新丝绸之路"亚欧大陆桥的重要连接线和西部省际大通道。2013 年，习近平主席提出构建"丝绸之路经济带"和 21 世纪"海上丝绸之路"（简称为"一带一路"）的倡议。这一跨越时空的宏伟构想，承接古今、连接中外，赋予古老丝绸之路崭新的时代内涵，被誉为是一个高瞻远瞩的构想、一条和平发展的共赢之路、一项脚踏实地的伟大事业，它既传承以团结互信、平等互利、包容互鉴、合作共赢为核心的古丝绸之路精神，又顺应和平、发展、合作、共赢的 21 世纪时代潮流，将"中国梦"与"世界梦"进行有机地衔接，具有深远的战略意义和全球性影响力。青海省融入"一带一路"建设具有区位、历史渊源、特色资源、独特民族文化、经济互补、生态文明等方面的优势。2013 年以来，青海省抓住历史机遇，综合运用上述优势，紧密对接并深度融入"一带一路"建设，已取得初步成效。今后，青海省将进一步加强对外开放通道建设，健全长效合作机制，扩大对外人文交流，将把青海建设成为丝绸之路经济带上重要的战略通道、商贸物流枢纽、产业基地、人文交流基地。"新丝绸之路"青海道的发展前景十分诱人，它必将为中国梦的实现做出重要贡献。

第一章
丝绸之路青海道的界定及变迁概况

　　丝绸之路青海道是中西陆路交通主干道东段经过青海地区的通道，是丝绸之路的有机组成部分、关键节点。丝绸之路青海道初创于史前，约形成于东周时期，在不同历史时期，曾先后被称为"羌中道"、"河南道"（"吐谷浑道"）、"青唐道"等。丝绸之路青海道在古丝绸之路中占有不容忽视的重要地位，平常作为古丝绸之路不可或缺的辅道而存在，一旦时机合适便取代河西走廊道成为中西陆路交通主干道东段的主道，发挥与河西走廊线同等重要的枢纽作用。

第一节
丝绸之路题解

一、丝绸之路的界定及沿革

　　"丝绸之路"一词最早来自德国地理学家费迪南·冯·李希霍芬于1877年出版的《中国——我的旅行成果》一书。原指两汉时期中国与中亚河中地区以及印度之间，以丝绸贸易为主的交通路线。其后，德国历史学家A.赫尔曼把丝路延伸到地中海西岸和小亚细亚，确定了丝绸之路的基本内涵。陈良伟先生指出："丝绸之路，最初仅指中西方间相互交通的通道。稍后，该词被赋予更多层面的含义，其内涵和外延均有不同。概括起来说，该词共有三个层面的含义：其一，丝绸之路是关于中国与域外相互交流的科学，即是一门研究古代中国与域外进行政治、经济、军事、文化、宗教和艺术交流的学问；其二，丝绸之路是关于中国与西方相互交流的科学，即是一门研究古代中国与西方诸国进行政治、经济、军事、文化、宗教和艺术交流的学问；其三，丝绸之路是有关交通道路的科学，即是一门研究古代中国与外界在相互交流过程中如何行走、何时行走、经行路线的学问。""作为有关交通通道的科学，丝绸之路的内涵和外延同样比较复杂。概括起来说，又可分为三个层面：（1）丝绸之路即中外交通，是古代中国与域外政权相互交往的通道。这就是说，丝绸之路是古代中国与漠北、中亚、印度、西亚、北非、南欧、朝鲜、日本、北美和东非相互交往的通道。（2）丝绸之路即中西交通，是古代中国与西方交往的通道。这也就是说，丝绸之路仅是古代中国与中亚、印度、西亚、北非、南欧等地相互交往的通道。（3）丝绸之路仅为经营丝绸贸易的通道，即汉唐时期中国与西方从事丝绸贸易的通道。与该通道地位平等，有人认为中国古代与西方诸国间还有另外一些商业通道，比如大黄之路、金石之路、香料之路、陶瓷之路等。"[①] 我在本书中，基本上是从陈良伟先生讲的前述第三个层面即"作为

[①] 陈良伟：《丝绸之路河南道》，中国社会科学出版社，2002年，第2～3页。

有关交通通道的科学"和后述第二个层面即"古代中国与西方交往的通道"来使用丝绸之路一词的。我认为，丝绸之路是古代中国与西方交往的通道是古代中国与中亚、印度、西亚、北非、南欧等地相互交往的通道。因大量中国丝和丝织品多经此路西运，故雅称"丝绸之路"，简称"丝路"。霍巍先生认为：丝绸之路的概念有两重含义，狭义的"丝绸之路"是西方人创造出来的一个有关中西方文化交流的代称，原指汉代中国和中亚、印度、西亚之间以丝绸贸易为主的交通路线。而从广义上讲，它不是指一条单一的路线，也不是指某一个时期的路线，它应该是一个网络……包含着不同时代、不同走向、不同段落、不同功能在内的各条路线。[1] 我表示赞同。

丝绸之路很早就已存在。在古代世界，只有中国是种桑、养蚕、生产丝织品的国家。考古资料已充分证明，自商、周至战国时期，丝绸的生产技术已发展到相当高的水平。那时中国丝绸经西北各民族之手少量地辗转贩运到中亚、印度。汉武帝时，张骞两次出使西域，开拓汉朝通往西域的南北道路，并从西域诸国引进了汗血马、黄瓜、葡萄、苜蓿、石榴、胡桃、胡麻等。张骞通西域之后，汉王朝派往西域各地的使者和西域各国派往汉朝的使者络绎不绝，各族商人也频繁地往来于内地和西域之间。在当时人烟稀少、道路艰险的情况下，为了保障这条沟通东西方的丝绸之路的安全畅通，汉朝政府于公元前101年设置使者校尉，率数百士卒在轮台、渠犁一带屯田积谷，以供应出使西域的使者。公元前60年，西汉在乌垒城（今新疆维吾尔自治区轮台县境内）建立西域都护府，正式在西域设官、驻军、推行政令。至此，丝绸之路益加畅通，大量丝帛锦绣沿此路不断西运，同时西域各国的珍奇异物也输入中国。

魏晋时，东西商业往来不断，位于丝路咽喉重地的敦煌，就是胡商的聚集地之一。5~6世纪时，南北朝分立，但沿丝路的东西交往却进一步繁荣。北魏建国后不久就派使者前往西域，以后中亚各国的贡使、商人常集于平城（北魏前期都城，今山西省大同市东北）。迁都洛阳后，洛阳更成为各国商人荟萃之地，北齐的都城中也聚集着不少商胡。隋炀帝曾派黄门侍郎裴矩到张掖招徕西域商人，说明当时丝路的兴旺。唐朝西部的疆域超过汉代，在伊州、西州、庭州设立了同

---

[1] 霍巍：《西藏考古发现与"高原丝绸之路"》，澎湃网。

于内地的州县。在龟兹、于阗、疏勒、碎叶设立安西四镇（后以焉耆代碎叶）驻兵防守，由安西都护府管辖。以后又置北庭都护府，统辖天山北路的羁縻州府，这为丝路的畅通提供了更可靠的保证。因此唐代长安、洛阳以及其他重要都市都有大量商胡，呈现出国际都会的风貌。

丝绸之路由陆路与海路构成。在我国的古代时期，陆路交通与海路交通的发展是极不均衡的。相较而言，三国以前中国与域外的交通以陆路交通为主，只有少量海路交通；东晋南北朝以后，海路交通有所发展，并成为陆路交通的重要补充。从9世纪末到11世纪，由于中国政治、经济、文化中心向东南沿海转移，以及阿拉伯世界的兴起，东西海上往来逐渐频繁起来；同时，中国西北地区各民族政权的分裂、对立，使陆路上的安全难以保障，这就降低了这条陆上通道的重要性。在蒙元时期，陆上丝路又繁荣一时。明朝采取闭关政策，陆上丝路作为中西交通路线已远不如海路重要了。

丝绸之路不仅是东西商业贸易之路，而且是中国和亚欧各国间政治往来、文化交流的通道。西方的音乐、舞蹈、绘画、雕塑、建筑等艺术，天文、历算、医药等科技知识，佛教、祆教、摩尼教、景教、伊斯兰教等宗教，通过此路先后传来中国，并在中国产生了很大影响。中国的纺织、造纸、印刷、火药、指南针、制瓷等工艺技术，绘画等艺术手法，儒家、道教思想，也通过此路传向西方，产生了影响。丝绸之路是东西交往的友好象征。

总而言之，丝绸之路不仅是世界上最长的一条通商之路，而且是东西方文化交流之路，是人类历史上的大动脉。古代东方与西方的交流源远流长，原先零星的、断续的、小规模的民间交流逐渐转变为大规模的、持续的、官民结合的交流，世界历史上的许多重要事件，就发生在这条道路上或其周围地区。几千年来，丝绸之路在世界历史上留下了光辉灿烂的一页，而且随着人类社会的发展，它必将继续对东西方经济文化交流与发展发挥更大的作用。特别是2013年国家主席习近平提出的"一带一路"倡议，迅速得到丝绸之路沿线众多国家的积极响应之后，古丝绸之路被赋予了新的含义，日益焕发出新的活力，未来它必将产生难以估量的经济社会效应。

二、丝绸之路陆路诸道简介

丝绸之路陆路交通线路极其复杂，有数条干线和许多支线，目前学术界众说纷纭。仅就阿尔泰、帕米尔和喀喇昆仑山以东而论，除横贯欧亚大陆北方草原地带的主干线东段丝道、主干线西段丝道，即我们通常所说的绿洲之路外，由北而南，还有漠北草原丝道、吐蕃丝道、西南丝道等多条干道。

漠北草原丝道主要是经北方草原前往西方的丝绸之路，大致可以分为南、北两支。其中北支道主要经行色楞格河、贝加尔湖、阿尔泰山诸地，大约形成于商周至战国年间，南北朝时期因柔然和突厥部族的相继崛起而再度兴盛；南支道主要经过我国额济纳旗和天山北麓，同样形成于商周至战国之间，唐代中期因回纥部族的崛起而再度兴盛。

吐蕃丝道因盛唐前后崛起的吐蕃王国而著名，大约形成于战国时期，盛唐时期使用频繁。该道同样可以分为南北两条支道。其中北支道主要由青海西南进入前藏，而后通过后藏进入印度；南支道则由四川出发，先至前藏，而后由后藏进入印度和尼泊尔。

西南丝道又称西南夷丝道，是沟通中国西南与缅甸、泰国和斯里兰卡诸国间的重要通道。这条丝道约形成于战国年间，两汉时期非常繁荣。该道可以分为东西两支。其中东支道由成都出发，经宜宾、昭通、楚雄、大理和永昌等地前往；西支道由成都出发，相继经过雅安、汉源、西昌、会理和实云等地前往。以上三条丝道主要在山前的草原地带间长驱而行，故而又可称其为山前型丝绸之路，可直接通往域外。

横贯欧亚大陆北方草原地带的陆路通道主干道东段、西段是以今甘肃、青海两省与新疆维吾尔自治区的毗连处作为界线，对丝绸之路干线所作的划分，又称河西走廊丝道与西域丝道。河西走廊丝道与西域丝道的组合，大体构架了由中原王朝国都出发，沿线经过武威、张掖、敦煌、楼兰（鄯善）、西州（高昌）、龟兹、于阗和帕米尔，而最终前往印度和中亚的主干道。这两条丝道主要在沙漠或戈壁间的绿洲盆地间跳跃前行，故而又可称为绿洲型丝绸之路。公元前 8 世纪前后，两条丝道正式形成组合关系，而后一直沿用至今。由于战争和割据等原因，河西走廊丝道偶尔会出现中断现象，届时，丝绸之路青海道等辅线便取而代之。本书以丝绸之路陆路通道主干道东、西两段为重点介绍对象。

主干道东段、西段不同时期均有多种不同的具体行走线路，都比较复杂。但如果大致就使用频率最高者而言，汉时东段路线主要有中道、北道、南道三条路线。

中道是主道，是当时朝廷官员、各国使者和商旅驼队的首选路线。据位于甘肃酒泉市瓜州与敦煌之间的悬泉置出土的汉简及居延破城子出土的汉简记载，从长安到河西的路线，是从长安出发，沿泾水河道西北走，经平凉、固原绕过六盘山，向西沿祖厉河而行，在甘肃靖远附近渡黄河，再穿过景泰和古浪到武威，然后沿河西走廊经张掖、酒泉、敦煌，出阳关、玉门关西行，与丝绸之路西段相接；[①]北道大致从今河南洛阳或陕西关中北上，经今内蒙古漠南或宁夏，至居延海绿洲（今内蒙古自治区额济纳旗境内弱水下游），与丝绸之路西段相接，此即所谓的"居延路"或"草原路"；南道从陕西关中经甘肃天水、秦安、渭源至临洮，由临洮至兰州过黄河到河西，或由临洮西行至临夏，然后过黄河西北行至青海西宁，再或者经张掖去河西，或者过日月山、青海湖，到新疆维吾尔自治区及中亚西亚。这三条路线在很长的历史时期是联系中原与西域的交通干线。三线中中线通行于汉代，建有最早的驿道，行走方便，使用频率最高。实际上，丝绸古道东段的支线非常多，上述中、北、南三线仅仅是个大体的划分，且有多种划分法。

南北朝时期，南朝与西域的往来，从建康（今江苏省南京市）出发，主要是经益州（今四川省成都市）北上龙涸（今四川省松潘县），经青海吐谷浑都城（今都兰县香日德镇古城和共和县石乃亥乡伏俟城），穿柴达木盆地西行，越阿尔金山口进入西域鄯善地区，或经大柴旦北上敦煌，与汉阳关道相接。隋、唐、宋、元时期，南、中、北道又有一些新变化。

至于丝绸之路陆路通道主干道西段，西汉前期也分南、北两道：南道从阳关西行，取道鄯善（今若羌一带），沿车尔臣河（且末河）古代河岸西行且末，然后顺昆仑山北麓，经精绝（今新疆维吾尔自治区民丰县北尼雅遗址）、扜弥（一作扜泥，今新疆维吾尔自治区策勒县东北）、于阗（今新疆维吾尔自治区和田市）、皮山（今新疆维吾尔自治区皮山县一带），至莎车，再经蒲犁（今塔什库尔干县），翻越葱岭（今帕米尔高原），可去大月氏（今阿富汗北部一带）、安息（其范围大致相当于今伊朗的呼罗珊地区）、身毒（今印度）等国；北道出白龙堆（今新疆

---

① 温波：《悬泉置：一个不朽帝国的光辉印记》记载：在悬泉置出土的一枚考古学家称之为"驿置道里薄"的简牍中，从古浪至敦煌的邮驿里程被分为三段。这恰好与 1974 年居延破城子出土的从长安到河西的里程简相衔接，完整勾勒出了西汉中晚期从长安经河西走廊到敦煌的丝绸之路里程图。资料来源：每日甘肃网、《甘肃日报》2014 年 10 月 28 日；又见张德芳：《悬泉汉简中的中西文化交流》，《光明日报》，2016 年 10 月 13 日 11 版。

西汉末年丝绸之路示意图

维吾尔自治区罗布泊东北岸之盐碛地），先至楼兰城（遗址在今新疆维吾尔自治区罗布泊西北岸），折向北行到达高昌古城（今新疆维吾尔自治区吐鲁番东南高昌故城，即哈拉和卓古城）或交河古城，再沿塔里木盆地北缘，经龟兹（今新疆维吾尔自治区库车县）、姑墨（今新疆维吾尔自治区阿克苏市）至疏勒（今新疆维吾尔自治区喀什市），继而西北行，翻越葱岭，则出大宛、康居、奄蔡（今里海以北地区）。西汉末年又开辟了一条新道，即出敦煌后，直接取道伊吾（今新疆维吾尔自治区哈密市），越过博格达山，经车师后国（今新疆维吾尔自治区吉木萨尔县）然后沿天山北路往西直达伊犁河流域的乌孙地区，这条道路成为新北道，原来的北道称为中道。[1]南北朝、隋、唐、宋、元时期，丝绸之路陆路通道主干道西段的南、中、北道又有一些变化。

　　以上丝绸之路主干道东、西段的各条线路，相互之间又有许多小道相连。随着时代变迁，政治、宗教形势的演变，各条线路在不同时期的重要性不同，而且线路随时都有交错、变通。可以说历史上整个丝绸之路一直处在时分时合、不断变迁的状态中。

<hr />

[1] 吴福环、郭泰山等：《新疆通览》，新疆人民出版社，2006年，第96～97页。

第二节
丝绸之路青海道的开通

一、丝绸之路青海道的界定

青海处于号称"世界屋脊"的青藏高原东北部，周围被部分昆仑山、阿尔金山、祁连山、唐古拉山、巴颜喀拉山、积石山等山脉所环绕，地势由西向东倾斜，境内大部分地区的海拔均在 2000 米至 4500 米之间。与同处这一地理单元内的西藏高原相比较，青海的自然环境更为优越。湟水、黄河谷地和柴达木盆地的海拔只有 2000 米至 3000 米，境内大部分地区地势起伏和缓、地域辽阔，由各条山脉所分割形成宽谷与狭谷地带，根据不同的纬度高低形成若干条从西北向东南方向延伸的自然通道。活动在青海不同地区的古代人群，通过长期适应这一自然环境，在高海拔的青藏高原顽强地生存繁衍，同时也利用这些高原通道积极向外开拓发展，书写了青海古代文明史。水涛先生曾经指出，"中国地处欧亚大陆东方，地域辽阔，南北、东西自然环境差异甚大……作为中国一个局部的大西北地区，地理环境更为封闭，这里恰好处在黄河文明与中亚文明的中间位置，是不同文化接触、渗透的敏感地带，也是探索东西方文化碰撞与交流的关键地区"[1]。青海作为大西北地区的战略要地，自远古以来便有史前人类频繁的迁徙活动来往于此；而且著名的"青海道"在南北朝时期曾经一度还成为"陆上丝绸之路"的干道之一。[2]

丝绸之路青海道，顾名思义，就是中西陆路交通主干道东段经过青海地区的通道，具体是指先秦以来自东段起点西行经湟水流域、青海湖、柴达木盆地，与中西陆路交通主干道西段相衔接的道路。近年学术界也有将其称为"丝绸之路南

---

[1] 水涛：《从考古发现看公元前二千纪东西方文化的碰撞与交流》，载《东风西渐——中国西北史前文化之进程》，文物出版社，2009 年，第 202 页。

[2] 参看霍巍：《文物考古所见古代青海与丝绸之路》，载《青海民族大学学报》(哲学社会科学版)，2017 年第 1 期。

线"或"丝绸之路南道"者，因丝绸之路青海道与中西陆路交通主干道东段的南线大部分重合，且居于主体地位，这样称呼也是可以的。不过，也有人将其称为"南丝绸之路"，则很不妥。"丝绸之路南线"与"南丝绸之路"字面上似乎差别不是太大，但却是差之毫厘，失之千里。一般"南丝绸之路"即前述"西南丝道"或"西南夷丝道"，特指的是从四川南行，经过云南，出国境后继续南下，通往越南、缅甸、泰国、印度等国的丝绸之路通道，它是南北走向的通道，与东西走向的"丝绸之路南线"大相径庭。

丝绸之路青海道是丝绸之路的有机组成部分、关键节点，它与青海省以外的其他通道，如丝绸之路主干道东、西段的某些线路组合，共同构成沟通中国与域外的国际通道。丝绸之路青海道在某些历史时段享有与河西走廊线同等重要的枢纽地位。

丝绸之路青海道在历史长河中，不同时期有不同的叫法。两汉时期，《史记》《汉书》等典籍将青海道称为"羌中道"；南北朝前期至盛唐前期曾被史书称为"青海道"、"河南道"（"吐谷浑道"），其具体走向也与此前有所不同；这时"唐蕃古道"也异军突起，使丝绸之路青海道的构成更趋多样、内容更加丰富多彩；两宋时期丝绸之路青海道曾被称为"黄头回鹘道"或"青唐道"。丝绸之路青海道就是以上所提及的"羌中道"、"吐谷浑道"（又称"河南道"）、"唐蕃古道"、"青唐道"的总和。尽管不同时期的史书中对丝绸之路青海道有所提及，但只是只言片语，记载很不充分，致使其长期以来没有引起人们足够的重视。由于正史忽于对该道的记载，加之以往学术界对其研究不足，故丝绸之路青海道名气不够大，过去有的教科书上提到丝绸之路时往往漏掉青海道。

二、丝绸之路青海道的初创

丝绸之路的开辟，并非如人们所熟知的始于汉代张骞的通使西域或丝绸贸易的出现，实际上可追溯到更早。丝绸之路青海道是古代青海先民长期辛勤开拓的结果。考古发现表明，早在距今 3.7 万年前的旧石器时代，已经有先民繁衍生息在青海的土地上。小柴旦湖滨发现的石器组合和加工方法的风格证明他们来自中国华北地区。他们逐水草而居，进行狩猎、采集等生产活动，在柴达木盆地、江河源头、青海湖沿岸、河湟谷地、祁连山下留下了其足迹。在先民们为了生计迁徙奔波于高原大地的同时，踩踏出了许多比较固定的道路，产生了青海最原始的交通。这些比较固定的交通线路的出现，为此后丝绸之路青海道的开通打下了初步的基础。

各地考古发掘出土的古代文物证明，早在青铜器时代，中西经济文化交流就已经开始。如西域与中原的玉石运输很早。[①]今青海省境通往西域的古道起码从距今4000年前的远古社会即开始存在，早期应该叫"玉石之路"。因为青海民和县喇家齐家文化遗址出土了许多玉器，据专家考证，玉材"均带有西部玉料的特征。经初步观察鉴定，认为属于广义的昆仑山玉，很可能玉料来源于昆仑山东麓的格尔木，也就是广义的和田玉"[②]。而玉器的器形则以礼器为主，如玉璜、玉琮、玉璧、玉圭等，也有生产工具，这些礼器所代表的文化又是来自中原地区的。这种现象无疑反映的是东西文明双向交流的史实和过程。

青海省发现的最早的陶器是中原地区仰韶文化庙底沟类型的器物。甘肃地区的马家窑文化是仰韶文化西传的地方变种。可见陶器文化自东向西的传播轨迹确实存在的。瑞典考古学家安特生认为，距今4000年前的齐家文化炊煮器绳纹敛口陶盉等，其领及耳部压刻花纹的灰陶罐，与出自西伯利亚及北欧所谓之"康式陶器"关系极为切近；他还认为齐家文化双大耳罐，"颇与希腊及罗马古代之安佛拉（Ampfora，一种两联底瓶）有几分相类之处"，他曾称此类双大耳罐为"安佛拉薄肉高领瓶"。[③]如果此说成立，则表明西域与中国内地的交流与沟通由来已久。新疆维吾尔自治区东部多处古遗址古墓葬出土的彩陶与甘肃、青海的史前彩陶有着密切的联系，说明甘青地区与西域文化交往与影响是双向的。

除陶器之外，铜器的中西交流互鉴也由来已久。"可以说，青铜器本身就是承载着亚洲文明交流互鉴的重要遗产，目前的考古发现和学术研究证明，青铜冶铸技术很可能起源于西亚地区。中国早期青铜冶铸技术中可能与西方有关的因素有很多。"[④]与齐家文化时代相当的青铜器遗存在新疆维吾尔自治区和青海均有发现，某些器物有共同之处。例如与青海贵南县出土的形制类同的齐家文化铜镜在新疆维吾尔自治区也多有发现，特点均是呈圆形薄片，边缘上穿单孔或并

① 参看杨伯达：《和田玉文化论纲》，《收藏》，2001年8期。

② 参看叶茂林、何克洲：《青海民和县喇家遗址出土齐家文化玉器》，《考古》，2002年12期。

③ 安特生著，乐森璕译：《甘肃考古记》，转引自青海省文物考古研究所编《青海省考古资料汇编》（一），1996年内部刊印，第11页。

④ 李茜：《青铜器连接起的亚洲文明》，《光明日报》，2019年5月23日。

列 2～3 个小孔，或可作为佩饰之用。塞伊玛－图尔宾诺文化是广布欧亚草原东部的一种青铜时代考古学文化，其年代大致为距今 4000 年至 3000 余年。广布祁连山南北的齐家文化和塞伊玛－图尔宾诺文化有密切关系。青海西宁市沈那齐家文化遗址出土的大型倒钩铜矛（长 61.5、宽 19.5 厘米）与塞伊玛－图尔宾诺文化同类典型器很相似。青海大通县文物管理所也藏有一件塞伊玛－图尔宾诺式倒钩铜矛（长 34.2、宽 11.4 厘米，其形制与沈那遗址出土倒钩铜矛大致相同）。[①] 这些青铜器物的发现也是丝绸之路开辟很早的具体例证。考古学家推想，最初导源于西亚的青铜器和铁器，首先影响到新疆维吾尔自治区地区，然后到达黄河流域，这标志着新疆维吾尔自治区处于金属文化东传的中心环节。[②]

三、丝绸之路青海道的形成

大约到了东周时期，我国境内已逐步形成了三条通往西方的陆路交通线，其中一条就是丝绸之路东段南线，又称青海道。我国著名的考古学家裴文中先生，根据河西走廊为少雨的干燥戈壁地带，史前人类遗址较少，而湟水流域考古文化密集分布、与渭河和洮河流域相类似的情况，做了一个大胆的推断，认为汉代以前东西方经济文化交流的主要道路，似乎在湟水流域而不在河西走廊[③]。虽然现在还没有充分的证据来证明这一推断，但它起码说明，先秦时期青海的道路交通已经具备了一定的规模和水平，丝绸之路青海道已经成为东西方经济文化交流的重要通道之一，在东西方经济文化交流中的积极作用也已经显现出来了。

带有"链杖"武器的岩画图：1.青海舍布奇岩画中佩以"链杖"武器的骑猎图；2.俄罗斯卡尔贝克－塔什地区佩有"链杖"的武士形象；3.新疆石门子呼图壁岩画中佩有"链杖"的人物形象

----

① 参看林梅村：《塞伊玛－图尔宾诺文化与史前丝绸之路》，载《文物》，2015 年第 2 期。另外，参见王国道：《西宁沈那齐家文化遗址》，载《中国考古学年鉴（1994）》，文物出版社，1997 年，第 278 页；刘翔：《青海大通县塞伊玛－图尔宾诺式倒钩铜矛考察与相关研究》，载《文物》，2015 年 2 期。
② 参看安志敏：《塔里木盆地及其周围的青铜文化遗存》，《考古》，1996 年 12 期。
③ 参看裴文中：《史前时期之东西交通》，《边政公论》，1948 年第 7 卷第 4 期。

如公元前 3 ～公元前 4 世纪在中亚地区岩画中广泛流行的带有"缒杖"武器的形象，出现在青海较早期岩画如舍布齐、野牛沟、卢森等地点中[①]。广泛分布于柴达木盆地的诺木洪文化，时代为周至汉代，一般认为属羌人文化，其面貌与新疆维吾尔自治区东部同时期的考古文化也有密切关系。表明两地的先民们互相有走动，有沟通与交流。在此前后，羌人在向各地迁徙的过程中，又开辟出了通往今西藏自治区、西域及西南地区的道路。可以说，青海交通网络在这个时候已经初具规模，丝绸之路青海道在这个时候也基本上有了雏形。

河南省汲县战国墓出土的古籍《穆天子传》记载了周穆王西巡的故事。《穆天子传》中的"穆王"实际上是战国时期曾赴西域的中原商人"模特儿"，周穆王西巡是由东而西贯穿了青海之境的。但《穆天子传》中所正确记述的山川道里，若非作者亲身经历或听旅行家讲述，是断然写不出来的。[②] 这也是由中原取道青海进而通达西域的道路在战国之前即已被开通的证明。笔者认为，战国时期成书的《穆天子传》当系当时文人以五六百年前周穆王西巡的历史事实为素材加工创作的文学作品，其中基本事实如穆王驾八骏良马西巡到达今青海的事与《竹书纪年》《史记》有相符之处，但增加了许多臆想的细节描写。《四库全书》将《穆天子传》归入子部小说家类，该书提要认为它所记比起《山海经》《淮南子》来"犹为近实"。《穆天子传》卷 1 记："天子西济于河□，爰有温谷乐都""八骏之乘以饮于枝洔之中，积石之南河。"[③] 这里提到的"乐都""积石"，都是今青海境内的地名。《穆天子传》中的"穆王"这个曾赴西域的中原商人代表，经商的对象是西方和北方的少数民族，商队携带的商品有金银制造的各种器物，丝绸锦缎及其织成品，染衣和化妆用的红色颜料朱砂，肉食调味品桂皮、生姜等，交换的品种则多为马牛羊猎犬以及黍粟等。我们从《穆天子传》的记载中起码可以得出这样的认识："穆王"一行所走的路线与后世中原通西域的路线大体上是一致的。早在张骞通西域之前好几百年，中西交通的南、中、北线已基本上畅通无阻了，青海与外界的联系在增强。

---

① 王敬斋主编：《岩石上的历史画卷——青海海西岩画》，中国民族摄影艺术出版社，2012 年，第 141～142 页。

② 参看钱伯泉：《先秦时期的丝绸之路——穆天子传研究》，《新疆社会科学》，1982 年第 3 期。

③ 影印文渊阁《四库全书》本，台湾商务印书馆，1986 年，第 1042 册《穆天子传》第 249～252 页。

第三节
丝绸之路青海道的盛衰变迁梗概

一、初步发展期——"羌中道"时期

陈良伟先生认为："作为丝绸之路的交通通道，该道（青海道中的柴达木分道——作者注）形成时间较早，大约可以追溯至公元前 10 世纪前后。两汉时期，由于羌汉关系时而紧张时而和睦，该道时塞时通。东晋南北朝时期，随着丝绸之路河西走廊丝道被人为关闭，该道进入繁荣时期。隋唐时期，特别是盛唐晚期以后，吐蕃长期占据此地，该道在中原与边疆少数民族以及在中原与西方的相互交往的过程中继续发挥着相当重要的作用。"[1]

"羌中道"在中国古代正史中的出现标志着丝绸之路青海道已为外界所知晓和认可。羌中道指的是与横贯东西的丝绸之路的东端和西端相连，途经河湟地区、青海湖、柴达木盆地的通道。"羌中道"，顾名思义，它位于古羌人聚居区，它的开辟和使用与古代羌人有着非常紧密的联系。从史书记载我们知道，秦汉时期，生活在今甘青地区的是许多大大小小、互不统属的羌人部落。其实甘青地区的羌人从春秋后期就日渐强盛起来，从战国末期开始，日益强大起来的秦国不断向西拓展疆土，许多弱小的羌人部落迫于秦国的压力，纷纷离开甘青地区迁往西藏、西域和西南各地。羌中道最迟在这个时候就已经正式形成了。通过羌中道陆续迁往西域地区的羌人，分散居住在西域甚至西域以西的许多地方，如：婼羌和西夜、蒲犁、依耐、无雷等羌人部落居住在今天新疆维吾尔自治区南部的广大地区，阿钩羌居住在今天的阿富汗、印度之间，波路羌的居住地则远在今天中亚的锡尔河流域。两汉时期，从青海湖向西直至昆仑山，主要散布着冠以各种名称的羌族部

---

[1] 陈良伟：《丝绸之路河南道》，中国社会科学出版社，2002 年，第 188 页。

落。① 西汉末年至东汉初年，当金山口至冷湖一带主要居住着狼何羌部落②，青海湖周围住着先零羌部落。在汉代以后的很长一段时间内，西域地区的羌人不仅和青海地区的羌人保持着非常紧密的联系，而且仍有不少羌人从青海经羌中道陆续迁往西域地区。到唐代，当青海地区的羌人逐渐融入其他民族之中时，西域地区还有部分羌人在活动。今天，新疆维吾尔自治区地区仍有很多带羌字的地名，如叶尔羌、若羌、阿特羌、阿羌等，这与羌中道的开辟和长期存在是分不开的。

尽管羌中道开通的时间比较早，但在很长时期内并不为中原地区的人们所了解。两汉时期，《史记》《汉书》等典籍将青海道称为"羌中道"，表示丝绸之路青海道已为外界所知晓和认可。汉武帝建元三年（公元前138年），张骞第一次出使西域时，由于对当时西北地区的道路状况不太了解，所以只知道去西域必须途经匈奴地区，还不知道有一条羌中道存在。在张骞出使西域途经匈奴地区时，被匈奴人俘获，后来历经千辛万苦来到西域。在西域活动期间，张骞才从当地人那里了解到有一条通过羌人地区可以到达内地的道路。后来，张骞从西域回归时，吸取前往匈奴时被拘留的教训，改行南道。史书记载"骞从月氏……还。并南山，欲从羌中归，复为匈奴所得"③。张骞本打算取道"羌中"返汉，即依傍南山，经于阗、且末、鄯善，向东南越阿尔金山，或向东行，再南拐，欲横穿柴达木盆地返汉。但不幸再次被匈奴拘押年余，才乘匈奴内乱之机得以逃归，实际上张骞并没有途经青海。尽管如此，羌中道的名声由张骞通西域而为人们熟知。后来，张骞在向汉武帝汇报出使情况时，根据自己的亲身经历和了解，对通往西域的几条道路做了介绍，使"羌中道"即丝绸之路青海道开始为中原地区的人们所了解。在此前后，汉朝在河西走廊地区多次击败匈奴，设置郡县，修筑长城，同时大规模移民垦荒，发展农业生产，注意对东西贸易通道进行维护和管理，使河西走廊这条道路畅通无阻，逐渐成为丝绸之路东段的主要干线。羌中道虽然开通得比较早，但由于种种原因，一直没有得到充分利用，在很长时间中主要是青海地区和西域地区的羌人相互联系的一条交通线，对中

---

① 《三国志·魏书》卷30引裴松之注《魏略·西戎传》曰："敦煌西域之南山中，从婼羌西至葱岭数千里，有月氏余种葱茈羌、白马、黄牛羌。"
② 《汉书》卷69《赵充国传》曰："狼何，小月氏种，在阳关西南。"
③ 《史记》卷123《大宛列传》；《汉书》卷61《张骞传》。

西交通而言只是行人较少的辅线。然而，无论怎样，羌中道对于后来丝绸之路青海道的进一步发展和兴盛奠定了基础，是古代羌人对青海古代交通和贸易发展做出的积极贡献。

西汉时期，随着护羌校尉的设置，金城郡西扩、郡治西移，青海东部纳入中原封建王朝郡县制管辖体系之内，汉族移民的逐年增多，青海与中原的联系日益密切，"羌中道"东段即河湟地区段分支增多，使用频率提高。丝绸之路青海道上密布的古城、烽墩等遗迹见证了"羌中道"的繁荣。湟水流域汉代诸亭是为了军事防御和实行邮传而在边疆地区所设的一种机构，是中央与边地之间传送文书的驿站和驻军御敌的据点，计有西平亭（在今西宁市湟光）、东亭（在今西宁市乐家湾镇）、长宁亭（在今大通回族自治县长宁乡）、罗亭（约在今尖扎县境内）等。它们是公元前2世纪西汉王朝平定羌人之乱后，采取诸如筑令居塞（在今甘肃省永登县）、设护羌校尉等一系列军政措施中的一项，同时进行的还有向湟水流域迁移汉族农户。从此，今甘肃兰州、永登一带与今青海西宁等地之间障塞亭燧相望，交通信息联系更为密切。汉代郡级的城池还有金城郡（在民和县西沟乡南垣村古城垣）、西海郡（今海晏县三角城）、西平郡。郡下均辖若干个县，各县均筑有城池。这些郡、县城池与河西走廊张掖、武威、酒泉、敦煌诸城的联系很密切，由此与西域的联系也日益密切起来。

新莽时期开设西海郡，在青海湖环湖地区修筑城障亭燧，向环湖地区甚至柴达木盆地腹地迁移汉族农民，"羌中道"上一度行人络绎不绝。东汉、三国时期得以继续。汉魏时期，郡城与各县城之间、县城与县城之间的驿传制度逐步建立起来，在官方的重视下，道路建设、维护得到空前加强，"羌中道"的发展遇到了前所未有的机遇。东西方民间商贸仍在继续，丝绸之路青海道的利用率有所提高。

二、鼎盛期——"吐谷浑道""唐蕃古道"时期

东晋初至唐前期活动在青海高原上的游牧王国叫吐谷浑。吐谷浑盛时的疆域，大致东起今甘肃省甘南藏族自治州和四川省松潘县一带，西至今新疆维吾尔自治区东南部，南以昆仑山为界，奄有黄河源头地区，北至祁连山脉。南北朝时，北魏统一了北方，将河西走廊和青海的河湟地区纳入了自己的版图，与南朝的各政权相对峙；在广袤的蒙古草原，兴起了强大的游牧政权柔然，与北魏相对峙；立国于甘青地区的吐谷浑政权，经过树洛干、阿豺等几代国君的努力开拓和苦心经营，逐步发展成为西部地区一个小强国。在当时强国林立、南北对峙的情况下，为了求得生存和发展，吐谷浑奉行与其他国家友好交往的外交政策，既与北魏和以后的北朝各政权建立良好的关系，又与南朝的宋、齐、梁各政权一直保持着和平友好的朝贡关系。同时，南朝各政权与西域和柔然进行政治经济交往，必须得绕开北魏的势力范围，另外寻找一条道路，而地处西部、政治上保持中立的吐谷浑就成了沟通各方联系的纽带和桥梁。吐谷浑王国顺应时代需要，充分利用所拥有的交通设施、安全保卫、居中通译等优越条件，引导、护送西域商使往来，维护并提高了其东西方国际贸易中继站的地位，同时，积极参与较大规模的国际商贸，使丝绸之路青海道一度繁盛，甚至发挥了主道的作用。"吐谷浑道"是丝绸之路上的一段重要干线，都兰香日德吐谷浑都城、青海湖西北伏俟城（也是吐谷浑都城）是东西方贸易的关键中转站。西宁、乌兰、都兰等丝绸之路沿线发现的大量丝绸、中外钱币等实物，以及沿线许多古城、烽燧、古桥梁遗迹等都可以雄辩地证明，青海道确曾是中西交通的重要通道。由于这时的丝绸之路青海道横贯吐谷浑王国，所以又被后来的人们叫作"吐谷浑道"。又由于吐谷浑部分国王曾被大夏国及北朝、南朝诸国封为"河南王"，所以此道也被称为"河南道"。例如史书记载："芮芮常由河南道而抵益州。"[1] 这里的"芮芮"即柔然，"河南道"即青海境内经由黄河之南东通南朝的一条通道。吐谷浑亡于吐蕃后，"吐谷浑道"几乎全程在吐蕃辖境之内，便于统一管理与使用，故又继续兴盛了一个时期。

隋末唐初，青藏高原上的吐蕃王国勃兴后，与唐朝联系增多，今西藏地区与青海、中原间早已有之的交往日渐升温，长安与逻些（今拉萨）间取道青海的大道——"唐蕃古道"的使用频率不断提高。文成公主和亲后，唐蕃间开辟了驿站，"唐蕃古道"更加繁盛，双方的使节、士卒以及商人、香客、汉地高僧与藏地活佛往返奔波于此路。那时，青海境内唐蕃之间的驿道除"唐蕃古道"外，还有逻些—沙洲道、党项道等。西方的一些传教士、探险家、商人等，也有经逻些—沙洲道进入西藏的。"唐蕃古道"不仅是汉藏交往中具有举足轻重地位的大道，而且还

---

[1]《南齐书》卷59《芮芮虏传》。

是中原经过西藏前往尼泊尔、印度等地的国际通道。

总之，南北朝至唐朝时期，从青海向西、向西南、向北、向东、向东南，都有畅通的交通路线，联系着中国与西域、印度，中原与西藏高原、与漠北、中国北方与南方等地的频繁交往。

三、短暂沉寂后的复兴期——"青唐道"时期

唐末五代时期，由于战乱频仍，局势不稳，今青海省境内少数民族大小部落各自为政，丝绸之路青海道趋于沉寂。大约百余年之后，借助唃厮啰政权之力，才有了转机，丝绸之路青海道得以复兴。

"青唐"是唃厮啰政权都城的名称，"青唐道"是宋代丝绸之路青海道的别名。唃厮啰政权是北宋时期以河湟地区吐蕃人为主建立的地方性政权，又称青唐吐蕃政权、安多吐蕃政权。11 世纪前半叶，西夏控制了河西走廊地区后，对于通过境内丝路贸易通道的商人，极尽盘剥之能事。据史书记载，西夏各地的官吏将士对过境贡使、商人十分苛刻，不仅盘查很严，还要抽取十分之一的货物作为税收，而且抽取的往往都是货物中的上等品，使贡使和商人们叫苦不迭。为了避开西夏的劫掠和盘剥，中西贡使和商人们开始改行吐谷浑时代就曾兴盛一时的青海道。唃厮啰政权的统治者抓住机遇，积极招徕过往的使团和商人，并积极为商贸交往提供各种便利条件，使丝绸之路青海道在经历了一百多年的沉寂后再次兴盛起来，并被人们称为"青唐道"。

当青唐道成为西域和中国内地政治经济文化交流主道并日渐繁荣之时，唃厮啰政权也从中获取了不少的经济利益，于是更加重视境内丝路贸易的发展。在唃厮啰政权的辖境内，官方不仅设置了许多驿站来接待过往的贡使团队和商人，而且还要求国民对过境商人友好相待，为他们提供价格合理的食宿。为了保护携带大批货物的贡使团和商队安全出入境，官方还专门派兵护送，使西域各国的贡使能够安全抵达北宋京城。对于留在其境内做生意的外国商人，官方不仅允许他们自由从事交易活动，而且在修建屋宇货栈、收取税费等方面给予支持和照顾。在青唐城内有不少定居贸易的西域商人。据史书记载，当时往来青唐城做生意的不仅有来自中原地区的商人，而且有来自于阗、回鹘、高昌甚至古波斯和西亚、阿拉伯半岛等地区的商人。许多商人在这里逗留一年或数年后才离开，有的干脆在城中修建房屋，定居经商。这些商人中，资本多达二三十万贯的并不少见。在青

唐城的市场中，既有来自中原地区的各种生活用品和生产工具，也有来自西域和西亚地区的各种珍奇商品，还有产自本地的马、牛、羊等畜产品。唃厮啰政权重视中西商贸的种种举措，吸引了大批贡使和商人改行青唐道，来到青唐城开展贸易活动，从而加强了唃厮啰政权同西域、中国内地的政治经济文化交流，促进了其辖区内的商品流通和经济繁荣，极大地增强了国力。

四、冷清与衰落期

由于青海道是丝绸之路的有机组成部分，故总体而言，整个丝绸之路繁荣时期，丝绸之路青海道随之繁荣；整个丝绸之路萧条时期，丝绸之路青海道随之萧条。丝绸之路青海道除上述几个时期较为兴盛，一度取代河西走廊道成为中西陆路通道东段的主道外，其余较长时期相对冷清，大多情况下是中西交通中使用频率不太高的辅道。如"吐谷浑道"兴盛之前与之后，青海省境内的道路虽局部（主要是河湟地区）比较繁盛，与河西走廊中东部的联系也较多，但经柴达木盆地西北尕斯口与丝绸之路西段直接相衔接的道路行人很少。

"青唐道"复兴期终结后，到了南宋时期，由于朝廷无法控制西北地区，因而丝绸之路的衰落日趋明显，而南方丝绸之路与海上丝绸之路的开辟，大有逐渐取代西北丝路的趋势。蒙元时期，由于蒙古的西征和对中亚、西亚广大地区的直接统治，使东西驿路通畅，丝路又繁荣一时。许多欧洲使者、教士和商人，都沿此路东来中国。回族、撒拉族先民就是那时东来的。当时丝绸之路实际上一度成为蒙古帝国内部的交通路线，故其通行比以往各个朝代都要方便一些。不过，沿着丝绸之路行进的大多是以宗教信仰和其他文化交流为使命的人们，而不再是以商人为主体了。元代曾在柴达木盆地西北地区设过曲先答林元帅府，这一带曾属甘肃行省沙州路管辖，可见柴达木盆地与河湟地区、河西走廊间的交通联系仍很密切。在此后的历史中，随着西域诸国湮没在流沙之下，丝绸之路作为一条商道更加被历史所冷落。明朝建立后，采取闭关政策，虽然出嘉峪关经哈密去中亚的道路未断，但陆上丝路作为中西交通路线已远不如海路重要了。清朝实行"闭关锁国"政策，并且当时的奥斯曼帝国匪盗猖獗，加上其对西亚的掠夺，丝绸之路更趋衰落。与此同时，西方的欧洲文明不断地扩大自己在中亚的影响，中国在古代世界的主流地位被取代。并且，工业革命使交通业大大发展，丝绸古道的徒步旅行便不再像之前那样方便。

　　随着古老商道的整个丝绸之路逐渐淡出历史舞台，青海道也不可避免地衰落下来。当然，作为中西陆路交通有机组成部分的青海道处在衰落期，不等同于青海道作为局部区域通道也衰落不振。明、清、民国时期，自古以来留传下来的青海道作为区域通道，其使用仍然在延续，某些方面诸如驿传设施、路况改善等还有很大发展。

第四节
古代交通工具和运输方式简述

一、古代运输动力和交通工具

青海古代的传统运输动力以畜力为主。青海畜牧业产生很早，新石器时代农耕区即有了家畜饲养业，开始饲养犬、豕、鸡等家畜。青铜器时代有了牛、羊，产生了草原游牧业。商代传入马匹等。秦汉时期，青海草肥水美的优势充分被利用，畜牧业有更大发展，拥有牲畜数常以10万甚至百万计。近代先进运输工具出现之前，青海与其他地区一样，马、骡、驴、牛、骆驼等充当着传统运输动力和工具。其中马、骡、驴在东部农业区使用较广泛，牦牛在青南地区使用最普遍，有"雪域之舟"的美称；骆驼则在柴达木地区有优势，有"沙漠之舟"的美誉；马匹是全省各地最常用的代步工具。1960年在西宁旧城东南台地出土的东汉砖墓中，就发现有木马。"木马是用木板雕刻而成的，昂首张嘴，怒目翘尾，似乎在长声嘶鸣。那种生动的表情，实在逼真。木马长1.08米，高1.06米。"[1]

牦牛

双峰骆驼

由于青海地处青藏高原，境内地势高峻，重峦叠嶂，人口稀少，海拔偏高，气候寒冷，除居住在河谷沿岸的居民

---

[1] 参见赵生琛、谢端琚、赵信：《青海古代文化》，青海人民出版社，1985年，第105页。

外，大多数牧民居住地比较分散，黄河、湟水两岸有多处石峡、山崖，柴达木盆地等处有茫茫戈壁和浩瀚沙漠，古代交通的道路状况大多比较符合牲畜的行走特性。故而，长期的往来交通形成了以驮道为主的交通线和以驮载为主的运输方式。也因此，茫茫戈壁和浩瀚沙漠时不时传来动听的驼铃声，艰险小道和崎岖山路上常会听到高亢的马骡嘶鸣声。

青海古代的交通工具除牲畜外，不同时期使用过木车、皮筏子、浮桥等，详见下文。

二、古代运输方式

（一）陆上木制车辆运输

青海古代运输方式除上文所述畜力驮运为主外，局部地区某些时期车辆运输也发挥了巨大作用。

早在青铜器时代的诺木洪文化时期，青海柴达木盆地就有木轮车出现。考古工作者曾在都兰县宗加乡诺木洪村塔里他里哈遗址圈栏出入口处发现残木车毂两件，毂的中间呈圆形外鼓，复原后可以安装 16 根辐条，毂上有穿轴的圆孔。从毂、轴的大小和辐条的粗细、数量估计，车轮不是很大，[1] 但表明当时已在使用木车，它可能是畜力挽拉的木车。木车的出现，标志着青海的古代交通业进入了一个新的历史时期。据史书记载，春秋战国时期，中原地区作战时常使用战车，一般配置驭手、弓弩手、长枪手，远弩近枪，威逼敌阵，驻扎时则连车成营堡战塞，防止骑兵的冲击。到了汉代，车辆的运用更加普遍。西汉神爵二年（公元前 60 年），汉后将军赵充国来到河湟地区平羌时，一次即俘获先零羌 4000 余辆车。《汉书·赵充国传》记载："充国引兵至先零在所。虏久屯聚，解弛，望见大军，弃车重，欲渡湟水……虏赴水溺死者数百，降及斩首五百余人，虏马、牛、羊十万余头，车四千余两。"[2] 两汉时期，汉羌双方频繁的征战活动，使保证军需供应成为决定战争胜负的一个重

西宁南滩汉墓出土木牛车

---

① 参看吴汝祚：《略论诺木洪文化》，载《青海考古学会会刊》（内部刊物），1981 年第 3 期。

②《汉书》卷 69《赵充国传》。

要因素。因此，青海车辆运输之大宗，多属军需辎重。特别是汉军远程作战，陆路运输不但是必需的，而且是很频繁的。赵充国所率汉军反击羌人时，羌人是否用车布阵，不得而知。推测羌人的车也主要用于生产生活运输。

东部农业区的民间运输，从两汉屯田传入先进的技术和工具以后，为适应短途运输的需要，牛车开始广泛应用。1960年在西宁旧城东南台地出土的东汉砖墓中，就有木马、木牛车。"木牛车形象也很完整，车全长0.48米，为双辕两轮，车轮直径0.45米，用10根辐条组成，车轴长0.28米，车厢系用木板拼凑而成。"① 车前长方，后栏半圆，车轴和车厢用楔形榫卯接，车与轴为整体，辖为楔形木钉。其结构图形与现代的架子车相似，载重量大约300公斤左右，相比于史前出土的车辆，结构轻便而又灵活。墓中出土的牛车模型应是以现实中使用的牛车为制作原型的。看来，在汉军与羌、匈奴战事频繁的时候，居住在河谷一带的老百姓并没有停止改善交通工具的步伐。

战争虽然给人民生活和生产造成极大破坏，但由于军事活动对辎重运输有很高的需求，它在促进交通道路的开辟、运输方式的组织，乃至运输工具的改进方面，都起到了一定的积极作用。

青海东部和柴达木盆地适宜农业地区，由于地势平坦，因而车辆运输较为流行。但是由于畜力木车结构简单，承载力弱，因而车辆运输多用于农事，较为大宗商品运输仍然依赖畜力驮载。

（二）水上皮筏子、黄河浮桥等运输

早在大禹凿山导水的传说中，就出现了木舟。另外还有"伏羲氏刳木为舟，剡木为楫"② 的记载。虽然这些传说带有浓厚的神话色彩，但它反映了远古先民由于在河谷两岸长期从事活动，对一些物体具有浮性有了一定的认识，并有可能创造出原始的水上交通工具。

到汉代，随着陆路运输的发展，青海水上运输能力也有了重大的发展。据《汉书·赵充国传》载，汉军不仅利用湟水顺流漕运木材，还能"循河湟漕谷至临羌，以际羌虏"③，即可逆水运送军需物资至湟水上游。又据护羌校尉邓训为追击迷唐

---

① 参见赵生琛、谢端琚、赵信：《青海古代文化》，青海人民出版社，1985年，第105页。

② 《易经·系辞》。

③ 《汉书》卷69《赵充国传》。

羌时"缝革为船,置于箄上以渡河"① 的记载和护羌校尉贯友"夹逢留大河筑城坞,作大航,造河桥,欲渡兵击迷唐"② 的记载看,水运工具之一是皮木筏子是肯定的。虽然没有明确的木船记载,但我们可以大胆猜测,既然可以以大船相连建成大浮桥,那么制作木船的尝试也应该是有可能的。

黄河天险,是青海古代交通的一大障碍。黄河古时称为大河,通常简称为河,古代人们过河经常是冬天履冰,夏天泅水,很是危险。东汉永元二年(公元 90 年),护羌校尉邓训为追击迷唐,"缝革为船,置于箄上以渡河",明确可知是用了皮木筏子。在邓训之前,这种渡河的交通工具已经出现,它应该是当地群众的发明,但由于邓训的使用而被史书记载。正是有了皮木筏子的帮助,邓训等汉军才可以顺利渡过黄河,取得军事胜利。

这种渡具,是先将牛皮或羊皮革缝制成充气袋,再置于用木杆扎成的大筏子上面,皮革隔水,木筏有浮力。这种运输工具材料易得,制作简便,又轻捷便利,因此成为当时较为普遍的水运工具。

在今天看来,这种皮木筏子太过简单,外观也不好看,似乎无法与现代精致而又美观的各种船相提并论,但在距今 2000 年的当时历史条件下,仍不失为一项重大的发明创造。

东汉和帝永元五年(公元 93 年),护羌校尉贯友"夹逢留大河筑城坞,作大航,造河桥,欲渡兵击迷唐"。这就是说,在前邓训制"革船箄"渡河的归义城(约在今贵德县黄河两岸)、逢留河(约在今循化县与化隆县交界的古什群峡)一带,建造过一座用数只大船连接的浮桥。这是见于记载的在黄河上游建造的第一座桥。这种浮桥在当时的交通运输中起了很大的作用,直到近现代一些地方还在以此为原理建造浮桥。

民国初年,青海道路未得到大的改善,畜力车运输尚未普及。区间运输以马骡为主要畜力,出口运输仰赖骆驼。

---

① 《后汉书》卷 46《邓训传》。
② 《后汉书》卷 87《西羌传》。

第二章
"羌中道"的构成与利用

　　"羌中道"是先秦及两汉魏晋时期中西陆路交通主干道东段南线的主体，以位于古羌人聚居区而得名，[①]它的开辟和使用与古代羌人有着非常紧密的联系。"羌中道"有不少支线，这些支线有的大体呈东西向相互并行，如"婼羌道"南线、"婼羌道"北线、"河湟段"等，西行可以到达西域，向东经湟水流域可至中原，向东南经岷江可至四川；也有呈东南—西北向与丝绸之路中线相连的小支线，如西平（今西宁）—张掖道、鲜水（青海湖）—酒泉道、乐都—武威道等，它们向北横切河西走廊可至蒙古草原。"羌中道"沿途修筑有不少城池、烽燧、坞堠，局部区域有完善的驿传设置。两汉魏晋时期汉羌战事以及移民、屯田、商品交换等使得大量军士、移民、屯田劳动者、商旅等人络绎于道，他们对"羌中道"使用频率的提高起了很大的助推作用。

---

①《史记》卷6《秦始皇本纪》记载，秦代秦朝的疆域"西至临洮羌中"，"羌中"按此处文意可能指今甘肃省甘南藏族自治州一带。实际上"羌中"即古羌人聚居区，两汉时期其区域包括今甘肃省西南部、四川省北部、青海省大部及新疆维吾尔自治区南部地区。因为《后汉书》卷87《西羌传》对"羌地"的界定是："滨于赐支，至乎河首，绵地千里。赐支者，《禹贡》所谓析支者也。南接蜀、汉徼外蛮夷，西北接鄯善、车师诸国。"鄯善、车师均在今新疆境内。

第一节
"羌中道"的构成及基本走向

一、"羌中道"的构成

"羌中道"是中西陆路交通主干道东段（以今青海、甘肃与新疆维吾尔自治区毗连处为界）南线的主体。周伟洲先生认为："秦汉以前，青海的羌族北与蒙古草原的匈奴，东与中原地区的汉族，就已经发生了密切的关系，并且居于青海河曲一带的羌族也有一部分向东南迁徙到今四川西北定居。因此，可以说早在秦汉之际，青海地区向北横切河西走廊至蒙古草原，向东经湟水流域至中原，向东南经岷江至四川,形成了三条主要的交通路线。"① 初师宾先生认为："所谓羌中道，

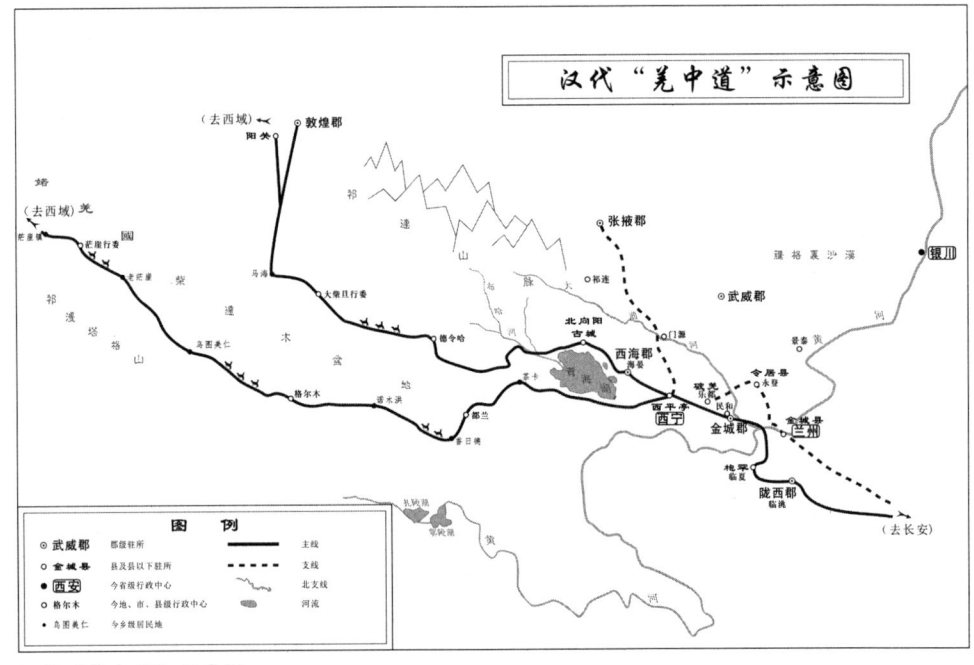

汉代"羌中道"示意图

---

① 周伟洲：《古青海路考》，载《西北大学学报》，1982 年 1 期。

即从今甘、青交界之湟水西溯，穿行于古羌人聚居地，或北出今祁连山、抵张掖与河西大道交接，或复西进，出柴达木西缘，至新疆若羌、且末直接通连西域南道。此道乃河西丝路的重要辅线。我国考古学家黄文弼、夏鼐、冯汉骥诸人在解放前和建国初期曾做过深入研究，黄先生称之为'吐谷浑道'……但我以为命名吐谷浑道似不如羌中道更切合历史序列。"[1] "羌中道"总体呈东西向，汉代大致以西平（今西宁市）为中心，东至陇西县（治狄道，今甘肃省临洮县南）、临洮县（今甘肃省岷县），可称"河湟段"，再向东延可直达长安（今西安市），向东南经岷江可至四川；西经西海（又称卑禾羌海、鲜水海，即今青海湖）、今都兰县、今格尔木市、今茫崖市，至鄯善（今新疆维吾尔自治区若羌县），称"婼羌道南线"（又称柴达木南线）；或经今德令哈市、大柴旦、马海，向北越当金山口，去阳关、玉门关，或去敦煌与河西走廊道汇合，称"婼羌道北线"（又称柴达木北线），再向西延可通达西域各国，也可至蒙古草原。

汉代的婼羌为西域三十六国之一，管辖范围很大，今青海省海西蒙古族藏族自治州格尔木市西部及茫崖市一带是其东部边缘地区，向西奄及今新疆东南部广大地区。《汉书》卷96《西域传》记载，"出阳关，自近者始，曰婼羌，婼羌国王号去胡来王，去阳关千八百里"。婼羌国以游牧为业，境内山间出铁，能自造刀、剑、甲、矛、弓等兵器。汉武帝开通西域后，婼羌王降附汉朝，汉封其为"去胡来王"。汉宣帝时，去胡来王唐兜率部至玉门关，请求内迁，遭到拒绝后，奔降匈奴，其国遂亡，部众融于匈奴族中（一说被楼兰国吞并）。

"羌中道"并非单一的线路，它还有不少支线，有的大体呈东西向相互并行，如"婼羌道"南线、"婼羌道"北线；也有呈东南—西北向与丝绸之路中线相连的小支线，如西平张掖道（又称扁都口道）、鲜水（青海湖）酒泉道（又称走廊南山道）、乐都武威道等等。"婼羌道"所经地区主要由洪积、冲积、湖积平原和沙漠戈壁组成，途经多处较优良的绿洲带，适合于古代牛、马、骆驼运输水草为先的要求。从事游牧生活的古婼羌国人，将自己制作的各种东西带出去换取谷物，而西出鄯善、且末就是他们通常选择的道路。由于生活的需要，他们经常往来于这条路线，而频繁的交易也使这条婼羌道活跃起来。因此，即使是在丝绸之路河

---

[1] 参看初师宾：《丝路羌中道开辟小议》，载《西北师院学报》，1982年第2期。

西道打通以后，它仍是一条重要的备用道。

二、"羌中道"的基本走向

（一）"河湟段"的走向

两汉魏晋时期，以"羌中道"为主体的中西陆路交通主干道东段南线今青海湖以东的一段道路可称"河湟段"。如果以西汉时的西平亭（东汉末这里是西平郡的治所）为中心，"河湟段"的具体走法是：从西平亭东行，经安夷县（治今海东市平安区），到达破羌县（约治今海东市乐都区东高庙镇老鸦城）。从破羌县分出向东、向北两条支线。向东支线可抵达金城郡（治今海东市民和县西沟乡），向北支线可到达当时的令居县（治今甘肃省永登县）。

从金城郡继续东行，过黄河，可达金城县（治今甘肃省兰州市西固区）；东南行经过河关县(治今甘肃省积石山县大河家)，可达枹罕县（治今甘肃省临夏市）。

从令居县南行，可达金城县；北行可去武威郡（治今甘肃省武威市凉州区），与中西陆路交通主干道东段的中线相接。

从金城县继续东行，经今甘肃定西市一带可抵达当时的天水郡（治今甘肃省通渭县西北），再经汉阳（郡治冀县，今甘肃省甘谷县东南）、成纪（治今甘肃省秦安县西北）、右扶风辖区今陕西宝鸡市、咸阳市，最终抵达汉都城长安（今西安市）。

从枹罕县东行，经陇西郡（治狄道，今甘肃省临洮县南），过上邽县（治今

甘肃省夏河县八角古城

甘肃省天水市清水县），大体也再经今陕西宝鸡、咸阳，最终抵达长安；从枹罕县东南行，经临洮县（治今甘肃省岷县）、武都郡（治武都道，今甘肃省成县以西）可达今四川境内；从枹罕县南行，大体经西汉所设洮州（治所在美相，今甘肃省临潭县）、湔氐道（治今四川省阿坝藏族自治州松潘县）可去今四川成都。甘肃省夏河县八角古城是羌中道所经古城之一。①

以上从金城县东行路线与从枹罕县东行的路线实际上互相有交叉，随时可以互换或合并。

从西平亭向西、向北有两条线路：

向西的线路经临羌县（治今湟源县南古城），再或向西南方向行，过日月山，沿青海湖南岸西行，与"婼羌道"南线接；或向西行，抵达西海郡（治今海晏县三角城），沿青海湖北岸西行，与"婼羌道"北线接。

向北的线路又叫西平—张掖道（简称"平张道"，又称扁都口道），经长宁亭（今大通县后子河乡长宁村），在今门源县浩门镇一带过大通河，继续北行，经今祁连县俄博，穿大斗拔谷（扁都沟），经今甘肃民乐县前往张掖郡（治今甘肃省张掖市甘州区），与河西走廊道衔接。

（二）"婼羌道"的走向

西汉时期，中西陆路交通主干道东段南线"羌中道"之今青海湖以西段可称为"婼羌道"，它又分"婼羌道"南线和"婼羌道"北线。南线基本上沿青海湖南岸、柴达木盆地南缘西行，北线基本上沿青海湖北岸、柴达木盆地北缘西行转西北行。

"婼羌道"南线的基本走向大体是：从金城郡、临羌县过日月山，再或经今共和县，过支东拉加古城（在今兴海县河卡乡宁曲村），到今乌兰县茶卡镇；或紧依青海湖南岸西行，翻过橡皮山，到今茶卡镇。从茶卡镇继续西行，经今都兰县城，到都兰县香日德镇。香日德镇有西汉末至新莽时期所筑南垗墩、北垗墩，它是"羌中道"主线途经柴达木盆地南缘的重要遗迹、有力凭证。从香日德向西，到诺木洪一带，从此处可分向西、向北的两条岔道：

向西的岔道是"婼羌道"南线的主线，经今格尔木市进入当时婼羌国境域的

---

① 据《中国国家地理》2009 年第 11 期刊载的宋晖：《八角古城——遗落在丝绸之路上的城池》一文记载，今甘肃省夏河县甘加滩东部央曲河和央拉河交汇的台地上有一座八角城，城墙为空心十字形，有 8 个角，16 个外角和 20 个面。每个外角上建有凸出的马面，或称墩台。城墙高 6～13 米，城墙底宽 11～13 米，包括内城和外郭两层城墙。内城周长 1960 米。此城是西汉时期的古城，这里曾是"羌中道"上的重要通道。

新疆红柳沟

新疆米兰古城局部

茫崖甘森西 70 里特勒窑洞

高诀儿泉

今乌图美仁乡一带，涉过那楞格勒河，进入今茫崖市辖区，继续沿祁漫塔格山北麓西行，又经甘森，特勒窑洞、自流泉（蒙古语叫高诀儿泉）、今花土沟镇、茫崖镇，出今青海省境，经噶斯池（即乌苏肖，或译乌曾学、乌宗肖、乌曾肖，清代的记载中作乌宗硕，在今茫崖市茫崖镇以西新疆维吾尔自治区若羌县依吞布拉克镇境内），经过巴士库尔干（又作"巴什考供"或"巴什考贡"，汉语称为红柳沟口），出阿尔金山口，再经米兰古城[①]，与位于鄯善国（治今新疆维吾尔自治区若羌县）境内的中西陆路交通主干道西段衔接，其走向与现今 315 国道大致相同。

向北的岔道，可去今大柴旦镇，与"婼羌道"北线相连接。

2015 年 8 月，笔者随青海省政协学习文史委员会组织的"重走古丝绸之路青海道小组"走过这条线。特勒窑洞在甘森西约 35 公里处公路南侧约六七十米的地方，位于戈壁滩雅丹地貌的大土包上，土包向阳的一面开挖有窑洞，是古丝绸之路上一个供行人避风雨的休息点。继续西行约

---

① 米兰古城遗址属全国重点文物保护单位，位于新疆维吾尔自治区若羌县城东 40 公里处，由唐代吐蕃古戍堡和周边分布的魏晋时期的古建筑群遗址，以及汉代屯田水利工程设施和伊循城遗址所组成。古代米兰是塔克拉玛干沙漠南面的一个古代绿洲城市，坐落在丝绸之路上的罗布泊与阿尔金山脉的交会处。

30公里，穿过寸草不生的戈壁滩，大致在今303省道与315国道相合的地方，公路北侧有个直径约4米的泉，名叫自流泉。这处甘甜的泉水在荒漠戈壁滩上异常珍贵，无论是汉晋时期的"婼羌道"南线，还是后来的吐谷浑道西线、青唐道西线，基本上都绕不开它，都需要在这里取用宝贵的水资源，所以，这个泉的位置可以说是古丝绸之路上的重要坐标之一。

玉门关

"婼羌道"北线的基本走向大体是：从青海湖东北畔的西海郡西行，经汉代古城址尕海古城（在今海晏县甘子河乡尕海村）、北向阳古城（在今刚察县吉尔孟乡）、南向阳古城（在今刚察县吉尔孟乡），继续西行，沿柴达木盆地北部水草带（赛什腾山之南），约在今天峻县关角乡一带分出向西南、向西的两条岔道：向西南的岔道到今茶卡镇与"婼羌道"南线连接；向西的岔道经今乌兰县、德令哈市、大柴旦镇、马海村，西北行，翻越阿尔金山脉，出当金山口，抵达河西走廊的敦煌郡，与河西走廊道衔接，

阳关

然后经玉门关[①]、阳关[②]西去西域。

位于柴达木的南北两条支线是在盆地的绿洲间跳跃行进的，在其向西延伸的过程中，两线彼此间有多处互相连通对接的站点，例如都兰县香日德经铁卜圭可与德令哈市怀头他拉互通；格尔木经察尔汗、小柴旦可与大柴旦互通；乌图美仁沿河而下可与沙梁子互通；鱼卡经茶冷口可与茫崖互通；当金山口经冷湖、俄博梁可与茫崖互通；大草滩经库什哈、拉配泉可与索尔库里互通，等等。[③]

吴景敖先生研究认为："由巴隆河流域通和阗之道有三：其一由巴隆西北出柯力克（柯鲁沟）经巴格柴达木（小柴旦）、伊克柴达木（大柴旦）、当金山口至甘肃敦煌南湖，合阳关古道而西。此当系铁勒入侵吐谷浑之简道，内由柯力克至敦煌一段，且曾为西北行营甘青经济考察团之经行路线；其二，由巴隆西渡奈直河，过哈济、噶司，西北经乌尔腾、格孜湖（格孜库勒）入新疆境，横越阿尔金山出婼羌，与自阳关西来之第一线合而西向，此当为吐谷浑与龟兹及乙弗之交通干线，内由乌尔腾至婼羌一段，且为近年甘、青、新边境哈萨克人经常流徙之通路；其三，由哈济西南经布轮台，溯楚拉克阿干河谷入新疆境，西越阿尔金山，顺阿雅克库木湖（亦作阿雅格库木库里湖）过巴什莫尔根，顺车尔成（卡墙）河源西下，出且末，再与自阳关及格孜湖西来之第一线、第二线合而西向，经克里雅（今于田）至和阗，此第三线自巴隆以迄和阗全程，曾为英人 P.费莱明所通过。亦即现今西宁、和阗间之队商行道也。"[④]上面引文中提到的"哈济"一作"哈吉尔"，即今格尔木市乌图美仁乡一带；"通新"指 1939 年从都兰县析置的通新设置局，驻地是今德令哈市；"噶司"似乎指今茫崖市尕斯库勒湖；"格孜湖（格孜库勒）"即尕斯库勒湖，清代蒙古族称它噶斯淖尔或噶顺淖尔，哈萨克族称它格孜库勒湖。上面引文中吴先生对"噶司"和"格孜湖（格孜库勒）"的表述有点矛盾，似乎

① 玉门关，始置于汉武帝开通西域道路、设置河西四郡之时，因西域输入玉石时取道于此而得名。汉时为通往西域各地的门户，故址在今甘肃敦煌西北小方盘城。元鼎或元封中（公元前 116 年～前 105 年）修筑酒泉至玉门间的长城，玉门关当随之设立。据《汉书·地理志》，玉门关与另一重要关隘阳关，均位于敦煌郡龙勒县境，皆为都尉治所，为重要的屯兵之地。当时中原与西域交通莫不取道两关，曾是汉代时期重要的军事关隘和丝路交通要道。

② 阳关遗址位于甘肃省敦煌市南湖乡南工村西 1 公里处，始置于汉武帝开通西域道路、设置河西四郡之时。面积约 550 万平方米。暴露有黄土夯筑房屋残基以及窑址、墓葬。地表采集有五铢钱币、铁农具等。地表散见绳纹灰陶片。

③ 参见陈良伟：《丝绸之路河南道》，中国社会科学出版社，2002 年，190 页。

④ 吴景敖：《西陲史地研究》，上海中华书局，1948 年印行本，第 7 页。

都指的是今茫崖市尕斯库勒湖，比较费解。我认为，如果把"格孜湖（格孜库勒）"换成噶斯池（即乌苏肖，或译乌曾学、乌宗肖、乌曾肖，清代的记载中作乌宗硕，在今茫崖市茫崖镇以西新疆境内）就好理解了。

第二节
两汉魏晋时期与"羌中道"相关的驿传设置

一、河湟地区驿传的出现及其设置概况

中国的驿传制度自殷商时创立后代代相传,逐步形成了严密的系统。春秋战国时,置邮而传命,信使往返不绝,用以传递政治和军事消息的驿传已相当普遍。秦统一六国后,车同轨,书同文,在全国修筑驰道,建成了以国都咸阳为中心通向全国主要地区的交通网,在主要的交通道上设邮亭驿舍,首创秦朝邮驿法令,使我国邮传制度开始得到完善和发展。这一时期居住在青海地区的羌人,处于"不立君臣,无相长一"[①]的互不统属的氏族部落社会,互相间虽有通使和通信的往来,但尚处于氏族部落的他们,不可能有驿传的设置。

汉承秦制,驿传制度进一步完备。青海地区的国家邮驿业是从青海地区归入统一的中央封建王朝的版图开始的。汉初,匈奴冒顿兵强,其势力异常强大,河湟羌人慑于匈奴威力,臣服于匈奴。匈奴经常入侵西汉边境,对西汉造成很大的威胁。到了汉武帝时,西汉王朝国力强盛,采取了一系列根除匈奴威胁的军事行动。元狩二年(公元前121年),骠骑将军霍去病率骑兵两次进击浑邪王、休屠王所居的匈奴右地,割断了匈奴与羌人的联系,完成了西汉王朝开地河西的壮举,使河西走廊出现了"空无匈奴"[②]的局面。元鼎二年(公元前115年),西汉在今甘肃省永登县境设令居县,加上黄河以南的枹罕县(治今甘肃省临夏市)、安故县(治今甘肃省临洮县西南)等,河湟羌人已处于汉军半圆形的包围之中,日益感到了失去土地的危险。元鼎五年(公元前112年),"西羌众十万人反,与匈奴通使,攻故安(按:《西羌传》作安故)围枹罕"[③]。元鼎六年(公元前111年),西

---

① 《后汉书》卷87《西羌传》。
② 《史记》卷123《大宛列传》;《汉书》卷61《张骞传》。
③ 《汉书》卷6《武帝纪》。

汉以十万兵力，"遣将军李息、郎中令徐自为征西羌，平之"[1]。汉军在此次战争中深入河湟地区，羌人经不起汉军的强大攻势，"羌乃去湟中，依西海、盐池左右。汉遂因山为塞，河西地空，稍徙人以实之"[2]。汉始置护羌校尉，统领西羌。以上史实说明，自元鼎六年汉军西逐诸羌，羌人被迫离开土地肥美的湟中地区，西汉移民实边时起，青海东部地区已归入西汉王朝的版图。

汉代驿传制度是在交通要道上隔几十里（一般为 30 里左右）置一驿，负责传递文书及供应来往官员食宿，以通达政令。驿站配置有马匹、马车、食厨、宿舍等设施。驿与驿之间或不设驿的一般道路上，则由主察奸盗的亭兼管文书传递。亭也可止宿。东汉时取消了马车，只设有驿骑。

甘肃嘉峪关市出土魏晋汉画像砖中的驿传使者

从汉简的记载看，邮驿事务至少在边郡系属都尉管理。驿的主管官员为置尉、置佐、驿候、置候、驿丞，下属有驿小史、传舍斗食啬夫等。驿传所需人夫车马由官府置备，但也有征发民夫和民间车马的。

西汉自元鼎六年（公元前 111 年）开地河湟后，由于军事需要，创建了一批河湟地区最早的邮亭。据《汉书·赵充国传》载，西汉神爵元年（公元前 61 年），后将军赵充国来湟中攻打、安辑先零诸羌，"时羌降者万余人"。赵充国向宣帝上的《屯田奏》中曰："计度临羌东至浩门，羌虏故田及公田，民所未垦，可两千顷以上，其间邮亭多败坏者。臣前部士入山，伐木材大小六万余枚，皆在水次，愿……冰解漕下，缮乡亭，浚沟渠，治湟陜以西道桥七十所，令可至鲜水左右。"赵充国列举屯田十二便，其中第六便也提到"以闲暇时，下所伐材，缮治邮亭，充入金城"。由此引文知，神爵初赵充国在河湟地区设立郡县以前，已有汉代"公田"和亭。"其间邮亭多败坏者"，表明湟水流域汉代邮亭非止一处。赵充国见多

①《汉书》卷 6《武帝纪》。
②《后汉书》卷 87《西羌传》。

处邮亭败坏，才认为有加以修葺的必要。

汉时的邮亭，是乡以下的地方基层行政组织，建制是十里一亭，五里一邮，十亭一乡。《汉书·百官公卿表》曰："十里一亭……十亭一乡。"《风俗通》曰："汉家因秦，大率十里一亭。"《汉官仪》曰："十里一亭……五里一邮。"这说明汉亭遍设全国，每个亭还设有亭长、亭侯、亭卒等，这是在全国内地普遍实行的一种行政制度。而汉代在边境所设的亭与内地的亭有所不同。因为地理上、军事上和经济上的关系，边境的亭负有特别重大的防守任务，当然也传递军事消息，具有邮站性质。边境地区往往是把亭、传、驿、邮重叠于一处，相互通用。河湟地区的汉亭即属于这种性质。

河湟地区西平亭、长宁亭、东亭（约在今西宁市东郊乐家湾一带）、邯亭（即邯川城，今化隆县南黄河北岸的甘都堂）、罗亭（约在与和罗谷相对的黄河南岸今尖扎县境）的先后设置和使用，加强了该地区各道路间的联系，对丝绸之路青海道的保障与利用具有重大意义。

汉代的驿传，组织严密，效率很高。例如文书的传递，举凡传递的方向，文书的性质（书檄、诏书等），封数及其装束，发文者的封泥印章，收文的单位或人员，传受的邮站及其吏卒姓名，邮站收发时刻，规定的里程和时程，传送的方法（如邮行、亭行、次行、吏马行）等，都要做详细记录，即"邮书课"。不按规定失期失程的要依律受罚。紧急文书则由驿骑持赤白囊递送，称"奔命书"。三个骑士接力传递，一昼夜的行程最快时可达500公里。如赵充国在河湟的奏书和宣帝的复诏由驿传紧急传送，"六月戊申（二十八日）奏，七月甲寅（初五日）玺书报从充国计焉"[1]。长安到西平往返约4000里，7天里文书一往返，奏书的传达、研究、决议和作复的时间以一天计算，就算扣除非途中1天，驿骑一昼夜平均行程也近700里，更何况是要跨越众多的大河激流和高山峻岭的新辟路线而非通坦大道，可见，其速度是相当惊人的。

二、烽燧、坞堠的修筑

烽燧是同亭相关联的交通安全设施，秦汉边境地区的城塞之间，烽燧相连，派驻戍卒守望，连列呼应，传递边疆军事消息。《文选·北征赋》注引《仓颉》曰："障，

---

[1]《汉书》卷69《赵充国传》。

小城也。"《汉书·武帝纪》注:"师古曰:汉制,每塞要处别筑为城,置人镇守,谓之候城,即此障也。"《说文》曰:"燧,塞上亭守烽者",是燧所在的烽火台即守烽火之亭。《汉书·匈奴传》谓武帝时"建塞徼,起亭燧",故燧亦可以称亭。[①]以上引文说明障、燧等是军事防御哨戒候望系统中的基层单位,障有方形的城垣,燧有烽火台和屋舍。典籍中与汉简中烽燧连举者有两义:一指烽火,一指亭。[②]王国维指出,记邮书之簿的简,"皆燧卒致之长,或卒受之,以次传送至他燧,可见汉时邮递之制,即寓于亭燧中,而书至日时与吏卒姓名均有记录,可见当时邮书制度之精密矣"[③]。陈梦家先生在考证河西额济纳河(今弱水北端)两岸邮治时指出:"邮为传递文书的专门机构,它与亭、传、置、驿并为大道上有关交通的设置,且往往重叠于一处互相通用……所谓邮站,多数为燧,少数为亭、驿、关。"[④]该地区出土有汇录邮课书(指专门记载邮书往来的簿录)及记载上下邮站(亭燧)间邮程的汉简,证明亭燧也具有传授邮书的邮站之职能。汉时,青海与河西在地理位置、军政建置等方面有一定的相近之处,所以考察青海汉代的邮驿情况,不能不注意青海境内的障塞亭燧。《汉书》卷69《赵充国传》在赵充国所上《屯田奏》中说:"今留步士万人屯田,地势平易,多高山远望之便,部曲相保,为堑垒木樵(师古曰:樵与谯同,谓为高楼以望敌也),校联不绝(如淳曰:播校相连也),便兵弩,饬斗具,烽火相通,势及并力,以逸待劳,兵之利者也。"赵充国向朝廷建议在河湟地区开展屯田,并在屯田分布区交通线路旁的高岭上视野开阔处建木樵(高楼),这样瞭望清晰,加之有烽烟可作联络,有堑垒可防偷袭,便于部队集结、战守。这些建议后来得到朝廷批准,都陆续得到了落实。这证明河湟地区在西汉时已营垒相次,烽火相通,传递军事情况的烽障亭燧已成系统。

《后汉书·西羌传》记载:"至王莽辅政,欲耀威德,以怀远为名,乃令译讽旨诸羌,使共献西海之地,初开以为郡,筑五县,边海亭燧相望焉。"元始四年(公元4年),王莽在青海湖地区设置西海郡,郡下设置并修筑五县,且环湖而居。今都兰县香日德镇现存的南、北坼堠和乌兰县茶卡镇的烽火台,以及兴海县河卡

① 参见陈梦家:《汉简缀述》中《汉简所见居延边塞防御组织》一节,中华书局,1980年。
② 参见陈梦家:《汉简缀述》中《汉代烽燧制度》一节,中华书局,1980年。
③ 王国维:《观堂集林》卷17《敦煌汉简跋》十一。
④ 陈梦家:《汉简缀述》中《汉简考述》一节,考古学专刊甲种十五号,中华书局,1980年。

乡的切吉烽燧等应即当时所筑，今刚察县吉尔孟乡东南的南向阳古城遗址、刚察县吉尔孟乡青海湖北山南麓环湖公路114公里处的古城遗址，即为当时所筑亭城现今仍存在者。那时修筑的城、亭、燧数量较多，以致出现"边海亭燧相望"的景象，这说明即使在较边远的环青海湖地区，汉廷所置的亭燧也能相望于途。每当夜间，传递军事消息的烽烟燃起时，环湖地区的上空就可鸟瞰到烽火灿若星辰的景观。

东汉建武时，朝中诸臣认为金城郡破羌县（所治在今乐都老鸦城）以西，"涂远多寇，议欲弃之"。唯马援力主不能放弃河湟地区，光武帝采纳了马援的意见。"援奏为置长吏，缮城郭，起坞候（《字林》曰：坞，小障也，一曰小城），开导水田，劝以耕牧，郡中乐业。"[1]马援在河湟地区除修缮城郭外，还建造了许多坞候。坞为小障或小城，候为边境地区用于伺望侦察的土堡。《后汉书》有坞候、亭候等连用的例子，如《光武帝纪》记载，光武十二年，"筑亭候，修烽燧"。坞候、亭候都与军事通信有关。可见，烽燧、坞堠、亭作为与军事有关的通信手段、丝绸之路上的报警保安设施，曾发挥过重要的作用。这些设施对"羌中道"的畅通具有重要的保障作用。

三、河湟地区的若干邮驿路线

（一）西平以东的邮驿路线

西汉武帝时西逐诸羌后，在今西宁市设置西平亭。东汉建安年间设西平郡，治西都，即今西宁。自西平亭向东，至东亭（今西宁市东郊乐家湾）；再向东至安夷（约在今海东市平安区平安镇一带），神爵二年（公元前60年）设县；再向东，至洛都（即今海东市乐都区），汉平帝永明元年（公元58年）汉将军马武与羌人初战浩门隘，再战于洛都谷；再向东，至破羌县（约治今乐都老鸦镇），汉宣帝神爵二年（公元前60年）设；再向东北，经冰沟、渡浩门河（今大通河），至浩门县（治今甘肃省永登县西南河桥驿一带）；再向东南，可至金城县（治今兰州市西固区）。邮路继续向东可伸至京城长安。

从浩门向南渡过湟水，可达金城郡治所允吾县（约在今民和县西沟乡古城垣），由允吾再南，在古什群峡、大河家等渡口渡黄河后，经河关县（治今甘肃省积石

---

① 《后汉书》卷24《马援传》。

山县大河家镇）可达枹罕县（治今甘肃省临夏市）。

从浩门东北行，经令居县（治今甘肃省永登县东南），可达河西走廊。

（二）黄河两岸的邮驿路线

西汉时河关县置于汉宣帝神爵二年（公元前60年），治所在今甘肃省积石山县大河家镇，从金城郡到枹罕县路经河关县。东汉时还设有罗亭（约在黄河南岸的尖扎县境），护羌校尉侯霸所置逢留屯田二部，应在今贵德县、尖扎县一带，估计河关至罗亭有驿路相通。汉和帝时，护羌校尉贯友进击迷唐，"友乃遣兵出塞，攻迷唐于大、小榆谷（约今青海海南、黄南藏族自治州黄河以南部分地区）……遂夹逢留大河，筑城坞，作大航，造河桥，欲度兵击迷唐"[1]。汉在逢留大河造河桥之地，约在今贵德县黄河沿边一带。自罗亭北渡黄河，可东至邯亭（在今化隆县甘都堂）。汉和帝时，护羌校尉侯霸曾置东、西邯屯田五部。[2] 自邯亭北行，可至破羌县（今乐都区）。《后汉书·马武传》载，永平元年（公元58年），"西羌寇陇右，覆军杀将，朝廷患之，复拜武捕虏将军……将乌桓、黎阳营、三辅募士、凉州诸郡羌胡兵及弛刑，合四万人击之。到金城浩门，与羌战，斩首六百级，又战于洛都谷，为羌所败，死者千余人。羌乃引众出塞，武复追击到东、西邯，大破之。斩首四千六百级，获生口千六百人，余皆降散。"[3] 自邯亭至洛都（乐都）后，与西平以东邮路相连。

（三）西平以西的邮驿路线

自西平亭向西，至临羌县（西汉故城约在今湟源县南古城，东汉新县在今湟中县多巴镇），再向西北，至西海郡治龙夷城（今海晏县三角城）。西海县下属五县环湖而居，"边海亭燧相望"，说明邮路通信畅通。

上述邮驿路线虽缺乏专门的明确记载，但从汉时郡、县、邮亭、障塞亭燧等设置的规制，与此相关事件的历史记载等推断，联络当时郡城与郡城、郡城与各县城、各县城之间以及郡城、县城与亭障间的邮驿之存在是没有疑问的。

---

① 《后汉书》卷87《西羌传》。

② 《后汉书》卷87《西羌传》。

③ 《后汉书》卷22《马武传》。

第三节
"羌中道"使用事例选介

一、张骞欲从"羌中道"回国未果

秦末汉初，游牧于北方草原的匈奴日渐强盛，匈奴还加强与羌人在祁连山两侧的交通联系。西汉武帝时，为扭转匈强、汉弱的局面，同时为阻隔匈奴人与羌人间日益密切的联系，汉武帝决定联络已西迁的大月氏夹击匈奴，以打通丝绸之路，于是派张骞出使西域。建元三年（公元前 138 年），张骞与堂邑父等一百多人，从长安出发西行，不料中途遭匈奴俘虏。匈奴单于把张骞囚禁起来，还让他在匈奴娶妻生子。10 年后，张骞和随从两人逃出了匈奴的控制，取道车师国（今新疆维吾尔自治区吐鲁番盆地），进入焉耆（今新疆维吾尔自治区焉耆县南），接着沿塔里木河西行，经龟兹国（今新疆维吾尔自治区库车市东）、疏勒国（今新疆维吾尔自治区喀什市）等地，翻越葱岭，到达大宛（西域国名，都贵山城，今乌兹别克共和国卡散赛）。公元前 128 年，张骞启程回国，此时他已经搜集了丝绸之路腹地包括大宛、大夏、康居等的大量资料。为吸取前往匈奴时被拘留的教训，张骞"并南山，欲从羌中归"[1]。他绕远路从葱岭沿昆仑山北麓而行，经莎车、于阗（今新疆维吾尔自治区和

陕西汉中张骞塑像

---

[1]《汉书》卷 61《张骞传》。

田市）、鄯善（今新疆维吾尔自治区若羌县），打算越阿尔金山，进入柴达木地区东行，但不幸又被匈奴擒获。两年后，即公元前126年，匈奴单于死去，张骞乘机带随从堂邑父和匈奴妻子逃脱，终于回到了长安。后来张骞被封为大行，位列九卿。尽管张骞没有途经青海，但"羌中道"有赖张骞通西域事件而为人们广泛知悉。张骞出使西域是代表国家的行为，所以后人一般称张骞有"凿空"之功，以张骞出使西域作为"丝绸之路"开通的标志。由于《史记》卷123《大宛列传》、《汉书》卷61《张骞传》等典籍的记载，"羌中道"声名大震，丝绸之路青海道从此为外界所知晓和认可。

二、李息平羌之战使"羌中道"的利用率开始提高

秦始皇统一中国后，兵不西行，河湟地区羌人得到很大的繁息和发展。秦汉时期，古羌人的分布中心是"滨于赐支，至乎河首"[①]的地区，即今青海省地区，向东奄及今甘肃省中东部的广大地区，向南在今四川省西北、西藏自治区东北也有分布，向西伸入今新疆维吾尔自治区南部，向北延至甘肃省河西走廊。汉代活动在今甘青地区的羌人种落有八九十个，主要的有先零羌、钟羌、封养羌、牢姐羌、烧当羌、罕羌、开羌、卑禾羌、烧何羌、卑湳羌、当煎羌、勒姐羌等等。其中，钟羌一度有"胜兵十余万"，[②]先零羌也曾有数万人。其余大者万余人，小者数千人，互相争战、抢掠，盛衰无常。西汉初，北方匈奴日益强大，羌人只得臣服于匈奴。汉武帝时（公元前140～公元前87年），汉朝在今甘肃河西地区设置郡县，隔绝羌胡。元鼎五年（公元前112年），先零羌和封养、牢姐等羌种解仇结盟，与匈奴采取联合行动，共出兵十万，攻击汉令居（治今甘肃省永登县）、安故（治今甘肃省临洮县西南）二县，围枹罕县（治今甘肃省临夏市）。[③]当时河湟地区的羌人与匈奴合兵共攻令居时，走的正是乐都武威道：青海先零、封养、牢姐等羌由乐都北行，顺水磨沟越乐都北山（今互助县北山东）进入大通河流域，到今甘肃省天祝县天堂寺一带；河西走廊的匈奴则从武威南行，经武威南的张掖（今张义

---

① 《后汉书》卷87《西羌传》。

② 《后汉书》卷87《西羌传》。

③ 《后汉书》卷87《西羌传》记载："时先零羌与封养牢姐种解仇结盟，与匈奴通，合兵十余万，共攻令居、安故，遂围枹罕。汉遣将军李息、郎中令徐自为将兵十万人击平之。始置护羌校尉，持节统领焉。羌乃去湟中，依西海、盐池左右。汉遂因山为塞，河西地空，稍徙人以实之。"

堡），翻姑臧南山（祁连山），也到今天祝县境，然后合兵进攻。[①]

元鼎六年（公元前111年），汉朝派将军李息、郎中令徐自为率军进击羌人。羌人战败后，一部分降顺汉朝廷，其首领有的被封侯；一部分则从湟水流域退到环青海湖地区。汉朝在令居设护羌校尉，管理羌人事务，并开始向湟水流域迁移汉族农民，开辟农田。汉朝还在今西宁等处设立西平、长宁等邮亭；并"因山为塞"，即利用山体之险作为塞垣；修筑烽火台，传递信息。李息、徐自为平羌事件前后，无论羌人进攻，还是汉军反击，都曾行走在"羌中道"上，还有邮亭、塞垣、烽火台的创置，都使"羌中道"利用率得到提高。

三、赵充国平羌战使"羌中道"的路况进一步改善

汉武帝元鼎年间（公元前115～公元前111年）先零羌反汉失败后，时时图谋返回湟水流域。武帝后元元年（公元前88年），先零羌豪与匈奴通使，约定共同反汉，夺回失地。汉宣帝本始末（公元前70年），先零羌首领提出返回湟水以北，在不宜农耕处畜牧的要求。不等汉廷表态，羌人已强行来到湟水以北，汉廷禁止不了。元康三年（公元前63年），先零羌与罕、开等羌首领解仇交质盟誓，计划向匈奴借兵，共同反汉。神爵元年（公元前61年），羌人开始大规模联合反汉。于是汉军反击，遂发生了西汉杰出的军事家，76岁高龄的赵充国平羌之战。《汉书·赵充国传》对战役路线和匈、羌间的交通记述甚详。汉宣帝询问赵充国对形势的看法，赵充国回答："观匈奴欲与羌合，非一世也……疑匈奴更遣使至羌中，道从沙阴地，出盐泽，过长阬，入穷水塞，南抵属国，与先零相直。臣恐羌变未止此，且复结联他种，宜及未然为之备。"后月余，羌侯狼何果遣使至匈奴借兵，欲击鄯善、敦煌以绝汉道。充国以为：'狼何，小月氏种，在阳关西南，势不能独造此计，疑匈奴使已至羌中，先零、罕、开乃解仇作约。到秋马肥，变必起矣。宜遣使者行边兵豫为备，敕视诸羌，毋令解仇，以发觉其谋。'"[②]

初师宾先生研究认为，上面引文中匈奴绕道羌中所过之地提到的"沙阴"，当指漠北；从"出盐泽"句知，匈奴使者似先西至车师（今新疆吐鲁番西北）、鄯善（今新疆若羌东米兰）以东，由今罗布泊（《史记》卷123《大宛列传》称

---

① 参见欧华国主编：《青海公路交通史》（第一册），人民交通出版社，1989年，第27页。

② 《汉书》卷69《赵充国传》。

罗布泊为"盐泽")南出而行;"长阮"的"阮"字多作低洼地,可能即今柴达木盆地。"穷水塞",疑是武帝所筑令居以西塞名之一,当偏西。"属国",即金城属国,神爵二年置,在湟水流域。[①]从上面引文中赵充国的分析中可知,匈奴与羌人联系交往主要是取道西域,通过羌西的狼何、小月氏东入羌中进行的,也就是说西域与羌中道相通连,其往来活动十分频繁。

赵充国平羌过程中,采取区别对待、宽严相济,以军事打击与政治瓦解相结合的策略,很快取得了胜利。汉宣帝听从赵充国建议,取胜后遣返骑兵,留步兵万人屯田,并令屯军在屯田分布区交通线路旁的高岭上视野开阔处建木樵(高楼),以便瞭望侦伺;修筑烽火台和堑垒,以利传递信息和防羌人偷袭;伐树木,修缮乡亭,在湟水中上游搭建70座桥梁。[②]一时间,丝绸之路"羌中道"上出现了"堑垒木樵,校联不绝"、"烽火相通"、桥梁毗邻的局面。初师宾先生研究认为,赵充国平羌"这次重大军事活动的一个积极结果,是彻底打通了羌中道"[③]。在赵充国平羌安边过程中及其后不久,汉在河湟地区新置7县,金城郡所辖由6县扩为13县,郡治也由今兰州市西北迁至允吾县(治今青海省民和县西沟乡古城垣)。从此,青海东部正式纳入中原封建王朝郡县管辖体系之中。此后不久,为加强郡城与各县城、各县城相互之间的联络,以及郡城、县城与亭障间的联络,河湟地区的邮驿设施初步陆续得以建立,"羌中道"东段的路况得到进一步改善。

赵充国平羌时,汉宣帝在诏令中曾提到罕开羌在秋收后要进犯酒泉和敦煌二郡。当时罕开羌的位置在青海湖西北地区,如果进犯河西走廊,正好走鲜水(青海湖)至酒泉道(又称走廊南山道)。宣帝要求辛武贤率部南下,深入800里到达青海湖以北的祁连山,然后与赵充国共同统兵西进,行1200里合击罕开羌。这次行军作战计划虽因赵充国据理力争而未能付诸行动,但至少说明,鲜水酒泉间的这条通道在那时就已是存在的。鲜水至酒泉的道路,是自青海湖西北溯布哈河行,北越托勒南山,接呼蚕水(今托勒河),再沿水而下,北出祁连山至酒泉,与丝绸之路相接。

---

① 参见初师宾:《丝路羌中道开辟小议》,载《西北师院学报》,1982年第2期。

②《汉书》卷69《赵充国传》所记原文是:"治湟陿以西道桥七十所,令可至鲜水左右。"

③ 参见初师宾:《丝路羌中道开辟小议》,载《西北师院学报》,1982年第2期。

四、新莽时期对"羌中道"的使用

汉平帝元始四年（公元 4 年），权臣安汉公王莽派中郎将平宪等多带金钱财物，来到青海湖地区，召集当地羌人各部落大小头目，按他们的身份等级，分别送上数目令他们十分满意的钱物。卑禾羌大头目良愿得到的钱物最多，以他为首的众头领向朝廷献出了环湖地区，汉廷在这里设立了西海郡。史称这一时期青海湖地区"边海亭燧相望焉"。①20 世纪青海省考古部门在环青海湖地区发现的 7 处汉代城堡遗址、多处坞堠，均基址宽厚，夯筑坚实，印证了史书的记载。

西海郡设立后，王莽又增立新法 50 条，凡触犯新法者被强制迁到西海郡。一两年内，被迁到环青海湖地区的内地汉族人竟达到万余人。被迁来的汉族农民和地方官员、郡县兵等大多被安置在郡城居住，也有的被分散安置在各县城中。这些"犯法者"不适应高原气候，加之环青海湖地区的农耕条件比内地差，他们的生活遇到很大困难，于是对王莽充满了怨气。当地羌人由于被诱迫离开有丰美水草的家园，来到险阻之地，内心也十分不满。

王莽居摄元年（公元 6 年），众羌人经过一个时期的酝酿、准备，终于在首领庞恬、傅幡等的领导下，开始攻打西海郡城，想夺回自己的家园。当时西海郡的太守是程永，他见羌人人数众多，便仓皇弃城逃跑，后来被王莽问罪斩首。②太守程永逃走后，郡都尉派人向护羌校尉窦况禀报紧急军情，窦况立即差人向朝廷告急。王莽急令窦况率大军西进。庞恬、傅幡带领羌人攻占郡城和部分县城后，杀了一部分官民，这时见窦况大军压境，自料不是对手，便派人往见窦况，表示愿意归降，但请求朝廷允许他们回到水草丰美处放牧。窦况答应卑禾等羌的要求，但表示决不放过庞恬、傅幡等带头闹事者。庞恬、傅幡负隅顽抗，被汉军击败斩首。王莽末年，农民起义在全国各地爆发，新莽政权摇摇欲坠，已无力经营远在边陲的西海郡。西海郡的官员和驻军陆续自行退回内地，使防务空虚，羌人趁机占领了西海郡地。西海郡从始设到废止，前后存在了约 19 年时间。西海郡存在期间和后来的一段时期内，青海湖环湖地区以及柴达木盆地人口剧增，丝绸之路

---

① 《后汉书》卷 87《西羌传》载："至王莽辅政，欲耀威德，以怀远为名，乃令译讽旨诸羌，使共献西海之地，初开以为郡，筑五县，边海亭燧相望焉。"

② 《汉书》卷 99《王莽传上》载："是岁，西羌庞恬、傅幡等怨莽夺其地作西海郡，反攻西海太守程永，永奔走。莽诛永，遣护羌校尉窦况击之。二年春，窦况等击破西羌。"

青海道的东段一度行人络绎不绝，十分繁盛。

五、东汉时汉羌战事对"羌中道"的使用

西汉时的平羌之战，使大量古羌人成为汉朝臣民。东汉前期，青海羌人一再攻袭汉朝边郡，被东汉军队平息下去。到了东汉中后期，随着统治阶级的日益腐朽，对羌人的盘剥和压迫越来越重，羌人被迫掀起五次较大规模的武装反汉起义。这些起义最终都被东汉王朝残酷镇压下去。羌人与东汉朝廷间的战事前后断续绵延逾百年，交战次数大大小小超过数百次，战事范围波及今青海、甘肃、宁夏、陕西等省区。由于战事频繁，出于行军、辎重运输等的需要，"羌中道"利用率得到提高。百余年间"羌中道"上行人、车马络绎不绝。以下是羌汉战事中的几个片断。

（一）东汉镇压羌人第一次大起义之战（公元 77～102 年）

汉章帝建初元年（公元 76 年），安夷县（治今青海市平安区）的一个官吏，因强占卑湳羌部落某羌人的妻子而被羌人杀死，安夷县长宗延率兵追捕凶手，一直追到了边境外。卑湳羌人见宗延一味追杀，害怕会连累部族的其他人，于是联合起来杀死了宗延。金城太守联合陇西郡（治今甘肃省临洮县南）兵进剿卑湳羌。卑湳羌和勒姐羌（居住在勒姐岭，即今拉脊山）和吾良羌（约活动于今尖扎县一带）联手，共同攻打东汉边境城池。金城、陇西两郡兵一同前去镇压。双方在和罗谷（今化隆县境内）发生激战，结果卑湳羌战败，死伤数百人。第二年，爆发了以烧当羌为主，联合烧何、封养、当煎、当阗、卑湳等羌及湟中月氏胡、属国卢水胡参加的反汉起义，金城、陇西、汉阳（治今甘肃省甘谷县东南）等郡多次被攻袭。章和元年（公元 87 年）三月，护羌校尉傅育请准朝廷，发陇西、张掖、酒泉兵 1.5 万人，分别由郡太守率领，他自领汉阳、金城郡兵 5000 人，约定时间围击烧当羌首领迷吾。傅育令陇西兵据黄河南，张掖、酒泉兵遮阻其西退之路。三兜谷一战，烧当羌首领迷吾率兵夜袭汉营，汉军败，护羌校尉傅育战死。此后东汉更换 8 名护羌校尉（张纡、邓训、聂尚、贯友、史充、吴祉、周鲔、侯霸），经过五六次战役，合计出兵 10 余万人（次），到永元十四年（公元 102 年），才将迷唐所率羌众镇压下去。① 之后，汉军又在黄河上建渡口，以加强对黄河流域

---

① 参见《后汉书》卷 87《西羌传》。

的统治，这样，安夷和罗谷道也开始日渐重要起来。此道的走向，可能与今平安去化隆的公路基本重合。

（二）东汉镇压羌人第二次大起义之战（公元 107～118 年）

汉安帝永初元年（公元 107 年）夏，因西域诸国起兵反汉，攻击汉朝派驻西域的官员和屯戍的官兵，西域都护（衙署在今新疆维吾尔自治区轮台县）任尚不能自保，朝廷遂决定罢西域都护，令骑都尉王弘征发金城、陇西、汉阳三郡羌兵千余骑，前往西域，接应都护及汉兵返回内地。羌人惧怕一旦离家远征，就不能如期回家，于是行军到酒泉时，便大部逃散。汉朝廷命令附近各郡县发兵围堵，有的官兵还捣毁羌人沿途的临时"庐落"。于是大批羌民惊恐万状，相率逃至塞外。不久，先零羌别种滇零部与钟羌种诸部落首先起义，发兵攻击汉朝边郡，切断陇右通道。这年冬，汉朝廷派车骑将军邓骘、征西校尉任尚率领 5 万军队前往镇压。永初三年（公元 109 年），当煎、勒姐羌攻克破羌县（治今青海乐都东），钟羌又占据临洮县，生擒陇西南部都尉。地方官吏无心战守。后来，羌汉间的战事多在今甘肃、宁夏、陕西境内进行。至元初五年（公元 118 年），长达 12 年之久的羌人大起义终于被镇压下去。①

（三）东汉镇压羌人第四次起义之战（公元 159～169 年）

汉桓帝延熹二年（公元 159 年），烧当、烧何、当煎、勒姐等八种羌起兵，进袭陇西、金城边塞，羌人又一次大起义开始。汉护羌校尉段颎率数万骑兵迎击，追过黄河，战于罗亭（约在今青海尖扎县境内），斩 2000 余级，俘万余口而还。次年春，烧何等部进攻张掖，攻陷巨鹿坞。又与其他羌联合，共击段颎。段颎与羌激战，迫使羌人退兵。段颎穷追，日夜相攻。汉军追击 40 余日，出汉边 2000 余里，来到积石山（今青海阿尼玛卿山），斩烧何大首领，共斩俘 5000 余人而还。延熹六年（公元 163 年），羌军攻势转盛，段颎多次大破羌军，截至汉灵帝建宁二年（公元 169 年），段颎前后共斩杀羌人 6.16 万多人，羌人起义再次被镇压下去②。此后，东汉王朝也渐趋衰落。

多次大规模作战，行人众多，"羌中道"局部路段十分繁忙。

---

① 参见《后汉书》卷 87《西羌传》；《后汉书》卷 5《孝安帝纪》。
② 参见《后汉书》卷 87《西羌传》；《后汉书》卷 65《段颎传》。

六、曹魏与蜀汉间的战事对"羌中道"的使用

曹魏黄初元年（公元220年）至太和元年（公元227年），西平郡（治今青海西宁市）地方豪强麹演、麹光、麹英等先后起兵拒魏，被魏金城太守苏则率郡兵在诸羌配合下平定。此后曹魏与蜀汉之间展开了对青海羌人羌地的争夺之战。

魏太和四年（蜀汉建兴八年，公元230年），蜀将魏延（领凉州刺史）率军进入羌中（今甘肃省甘南州和青海省黄南州地区），与魏将费瑶、郭淮等大战并取得胜利，有力地策应了驻在祁山（今甘肃省礼县地区）的诸葛亮所率蜀国大军。魏正始元年（240年），蜀将姜维领兵出陇西（治今甘肃省临洮县南），魏雍州刺史郭淮率兵追击至羌中，姜维退兵，魏军遂讨击迷当等羌。正始八年（公元247年），陇西、南安、金城、西平诸郡羌人饿何、烧戈、伐同、蛾遮塞等部联合起来举兵反魏，围攻城邑，同时派人南下招引蜀兵。凉州卢水胡首领治无戴也举兵响应。魏将夏侯霸与郭淮先合兵击退姜维所率蜀军于为翅（约在今甘肃省甘南州一带），然后乘胜进讨羌人，斩饿何、烧戈，羌人降服者万余落。九年（公元248年），蛾遮塞等屯驻在河关（治今甘肃省积石山县大河家）、白土故城（在今青海省民和县官亭鲍家城），依据黄河天险以拒魏军。郭淮在黄河上游虚张声势，暗中派人从下游渡过黄河，出其不意攻破白土城，羌人大败。[1] 治无戴围攻凉州（治今甘肃省武威市），但其家属留在故西海郡治龙夷城（今海晏县三角城）。郭淮率军直趋西海，正好治无戴从凉州折回，双方大战于龙夷城北，治无戴败。适逢蜀将姜维率军西进，沿途接应战败逃散的羌胡。治无戴等遂率部降蜀，后被安置于蜀中。

蜀汉延熙十七年（公元254年），姜维复出陇西，大败魏军，攻下河关、狄道、临洮三县，并迁三县羌汉民户入蜀。[2] 此后，蜀汉内部矛盾加深，无力出兵陇右，曹魏巩固了其在今甘青羌人聚居区的统治，魏蜀争夺羌人羌地之战终结。

曹魏与蜀汉间争夺羌人羌地的战事延续多年，双方人、马及运输辎重的车辆众多，往来在"羌中道"上，加强了对"羌中道"的使用。

七、两汉魏晋时期移民、屯田、商品交换等对"羌中道"的使用

汉武帝元鼎六年（公元前111年），汉将军李息、郎中令徐自为率军进击羌

---

① 《三国志》卷26《魏书·郭淮传》。

② 《三国志》卷44《蜀书·姜维传》。

人获胜后，汉朝在令居设护羌校尉，并开始向湟水流域迁移内地汉族农民，开辟农田。汉宣帝神爵元年（公元前 61 年）赵充国平羌取得胜利，留步兵万人屯田。当时实行军事屯田的地点集中在湟水中下游、浩门河（今大通河）下游以及与其毗邻的黄河两岸地区。随着金城郡（治今青海省民和县西沟乡）郡治西移、湟水流域被纳入郡县制管辖体系，一批汉族官员、驻军进入今青海东部地区，与此同时，中原汉族农民迁至河湟地区定居者也比以前更多了。

东汉沿袭西汉的做法，河西五郡一带在战事间隙，多次开展军屯（屯田劳动者身份为军卒，食饷服役特征明显）、民屯（屯田劳动者身份为农民，借或租种国有土地，兼负防边任务）。至东汉中后期，在西域及河西五郡一带形成了"立屯田于膏腴之野，列邮置于要害之路。驰命走驿，不绝于时月；商胡贩客，日款于塞下"[1]的巨大规模。今青海境内屯田地点大体与西汉时重合，不过规模宏大的屯田区域一度主要分布在黄河两岸。如和帝永元十四年（公元 102 年），金城西部都尉曹凤率领众将士驻扎在西海郡城（今海晏县三角城），一面戍守防边，一面督办屯田。曹凤曾主持在大小榆谷（大致在今贵德、贵南、同德、同仁、尖扎等县地区）大开屯田。继曹凤之后，金城郡长史（主管军事的官）名叫上官鸿的请准朝廷，在归义、建威一带开置屯田 27 部；护羌校尉侯霸请准朝廷，在东邯、西邯地方开设屯田 5 部，后又在留、逢二处增设屯田 2 部。[2]归义城一般认为即今共和县曲沟乡的曹多隆古城（城内出土过汉代遗物，现被龙羊峡水库淹没），建威城的具体位置尚未被确定，但因它与归义城同在 27 部屯田之内，估计应在黄河南今贵德县境内。东邯、西邯在今化隆县甘都镇一带。留、逢可能在龙羊峡上游两岸一带，因此这一带黄河又被称作"逢留大河"。当时今青海境内黄河上游一带屯田出现了蓬勃兴旺的局面，屯田规模很大，史称"列屯夹河，合三十四部，其功垂立"[3]。据考，当时的一"部"，约有屯田官兵（或屯民）1000 人。34 部，则约有 3.4 万人。如果像西汉时那样，每人耕种 20 亩，则总共要耕种 68 万亩以上的土地（当时的 1 亩相当于现在的 0.7 亩）。[4]

---

①《后汉书》卷 88《西域传》。

②《后汉书》卷 87《西羌传》。

③《后汉书》卷 87《西羌传》。

④参见崔永红：《青海经济史·古代卷》，青海人民出版社，1998 年，第 53 页。

即使扣除10%不从事耕种的管理人员后，所需耕地最少也在60万亩（约合今42万亩）以上。

随着移民的持续增加，屯田的大规模开展，商旅人员也在增多。

早在史前时期，青海先民们的商品交换行为已较为活跃，例如青铜器时代的卡约文化遗址中除了出土大量海贝、骨贝、石贝外，还出现了青铜贝和金贝，[①]这说明春秋后期羌人中同样有最早的货币在流通。到了西汉时期，商业空前兴盛，货币交易非常流行，商品经济十分活跃。在汉族农民移入青海东部的同时，汉朝的钱币也开始在河湟地区流通。据《汉书·赵充国传》记载，汉宣帝时，朝廷曾以"粟石八钱"的低价在"湟中"地区籴买过谷物，售卖谷物的除汉族外应当也有羌人。赵充国平羌时，为了分化动摇羌人联盟，公告羌人说："斩大豪有罪者一人，赐钱四十万，中豪十五万，下豪二万，大男三千，女子及老小千钱。"[②]既然以汉钱在羌人中悬赏，表明汉钱在羌人中也是有信誉的。赵充国平羌取得成功后，河湟地区的各族百姓成为金城郡所辖编户齐民，降顺的羌人在金城属国内劳动生活，他们都离不开汉朝的钱币。郡县所辖的编户齐民向官府交纳口赋、算赋、更赋等名目的赋税，当时规定必须用钱币。这样，每个家庭要完纳赋税，都必须将自家的产品售卖了，换成钱币才行。于是，自给自足的自然经济无形中在一定程度上被打破了。据发现于甘肃河西地区的大量汉代木简记载，各郡、县治所都有固定的市场，交通要道、驿站、乡、里等处都有小集市。[③]交易的商品种类有粮食类、副食类（肉、姜、鱼）、衣服类、布帛类、兵车类、牲畜类、奴婢田宅类等。[④]交易中以钱币为一般等价物者最常见，也有以物易物的。河湟地区与河西走廊一山之隔，同是汉朝郡县辖区，民间贸易的发展水平应该是一样的。青海东部地下出土的汉代钱币很普遍，数量也较多。出土钱币的品种有西汉的"半两"钱、"五铢"钱，王莽时期的"货泉""大泉五十""契刀五百""货布""小泉直一""一刀平五千"钱以及东汉时期多种式样的"五铢"钱等，其中以西汉"五铢"钱最为多见，仅大通上孙家寨的某

---

① 参见许新国：《青海出土贝货初探》，载《青海金融》（内部刊物），1989年增刊第3期。

② 《汉书》卷69《赵充国传》。

③ 高维刚：《从汉简管窥河西四郡市场》，载《四川大学学报》，1994年2期。

④ 参看谢桂华等：《居延汉简释文合校》，文物出版社，1987年。

座汉墓就出土了 600 余枚。[①] 此时青海民间贸易的发展出现了第一个高峰。有商品交易必有专门经商或兼顾经商的人。经商的人进行长途或短途贩运是必不可少的。

上述移民、屯田劳动者、商旅等人络绎于道，他们对"羌中道"使用频率的提高起了很大的助推作用。

---

① 参看青海省文物考古研究所：《上孙家寨汉晋墓》，文物出版社，1994 年。

第三章
"吐谷浑道"的构成与利用

　　吐谷浑是东晋初至唐前期活动在青海高原上的游牧王国。在东晋南北朝时期小国林立、南北对峙的情况下，吐谷浑王国既与南朝结好，又与北朝交往，适时扮演沟通各方的纽带、桥梁角色，并顺应时代需要，加强中西交流，使丝绸之路青海道进入鼎盛期。吐谷浑王国疆域北与丝绸之路主要通道河西走廊相连，西与西域诸国接壤，丝绸之路青海道横贯或局部穿过吐谷浑王国，且大多情况下由吐谷浑王国经营、掌控，所以近现代学术界将它称为"吐谷浑道"。吐谷浑道是在利用原来的羌中道、羌氏道等的基础上发展起来的，以吐谷浑国兴盛时期的都城为重点，总体上由向东南、向西、向东北3个区段构成，各区段均有若干条支线，沿途密布古城池。"吐谷浑道"一度发挥了中西陆路交通主干道东段主线的作用，为中西经济文化交流做出了伟大贡献。南北朝至唐时期青海河湟地区有驿传设置，尤其唐代驿传的规模超过前代，制度更加完备，能承担军事、行政所需的邮递、驿运任务。南北朝至唐时期许多重大战事频繁使用丝绸之路"吐谷浑道"，屯田、移民、商旅等也多曾利用丝绸之路"吐谷浑道"。

第一节
"吐谷浑道"的构成及基本走向

一、"吐谷浑道"的得名及其构成

"吐谷浑"原本是人名，他原是辽东鲜卑慕容部首领慕容涉归的庶长子，由于部落壮大与草原狭小的矛盾，与弟慕容廆发生口角，约于公元 283 ~ 289 年间负气率部西迁，取道阴山，途中滞留 20 多年，于西晋永嘉末年（公元 312 ~ 313 年左右）西渡洮河，留居到今甘肃青海交界地区大夏河流域一带。约公元 329 年，吐谷浑之孙子叶延正式建立了以鲜卑贵族为核心、联合羌人豪酋共同执政的地方政权，并用祖父的名字作为国号。从此，人们用"吐谷浑"来称呼这一支慕容鲜卑和他们在西北建立的草原王国。吐谷浑国盛时的疆域，史称东西四千里，南北二千里。东起今甘肃省甘南藏族自治州和四川省松潘县一带，西至今新疆维吾尔自治区和田市一带，南以昆仑山为界，北至祁连山脉。[①]吐谷浑国共传 15 代 22 位君主。先后以今甘肃省临夏市、青海省贵南县、青海省都兰县香日德镇、青海省共和县伏俟城为都，其中香日德镇王城最为重要。至唐龙朔三年（公元 663 年），吐谷浑国亡于吐蕃，成为吐蕃治下的吐谷浑邦国。到宋代以后，内地吐谷浑的活动才基本上不见于史籍。

吐谷浑国盛时疆域宽广，从大范围讲，它北与丝绸之路主要通道河西走廊相连，西与西域诸国接壤。由于东晋南北朝时期的丝绸之路青海道横贯或局部穿过吐谷浑王国，且大多情况下由吐谷浑王国经营、掌控，所以近现代学术界将它称为"吐谷浑道"。其实史书中原本将此道称为"河南道"，例如《南齐书》卷 59《芮芮虏传》记载："芮芮常由河南道而抵益州。"这里的"芮芮"又作蠕蠕，指

[①]《南齐书》卷 59《河南传》载："其南界龙涸城，去成都千余里。大戍有四，一在清水川，一在赤水，一在浇河，一在吐屈真川，皆子弟所治。其王治慕贺川。"《梁书》卷 54《诸夷传》河南条载："其界东至叠川，西邻于阗，北接高昌，东北通秦岭，方千余里，盖古之流沙之地焉。"

游牧王国柔然，原居今蒙古高原鄂尔浑河及土拉河流域，后移至阴山一带。"益州"指今四川成都。"河南道"即指丝绸之路东段经今青海省境由黄河之南再向东，经益州最终通往南朝都城建康（今江苏南京市）的一条通道。唐长孺先生认为："汉代以来，由河西走廊出玉门、阳关以入西域，是内地和西北边区间的交通要道，但这并非唯一的通路，根据史书记载，我们看到从益州到西域有一条几乎与河西走廊并行的道路，这条道路的通行历史悠久，张骞在大夏见来自身毒的邛竹杖与蜀布是人所共知的事，以后虽然不那么显赫，但南北朝时对南朝来说却是通向西域的主要道路，它联结了南朝与西域间的政治、经济和文化，曾经起颇大的作用。"① 周伟洲先生认为："到南北朝时，国内形势发生了变化：北魏统一了北方，与南方汉族所建政权相对峙，在蒙古草原也兴起了一个强盛的政权——柔然（又称作"蠕蠕""茹茹""芮芮"），与北魏相对峙；在青海和河西等地建国的南凉、西秦、北凉等先后为北魏所灭，吐谷浑则兴起于甘肃南部、四川西北及青海等地，统治了原有的羌、氐等族。南朝政权欲与西方交往，柔然与南朝联合，共抗北魏，都要经过吐谷浑所据青海地区。"②

据唐长孺先生研究，公元 5 世纪 40 年代以后，由于北魏巩固了对河西走廊的统治，漠北的柔然和占据高昌（今新疆吐鲁番）的北凉向刘宋等南朝遣使贸易的道路不再从居延南下，横切河西走廊而行，而是改由高昌南下至鄯善（都伊循城，今新疆若羌东米兰），然后向东进入柴达木盆地，走"河南道"入蜀国。③ 对此，史书也有记载，例如《南齐书》载，南齐益州刺史刘悛遣使江景玄到丁零（即指从柔然分出的高车副伏罗部，时据高昌等地，建高车国），"道经鄯善"。④ 可见，江景玄是取道吐谷浑道，经过柴达木盆地到鄯善、高昌的。这一事实证明，公元 5 世纪 40 年代后，柔然等到南朝的交通是要经过青海道的。⑤ 柔然等的使者横穿柴达木盆地后，在今青海省海南藏族自治州境内渡过黄河，然后或经河州（治今

① 唐长孺：《南北朝期间西域与南朝的陆路交通》，载《魏晋南北朝史论拾遗》，中华书局，1983 年，第 168 页。
② 参见周伟洲：《古青海路考》，载《西北大学学报》，1982 年 1 期。
③ 参见唐长孺：《北凉承平七年（449）写经题记与西域通往江南的道路》，载《魏晋南北朝隋唐史资料》，1979 年第 1 期（内部发行）。
④ 《南齐书》卷 59《芮芮虏传》载："先是，益州刺史刘悛遣使江景玄使丁零，宣国威德。道经鄯善、于阗，鄯善为丁零所破，人民散尽……丁零僭称天子，劳接景玄使，反命。"
⑤ 参见周伟洲《吐谷浑史》，宁夏人民出版社，1984 年，第 136 ~ 137 页。

甘肃省临夏市）、陇西郡（治今甘肃省临洮县）、仇池（今甘肃省和政县）、今陕西汉中前往益州（治今四川省成都市），也可以直接去南朝首都建康（治今江苏省南京市）；或取道今甘肃省岷县、宕昌县、武都区经四川广元前往益州；或沿西倾山（青海省东南部巴颜喀拉山的支脉）北麓东南行，经今甘肃碌曲、四川若尔盖、松潘前往益州。到益州后，顺长江而下前往建康。

这条横贯吐谷浑王国的通道之所以被称为"河南道"，是因为吐谷浑国强盛时其王曾被大夏国及北朝、南朝诸国封为"河南王"。吐谷浑先后有11位王得到过"河南王"的封号，他们分别是慕璝、慕利延、拾寅、度易侯、伏连筹、呵罗真、佛辅、可沓振、夸吕、世伏、伏允。考虑到吐谷浑国王得到的封号除"河南王"外，还有"白兰王""陇西王""西平王"等，而受封河南王的小国还有西秦等，故本书认为还是将此横贯吐谷浑王国且主要由吐谷浑王国经营、掌控的通道称为"吐谷浑道"为好。"吐谷浑道"是对"羌中道"的继承，二者是不同历史时期由于民族兴亡变迁而发生变化以后的不同叫法，当然后者的具体内容又有新的拓展和变化。

吐谷浑道并非是一夜之间就发展起来的，"依据现有的考古和文献资料，该道是在许多相当古老的区域交通通路的基础上，经过无数次磨合和摸索而最后形成的。概括起来说，丝绸之路河南道形成之前，原吐谷浑故国境内至少有四条区域间的交通通路：其一，湟水正南通往白龙江上游流域的古代通道；其二，湟水正北通往河西走廊张掖的古代通道；其三，湟水西南通往黄河河源的古代通道；其四，湟水西向通往西域的古代通路"[1]。吐谷浑道是在利用原来的羌中道、羌氐道等的基础上发展起来的。其中羌氐道是由古代的羌人和氐人在向西南地区迁徙的时候开辟出来的，是沟通雍、梁二州的古道，所以又被叫作雍梁道。三国鼎立时，著名的蜀国大将姜维就曾几次率兵从羌氐道北上和魏国争夺凉州地区。[2]羌氐道虽然开通得很早，但一直没有得到很好利用，直到公元445年吐谷浑国王慕利延征西域后才被充分利用而兴盛起来，并以"吐谷浑道"而著称。在此前后，"吐谷浑所据之青海地区事实上成了中西交通的中心之一"。吐谷浑道"联系着中

① 陈良伟：《丝绸之路河南道》，中国社会科学出版社，2002年，第10页。

② 《三国志》卷44《蜀书·姜维传》。

国与漠北、西域、西藏高原、印度等地的交往，其地位之重要，可想而知"①。

丝绸之路"吐谷浑道"不但联通西域与南朝，而且联通西域与北朝的都城。为了表述方便，本书中的"吐谷浑道"以吐谷浑国兴盛时期的都城（在今都兰县香日德镇，另有公元535年在青海湖西15里，今共和县境内铁卜加所筑伏俟城）为重点加以记述，认为它总体上由向东南、向西、向东北3个区段构成。向东南区段起自吐谷浑城，又由中、北、南三条支线构成，三条支线分别在青海省海南藏族自治州境内的三个渡口渡黄河，然后各自有三条以上可供选择的路线前往益州，其间免不了使用岷江支道（沿线所经主要路过岷江流域）或白龙江支道（沿线所经主要路过白龙江流域）等。到益州后，顺长江而下前往建康。向西区段起自吐谷浑城，又由南支线、西南支线、西北支线构成；向东北区段起自吐谷浑城，又由东北支线、东支线构成。可见，此时青海向东南、向西、向西南、向北、向东、向东北，都有畅通的交通路线，丝绸之路青海道处于鼎盛时期。

"吐谷浑道"的要冲处密布吐谷浑先后设置的大戍或所建的小城、都城，如洪和城（今甘肃省临潭县附近）、莫贺川城（在今青海省贵南县）、清水川戍（约在今青海省兴海县大河坝河下游，一说在今青海省循化撒拉族自治县东）、赤水戍（约今青海省兴海县桑当乡夏塘古城）、浇河戍（在今青海省贵德县河西乡黑古城）、吐屈真川戍（约在今青海湖西乌兰县茶卡滩一带，一说在布哈河下游）、曼头城（约在今青海省兴海县河卡乡幸福村一带，一说是兴海县河卡乡宁曲村的切吉古城）、树敦城（今青海省共和县恰卜恰镇上塔买古城，一说曲沟乡菊花城）、贺真城（今青海省共和县切吉乡伏俟城南30里石头城）、吐谷浑王城（在今青海省都兰县香日德镇）、伏俟城（今青海省共和县铁卜加古城）等（详后）。

二、"吐谷浑道"的具体线路

（一）向东南区段的主线——慕贺线（贵南线）

从今都兰县香日德镇吐谷浑城东行，经今乌兰县茶卡镇，过切吉旷原，到吐谷浑曼头城（约在今青海省兴海县河卡乡幸福古城，一说是河卡乡切吉古城）；或从伏俟城出发，经共和县恰卜恰镇到曼头城。然后东行从羊曲（又称孕毛羊曲、孕马羊曲）东渡黄河（从公元444年魏晋王伏罗间道袭击吐谷浑至大母桥的路线

---

① 周伟洲：《吐谷浑史》，宁夏人民出版社，1985年，第141页。

推断，大母桥当在尕毛羊曲一带，它是吐谷浑在黄河上造的第二座桥，有古城遗迹），到达吐谷浑早期的总部（都城）沙州慕贺川，即今贵南县茫拉川（今贵南县穆格塘一带）。由慕贺川东行，经今青海省泽库县、河南蒙古族自治县，然后或经今甘肃省岷县、宕昌县、武都区经四川广元前往益州（成都）；或经今甘肃碌曲、四川若尔盖、松潘前往益州；或经陇西郡（治今甘肃省临洮县）、仇池（今甘肃省和政县）、今陕西汉中前往益州。此线沿途多为草原，地势相对宽阔平坦，且全程在吐谷浑国的控制之下，行走相对方便，因而使用频率最高，是"吐谷浑道"的主线。此线可以称为慕贺线或贵南线。

（二）向东南区段的北支线——浇河线（贵德线）

从今都兰县香日德镇吐谷浑城或伏俟城出发东行，途经今共和县切吉草原或共和县恰卜恰镇，然后从龙羊峡过黄河，抵吐谷浑一度所据有的浇河（今贵德县河西乡黑古城）、周屯（今贵德县东沟乡），东行经今同仁县兰采乡、保安镇、瓜什则乡，经今甘肃省夏河县甘家滩，至今甘肃省临夏市，然后或经陇西郡（治今甘肃省临洮县）、仇池（今甘肃省和政县）、今陕西汉中前往益州；或经今甘肃甘南藏族自治州府合作，再经洪和（今甘肃省临潭县）、岷县、宕昌县、武都区经四川广元前往益州（成都）；或经今甘肃碌曲县、四川若尔盖、松潘前往益州。此线沿途既有宽阔平衍的草原，也有山峦关隘，尤其是今贵德至甘肃夏河段山地较多。这一段后来是明代的驿传线路。吐谷浑国控制浇河郡时期，此段使用频率较高，后来失去对浇河郡的控制，尤其北周以后使用频率降低。此线可以称为浇河线或贵德线。

（三）向东南区段的南支线——赤水线（同德线）

从今都兰县香日德镇吐谷浑城出发，东南行，越扎梭拉山口，经今兴海县大河坝河流域，经过吐谷浑的赤水戍（约今兴海县桑当乡夏塘古城），在今同德县巴沟乡班多村（兴海县曲什安河入黄河口稍北）一带过黄河，循阿尼玛卿山北麓东南行，过青海省河南蒙古族自治县、泽库县，今甘肃省碌曲县，然后或经四川若尔盖、松潘，前往益州，或经今甘肃岷县、宕昌县、武都区经四川广元前往益州（成都）。此线沿途草原高山相间，但全程在吐谷浑国的控制之下，行走也较方便。此线可称为赤水线或同德线。

上述三条支线互相平行，但又不是互不相连的，恰好相反，根据需要串行的情况较为多见。

（四）向西区段主线的基本走向

"吐谷浑道"向西区段起自都兰县香日德镇吐谷浑城或伏俟城，向西跨越柴达木盆地，经都兰县巴隆、格尔木后，基本上沿祁漫塔格山北麓西北行，过乌图美仁、甘森、尕斯、茫崖，西入今新疆维吾尔自治区鄯善、于阗。与今天经格尔木去茫崖的公路走向一致。这条路线就是北魏征吐谷浑时慕利延退却的路线。据史料记载，北魏太平真君六年（公元445年），在魏军攻击下，吐谷浑主慕利延从曼头城（约在今青海兴海县河卡乡幸福古城，一说是河卡乡切吉古城）"驱其部落西渡流沙"，"遂西入于阗"。[①]所行即由青海湖南切吉草原往西经今都兰、格尔木，西入今新疆维吾尔自治区南部鄯善、且末，到达于阗（今新疆维吾尔自治区于田县）的。那时，许多求经讲法的僧人也大多从此道出入西域。此线沿途多为荒漠戈壁，间有小块草原，地势宽阔平坦，且全程在吐谷浑国的控制之下，行走相对方便，因而使用频率较高，是"吐谷浑道"向西区段的主线。但有时用水不太方便，间或需要提前预备饮用水。

（五）向西区段支线的走向

1. 柴达木南支线。从今都兰县香日德镇吐谷浑城或伏俟城出发南行，经黄河源头鄂陵湖、扎陵湖一带，与中原经青海前往西藏自治区，并经西藏自治区前往尼泊尔、印度等地的国际通道"唐蕃古道"衔接。此线沿途草原少，高山峻岭多，海拔高，比较难行。

2. 柴达木西南支线。由伏俟城经今都兰县香日德镇，过格尔木，再向西南行，经布伦台，然后溯今楚拉克阿拉干河谷入新疆维吾尔自治区。此线沿途草原少，荒漠戈壁和高山峻岭多，比较难行，行人很少。

3. 柴达木西北支线。如从今都兰县香日德镇吐谷浑城西行，约在诺木洪一带转向北行，经今大柴旦、马海到甘肃阳关（也可去敦煌），与河西走廊道衔接；如从伏俟城西行，则经今德令哈、大柴旦、马海去甘肃阳关、玉门关或敦煌。此线沿途多为荒漠戈壁，间有小块草原、部分山地，总体上地势宽阔平坦，全程也在吐谷浑国的控制之下，行走相对方便，使用频率较高。

---

① 《魏书》卷4《世祖纪下》；又《魏书》卷102《西域》："真君中，世祖诏高凉王那击吐谷浑慕利延，慕利延惧，驱其部落渡流沙。那进军急追之，慕利延遂西入于阗，杀其王，死者甚众。"

（六）向东北区段支线的走向

1. 东北支线。从今都兰县香日德镇吐谷浑城或伏俟城东北行,经大斗拔谷(今青海、甘肃交界之扁都沟)过祁连山,到今甘肃张掖,与河西走廊道相接,或去西域,或东行经凉州去北朝都城——洛阳、长安、邺城(今河北省临漳县)等。此线沿途多为高山峡谷,间有小块草原。

2. 东支线。从今都兰县香日德镇吐谷浑城或伏俟城经青海湖南岸或北岸去西宁,再由西宁或东南行经河州(治今甘肃省临夏市)、陇西郡(治今甘肃省临洮县)、仇池(今甘肃省和政县)、今陕西汉中前往益州(治今四川省成都市),到益州后,顺长江而下前往南朝都城建康(治今江苏省南京市);或取道今甘肃兰州、天水去北朝都城——长安、洛阳、邺城(今河北省临漳县)等。此线沿途虽然多为高山峡谷,但城镇较多,人烟稠密,有时有驿传可资利用。

以上只是大致而言,实际上可走的线路非常多,线路之间相互连通、互相交错的现象很普遍。

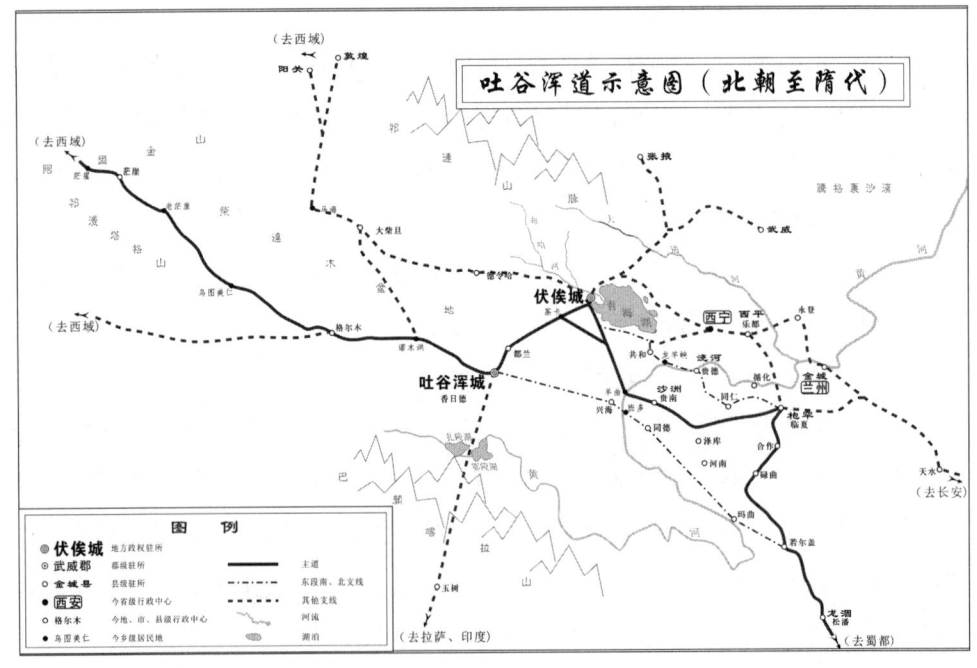

"吐谷浑道"示意图

第二节
与"吐谷浑道"相关的驿传设置概况

一、南北朝时期

三国、西晋时期，我国邮驿传递业沿袭汉制。曹魏在青海东部建有西平郡，西晋因之。这一时期，湟中地区与中原保持正常的邮驿往来。东晋十六国、南北朝时期，是我国历史上长期处于分裂局面的时期，尤其十六国时期，西北地区地方割据政权更易频繁，先后统治青海东部地区的政权有前凉、前秦、后凉、南凉、西秦、北凉等。这些地方割据王国各自为政，一些同时代的政权互相攻伐，战乱不止。由于缺少统一安定的社会环境，我国邮驿制度这一时期处于式微时期。北魏统一中国北方后，在青海境内建有鄯州，辖西平、洮河等郡，两汉魏晋时期与中原的驿道联系又得到一定程度的恢复。西魏、北周基本沿北魏之制。经过西汉、东汉两代王朝几百年的经营，到魏晋时期，湟水流域的道路交通状况比以前有了很大改观。从金城（治今甘肃省兰州市西）、枹罕（治今甘肃省临夏市）向西渡黄河进入河湟地区时，除古什群峡、大河家渡口外，又有炳灵寺、小寺沟等多处渡口，而且沿湟水向西可以直达西平，从西平向北可以通过西平—张掖道到达河西走廊地区，向西与羌中道相接，向南和"吐谷浑道"相连。公元405～418年间，西秦还在炳灵寺附近的黄河上架起了一座长40丈、高50丈的飞桥，大大方便了过往的商旅和百姓。

二、隋唐时期

隋在短期内调整了地区行政建置，今青海省境内曾设有西平、浇河二郡，隋炀帝攻占吐谷浑故地后，又一度增设河源、西海二郡。上述4郡共辖13县，使青海的绝大部分地区归入当时的中央王朝版图之内，进一步巩固了国家的统一。同时，驿站和驿运也随之发展，郡、县之间设驿布站，长途物资运输通过驿站传送，运量大增。

唐代全国空前统一，驿传的设置、规模超过前代，制度更加完备。唐代的驿传，中央属兵部掌管，地方上，节度使下设馆驿巡官，各州由兵曹、司兵、参军分管，京畿各县皆由县令兼管，有较为完备的人事考绩制度和御史监察制度。

唐代驿道，以长安为中心，向四面八方辐射有驿道干线，每条干线上一般是30里一驿，配一批驿官和驿卒，负责办理军政文书的传递，并招待来往官员。驿有驿长1人，驿夫数人或数十人。如边州驿分六等，一等驿驿夫20人，马60匹，以下依次配置驿马数分别为45、30、18、12、8匹。凡驿马，由朝廷拨给驿田，种植饲料。驿马颈上烙有"驿""递"印记。唐代驿夫系差发民丁服役，派役先富强后贫弱，每丁每年服役20天，事忙再加15天，至多不过50天。凡奉命乘用驿马及止宿驿馆者，都叫驿使。驿使发遣时给予符券，凭符券在一定期限内乘用驿马。驿使不得稽误期限，不得误投邮件，不得多乘驿马，枉道行走……违者严加治罪。①

从上都（长安）西行，经泾、原、会、兰等州到鄯州（治今青海省海东市乐都区），再转凉、甘、肃、瓜等州到北庭都护府（治今新疆维吾尔自治区吉木萨尔北破城子）的驿道，是各州贡道中最重要的一条驿道。鄯州是陇右都督府驻地，西北地区驿道的中心枢纽之一，是一等驿设施。其他不同等级的驿站，都建有规模大小不等的房舍或帐幕。如青海省境内经考古部门勘察的唐蕃古道上临蕃城驿（今湟中县多巴镇破塌城）、绥戎城驿（今湟源县城关镇东的北古城）、莫离驿（今共和县恰卜恰镇东巴村正东巴古城）、大非川驿（今兴海县大河坝河上游北岸"大河坝营盘"古城）等，古城遗址均清晰可辨。

唐驿兼负邮递、驿运任务，以适应军事和行政的需要。陇右都督府统秦、河、渭、兰、临、武、洮、岷、鄯（治今青海省海东市乐都区）、廓（治今青海省海东市化隆县群科镇）、叠、宕12州，唐开元以后所设的陇右节度使统临洮（驻今乐都）、河源（驻今西宁）、白水（驻今湟源县北古城）、安人（驻今海晏县三角城）、振武（驻今湟源县日月乡）、莫门（驻今甘肃省临潭县）、宁塞（驻今化隆县群科古城）、积石（驻今贵德县河阴）、镇西（驻今甘肃省临夏市）等20余军，另有绥和（驻今贵德县尕让乡千户庄）、合川（驻今化隆县甘都乡）、平夷（驻今甘肃省临夏市）3守捉，还有若干城。鄯州作为军事前线总指挥部，向各军、守捉、城的辐射交

---

① 参看白寿彝：《中国交通史》，商务印书馆，1937年；陈源远：《唐代驿制考》，载《燕京大学史学年报》第1卷第5期；高学良编著：《中国邮史通览》，沈阳市集邮协会，1987年。

通线，分设驿传，维系军书往来和运输。相邻军事建置之间，也利用峰火台等设施及时传递军事情报。李白诗句"羽书速惊电，烽火昼连光"①，即说的是唐代边州军事情报传递的紧急和神速。青海境内各军事单位之间的通信也是这样。

由上述可知，唐代随着河湟地区在行政、军事方面重要性的上升，这里的邮驿通信活动也相应变得紧急而重要。②

文成公主和亲后，唐朝廷与吐蕃之间的驿道得以开通和加强，青海境内除有唐所设鄯州、鄯城、临蕃等驿外，还有吐蕃所设那录驿、众龙驿、婆驿、悉诺罗驿、鹘莽驿等，直达逻些（今拉萨）。除唐蕃大道外，还有逻些—沙洲道、党项道等（详见第四章）。

① （唐）李白：《出自蓟北门行》。
② 参见崔永红、王昱：《古代青海的邮驿业概述》，载《青海邮电史料选编》（内部刊物），1988年第2期，第25～27页。

第三节
诸政权间使节往来使用"吐谷浑道"事例选介

一、前凉遣使南朝和成汉对"吐谷浑道"的使用

成汉皇帝李雄在位时，大约公元 334 年以前，前凉的治中从事张淳出使东晋，其目的一是向成汉表示臣服，二是请求成汉允许前凉通过成汉的国境前往建康。张淳胆大心细，能说会道，经过数次斗智斗勇，最终说服李雄同意前凉借道出使东晋。[①] 文献中关于张淳的行经路线，提到的地名有凉州、龙鹤（龙涸）、成都、东峡和建康，可知在吐谷浑道的范围内。张淳主要采用了岷江支道（沿线所经主要路过岷江流域）和河湟道（途经今甘肃临夏，青海同仁、民和、乐都、西宁，经扁都口支道而前往甘肃武威）的组合。自此以后，岷江支道和河湟道的组合成为前凉使团经常启用的路线。[②]

据多种文献记载，在公元 317 ～ 376 年的整整 60 年间，前凉、东晋和成汉三个政权间相互相遣使共有 17 次。其中前凉出使成汉 2 次，前凉出使东晋 12 次，东晋出使往前凉 3 次。[③] 前凉派遣使团前往东晋主要是为了寻求政治上的册封和军事上的结盟；前凉派遣使节前往成汉主要为了借道；东晋出使前凉主要是为了政治上的结盟和册封。成汉未向前凉派遣过任何使团。从上述 17 次出使活动所经行的路线看，有个明显的特点：公元 334 年以前，使节们主要经行的是洮河支道（沿线所经主要路过洮河流域，当时分布的诸羌部落是武都、宕昌、白马、白

---

① 《晋书》卷 86《张轨传·附骏传》载："先是，骏遣傅颖假道于蜀，通表京师。李雄弗许。骏又遣治中从事张淳称藩于蜀，托以假道焉……雄……伪许之，将覆淳于东峡。蜀人桥赞密以告淳。淳言于雄曰：'寡君使小臣行无迹之地、通百蛮之域、万里表诚者，诚以陛下义矜戮力之臣，能成人之美节故也。'雄有惭色，曰：'我乃祖乃父亦是晋臣……琅玡若能中兴大晋于中州者，亦当率众辅之。'淳还至龙鹤，募兵通表，后皆达京师，朝廷嘉之。"

② 《资治通鉴》卷 95《晋纪（十七）》载："自是（指张淳通使之后——引者）每岁使者不绝。仇池称藩，梁凉之路通也。"

③ 参见陈良伟：《丝绸之路河南道》，中国社会科学出版社，2002 年，第 261 页。

草等，还有仇池国所控有的氐族部落）与白龙江支道（沿线所经主要路过白龙江流域）武都径（主要路过今甘肃省舟曲、武都等县及四川省广元市）的组合；自张淳出使成汉成功之后，绝大多数使团都使用河湟道与岷江支道的组合。①

二、西凉、北凉遣使南朝对"吐谷浑道"的使用

1.西凉遣使活动。控据敦煌和酒泉的李氏西凉政权国穷民寡，为了稳定自己在河西走廊西部的政治统治，除了发展经济之外，还需与周邻的国家发生外交关系。据统计，西凉相继出使东晋4次（最后一次实质上往南朝），而与南凉互相遣使各一次。②

公元405年，国势稍定，西凉便派遣舍人黄始和梁兴出使东晋。就当时的形势，黄始必须避开北凉、后凉、南凉控制区域，推测黄始采取走廊南山支道、河湟道、岷江支道的组合前往成都，而后再从成都沿江而下至建康。黄始出发后，许久没有音讯，西凉颇为着急，于是406年前后，又遣法泉和尚为使前往建康。③法泉的出使路线，推测与黄始相同。公元420年，西凉正面临着北凉的大举进攻，于是遣使请求刘宋政权给予帮助。刘宋因其使，册封李歆为征西大将军。当时，北凉部队已经进逼酒泉，走廊南山支道已不可通行，西凉使节只有启用柴达木北线与吐谷浑支道、岷江支道的组合前往建康。公元421年，北凉攻破了敦煌城，李嵩的子孙中有个名叫重耳的，城破之际逃往南朝，并被任命为南朝宋的官员。④重耳南逃建康，除穿越当金山口外，别无他途。可知，重耳当是启用了吐谷浑道向西区段的柴达木北道、向东南区段的某支道及与岷江支道的组合，而后由成都或汉中往建康的。

2.北凉遣使活动。沮渠北凉政权遣使东晋和南朝共计6次。其中晋义熙十年（公元414年）的一次，东晋为了拉拢北凉，形成南、西两面共同夹击西秦和后秦的军事态势，由益州刺史朱龄石代表朝廷主动派遣使节前往北凉。北凉也想与东晋结盟，于是派遣使节黄迅回访。黄讯带去沮渠蒙逊给东晋王朝的奏折，表示

---

① 参阅陈良伟：《丝绸之路河南道》，中国社会科学出版社，2002年，第261页。
② 参阅陈良伟：《丝绸之路河南道》，中国社会科学出版社，2002年，第262页。
③《晋书》卷八十七《凉武昭王李玄盛传》载："复以前表未报，复遣沙门法泉间行奉表。"
④《晋书》卷八十七《凉武昭王李玄盛传》载："士业子重耳，脱身奔于江左，仕于宋。"

自己愿与东晋共谋中原。① 以当时的形势判断，两国使节在武威、成都之间往返，主要经行的应该是河湟支道、洮河支道、白龙江支道、岷江支道的组合。

宋永初三年（公元 422 年），沮渠蒙逊与吐谷浑结伴，一起出使南朝，欲借南朝声望来提高自己的政治地位。刘宋继续肯定北凉对河西走廊的政治统治，而且还承认其对秦州的用兵和征伐。宋元嘉六年（公元 429 年），北凉使臣再次与吐谷浑使臣结伴而行。② 北凉与吐谷浑联袂南来，推测两国使节启用了吐谷浑道向东南区段某支道和岷江支道的组合。唐长孺先生认为，沮渠牧犍统治时，"鄯善以东穿越今青海以达岷蜀这段道路大致能够获得吐谷浑的保护，沮渠牧犍统治时，北凉与吐谷浑的关系是友好的，北魏太武帝罪状牧犍，其中一条是'北托叛虏，南引仇池，凭援谷军（吐谷浑）'魏平凉州后，吐谷浑主慕利延怕北魏进攻，曾率部人'西循沙漠'。吐谷浑也正努力交好刘宋，沮渠使者通行其境应该没有问题"③。

三、吐谷浑国的遣使活动对"吐谷浑道"的使用

魏晋南北朝时，由于河西地区战事纷起，丝绸之道时通时阻，尤其是南北朝相对峙时，南朝诸政权想要通西域，和柔然等政权来往，就得在北魏的势力范围之外寻找通途。立国于甘青交界地区的吐谷浑政权，在割据政权林立的形势下，为了求得生存和发展，除了潜修内政以增强自身的实力外，还十分注意顺应时势，同周边各强国建立关系，进行贡赐交往活动，为自身发展营造安定的外部环境。这种做法在隋唐时期得到延续。吐谷浑国频频通使南朝、北朝、柔然和隋、唐，为丝绸之路的畅达提供了方便，从而提高了"吐谷浑道"的利用率。

早在吐谷浑第四代王辟奚在位时（公元 351～376 年），吐谷浑就与当时北方最强大的前秦政权建立了藩属关系，并开始了频繁的贡赐往来。仅公元 371 年，辟奚一次就向前秦贡马 5 000 匹、金银 500 斤。④ 前秦除了对辟奚进行册封外，还赏赐了大量的物品。由于贡赐活动不仅可以使吐谷浑在政治上得到好处，获得

---

① 《晋书》卷 129《沮渠蒙逊载记》："去冬益州刺史朱龄石遣使诣臣，始具朝廷休问。承车骑将军刘裕秣马挥戈，以中原为事……若六军北轸，克复有期，臣请率河西戎为晋右翼前驱。"

② 《资治通鉴》卷 122《宋纪（四）》载："十二月，河西王蒙逊、吐谷浑王慕璝皆遣使入贡。"

③ 参看唐长孺：《南北朝期间西域与南朝的陆路交通》，载《魏晋南北朝史论拾遗》，中华书局，1983 年，第 172 页。

④ 《晋书》卷 97《四夷·吐谷浑传》载："辟奚性仁厚慈惠。初闻符坚之盛，遣使献马五十匹，金银五百斤。"而《晋书》卷 113《符坚载记》载吐谷浑辟奚遣使"献马五千匹"，当从，上引五十匹，误。

安全，而且还可以用本国的畜产品从内地换回丝绸、铜铁制品、日用器皿等生产生活必需品，弥补畜牧业经济的不足，一举两得，因此，辟奚以后的历代吐谷浑王都非常重视与内地的政权建立贡赐关系，经常派出贡使团，携带大量的畜产品前往南北朝各国进贡，换回数量可观的赏赐品。南北朝各政权的统治者，为了交好和笼络吐谷浑，也时常派使团到吐谷浑国晋封官爵、赏赐物品。

吐谷浑王阿豺在位时（公元 417～426 年），吐谷浑不仅在一段时间内臣服于强邻西秦，而且开始向南方的刘宋政权遣使通好。吐谷浑王慕璝在位时（公元426～436 年），吐谷浑国既与南朝的刘宋政权保持着密切的贡赐关系，又与统一了北方地区的北魏政权建立了贡赐关系。北魏太武帝神麚四年（吐谷浑慕璝六年，公元 431 年）吐谷浑首次遣使至北魏。慕璝以后的几代吐谷浑国君，基本上维持着同时与南、北方政权保持贡赐关系的局面。南方的刘宋政权灭亡后，吐谷浑国又先后与南齐、南梁建立了贡赐关系。吐谷浑国频繁出使南朝，有时甚至一年 2～3 次，有时与西域国家的使节结伴而去，[①] 从而成为南北朝时期出使南朝最多的国家。见于宋、齐、梁书本纪等典籍记载者达 37 次之多。其中阿豺、慕璝在位时分别遣使南朝 2 次。慕利延在位时，共向南朝遣使 8 次。拾寅在位期间，继续与南朝交好，相继遣使南朝 13 次。度易侯遣使两次，伏连筹遣使 9 次。三王（指呵罗真、佛辅和可振沓）统治时期是吐谷浑国势较弱的历史时期，吐谷浑共向南朝遣使 4 次。夸吕是吐谷浑国晚期颇有作为的君主之一，在位时国势相当强盛，夸吕在位时，遣使南朝共 2 次。[②] 其中大同六年（540 年）的那次遣使主要是向南朝索请佛教经籍。南朝这回很慷慨，赐吐谷浑大量佛教典籍。[③] 这是文献所载吐谷浑最后一次遣使南朝。

北魏分裂为东魏、西魏以及北齐、北周取代东魏、西魏后，吐谷浑国仍然和这些政权保持着贡赐关系。吐谷浑与北朝来往更繁，仅北魏时从公元 431 年至

---

① 例如，《南史》卷 2《宋本纪》中记载：元嘉十八年（441 年），"河南、肃特……等国并遣使来朝贡。"此处"肃特"又称"粟特"，是中世纪中亚两河流域的古代王国。粟特国东来，当依次启用了中亚两河丝道中的撒马尔干支道、塔里木北支道、青海省境内的柴达木南支道、浇河支道、甘肃省境内的白龙江支道等的组合。又如，《南史》卷 2《宋本纪（中）》载："是岁，蠕蠕、河南、扶南、婆皇国并遣使朝贡。""蠕蠕"一作柔然，其汗帐在漠北，南下吐谷浑可能经行柴达木北线或扁都口支道、走廊南山支道，再向东南行。类似的例子较多。

② 参阅陈良伟：《丝绸之路河南道》，中国社会科学出版社，2002 年，第 268～282 页。

③ 《南史》卷 7《梁本纪（中）》记载："五月己卯，河南王遣使朝，献马及方物，求释迦像并经论十四条。敕付像并《制旨涅槃》《般若》《金光明讲疏》一百三卷。"

520年，据《魏书》帝纪所载即达64次，居边境少数民族地方政权朝贡次数之首。吐谷浑还曾向西魏和北周遣使9次，向东魏和北齐遣使约10次。吐谷浑遣使至东魏和北齐多取道柔然。西域商人与东魏、北齐的贸易多经柴达木盆地至吐谷浑都城一带，再北入居延路至柔然，后从阴山南下至邺（在今河北省临漳县）。① 途中多有吐谷浑人引导并护送。

在与南北朝各政权的贡赐交往中，吐谷浑的贡物除以马匹、牦牛、毛缨、皮张等畜产品为主外，还有从西域交换来的胡王金钏、乌丸帽、珊瑚、玳瑁、珍珠等异域珍奇。② 此外，吐谷浑还时不时地进献能随音乐翩翩起舞的舞马（会走对步的马），供宫廷娱乐。③ 南北朝各政权的回赐物主要是丝绸、杂彩、日用器皿、茶叶及金、银、钱币等。作为"塞表小国"的吐谷浑国，在向南北朝各政权进贡方物时，常常会得到非常周到的接待和十分丰厚的回赐。而且，南北朝各政权还允许吐谷浑国贡使团携带一部分土特产品，在内地进行贸易。因此，吐谷浑贡使团每次进贡时除了携带一定数量的贡品外，还携带着大量的土特产品，在内地进行交换。

隋朝建立初期，吐谷浑经常骚扰隋的边境，隋文帝多次派兵进行反击，双方的关系一度比较紧张，因而一直没有建立起正常的贡赐贸易关系。隋朝统一江南后，国势日盛，而吐谷浑国也无力进犯隋朝边境，于是双方开始进入和平交往的时期。开皇十年（公元590年）、十一年（公元591年）、十五年（公元595年），吐谷浑先后多次派遣使者向隋朝进贡，隋朝也于开皇十一年（公元591年）、十二年（公元592年）派使者出使吐谷浑国。开皇十六年（公元596年），隋文帝将宗室女光化公主嫁给了吐谷浑王世伏，双方的关系更加密切。世伏死后，他的弟弟伏允按吐谷浑"兄死妻嫂"的风俗，娶光化公主为妻。④ 从此以后，吐谷浑每年向隋朝进贡，双方保持着密切的贡赐贸易关系。隋炀帝继位后，一改与吐谷浑国

①《魏书》卷101《吐谷浑传》载，"兴和中，齐献武王作相，招怀远荒，蠕蠕既附于国，夸吕遣使致敬"；《资治通鉴》卷158《梁纪（十四）》载"是岁，（夸吕）始遣使假道柔然，聘于东魏"。

②《宋书》卷96《鲜卑吐谷浑传》载：元嘉"二十七年，（吐谷浑慕利延）遣使上表云：'若不自固，欲率部曲入龙涸越嶲门。'并求牵车。献乌丸帽、女国金酒器、胡王金钏等物。"

③《宋书》卷96《鲜卑吐谷浑传》载："世祖大明五年，拾寅遣使献善舞马、四角羊。皇太子、王公以下上《舞马歌》二十七首。"

④《隋书》卷83《西域传·吐谷浑》记载：开皇"十一年，吕夸卒，子伏立。使其兄子无素奉表称藩，并献方物，请以女备后庭……十六年，以光化公主妻伏……明年，其国大乱，国人杀伏，立其弟伏允为主。使使陈废立之事，并谢专命之罪，且请依俗尚主，上从之。自是朝贡岁至……"

友好共处的政策，发动了对吐谷浑国的战争，[①] 双方的贡赐关系也随之停止。

唐朝建立后，吐谷浑国一方面派遣使者向唐朝进贡，从武德二年（公元 619 年）到贞观八年（公元 634 年）的 16 年中，先后遣使朝贡 14 次；一方面又乘唐朝巩固政权之机，频繁侵扰唐朝的西部边境。从贞观八年开始，唐朝对吐谷浑的侵扰进行了大规模的反击。战争结束后，双方又恢复了贡赐关系。从贞观十六年（公元 642 年）到二十三年（公元 649 年），吐谷浑国每年都派使者向唐朝进贡牛、马及其他方物，唐朝也给予吐谷浑非常丰厚的回赐，双方的贡赐贸易进入了快速发展的时期。唐高宗继位后，双方的关系更趋亲密，贡赐贸易得到了更大发展。[②]直到吐蕃灭吐谷浑后，双方的贡赐贸易关系才随之结束。

频繁的贡赐往来和互通有无的贸易形式带来了经济的繁荣，同时也促进了交通的发展。吐谷浑国频繁通使南朝、北朝、柔然和隋、唐的做法，使其在这一历史时期的舞台上充分展现了自己的建树。它不但促进了本国的繁荣发展与中西贸易的发展，而且加快了丝绸之路青海道成为中西孔道的步伐。

四、柔然遣使南朝对"吐谷浑道"的使用

柔然，在史书中又称作"蠕蠕""茹茹""芮芮"等，是公元 4 世纪后期至 6 世纪中叶，在蒙古草原上继匈奴、鲜卑等之后崛起的部落制汗国，最高统治部落（可汗郁久闾氏本部）为鲜卑别部的一支。柔然与吐谷浑国关系较好，曾有联姻关系，[③] 常结伴遣使南朝。据陈良伟先生统计，柔然共计遣使南朝 16 次。陈先生研究认为，南北朝时期，柔然由漠北草原往吐谷浑国，有三条路可选：（1）由内蒙古西部草原出发，经北塔山、伊吾、高昌、巴伦台、焉耆和鄯善，使用柴达木南线而至吐谷浑国；（2）从阴山出发，潜行经敦煌、阳关、当金山口沿线，而后

---

① 《隋书》卷 83《西域传·吐谷浑传》记载："炀帝即位，伏允遣其子顺来朝。时铁勒犯塞……讽令击吐谷浑以自效。铁勒许诺，即勒兵袭吐谷浑，大败之。伏允东走，保西平境。帝复令观王雄出浇河、许公宇文述出西平以掩之，大破其众。伏允遁逃，部落来降者十万余口。六畜三十余万。述追之急，伏允惧，南遁于山谷间。其故地皆空……"

② 《新唐书》卷 221 上《西域传上·吐谷浑传》记载："太宗时，伏允遣使者入朝，未还，即寇鄯州……连岁遣名王朝。俄寇凉州……是时，伏允耄不能事，其相天柱王用事，拘天子行人鸿胪丞赵德楷。帝遣使晓敕，十返，无悛言。贞观九年，诏李靖为西海道行军大总管……率突厥、契苾兵击之……诏封诺曷钵河源郡王……诺曷钵身谢，遂请婚，献马牛羊万。比年入朝，乃以宗室女为弘化公主妻，诏道明及右武卫将军慕容宝持节送公主……高宗立，以主故，拜驸马都尉。又献名马……"

③ 据人民网 - 陕西频道 2015 年 12 月 15 日《西安发现吐谷浑公主及其丈夫合葬墓 出土 160 余件随葬品》报道，西安发现吐谷浑公主及其丈夫合葬，根据出土的两合石墓志内容，可知墓主为茹茹骠骑大将军乞伏孝达和吐谷浑晖华公主。根据志文，晖华公主生于北魏景明四年（公元 503 年），死于西魏大统七年（541 年）。

使用柴达木北线至吐谷浑国；（3）由居延海南下，沿张掖至酒泉南缘间的南北向山谷，启用走廊南山分道而至吐谷浑国。沮渠北凉时，柔然、北凉、吐谷浑关系颇为密切，柔然完全可以借道北凉，经行祁连山分道抵达河南国；而北魏占据河西走廊后，穿越祁连山比较困难，多数使节只好启用上述第一条道路进入柴达木、吐谷浑国。考古工作者在高昌境内多次发现柔然与南朝交往的遗物，或与此有关。当然，偷渡情况例外。①

史书记载柔然第一次出使南朝是在宋元嘉十九年（公元 442 年），这年"冬十月甲申，芮芮国遣使献方物"②。北凉王后裔沮渠无讳于这年四月放弃敦煌，西奔鄯善，于当年九月攻杀了亲柔然的高昌太守阚爽，占据了高昌。从此，柔然与沮渠无讳关系开始恶化。同年四月，原先依附柔然并定居于伊吾的李宝，突然脱离柔然，离开伊吾，统兵二千余人，返回敦煌，并向北魏投降。柔然非常恼怒，便杀了李宝的舅舅唐和，并且驱逐唐和之兄唐契出境。③ 于是，柔然与李宝的关系恶化到极点。这样一来，柔然使节此时想借道高昌，经行焉耆和鄯善而前往吐谷浑国，或者想借道敦煌，经过当金山口而往吐谷浑国，显然都是不可能的了。由于北魏此时已经较为牢固地控制了扁都口支道沿线，柔然想借此道南下，似乎也是不可能的了。然则，柔然只有潜行张掖至酒泉间的南北向山谷，经行走廊南山支道，才可抵达吐谷浑国。

又如，宋大明七年（公元 463 年）"六月戊申，蠕蠕、高丽等国遣使朝贡"④。此次出使可能非常顺利，似与南朝达成了某种商业贸易合作协议，柔然的商贾从此经常往益州经商。⑤ 由于柔然商人经常前往益州，推测柔然使节是取道岷江支道前往南朝的。

此后，宋泰始年间（公元 465 ~ 471 年）、泰豫元年（公元 472 年）、建元年间（公元 479 ~ 482 年）、永明年间（公元 483 ~ 493 年）、天监年间（公元 502 ~ 519 年）、

---

① 陈良伟：《丝绸之路河南道》，中国社会科学出版社，2002 年，第 290 页。

②《宋书》卷 5《文帝本纪》。

③《魏书》卷 43《唐和传》曰："李氏为沮渠蒙逊所灭，和与兄契携外甥李宝避难伊吾……臣于柔然。蠕蠕以契为伊吾王。经二十年，和与契遣使来降，为蠕蠕所逼，遂拥部落至于高昌。蠕蠕遣部帅阿若率骑讨和。至白力城，和率骑五百先攻高昌，契与阿若战殁。和收余众，奔前部王国。"

④《南史》卷 2《宋本纪（中）》。

⑤《南齐书》卷 59《芮芮虏传》载"：（芮芮）常经河南道而抵益州。"

普通年间（公元520～526年）、大通年间（公元529～534年）、大同年间（公元535～545年）柔然均有遣使南朝的活动，不烦——细述。这里再举宋大同七年（公元541年）遣使的一例，多种史书有提及。《南史·宋本纪》记载："是岁，宕昌、蠕蠕、高丽、百济、滑国各遣使朝贡。"①《梁书》记载在这次遣使是在这年秋九月："秋九月戊寅，芮芮国遣使献方物。"②《南史·夷陌传》称此次柔然所献方物是："马一匹，金一斤。"③推测这次柔然使节经行的是扁都口支道、河湟道和白龙江支道的组合南来建康的。这是柔然最后一次遣使活动。

五、诸西域小国遣使南朝对"吐谷浑道"的使用

1.沮渠高昌遣使南朝。公元439年，北凉亡于北魏，北凉宗室残余力量兵分两路向西撤退：一路以沮渠无讳为首，先撤至酒泉，再撤向敦煌；一路以沮渠安周为首，先是由湟水流域的湟中撤至吐谷浑境内，而后再使用柴达木北线逃至敦煌。无讳与安周自知兵单力薄，难与北魏抗衡，遂谋放弃敦煌，取道玉门关、墩吕克、米兰、鄯善而入西域。无讳和安周先是攻克了鄯善，而后又从焉耆附近深入高昌。公元442年，高昌太守阚爽被沮渠无讳袭击，投奔柔然。沮渠无讳以高昌为基地重建了北凉国家，④史称这个固守高昌的小国为沮渠高昌北凉政权。沮渠高昌粗安后，便谋划与南朝进行交往。据不完全统计，沮渠高昌政权前后遣使南朝5次。⑤宋元嘉十九年（北魏太平真君二年，442年）四月沮渠无讳第一次遣使南朝，《南史》卷2《宋本纪（中）》载："六月，以大沮渠无讳为征西大将军、凉州刺史，封河西王。"沮渠无讳攻下高昌后，为通报情况，遂于同年九月遣氾隽再次出使南朝。这次被刘宋多封了一个"都督凉河沙三州诸军事"的军职。此时，北魏统治敦煌颇为吃力，于是重用原被沮渠政权逐走的西凉王后裔李宝来经营敦煌。⑥李宝自新疆伊吾返回，占据敦煌，封死了高昌南向取道阳关、玉门关、

---

①《南史》卷7《梁本纪》。

②《梁书》卷3《武帝纪》。

③《南史》卷79《夷陌传》。

④《魏书》卷102《西域传》载："无讳谋渡流沙，遣其弟安周击鄯善……遂与连战，安周不能克，退保东城。后比龙惧，率众西奔且末，其世子乃应安周。"《魏书》卷99《沮渠蒙逊传》曰："无讳留安周住鄯善，从焉者东北趣高昌……无讳因留高昌。"

⑤参阅陈良伟：《丝绸之路河南道》，中国社会科学出版社，2002年，第284页。

⑥《魏书》卷39《李宝传》载："属世祖遣将讨沮渠无讳于敦煌，无讳捐城遁走。宝自伊吾南归敦煌，遂缮修城府，规复先业。遣弟怀达奉表归诚。世祖嘉其忠款……拜外都大官。"

当金山口前往柴达木盆地的道路。这样，高昌政权使节的经行路线应当是从高昌出发，南下依次借道焉耆和鄯善两国，然后再经行今新疆若羌县境内的石堡城、今青海省茫崖和格尔木，启用柴达木南支道、吐谷浑道向东南区段诸支道和岷江支道的组合前往建康的。唐长孺先生认为：宋元嘉二十、二十一年沮渠高昌北凉政权的两次遣使，"毫无问题是从高昌出发的，当时北魏既已全部占领河西走廊，使人已不可能进入玉门、阳关，像第一次那样（元嘉十九年那样——引者）由敦煌南下吐谷浑境。使者走的道路应该先通过焉耆到鄯善（今新疆若羌），由此沿今若羌越过阿尔金山口进入吐谷浑的白兰地区,再东行至察汗乌苏河的都兰城（即隋后的吐谷浑都城），经由柴达木盆地，更东南行，以达吐谷浑东境龙涸（今四川松潘）而入益州。"[1] 唐先生提到的"察汗乌苏河的都兰城"应该是都兰县香日德镇香日德河边上的吐谷浑都城。

北魏将敦煌及其附近的郡县交给西凉的后裔李宝协助其维持政治统治后，对盘踞高昌的沮渠无讳和沮渠安周仍然十分不放心。为了彻底切断高昌与吐谷浑的联系，北魏太平真君五年（公元444年）北魏派遣万度归为大将，往征西域。万度归迫降鄯善、焉耆、龟兹三国之后便停兵不进了。这年无讳卒，其弟沮渠安周代立。自宋元嘉二十一年（公元444年）至大明二年（公元458年）前后14年间，由于战乱，由高昌经鄯善、吐谷浑以入益州的道路阻塞不通，高昌北凉政权无法派遣使节前往南朝。公元459年，沮渠安周遭遇柔然进攻，危急之中，沮渠安周再次遣使南朝，希望得到南朝从中的调解。高昌使臣取道吐谷浑国，邀吐谷浑王派遣使节同时南下，于是两国使节于当年十月抵南朝建康。南朝对沮渠安周的使节来访似乎并不太在意，仅任其为征虏将军和河西王。[2] 柔然得到南朝并不十分支持高昌北凉政权的信息后，便于宋和平元年（公元460年）大举进攻高昌，灭安周，将高昌交给了与柔然极其亲善的原北魏高昌太守阚氏后裔阚伯周统治。[3]

2.麹氏高昌遣使南朝。公元477年，高昌王阚伯周死，其子义成立。岁余，首归杀义成,自立。公元481年,新崛起于阿尔泰的高车王攻入高昌,杀首归兄弟。

---

① 唐长孺：《南北朝期间西域与南朝的陆路交通》,载《魏晋南北朝史论拾遗》,中华书局,1983年,第171页。
② 《宋书》卷6《孝武帝本纪》载："(冬十月)戊申，河西国遣使献方物。庚戌，以河西王大沮渠安周为征虏将军、凉州刺史。"
③ 《北史》卷97《西域传》载"：无讳死，弟安周代立。和平元年，为蠕蠕所并。蠕蠕以阚伯周为高昌王，其称王自此始也。"

公元497年，高昌国人立麴嘉为王，于是高昌地区始建麴氏高昌政权，简称麴氏高昌。公元640年麴氏高昌被唐军攻灭。南北朝时期，麴氏高昌主要是通过伊吾支道与敦煌交往，或经敦煌往姑臧、长安和洛阳。除此之外，文献记载，该国还向南朝遣使过两次。其中梁天监年间（公元502～519年）遣使一次，文献中提到，高昌使节南来时，曾经经过宕昌。[①] 由此可知，麴氏高昌使节此次可能使用了高昌经鄯善、柴达木南支线、吐谷浑国都和白龙江支道宕昌径的组合前往南朝。麴嘉去世后，其子麴坚继位。文献称其于大同年间（公元535～546年）曾遣使南朝，并献鸣盐枕、葡萄、良马等物。[②]

3. 龟兹遣使南朝。龟兹古国始建于西汉前后，白姓，位于塔里木盆地的北沿中段，地当丝绸之路西域丝道塔里木北支道中段要冲，是个商业、贸易和佛教都比较发达的国家。据不完全统计，东晋南北朝时期，龟兹国遣使南朝前后共两次。一次是天监二年（公元503年）七月，与中天竺国家一起遣使南朝南梁。[③] 两国使臣极有可能经行吐谷浑道前往南朝祝贺萧梁王朝新立。据《南史》记载，普通二年（公元521年）又遣使南梁："龟兹者，西域之旧国也。自晋渡江不通，至梁普通二年，王尼瑞摩珠那胜遣使奉表贡献。"[④] 龟兹国的两次遣使活动，皆发生在吐谷浑伏连筹执政晚期。当时，伏连筹正在与北魏争夺洮河流域中段的洮阳和侯和两个戍堡，又与仇池、武都、宕昌和邓至关系比较紧张，龟兹古国遣使南朝，可能经行塔里木北支道、柴达木北支道、"吐谷浑道"向东南区段的"吐谷浑道"向东南区段的赤水支线和岷江支道的组合。

4. 于阗遣使南朝。于阗位于塔里木盆地南沿中段偏西，是丝绸之路西域丝道塔里木南支道上的重要站点。由于其国地当中西交通要冲，尤其是地当往西北通往印度、正西通往中亚细亚古代道路的要冲，故而商业十分发达。由于同样的原因，在东汉至唐末间，该国佛教非常兴盛，是为西域两大佛教中心之一。文献记载，许多西方佛教僧侣都是通过于阗进入南朝的。东晋南北朝时期，于阗共向南朝遣

①《太平广记》卷81《梁四公》条引《梁四公记》曰："天监中……高昌国遣使贡盐二颗……白麦面。王公士庶皆不之识……帝命杰公逆之。谓其使曰：'……白麦面是宕昌者，非昌垒真物。'使者具陈实情，面为经年色败，至宕昌贸易填之。"

②《南史》卷79《夷貊传（下）》高昌国条载："梁大同中，子坚遣使献鸣盐枕、蒲桃、良马……等物。"

③《南史》卷6《梁本纪》："秋七月，扶南、龟兹、中天竺国各遣使朝贡。"

④《南史》卷79《夷貊传》。

使 4 次。第一次遣使南朝是天监九年（公元 510 年），据《南史》记载："梁天监九年，始通江左，遣使献方物。"天监"十三年（公元 514 年），又献波罗婆步障"。"十八年，又献琉璃罂。""大同七年，又献外国刻玉佛。"① 于阗向南朝的 4 次遣使，均在吐谷浑王伏连筹与南朝萧梁关系缓和之后。可能经行塔里木南支道、柴达木南支道、"吐谷浑道"向东南区段的"吐谷浑道"向东南区段的赤水支线和岷江支道的组合。

六、域外诸国遣使南朝对"吐谷浑道"的使用

1.嚈哒遣使南朝。嚈哒,其称谓在中国古代文献中译法颇多,如"嚈哒""滑""挹怛""挹阗""厌怛"等，都是同音异译。② 嚈哒是继匈奴、鲜卑之后崛起于漠北的草原民族。该部族曾经在漠北地区居住过，稍后因受柔然排挤而被迫西迁至中亚两河流域，最后在中亚细亚建立了世界上非常驰名的嚈哒帝国。嚈哒帝国东与渴盘陀国、于阗国、疏勒国相邻，西接伊朗，南与印度相邻，地理条件决定了这个帝国在中西交通中占有重要地位。嚈哒入主中亚两河流域后，积极参与丝绸之路贸易。公元 5 世纪末至 6 世纪中叶，嚈哒帝国、柔然帝国和吐谷浑王国，是称雄西域的三个最大强国，它们经常通过高昌而发生政治、经济、商业和文化联系，故《魏书·高车传》曰："蠕蠕、嚈哒、吐谷浑所以交通者，皆路由高昌，掎角相接。"③ 关于嚈哒前往南朝的走向，文献有明确记载："是时，西北徼外有白题及滑国，遣使由岷山道入贡。"④ 岷山道即岷江支道，因道经岷山而得名。另外，《南史》卷七十九《夷陌传》称："其语言待河南人译然后通。"侧面说明嚈哒是经行吐谷浑国进入南朝的。综上所述可知，嚈哒国的使团东来南朝，多数启用瓦罕支道或费尔干纳支道、塔里木南支道或塔里木北支道、柴达木南支道或北支道、"吐谷浑道"向东南区段的慕贺线（或浇河线、赤水线）、岷江支道等的组合而至成都，而后再由成都东向往建康的。

据现有资料，嚈哒遣使南朝计有 5 次，分别是梁天监十五年（公元 516 年）、普通元年（公元 520 年）三月、普通七年（公元 526 年）正月、大同元年（公元

---

①《南史》卷 79《夷陌传》。

②《魏书》作"嚈哒"，《梁书》作"滑"，《周书》作"嚈哒"，《隋书》《新唐书》《册府元龟》作"挹怛"，《洛阳伽蓝记》作"献哒"，《西番记》作"挹阗"，《酉阳杂俎》作"嚈哒"，《续高僧传》作"厌怛"。

③《魏书》卷 103《高车传》。

④《梁书》卷 30《裴子野传》。

535年)三月、大同七年(公元541年)正月。其中普通元年(公元520年)三月的一次,使者二人,国王正使名叫富何了了,王后正使名康符真。据《梁职贡图》滑国使臣题记,除了国王有礼品送给南朝皇帝外,王后也有礼品送给皇后:"普通元年,又遣富何了了,献黄师子、白貂皮、波斯师子锦,王妻□□亦遣使康符真,同贡物。"其他几次记载较简略,一般是某年某月"滑国遣使献方物"①。

2. 粟特遣使南朝。粟特是索格底亚纳的不同音译,概指中亚两河流域,即指中亚锡尔河、阿姆河和泽拉夫善河三河流经诸地。中世纪时,粟特地区曾建立封建国家,中国古代文献称其作粟特国、也称之为"昭武九姓"。粟特古代居民颇善经商,常来东方贸易,这在文献中有记载。例如南北朝时期,粟特商人常来姑臧(今甘肃武威)经商,有人曾经遇到战争而被俘掠。粟特国王派遣使节前来交涉才得放人。②南北朝时期,粟特人不但前往中国北方经商,而且也来南方。直至宋代,仍然往来活跃在丝绸之路上。粟特来南朝的路线非常明确,计有两条道路:其一,由粟特出发,北偏东行,经费尔干纳、伊塞克湖,入塔里木盆地,然后或经龟兹、焉耆、古楼兰、鄯善,入柴达木盆地,再由吐谷浑国南下入建康;其二,由粟特出发,向东经瓦罕支道、帕米尔支道、塔里木南支道、柴达木南支道、"吐谷浑道"向东南区段的慕贺线(或浇河线、赤水线)、岷江支道(沿线所经主要路过岷江流域)或白龙江支道(沿线所经主要路过白龙江流域)的组合。据文献记载,粟特国遣使南朝计两次。一次是元嘉十八年(公元441年),③一次是大明年间(公元457~464年)。后一次在其贡品中,不但有中亚两河流域盛产的火浣布、活狮子,而且还有费尔干纳盆地的特产汗血马。但是使者运气极差,中途遇盗,竟然把给南朝的礼品弄丢了。④据学者新近研究,河湟地区与河西走廊等陇右其他地区一样曾是粟特人聚居地。如在《晋书》中有记载的西平太守曹祛,是敦煌人,乃入华粟特人的后裔。另《晋书》中有记载,后凉时期反抗过吕光的西平太守康宁,也是粟特人。康宁自称匈奴王。《唐康续墓志铭并序》

---

① 如《梁书》卷3《武帝本纪》记载:普通七年(526年)"正月丁卯……滑国遣使献方物。"《梁书》卷3《武帝纪(下)》记载:大同元年(535年)"三月辛未……滑国王安药萨丹王遣使献方物。"《梁书》卷3《武帝纪(下)》记载:大同七年(541年)"三月乙亥……滑国各遣使献方物。"
② 《魏书》卷102《西域传》记载:"粟特国,在葱岭之西……其商人先多诣凉州贩货,及克姑臧,悉见虏。高宗初,粟特王遣使请赎之,诏听焉。"
③ 《南史》卷2《宋本纪(中)》记:"是岁,河南、肃特……等国并遣使来朝贺。"按:肃特即粟特,音译不同。
④ 《南史》卷2《宋纪(中)》载:"粟特大明中遣使献生师子、火浣布、汗血马,道中遇寇,失之。"

所称，以金城、西平等郡为中心的康国，势力极大，基本符合实际。宁夏固原出土的《唐史索岩墓志铭并序》记载史索岩祖父史嗣，曾承袭西平郡公之爵，当过鄯廓二州诸军事、鄯州刺史。可见两晋至唐代，粟特人及其后裔在河湟地区获得过较高的官位，有较大势力。①

3. 波斯国遣使南朝。南北朝时期，波斯国是指其萨珊王朝时期。萨珊最初是中亚土库曼斯坦境内的一个游牧部族。公元3世纪，该部族崛起于黑海与里海之间，而后相继称雄于谋夫、呼罗珊、巴克特里亚、索格底亚纳和伊朗高原，从而成为中亚和西亚地区的雄强国家。后来很快衰落，沦为嚈哒帝国的属国之一。该国曾三次遣使南朝，分别是梁中大通二年（公元530年）、中大通五年（公元533年）、大同元年（公元535年）。有时候与吐谷浑国的使者结伴而行。②该国使者在越过巴克特里亚和索格底亚纳之后，可能是相继启用瓦罕支道或费尔干纳支道、塔里木南支道或北支道、柴达木南支道或北支道、"吐谷浑道"向东南区段的慕贺线（或浇河线、赤水线）、岷江支道或白龙江支道至成都，而后又由成都沿江往建康。

4. 天竺国遣使南朝。天竺是古代对印度次大陆国家的统称。天竺地域非常辽阔，彼此文化差异颇大，故而自古以来人们又称其为东、南、西、北、中五个天竺国家。五个天竺国家的地域没有明确划分。仅据现有资料，南天竺和东天竺通常都经行海路前来中国，而中天竺、北天竺和西天竺三国则经常取道陆路来中国。由中天竺古代国家向东往南朝，经行路线主要有两条：其一，由旁遮普出发北行，经犍陀罗、白沙瓦、帕米尔、塔里木盆地南沿、柴达木盆地南沿、河南地而入成都平原；其二，从旁遮普出发北行，经巴克特里亚、粟特、费尔干纳、塔里木盆地北沿、柴达木盆地北沿河南地而入成都平原。据文献记载，天竺国共计遣使南朝两次。③一次是天监二年（公元503年）七月，《梁书》卷二《武帝纪（中）》记载简约："秋七月，扶南、龟兹、中天竺国遣使献方物。"龟兹即今库车境内古国，其与中天竺同时出现在南朝，推测结伴而行。可能此次中天

---

① 参见冯培红：《丝绸之路陇右段粟特人踪迹钩沉》，载《浙江大学学报》（人文社会科学版），2016年第5期。
②《南史》卷79《夷貊传》称其是首次访问南朝："梁中大通二年，始通江左，遣使献佛牙。"《南史》卷7《梁本纪》记载：中大通五年（533年），"是岁，河南、波斯、盘盘等国遣使朝贡。"疑其与吐谷浑国结伴而行。《梁书》卷3《武帝本纪》记载：大同元年（535年）"夏四月庚子，波斯国献方物。"
③ 陈良伟：《丝绸之路河南道》，中国社会科学出版社，2002年，第298～299页。

竺使节东来，使用了费尔干纳支道、塔里木北支道、柴达木北支道、"吐谷浑道"向东南区段的慕贺线（或浇河线、赤水线）、岷江支道或白龙江支道的组合。另一次是天监三年（公元504年）九月，《梁书》卷二《武帝纪（中）》记载其与吐谷浑国使臣几乎同时抵达建康的："九月壬子，以河南王世子伏连筹为……河南王。北天竺国遣使朝贡。"两国使臣相距万里而于同日接受廷见，似非偶合，而应是结伴而行。

除了上述几个国家外，域外诸国遣使南朝使用"吐谷浑道"的还有白题、末国。白题又名跋提，[①] 地望不详，似与乾陀罗国相邻。[②] 有可能是西迁康居人或月氏人中的一支。该国仅在梁普通三年（公元522年）向南朝遣使一次："秋八月甲子，婆利、白题国各遣使朝贡。"[③] 末国地望难考，仅知为中亚国家。末国于梁普通五年（公元524年）遣使南朝："其王安末深盘，梁普通五年，始通江左，遣使来贡献。"[④]

上述两国东来南朝极有可能相继启用瓦罕支道或费尔干纳支道、塔里木南支道或北支道、柴达木南支道或北支道、"吐谷浑道"向东南区段的慕贺线（或浇河线、赤水线）、岷江支道或白龙江支道而达成都，并由成都东向沿江往建康。[⑤]

---

① 《洛阳伽蓝记》卷5所引《宋云行纪》载："至正光元年四月中旬入乾陀罗国……时跋提国送师子儿两头与乾陀罗王。"

② 《南史》卷79《夷陌传》记载："在滑国东，去滑六日行，西极波斯。"

③ 《南史》卷七《梁本纪（中）》。

④ 《南史》卷79《夷陌传》。

⑤ 参见陈良伟：《丝绸之路河南道》，中国社会科学出版社，2002年，第270~300页。

第四节
军事行动使用"吐谷浑道"事例选介

一、南凉、北凉西巡对"吐谷浑道"的使用

南凉王国是十六国时期河西鲜卑秃发部建立的地方政权，是当时名噪西北的"五凉"（前凉、后凉、南凉、北凉、西凉）政权之一。公元 3 世纪中叶，在中国民族大迁徙浪潮中，秃发鲜卑从漠南阴山一带（今内蒙古中部一带）迁至今甘肃河西地区。东晋安帝隆安元年（南凉太初元年，公元 397 年），河西鲜卑首领秃发乌孤自称大都督、大将军、大单于、西平王，建立政权。因其位于后凉之南，所以史称南凉。南凉王国鼎盛时期，辖地东起今甘肃景泰、兰州西郊一线，西至青海湖滨，西北至河西走廊大黄山麓，南达黄河南岸今青海同仁、贵德一带，北接腾格里沙漠，地跨祁连山南北，势控河湟之要冲。秃发乌孤兄弟三人相继执政 18 年期间，曾在乐都、西平、姑臧（今甘肃省武威市）六迁其都。南凉立国后，其政治、经济、军事的联系与交往，为青海通西域的交通畅通，发挥了积极作用。

东晋义熙十年（南凉嘉平七年，公元 414 年），南凉在国势日弱、国土日削、部众分崩离析的情况下，又连年遭遇饥荒。为了解决饥馑，国王秃发傉檀不顾大臣反对，亲率 7000 骑西伐环青海湖地区的乙弗、契翰二部,掠取牲畜 40 万头（只）。但牲畜还未来得及赶回，强邻西秦（乞伏鲜卑建，都今甘肃省临夏市）大军分别在河州北渡口（今甘肃省刘家峡水库一带）和临津渡口（今青海省民和县官亭南）渡过黄河，将南凉国都乐都城攻破。消息传到青海湖滨，南凉军队星散，傉檀只好投降西秦。至此，南凉国灭亡。①

十六国时期西北"五凉"之一的前凉是汉族人张氏所建政权，其主张重华在位期间（公元 346 ~ 359 年），曾派人来到位于柴达木盆地东缘、青海湖西侧的西王母石室前，修筑了西王母祠（一作西王母寺）。东晋义熙十二年（北凉玄始

---

① 《晋书》卷 126 《秃发傉檀载记》。

五年,公元416年),北凉主沮渠蒙逊令前将军沮渠成都率5000骑兵袭乙弗勿敌国,他亲自率中军三万随后跟进,乙弗勿敌国首领率众迎降。沮渠蒙逊来到青海海西的盐池(即今茶卡盐湖)附近,拜谒了西王母寺。寺中有《玄石神图》,蒙逊命其中书侍郎张穆作赋,铭之于寺前。①《玄石神图》和张穆赋石刻的真迹迄今未得一见,但前凉主所修、北凉主祭祀过的西王母寺(祠)的遗迹已于1995年被天峻县地方志办公室和青海省考古研究所的专家学者发现并确认。该寺的确切位置在今315国道338公里处,地属今天峻县关角乡,在关角垭豁以南的关角日吉沟脑。寺址东西七八十米,南北五六十米,发现带有"长乐未央""常乐万亿"铭文的瓦当,这些铭文表达了前凉张氏祈求"无疆之福"的愿望。寺址对面70米处有一天然石洞,原名二郎洞(又名甘居洞),②此洞当即史书所载西王母石室无疑。

另外,东晋安帝义熙元年(西凉太祖元年,公元405年),都城在敦煌的西凉太祖李暠遣舍人黄始至东晋奉表。③东晋安帝义熙三年(公元407年),李暠复遣僧人法泉间行奉表。④就当时的形势,北凉控制着张掖地区,后凉控制着姑臧(今甘肃武威)地区,南凉控制着河湟地区,都不方便西凉的使者行走,所以,推测西凉政权两次遣使至东晋所行的路线应为由今甘肃敦煌南下,经今柴达木盆地后由河南道至益州(治今四川省成都市),后前往建康(今江苏省南京市)。

南凉、北凉或用兵,或拜谒西王母,率数万军队先后到柴达木盆地、青海湖环湖地区,他们分别行走过"吐谷浑道"向东、向东北的支线。众多人畜行走此道,提高了丝绸之路青海道局部的使用率。

二、北魏讨伐吐谷浑对"吐谷浑道"的使用

刘宋元嘉二十一年(北魏太平真君五年,吐谷浑慕利延九年,公元444年),吐谷浑王慕利延兄子纬代与北魏使者通谋,阴谋投降北魏。慕利延知道后,将纬代斩杀。纬代弟叱力延等8人便私下投奔北魏,向北魏请兵讨伐吐谷浑。北魏封叱力延为归义王,诏令晋王拓跋伏罗率兵进讨吐谷浑。魏军来到今青海乐都,伏罗对诸将说:如果从正道走,吐谷浑人必当远遁;如果像邓艾擒蜀那样潜军出其

---

① 《晋书》卷129《沮渠蒙逊载记》。

② 卢耀光:《天峻二郎洞古遗址调查考略》,载《青海文物》(内刊),1996年10期。笔者曾于2005年亲自进入洞穴考察过。

③ 《晋书》卷87《凉武昭王李玄盛传》载:"义熙元年,玄盛改元为建初,遣舍人黄始、梁兴间行表诣阙。"

④ 《晋书》卷87《凉武昭王李玄盛传》载:"复以前表未报,复遣沙门法泉间行奉表。"

不意，必能获胜。诸将认为走捷径奇袭很难。伏罗仍坚持率军间道而行。军至大母桥（约在今贵南县尕毛羊曲），吐谷浑人大惊，慕利延兄子拾寅逃奔黄河以西，伏罗遣将追击，斩 5000 余人。慕利延逃奔白兰（以今鄂陵湖、扎陵湖为中心的地区，西端延及柴达木盆地东南缘），慕利延从弟伏念等率众 1.3 万帐落投降北魏。[①]

刘宋元嘉二十二年（北魏太平真君六年，吐谷浑慕利延十年，公元 445 年）四月，北魏又派征西将军、高凉王拓跋那等追讨吐谷浑。八月，高凉王拓跋那率军来到曼头城（约在今青海兴海县河卡乡幸福古城，一说是河卡乡切吉古城），"慕利延惧，驱其部落西渡流沙"，"遂西入于阗"，[②] 即带领部落向西行，穿越荒漠戈壁，沿丝绸之路"吐谷浑道"西段向今新疆维吾尔自治区方向逃逸。那率军紧追不舍，前王慕璝之子被囊率骑迎击魏军，被魏军击败，轻骑逃走。魏中山公杜丰率骑追击，度三危（在青海省境黄河源头一带，一说在甘肃省敦煌市东南），至雪山（今青海果洛藏族自治州境内阿尼玛卿山），生擒被囊、什归及乞伏炽磐子成龙等，解送魏都平城。

吐谷浑主力西逃后，北魏在西平（今西宁）置鄯善镇，驻兵备御。慕利延经今格尔木市到了今新疆维吾尔自治区且末，然后南下到于阗（今新疆维吾尔自治区和田市）。当时，慕利延所率除军队外，还有向西迁徙的数以万计的居民。吐谷浑和于阗之间的战争打得非常激烈。于阗是个西域大国，人口有数万。于阗人的抵抗十分顽强，双方伤亡惨重，最后于阗战败。吐谷浑的军队攻破城池之后，慕利延处死了于阗王，又扶持了一个听令于他的新王。慕利延吞并于阗后，接着又南征罽宾（今克什米尔地区），取得了胜利。此后，吐谷浑逐步占领了鄯善（都伊循城，今新疆维吾尔自治区若羌县东米兰）、且末等地，作为复国后在西部的统治区域。历代吐谷浑王对这些区域特别重视，曾派第二世子以宁西将军的职位率兵 3000 镇守，以便抵御来自西域的来犯之敌，吐谷浑也从此控制了丝绸之路的南道。

刘宋元嘉二十九年（北魏正平二年，吐谷浑慕利延十七年，公元 452 年），吐谷浑王拾寅立，始建都于伏罗川（约今都兰县香日德镇）。这时，吐谷浑虽然

---

① 《北史》卷 96《吐谷浑传》。
② 《魏书》卷 4《世祖纪下》。

与北魏和刘宋都维持着臣属关系，但拾寅"居止出入，窃拟王者"①，且自恃险远，对北魏颇不恭命。宋大明四年（北魏和平元年，吐谷浑拾寅九年，公元460年）五月，北魏定阳侯曹安向文成帝上表，说"拾寅今保白兰，多有金银、牛马，若击之，可以大获"②。大臣们认为，十多年前两次征讨吐谷浑，最终收效不大，如今拾寅不犯王塞，不为人患，若遣使招慰，必求为臣妾，何必屠其国，有其地？但曹安仍坚持请求出兵攻击。于是文成帝"诏阳平王新成、建安王穆六头等出南道，南郡公李惠、给事中公孙拔及安出北道以讨之。拾寅走南山，诸军济河追之。时军多病，诸将议贼已远遁，军容已振，今驱疲病之卒，要难冀之功，不亦过乎？众以为然，乃引还，获驼马二十余万"③。魏军到西平（今西宁），拾寅闻风走保南山（今青海果洛藏族自治州境内阿尼玛卿山）。九月，诸军渡河南追，遇瘴气（缺氧反应），军中多病疫，遂掠驼马等畜20余万而还。

北魏多次讨伐吐谷浑，迫使吐谷浑主慕利延带领数以万计的部落民向西域迁徙，促成其对丝绸之路的南道的成功管控，同时加大了对"吐谷浑道"的使用。

三、西魏讨伐吐谷浑对"吐谷浑道"的使用

公元534年，北魏分裂为东魏、西魏，后来又出现北齐、北周。北方先后形成东魏、西魏之间，北齐、北周之间对峙的局面。东魏、北齐因受阻于占据河西走廊的西魏、北周，故其与西域等地的交通贸易，也多走吐谷浑占据的青海道。《北史》记载："兴和中（公元539～542年），齐神武作相，招怀荒远，蠕蠕既附于国，夸吕遣使致敬。神武喻以大义，征其朝贡，夸吕乃遣使人赵吐骨真假道蠕蠕，频来东魏。又荐其从妹，静帝纳以为嫔。"④这里的"齐神武"《魏书》卷101《吐谷浑传》作"齐献武王"，指高欢。从这条史料可知，吐谷浑遣使至东魏、北齐，是要假道柔然的。公元535年，吐谷浑国由夸吕袭立可汗，国势更趋强盛。吐谷浑为了保存和发展自己，采取远交近攻的策略，与西魏之强敌东魏及后来的北齐建立良好的关系，多次遣使朝贡，并相互通婚。对于邻近的西魏，则攻扰不已。陈承圣二年（北齐天保四年，西魏废帝二年，吐谷浑夸吕十九年，公元553年），

---

①《北史》卷96《吐谷浑传》。
②《北史》卷96《吐谷浑传》。
③《北史》卷96《吐谷浑传》。
④《北史》卷96《吐谷浑传》。

夸吕向北齐派出了由仆射乞伏触板（一作乞伏触状）带领的商业使团，主要目的是和北齐进行贸易。由于当时河西走廊的交通被西魏垄断，夸吕还派将军翟潘密率领士兵保护商业使团。当时，吐谷浑境内有不少西域商人，他们也随着使团北上，到北齐进行商贸活动。但不幸的是，吐谷浑商队返回的时候，被西魏凉州刺史史宁侦知，史宁便在其必经之地赤泉（约今甘肃省永昌县一带）设下大军，进行袭击，俘获吐谷浑仆射乞伏触板、将军翟潘密，商胡240人，驼骡600头，杂彩丝绢数以万计，[①]吐谷浑损失惨重。吐谷浑商队被劫事件证明，吐谷浑遣使至东魏、北齐，需要横穿河西走廊，假道居延路，先到达柔然，然后从阴山南下去东魏的都城邺。[②]西域商胡欲与东魏、北齐贸易，需要结成商队，到吐谷浑都城再出发，以便通过吐谷浑人做向导，并且得到吐谷浑的保护。

这一时期，突厥兴起，攻灭了柔然，占据了整个漠北地区。陈太平元年（北齐天保七年，西魏恭帝三年，吐谷浑夸吕二十二年，公元556年），好战的突厥木杆可汗听说吐谷浑王国很富裕，便起了觊觎之心，他向西魏借道，想从凉州（治姑臧，今甘肃省武威市）南下掠夺吐谷浑。其图谋得到西魏的支持。西魏凉州刺史史宁陪同木杆率军南征。突厥、西魏联军至番禾（今甘肃省永昌县），吐谷浑人得到消息，奔向南山（今青海省果洛藏族自治州境内阿尼玛卿山）。木杆打算分兵追击，然后在青海湖一带会合。史宁建议乘机攻拔吐谷浑的树敦（今共和县曲沟乡菊花城）、贺真（伏俟城西南30里之石头城）二城，木杆可汗采纳了这一建议。于是史宁率军经西宁南攻树敦城，木杆经青海湖西北攻吐谷浑贺真城。史宁至树敦城时，夸吕已逃奔贺真城，留其镇南王带数千人固守。在史宁强攻下，吐谷浑兵败，镇南王被生擒。此时，木杆可汗已攻破贺真城，俘获夸吕妻子及大量珍宝。史宁军至青海，与木杆可汗会合，将所获人口、财宝尽送突厥。[③]突厥人将俘获的吐谷浑人强制迁徙到西域居住。吐谷浑虽遭到突厥、西魏的联合攻掠，但当木杆、史宁军撤回后，他们重返故地，很快恢复了元气，又不断骚扰西魏的边境。

①《北史》卷96《吐谷浑传》载："是岁，夸吕又通使于齐。凉州刺史史宁觇知其还，袭之于州西赤泉，获其仆射乞伏触状、将军翟潘密，商胡二百四十人，驼骡六百头，杂彩丝绢以万计。恭帝三年，史宁又与突厥木杆可汗袭击夸吕，破之，虏其妻子，获珍物及杂畜。"
②参见周伟洲：《吐谷浑史》，宁夏人民出版社，1985年，第138页。
③《周书》卷28《史宁传》载："时突厥木汗可汗假道凉州，将袭吐谷浑，太祖令宁率骑随之。军至番禾，吐浑已觉，奔于南山。木汗将分兵之，令俱会于青海……木汗从北道向贺真，宁趣树敦……木汗亦破贺真，虏浑主妻子，大获珍物。宁还军于青海，与木汗会。"

西魏讨伐吐谷浑的多次战事,特别是西魏联合突厥人不仅抢掠吐谷浑国财富,而且掳掠吐谷浑人口,还强行迁往西域,使吐谷浑遭受惨重损失。这一切加大了对"吐谷浑道"尤其是其东北支线的使用。

四、北周攻陷伏俟城之战对"吐谷浑道"的使用

公元 557 年,西魏权臣宇文泰的第三个儿子宇文觉废掉了西魏恭帝,自立为帝,改国号为周,史称北周。宇文觉登上皇帝的宝座没多久,吐谷浑的军队就到北周所辖河右地区抢掠,凉州(治今甘肃省武威市)、鄯州(治今青海省海东市乐都区)、河州(治今甘肃省临夏市)都被围攻,管辖河、渭、凉、鄯等州军事的北周秦州都督派渭州刺史于翼去支援 3 州。于翼认为吐谷浑人只是来抢掠,所以并未出兵。

南朝陈永定三年(北周武成元年,吐谷浑夸吕二十五年,公元 559 年),吐谷浑人又侵扰北周边境,直逼凉州。北周的凉州刺史是云宝出兵迎战,被吐谷浑人杀死。周明帝拜大司马、博陵公贺兰祥为帅,率大军攻打吐谷浑。夸吕可汗派广定王、钟留王等率军迎战。两军在河州(治今甘肃省临夏市)西面展开激战。广定王等人最后战败,仓皇逃走。贺兰祥占领了吐谷浑的洮阳(今甘肃省临潭县附近)、洪河两城,在这个地方设了洮州(治所在今甘肃省临潭县),然后班师回朝。[①]

陈大建八年(北齐德昌元年,北周建德五年,吐谷浑夸吕四十二年,公元576 年),吐谷浑国内发生大动乱,周武帝派皇太子宇文赟率各路军乘虚西征吐谷浑。滕王逌率军先抵达吐谷浑国境,一路急行军,在离伏俟城约 200 里的地方,滕王逌停止行军,派河州刺史刘雄到伏俟城东边点火,以接应大军。刘雄到达伏俟城附近后,夸吕派洮王率领 700 名骑兵迎战。刘雄以少胜多,没过几日,北周大军占据了伏俟城,抢掠了城里的财物,班师回朝。[②]北周大军攻陷了伏俟城,却没能伤吐谷浑的元气,吐谷浑仍然保持着强盛的势头。

北周攻占吐谷浑洮阳、洪河二城之战及攻陷伏俟城之战,都使吐谷浑国受到

①《周书》卷20《贺兰祥传》载:"武成初,吐谷浑侵凉州,诏祥与宇文贵总兵讨之。祥乃遣其军司檄吐谷浑……遂与吐浑广定王、钟留王等战,破之。因拔其洮阳、洪和二城,以其地为洮州。抚安西土,振旅而还。"

②《周书》卷29《刘雄传》载:"五年,皇太子西征吐谷浑,雄自凉州从滕王逌率先入浑境,去伏俟城二百余里,逌遣雄先至城东举火,与大军相应。浑洮王率七百余骑逆战。雄时所部数百人先并分遣斥候,在左右者二十许人。雄即率与交战,斩首七十余级,雄亦亡其三骑。自是从逌连战之,雄功居多。"

一定打击，其行军及作战过程加大了对"吐谷浑道"的使用频度。

五、唐军征讨吐谷浑对"吐谷浑道"的使用

唐武德二年（公元619年），吐谷浑应唐朝约请，出兵攻击了地方割据势力李轨。作为回报，唐朝应吐谷浑国王伏允之请，遣留质长安多年的其长子慕容顺回吐谷浑国，并赐号大宁王。此后吐谷浑一面不断遣使入唐，维护通贡和互市关系，另一方面则又屡屡袭扰唐西北各边州，梗阻西域通道。贞观四年（公元630年），雄踞北方的东突厥归降唐朝，唐朝可以腾出手来对吐谷浑的进犯进行反击。吐谷浑从夸吕后期开始，放弃了与中原王朝和好的方针，将攻掠作为敛财致富的一项重要手段。伏允年高昏庸，上台后大权落在天柱王等主战派手中。天柱王等错误地估计形势，以为唐朝可欺，便北连西突厥、东结党项，攻掠唐边境不已。终于为吐谷浑招来了灭顶之灾。

贞观八年（634年）十一月，年老昏聩的伏允听信其天柱王之言，再次派兵侵扰凉州，并拘执前来本国的唐行人鸿胪丞赵德楷、安侯等人。唐太宗在遣使交涉10次都无效的情况下，下诏征讨。贞观九年（公元635年），以特进李靖为西海道行军大总管，兵部尚书侯君集为积石道行军总管，任城王李道宗为鄯州道行军总管，胶州郡公岷州都督李道彦为赤水道行军总管，凉州都督李大亮为且末道行军总管，利州刺史高甑生为盐泽道行军总管，分兵五路进讨吐谷浑。三月，李靖所率大军集于鄯州（治今青海省海东市乐都区），侯君集建议乘吐谷浑人还未远逃，应挑选精锐，长驱疾进，掩其不备，可获大胜。否则，敌人潜遁远地，山障为阻，穷讨就难了。李靖听从了他的建议。闰四月，李道宗率部在库山（约在今青海湖北）击败吐谷浑人，俘400余人。四月二十三日（公历5月15日），李靖部将薛孤吴儿又以精锐破吐谷浑人于曼头山（约在今兴海县河卡乡），斩其名王，俘500余人，大获六畜以充军粮。李靖、侯君集等又在牛心堆和赤水源（又作赤海，今都兰县南部乌兰乌苏郭勒河）等处击败吐谷浑，获杂畜数万。伏允烧尽野草，轻兵逃入沙漠。唐军诸将以为马没有草吃，不必深入穷追。侯君集则认为应乘吐谷浑人大败鼠逃鸟散之机穷追。李靖又听从了他的建议，于是唐军分两路进行追击。北路由李靖、李大亮、薛万均、薛万彻及契苾何力等指挥，南路则由侯君集、李道宗等率领。

五月初，北路军李靖等过曼头山，进至赤水源，薛万均、薛万彻兄弟率骑冒进，被吐谷浑天柱王包围，兄弟二人都负伤，落马步战，所率唐军多数战死。左领军将军契苾何力率壮骑竭力奋击，薛氏兄弟由是得救。李大亮败吐谷浑于蜀浑山（在赤海西），获其名王20人，掳杂畜5万多。将军执失思力败吐谷浑于沮茹川（又作东如川、居茹川，即今都兰县柴达木河一带）。北路军又分两路，李靖率部进占吐谷浑伏俟城，并加紧对吐谷浑残部的围剿。伏允长子大宁王慕容顺，于五月中旬杀天柱王降李靖。另一路，李大亮、薛氏兄弟等继续追击西逃的伏允，来到今新疆维吾尔自治区且末。这时伏允又西入突伦碛（今新疆维吾尔自治区且末与和田间的大沙漠），想投奔到于阗国（在今新疆维吾尔自治区和田一带）。薛万均鉴于前赤水源之败，主张不必深入追击。契苾何力则自选骁骑千余继续追击，薛万均只好引兵随后跟进。唐军深入大沙漠几百里，碛中缺水，众将士干渴难耐，不得已只好刺马饮血止渴。经过几天的艰难行军，终于追到伏允的牙帐跟前，与伏允所带亲随数千人展开激战。契苾何力等将他们大部分斩首，但伏允再次逃脱，伏允的妻室家小被俘获，同时唐军掠得杂畜20多万头。伏允虽然再次捡了一条活命，但众叛亲离，身边追随者才百余骑，过了几天，走投无路，自缢而死（一说被左右所杀）。

唐南路军在侯君集率领下，于五月由库山进至乌海（今玛多县冬给措纳湖，又名托索湖），与吐谷浑部展开激战，俘其名王梁屈忽。行2000余里荒无人烟之地，历尽艰辛，到达柏海（今扎陵湖、鄂陵湖），北望积石，观河源所出。唐军南北两路最后会师于大非川（今兴海县大河坝河上游水塔拉河一带）。[①]

盐泽道行军总管高甑生所率军队于三月在洮州（治所在美相，今甘肃省临潭县）击破叛羌后，一直逗留不前。赤水道行军总管李道彦所率唐军从松州（治今四川省松潘县）出发，途中因抢掠党项羌，被党项诸羌拒阻，不得前进。这两路均贻误军期，但唐军仍取得了平定吐谷浑的胜利。五月，唐太宗下诏让吐谷浑复国，封慕容顺为西平郡王，又遣李大亮率兵数千，为其声援。

五路唐军大战吐谷浑，使吐谷浑国遭受灭顶之灾。双方作战过程中，数以万计的人、马、车辆行走在丝绸之路"吐谷浑道"上，大大提高了"吐谷浑道"的利用率。

---

① 《新唐书》卷93《李靖传》、卷94《侯君集传》；《旧唐书》卷198《吐谷浑传》。

第五节
西行求经僧侣对"吐谷浑道"的利用

魏晋南北朝时期是我国人口移动和民族迁徙空前频繁的时代，也是佛教得到较快传播的时代。随着佛教的兴盛，魏晋南北朝时期僧人西行求法也渐成潮流。其中，东晋末年游历西土回国的佛教高僧法显是西行求经成功的典范，另外，途经"河南国"的昙无竭一行、释慧览一行，途经"吐谷浑国"的宋云一行、阇那崛多一行等众多西行求法、求经僧侣，都有一定成就，均为"吐谷浑道"的利用提供了证明。

一、途经"傉檀国"的法显一行

法显，俗姓龚，平阳郡武阳（山西省临汾市）人。晋安帝隆安三年（南凉太初三年，公元 399 年），法显约慧景、道整、慧应、慧嵬等人结伴西行求经。据法显所撰回忆录《佛国记》记载："初发迹长安，度陇，至乾归国夏坐。夏坐讫，前行至傉檀国。度养楼山，至张掖镇。"可知法显一行从长安出发，翻越陇山，先到了"乾归国"，即国都在金城（今甘肃省兰州市西固区）的乞伏乾归为王的西秦国。在西秦"夏坐"（又称"夏安居""雨安居"，是从印度传来的佛家规矩，就是夏季禁止僧侣外出，要待在寺内坐禅修学）一段时间后，来到"傉檀国"。此处"傉檀国"即南凉。公元 399 年八月，南凉王秃发乌孤去世，弟秃发利鹿孤继位，南凉王国由乐都迁都西宁。但当时南凉的实际掌权者为利鹿孤之弟秃发傉檀，所以法显将南凉记载为"傉檀国"。"养楼山"可能是对养女山和土楼山的合称，[1] 即今大通县境的达坂山。翻过达坂山，出大斗拔谷（今青海、甘肃交界之扁都沟）即可到达北凉都城张掖。法显一行实际上是由丝绸之路古"羌中道"的支

---

[1]《水经注》卷 2《河水》载："湟水又东，长宁川水注之……长宁水又东南，养女川水又注之，水发养女北山，有二源，皆长湍远发，南总一川，径养女山，谓之养女川。阚骃曰：'长宁亭北有养女岭，即浩亹山，西平之北山也。'"

线河湟道至西平（今西宁市），再转西平张掖道去河西走廊的。也可以说基本上是变通的"吐谷浑道"向东、向东北的支线。法显一行后来经鄯善国（今新疆维吾尔自治区鄯善县）、于阗国（今新疆维吾尔自治区和田市），越葱岭（帕米尔高原），历尽千辛万苦，到达印度，学习梵文梵语，抄录搜求佛教经律，十余年后，法显由海路归国。

二、经行河南道的释法绪

释法绪系高昌人氏，俗家姓混。关于他的生平，文献记载简约。其中关于他的修行，文献称其始发高昌，而后至成都刘师冢间头陀山谷。[①]因其出行时间未载，故而难以依其出行背景来考察其经行路线。仅就东晋的政治形势而论，从高昌出发往成都只有经行高昌往鄯善、鄯善往河南国、河南国往成都的传统道路。[②]可知其可能启用了柴达木南支道、"吐谷浑道"向东南区段的某线、岷江支道的组合。

三、途经"河南国"的昙无竭一行

东晋末年，受法显影响，西行求法者络绎不绝，如康法朗、慧睿、智猛等人都是。南北朝时代西行求法者更为盛行，有昙无竭、昙朗一行25人，法力等3人、宝暹一行8人，以及道普、道泰、法盛、慧览、道药、法献、惠生、云启等。其中较有成就者，以法勇（昙无竭）为代表。

据《高僧传》卷3《释昙无竭传》记载，北燕僧人昙无竭俗姓李，幽州黄龙（约今北京西南朝阳一带）人，他听说僧人法显等躬践佛国，从古印度取回真经，便立下誓言，决心也要亲赴西天取经。南朝宋永初元年（北燕太平十二年，西秦建弘元年，公元420年），昙无竭招集志同道合的和尚僧猛、昙朗等，共计25人同行，他们携带供养佛、菩萨的幡盖和法器、衣钵等物，从龙城出发，前往西域。[③]

与《法显传》相比，《释昙无竭传》对赴西天取经途经道路的记载显得非常简略。上引"河南国"，指21年前法显曾"夏坐"过的陇右鲜卑建立的"乾归国"——西秦，此时西秦的都城已由金城迁至枹罕（今甘肃省临夏市），其王也已由乞伏乾归换成了他的儿子乞伏炽磐。乞伏乾归和乞伏炽磐都曾自称"河南王"，所以《释

---

① （南朝梁）慧皎撰：《高僧传》卷10载："释法绪……姓混，高昌人……后入蜀于刘师冢间头陀山谷。"

② 陈良伟：《丝绸之路河南道》，中国社会科学出版社，2002年，第305页。

③ （南朝梁）慧皎撰：《高僧传》卷3："遂以宋永初元年，招集同志沙门僧猛、昙朗之徒二十五人，共赍幡盖供养之具，发迹此土，远适西方……初至河南国，仍出西海郡，进入流沙，到高昌郡。经历龟兹、沙勒诸国，登葱岭，度雪山，障气千重，冰层万里。"

昙无竭传》称西秦为"河南国"。昙无竭一行先到西秦，之后基本沿着21年前法显一行曾走过的路线西行：即经过原来的"辱檀国"——南凉（此时南凉被西秦攻占已6年，其故都在今青海乐都），又越过"养楼山"（今大通县境的达坂山），出大斗拔谷到张掖，再继续西行，"仍出海西郡"。学界普遍认为此处"海西"为"西海"之误，指治所在今内蒙古自治区阿拉善盟额济纳旗北部居延海的"西海郡"。据《释昙无竭传》记载，出居延海后，昙无竭一行过今新疆维吾尔自治区吐鲁番东，从高昌郡沿塔里木盆地北缘向西行，来到印度。后来在印度各地礼拜佛陀圣迹，寻访名师，学习梵文经典，取回梵文《观世音授记经》一部。昙无竭一行历时20余年，经历千难万险，有20人在途中罹难，最终仅有5人功成正果，搭乘商船，浮海回到广州。

四、途经"河南国"的释慧览、法献一行

刘宋元嘉二十二年（北魏太平真君六年，吐谷浑慕利延十年，公元445年），在北魏军队攻击下，吐谷浑主慕利延从曼头城（今青海兴海县河卡境）"驱其部落西渡流沙""遂西入于阗"[1]，所行即由青海湖南切吉草原往西经今都兰、格尔木、花土沟、茫崖镇，西入今新疆维吾尔自治区南部鄯善、且末，到达于阗的。许多求经讲法的僧人也从此道出入西域。如据《高僧传》记载："释慧览，姓成，酒泉人……曾游西域顶戴佛钵，仍于罽宾从达摩比丘谙受禅要……览还至于填……后乃归，路由河南。河南吐谷浑慕延世子琼等敬览德问，遣使并资财令于蜀立左军寺。览即居之。"[2]引文中"罽宾"是今克什米尔地区。"于填"即于阗（一作于寘，王治西城，今新疆维吾尔自治区和田市）。"河南"指吐谷浑国。"慕延"即吐谷浑王慕利延。"路由河南"即取道河南道，也就是取道"吐谷浑道"。释慧览一行哪一年走了此道呢？这从上面引文中提到吐谷浑王慕利延可推测出来。慕利延西入于阗是公元445年的事，于阗是信佛教的国家，那时慕利延杀了于阗国数万人，表明慕利延那时还未开始信仰佛教。释慧览一行到河南吐谷浑国时，慕利延"世子琼等敬览德问"，并遣使资财，资助释慧览在蜀国成都修建了左军寺。表明吐谷浑国开始接受佛教。慕利延世子"琼"，疑即《宋史》所载"瑌"，曾受南朝之封为左将军、河南左军王世子，左军寺即以其军衔命名。那时慕利延还健在。慕

---

[1]《魏书》卷4《世祖纪下》。

[2]（南朝梁）慧皎撰：《高僧传》卷11。

利延死于452年，那么，释慧览一行到达河南国即吐谷浑国的时间应在公元445～452年之间。释慧览一行将北印度、于阗、吐谷浑国、成都联系起来，可知他们由西向东依次启用了瓦罕支道、塔里木南支道、柴达木南线或北线、"吐谷浑道"向东南区段的某线、岷江支道的组合。

另外，西海延水（今陕西省延川县东南）人法献，俗家姓徐，在梁州（今陕西省勉县东）出家为僧。宋元嘉十六年（公元439年）到京师（今江苏省南京市），住上定林寺。他博通经律，志业坚强。听说智猛西游印度，朝礼了圣迹，他也发愿西行。关于他的西行时间、路线，文献记载比较清楚。[①]即于宋元徽三年（吐谷浑拾寅二十四年，公元475年）自金陵（今南京市）出发，先到巴蜀（今四川省），后至今甘肃南部，由河南道过吐谷浑国，经芮芮（柔然）到达于阗（在今新疆维吾尔自治区和田市一带）。是知其相继启用了岷江支道或白龙江支道、"吐谷浑道"向东南区段的某线、柴达木南支道或北支道、塔里木南支道的组合。后来他将从乌苌国（今巴基斯坦境内）传来的佛牙和15颗舍利并少量经卷带回金陵。

五、途经"吐谷浑国"的宋云一行

南朝梁天监十七年（北魏神龟元年，吐谷浑伏连筹二十九年，公元518年），北魏笃信佛教胡太后为了表示对佛祖的虔诚，巩固自己的地位，选派已是洛阳崇立寺高僧的宋云和惠生等到天竺（今印度）取经。宋云，敦煌人，从小受佛教影响，崇慕佛法，不辞辛劳游学于当时寺院林立、高僧云集的北魏都城洛阳，后又皈依佛门，专心修行。宋云、惠生等高僧奉胡太后命从洛阳出发后，西行40天达"国之西疆""赤岭"（今青海湖东南日月山）；再越"赤岭"西行23天，到达吐谷浑国（今青海省都兰香日德镇）；又沿柴达木盆地南缘继续西行，越阿尔金山到达鄯善国（今新疆维吾尔自治区若羌地区），过且末（今新疆维吾尔自治区且末县南）、于阗（今新疆维吾尔自治区和田市），经塔什库尔干，越葱岭（帕米尔高原）进入嚈哒国（在今阿富汗北）；又经其西南越兴都库什山进入天竺，遍游佛迹，取得真经。宋云、惠生等前后历时五年，过雪山、涉流沙，克服千难万险，足迹踏遍西域诸国，于公元522年从天竺带回佛经170部，均为"大乘妙典"。

北魏名著《洛阳伽蓝记》卷5《宋云惠生行纪》是杨衒之综合《宋云行纪》《惠

---

①（南朝梁）慧皎撰：《高僧传》卷11记载："以宋元徽三年发踵金陵，西游巴蜀，路出河南，道经芮芮，既到于阗。欲度葱岭，值栈道断绝，遂于于阗而返。"

生行纪》和《道药传》三篇而写成的，此卷较为详细地记载了宋云一行所走路线和沿途见闻及各国风土人情，据此卷记载，宋云一行由洛阳出发后，"西行四十日，至赤岭，即国之西疆也，皇魏关防正在于此。赤岭者不生草木，因以为名……发赤岭西行二十三日，渡流沙，至吐谷浑国。路中甚寒，多饶风雪，飞沙走砾，举目皆满，唯吐谷浑城左右暖于余处……从吐谷浑西行三千五百里，至鄯善城。其城自立王为吐谷浑所吞。今城内主是吐谷浑第二息宁西将军总部落三千以御西胡。从鄯善西行一千六百四十里，至左末城……从左末城西行一千二百七十五里至末城。"① 文中多次提到吐谷浑国，其都城据学界考证，一般认为在都兰县香日德镇。鄯善城即鄯善国都，左末城即且末城，末城即于阗国东境城池。是知，宋云西行相继启用了"吐谷浑道"向东区段的部分线路、柴达木南支道、塔里木南支道的组合。

六、途经"吐谷浑国"的阇那崛多一行

南朝陈永定三年（北周明帝武成元年，吐谷浑夸吕二十五年，公元559年），犍陀罗国（今巴基斯坦北部及阿富汗东北边境一带）人氏阇那崛多（意译"德志"一作智藏、智密）。一行10人东来长安。关于他的东行路线，文献记载稍详："时年二十有七，受戒三夏。师徒结志，游历弘法。初有十人，同契出境。路由迦臂施国，淹留岁序……使逾大雪山西足，固是天险之峻极也。至嚈怛国。既初至止，野旷民希，所需食饮，无人营造。崛多遂舍具戒，竭力供持……又经渴罗盘陀及于阗等国，屡遭夏雨寒雪，暂时停住。既无弘演，栖寓非久，又达吐谷浑国，便至鄯州，于是时即西魏大统元年也……发踪跋涉，三载于兹。十人之中，过半亡没，所余四人，仅存至此。以周明帝武成年初届长安，止草堂寺。"② 引文中的迦臂施即迦毕试国，地当巴克特里亚地区；大雪山即巴达克山，亘卧于吐火罗与粟特之间；嚈怛即嚈哒，当时还在中亚两河流域；渴罗盘陀即渴盘陀，本为帕米尔古国；于阗即今和田；鄯善已被吐谷浑吞并，故疏而不载；鄯州位于湟水流域。由此可知，阇那崛多东来相继经行瓦罕支道、塔里木南支道、柴达木南支

---

① （北魏）杨衒之《洛阳伽蓝记》卷5。

② （唐）道宣《续高僧传》卷2《阇那崛多传》。关于阇那崛多出发的时间学界有不同意见，分别认为为公元552年、553年或554年。

道,[1] 到达今都兰县香日德镇、共和县石乃亥乡伏俟城（均为吐谷浑国都所在地），之后走丝绸之路"吐谷浑道"东支线，经今西宁、鄯州治所今乐都，然后东行赴长安的。

阇那崛多是南北朝时期最后一位经行河南道的佛教僧侣。在他之后，随着西魏和北周相继控制四川，并陆续攻占洮阳、洪和、叠州、甘松、龙涸、黑水、邓至、宕昌，彻底切断吐谷浑由河南地往益州，并通过益州往建康的古代道路，河南道上从此不再见到佛教僧侣的足迹。[2]

除上述诸例外，魏晋南北朝时期曾取道"吐谷浑道"的僧人还有单道开、昙弘、慧睿、法秀（昙摩迷多）等。这些高僧大德是往来于丝绸之路"吐谷浑道"上的代表，由于他们名望高，在史书上留下了记载。相信还有很多僧侣也曾在"吐谷浑道"上行走过，只是他们名望不太高，没有留下记载罢了。僧侣们不辞辛苦，在传播佛教的同时，也使丝绸之路"吐谷浑道"的路线更趋稳固。各色人等在丝绸之路"吐谷浑道"上络绎不绝往来行走，使青海道更加呈现出一片繁忙景象。

---

① 参见陈良伟：《丝绸之路河南道》，中国社会科学出版社，2002年，第313页。
② 陈良伟：《丝绸之路河南道》，中国社会科学出版社，2002年，第313页。

第六节
其他类行动使用"吐谷浑道"事例选介

一、隋炀帝西巡对"吐谷浑道"的使用

隋炀帝西巡是丝绸之路发展史上的重大事件。炀帝即位以后，凭借当时隋王朝积累的雄厚实力，打算进一步交通西域，发展丝路贸易，招徕西方奇货。鉴于当时丝绸之路被塞外草原王国吐谷浑和西域强国突厥壅塞，于是决意征服此两国，将丝绸之路的管辖权、经营权收回朝廷。大业五年（公元 609 年）三月，隋炀帝率百官、宫妃及各路大军数十万人，浩浩荡荡从长安出发，过渭水，溯渭水北岸西行，到扶风郡（治今陕西省凤翔县）后，溯汧水（今陕西千水）西北行，翻越陇山，沿洮河支流东峪河而下，来到狄道县（治今甘肃省临洮县），并继续西北行，经枹罕县（治今甘肃省临夏市），于四月二十七日（公历 6 月 4 日）在临津关（今甘肃省积石山县大河家乡的关门村）等处渡黄河。四月底，在西平郡（治今青海省海东市乐都区）陈兵讲武。五月九日（公历 6 月 16 日），在拔延山（今青海省化隆县马场山）围猎，以夸耀兵威。之后溯西宁北川河北上，十八日在金山（今大通县金娥山）上大宴群臣，稍事休整。后越过达坂山，于五月二十二日（公历 6 月 29 日）渡浩亹水（今青海省门源回族自治县青石嘴镇附近的大通河）。这时，吐谷浑人在其国王伏允率领下保据覆袁川（今青海省门源县西北永安河谷一带），炀帝命内史元寿屯兵南面的金山，东西连营 300 余里；兵部尚书段文振屯兵北面的雪山（冷龙岭），东西连营 300 余里；太仆卿杨义臣屯兵东面的琵琶峡（今门源县珠固、仙米一带），连营 80 里；将军张寿屯兵西面的泥岭（今门源西大通山），将吐谷浑人团团围住，包围圈绵延 900 里，欲将吐谷浑一举歼灭。

伏允发觉被团团围住，便以金蝉脱壳之计，让部下冒充自己退保车我真山（在泥岭以西），迷惑隋军，他率数十骑逃出重围。五月二十八日（公历 7 月 5 日），吐谷浑小王仙头王率男妇十余万人投降隋朝。六月初，炀帝遣卫尉卿刘权出伊吾

道（晋伊吾县县治，今甘肃省瓜州县），沿今布哈河南下，破吐谷浑都城伏俟城。伏允南奔党项。

炀帝一行在去张掖和返回长安的途中，都是经由大斗拔谷（今青海、甘肃交界之扁都沟）的。六月十七日（公历 7 月 23 日），炀帝登燕支山（今甘肃省山丹县南大黄山），举行盛大庆典仪式，高昌、伊吾及西域 27 国的君长和使者，恭列道左迎谒。六月十八日，隋在吐谷浑故地设置河源（治所在今青海省兴海县东南）、西海（治所在今青海湖西古伏俟城）、鄯善（治所在今新疆维吾尔自治区若羌县）、且末（今新疆维吾尔自治区且末县）四郡。隋炀帝一行经大斗拔谷返回时，因此谷山势险峻，道路狭窄，人们只能鱼贯而行。正行走间，突遇大风雪，士卒冻死大半，马驴冻死十之八九，后宫妃子、公主等饥寒交加，互相失散，不得不与军卒们杂宿山谷中，狼狈不堪。九月二十五日（公历 10 月 29 日），隋炀帝车驾返回长安。①

隋炀帝是古代封建皇帝中到过青海的唯一一人，他率几十万人走丝绸之路，遇山路狭窄处便加宽，逢河流无桥处则架桥（如在浩亹水渡河时，桥坏，负责修桥的朝散大夫黄亘及督役者 9 人被斩首），使丝绸之路青海道的路况大为改善。隋炀帝的西巡，将丝绸之路的管辖权、经营权从吐谷浑和突厥手中收归大隋朝廷，保证了丝绸之路的畅通，密切了内地和西域的关系，从而也促进了中国和西亚、欧洲各国的经济文化交流。

二、刘权西征经行路线

隋炀帝西巡时除主力部队随着隋炀帝西征之外，隋炀帝还派遣了两支部队形成侧翼。其中一支可能是从岷江上游至白龙江一带向西北行军的周法尚之部，另一支便是卫尉卿刘权统领的伊吾道部队。隋炀帝西巡的前一年，即大业四年（公元 608 年）已经派右翊卫将军薛世雄为玉门道行军大将，攻下了位于敦煌与高昌

---

① 《隋书》卷 3《炀帝本纪》载："夏四月……癸亥，出临津关，渡黄河，至西平，陈兵讲武。五月乙亥，上大猎于拔延山，长围周亘二千里。庚辰，入长宁谷。壬午，度星岭。甲申，宴群臣于金山之上。丙戌，梁浩亹，御马度而桥坏，斩朝散大夫黄亘及督役者九人。吐谷浑王率众保覆袁川，帝命内史元寿南屯金山，兵部尚书段文振北屯雪山，太仆卿杨义臣东屯琵琶峡，将军张寿西屯泥岭，四面围之。浑主伏允以数十骑潜出，遣其名王诈称伏允，保车我真山。壬辰，诏右屯卫大将军定和往捕之。定和挺身挑战，为贼所杀。亚将柳武建击破之，斩首数百级。甲午，其仙头王被围穷蹙，率男女十余万口来降。六月丁酉，遣左光禄大夫梁默、右翊卫将军李琼等追浑主，皆遇贼死之。癸卯，经大斗拔谷，山路险隘，鱼贯而出。风霰晦冥，与从官相失，士卒冻死者太半。丙午，次张掖……癸丑，置西海、河源、鄯善、且末等四郡。"

（治今新疆吐鲁番）间的伊吾城，并在汉故伊吾城东筑城，留甲卒千余人戍守。[①]卫尉卿刘权虽任伊吾道行军总管，但是未必由今新疆的伊吾出发。他从何地出发，不详。考虑到他既然作为隋炀帝西征的侧翼，任伊吾道行军总管，估计出发地起码在今甘肃敦煌、酒泉一带。刘权出发后，首先应该是翻越祁连山，取道走廊南山道，再沿布哈河向南到达青海湖。在青海湖西沿，刘权攻下了伏俟城，掳获千余口。其后，刘权继续南下，攻下了吐谷浑的另外一座都城赤水城（约在今兴海县桑当乡夏塘古城）。在此，刘权得到命令：以河源诸地为河源郡；改吐谷浑赤水城名为河源郡积石镇；刘权部队就地屯垦戍边，既御吐谷浑北上，又可维护通往西域的道路。[②]他首先攻入伏俟城，又从伏俟城前往赤水城，显然是依次经行了走廊南山道、"吐谷浑道"向东南区段的赤水线（同德线）。

三、隋唐屯田、移民对"吐谷浑道"的使用

隋代继东汉之后，再次在青海境内黄河上游牧区及半农半牧区大规模兴办屯田，其目的主要是防御吐谷浑人。隋炀帝大业五年（公元609年），隋攻灭吐谷浑国，在其故地设立了四个郡，其中河源郡辖区大致是今青海兴海、共和、贵南、同德等县及其以东地区，基本上在汉代的大小榆谷和大允谷范围之内。隋朝还在河源郡境设了积石镇，派卫尉卿刘权率军驻守。《隋书》卷63记载："帝复令权过曼头、赤水，置河源郡、积石镇，大开屯田，留镇西境。在边五载，诸羌怀附，贡赋岁入，吐谷浑余烬远遁，道路无壅。"[③] 隋朝廷还"谪天下罪人，配为戍卒，大开屯田，发西方诸郡运粮以给之"。从这些记载揣度，隋代屯田是有成效的。隋代屯田从大业五年开始到隋末乱起结束，延续时间大约六七年。近代人靳玄生先生在《青海的历史古迹·历代屯田处》中记载："从前伟大的遗迹现在还能看到的，如共和县治（当时的共和县县府在曲沟大庄，今被龙羊峡水库淹没——引者注）附近及县治以西的三塔拉、沙珠玉、切吉并西南的大河坝（今属兴海县——引者注）、同德、贵德（当时的贵德县包括今贵南县）二县之沿河一带，田亩隐隐，一望皆

---

① 《资治通鉴》卷181《隋纪（五）》载："（大业四年）帝以右翊卫将军河东薛世雄为玉门道行军大将，与突厥启民可汗连兵击伊吾。师出玉门，启民不至。世雄孤军度碛，伊吾初谓隋军不能至，皆不设备；闻世雄军已度碛，大惧，请降。世雄乃于汉故伊吾城东筑城，留银青光禄大夫王威以甲卒千余人戍之而还。"

② 《资治通鉴》卷181《隋纪（五）》载："命刘权镇河源郡积石镇，大开屯田，捍御吐谷浑，以通西域之路。"

③ 《隋书》卷63《刘权传》。

是。"① 时至今日，兴海县古代农田痕迹仍比较多见，以县城附近和临近黄河的中铁等乡境内的层层梯田最为明显，有的田中还长有野麻、野葱、野蒜。除古代农田痕迹迄今仍存外，还有古代修建渠道引水溉田工程多处，痕迹仍在，如大河坝滩有皇渠一道（今名"黄清古渠"），南靠 214 线国道，由西向东，长约 54 公里，水源为黄清河河水。此渠工程十分浩大，但没有全部修好就停工了。另有从切吉引河向三塔拉高原灌溉长约百里的一道小渠，现在仍有模糊的痕迹。另外，同德县巴水乡巴水南岸也有一条古渠，引巴水沟上游之水，灌溉沟谷农田，全长约70 公里，渠宽约 10 米，现部分地段微凹，水渠走向依稀可辨。这些古渠，很可能建于隋代。

唐代也曾在河湟地区开展过大规模的屯田。据史书记载，唐代青海境内驻军较多，玄宗开元年间（公元 713 ~ 741 年）常驻边防军达到 7.5 万人。唐代青海屯田至迟在高宗仪凤年间（公元 676 ~ 678 年）即已开始，永隆元年（公元 680 年）河源军（驻在西宁）大使黑齿常之主持兴办的屯田面积达到 5000 余顷，年收成达到 100 余万石。② 据南宋本《大唐六典》记载，唐代屯田最盛时，今青海省境内共有屯田 123 屯，以每屯 50 顷（每顷 100 亩）计，合计约 6000 顷，即约 60 万亩（约合今 54 万亩）。唐代屯田绝大部分分布在青海东部农业区，牧区只有少量延伸，如唐玄宗天宝八年（公元 749 年），陇右节度使哥舒翰率领唐军攻下吐蕃的石堡城后，曾派兵在赤岭（即今日月山）以西青海湖南今塘格木农场一带开展屯田。③

隋代在河源郡、积石镇从事屯田的人大多是从全国各地发配的有罪之人，他们被赋予戍卒身份，且耕且守。鉴于在边远高寒地区试垦初期几乎没有收获物，所以隋朝廷"发西方诸郡运粮以给之"，即让西北各郡向河源郡、积石镇从事屯田的人运送供给粮饷。一时间，在丝绸之路"吐谷浑道"上行走的车辆、人马陡然增多。唐代在河湟地区从事屯田的人以驻军为主，驻军兵员也是从全国各地征发的。由于驻军、从事屯田的人多，"吐谷浑道"的使用率得到提高。

---

① 参看靳玄生：《青海的历史古迹·历代屯田处》，载《西北论衡》，1938 年第 6 卷 6 期。

②《旧唐书》卷 109《黑齿常之传》。

③ 参见拙著：《青海经济史·古代卷》，青海人民出版社，1998 年，第 102 ~ 104 页。

四、商旅对"吐谷浑道"的使用

魏晋南北朝隋唐时期，吐谷浑国和西域各国的众多商队在"吐谷浑道"上的往返是十分频繁的，某些时段可以说是前后相继，不绝于途，使"吐谷浑道"的使用频率得到提高。

吐谷浑国重视商业的发展，积极参与东西方贸易。吐谷浑国对各种商业经营活动不设常税，只有到需要时，才从商人和富裕的大户手中征收一定的赋税。在吐谷浑国，各种商业活动也受到国家的积极支持和有力保护。来吐谷浑国从事商贸交易的西域和内地商人，也受到优厚的待遇。政府不仅为他们提供食宿和各种方便，而且还经常派出向导和翻译，为他们指引道路，提供翻译，沟通信息；甚而为大型商队派军队，提供安全保护。为了方便南来北往的使团商队，公元 5 世纪上半叶，吐谷浑人在清水川（今青海省兴海县曲什安河入黄河口附近）黄河上建河厉桥，该桥长 150 步，宽 3 丈。此外还有大母桥（约在今兴海县

湟中汉晋墓出土胡人牵驼图模印砖

尕毛羊曲)等,大大方便了过往的行人,促进了吐谷浑境内商贸活动的进一步发展。

吐谷浑人常常由数十人或上百人结成伙，随吐谷浑国向南朝、北朝派出的官方贡使团结伴同行，沿途进行交易。《宋书》卷96《鲜卑吐谷浑传》载："徒以商译往来，故礼同北面……虽复苞筐（指贡物）岁臻，事惟贾道。"《梁书》卷54《西北诸戎·河南传》云："其使或岁再三至，或再岁一至。"随贡使从事商贸的队伍来往频繁，有时一年两三次，贸易之繁盛可想而知。

吐谷浑人的商业活动以中西国际贸易为主。公元 6 世纪前后，西域各国对南朝丝绸的需求量增大，因南朝地区是高级丝绸的主要产地，这里贸易条件又优于北朝，西域地区的许多商人，包括远在中亚、西亚的滑国、波斯、安息等国家和地区的商人，也不辞艰辛，千里迢迢来到东西方商贸集散中心吐谷浑，要么定居

于吐谷浑国，在当地开展贸易活动；要么在吐谷浑人的帮助下，凭借吐谷浑的介绍和引导，赴建康（今南京）通商。在此前后，也常赴柔然、北朝，从事商业贸易。因而诸多商人络绎于"吐谷浑道"上。吐谷浑从西域交换来的物资有西域药材、金银玉器皿、织锦等，还有胡王金钏、乌丸帽、珊瑚、玳瑁、珍珠等异域珍奇。从中原输往西域的商品有丝绸、茶叶、瓷器、牲畜、毛皮等。《北史》卷96《吐谷浑传》记："吐谷浑尝得波斯草马，放入海，因生骢驹，能日行千里，世传青海骢是也。"可见吐谷浑还从波斯引进过良马。

丝绸之路是繁荣的商道，也是艰苦危险的商道。路程遥远，沿途免不了经受酷热、苦寒、风沙、冰雪、雨雹等的折磨。法显在《佛国记》中描述，他西行求经通过沙漠地带时，常有"上无飞鸟，下无走兽"，"路无居民，涉行艰难……唯以死人枯骨为标志"的情景。除了自然条件的恶劣，漫长的旅途中更有杀人越货的匪徒出没，商人是最招引灾祸的目标，所以单帮行商危险太大，而组成商队，有武装戒备的话，安全性会增强一些。于是，在频繁的贸易往来中，结伴而行的商队应运而生。

商队的组成通常是，某贸易国的商团组合同行路线的商侣，推举首领，向政府缴纳税金，领取护照，便号称该贸易国的商队。商队首领经政府的认可和任命后，即成为政府的代表，具有政府官员的身份，管理全队的一应事务，有批准奖惩、收留或开除队员直至决定队员生命财产的生死予夺大权，是全队的安全和财富的寄托。商队有取得政府保护和支援的权利。商队的成员，一般根据商品价值，要付给首领一定的报酬，作为入队费。商队在通过有友好关系的国度时，须奉送礼品，交验护照，取得准予通行、贸易和相关供给的权利，有时也兼行使某些政治使命；商队通过没有关系的国度时，则须重新组织商队，纳税领照，成为过境国的商队。商队在旅途中，可不断吸收请求附行的商人，扩大队伍。因而商队的成员，经常由众多不同国籍的商贾构成，甚至有的中亚商队内，包括欧洲商人。商队的出现，使各国的贸易往来有了很强的组织性和安全性，在促进各国贸易发展的同时，也使充满艰辛的丝绸之路在浩浩荡荡的队伍中少去了几份孤独的凄苦。从公元553年发生的西魏凉州刺史史宁，在赤泉袭击吐谷浑商队，截获商胡240人、驼骡600头，杂彩丝绢数以万计的事件可以知道，吐谷浑的商队规模是很大的。

公元5世纪至7世纪初，吐谷浑不失时机地绾毂青海道，充分利用所拥有的交通设施、牲畜运力、安全保卫、居中通译等优越条件，引导、护送西域商使往来，在维护和提高东西方国际贸易中继站地位的同时，也使青海道在这一时期渐渐繁荣起来。这一时期，"吐谷浑道"上的吐谷浑都城（今都兰县香日德镇、共和县石乃亥乡伏俟城）、西平（今西宁市）等人口集中、交通便利的城镇，逐渐成了来往商人们驻足休息、转运商品、开展交易的重要地点，"吐谷浑道"沿途的众多戍、小城同时发挥着储存商品的功用。波斯银币、罗马金币等西方货币以及中西丝绸等在"吐谷浑道"沿途各地大量出土即是明证。

在官方贡使贸易和商队往返贸易兴盛的同时，这一时期，吐谷浑民间以及其与邻国的互市也比较活跃。如与吐谷浑相邻的益州（治今四川省成都市），和吐谷浑的商业往来非常频繁。益州的老百姓为了获得比较可观的利润，到吐谷浑境内做生意者不少。隋唐时期，赤岭（今日月山）等处曾是吐谷浑国与隋、唐朝廷之间开展互市的地方。

由于积极参与丝路贸易，吐谷浑人积累了数目可观的财富，特别是吐谷浑国的富裕阶层、贵族，通过经商获取了许多金银财宝。吐谷浑的富有，一度曾引起周边国家统治者们的垂涎和觊觎，如北魏、西魏、北周和突厥的统治者多次发动对吐谷浑的战争，主要动机正是为了掠夺吐谷浑的财富。

第四章
"唐蕃古道"的构成与利用

　　"唐蕃古道"是唐代及其前后中原内地去往今青海省、西藏自治区乃至尼泊尔、印度等国的必经之路，是唐代丝绸之路青海道（"吐谷浑道"）的重要组成部分。在文成公主入蕃之前，青海境内的古羌人与西藏自治区境内的古代先民就有来往，唐蕃古道原型的出现由来已久。公元7至9世纪，勃兴于青藏高原的吐蕃王国一度国力强盛，史称其"地方万余里，自汉、魏以来，西戎之盛，未之有也"①。唐代则是继汉代之后，中国统一多民族国家发展、壮大的又一重要历史阶段，就当时的世界范围来看，唐帝国不但能够自立于世界民族之林，而且属于最重要、最强盛的国家，唐朝文化在当时世界上是最先进的文化。唐蕃联姻被奉为中原封建王朝与少数民族政权政治和亲的典范。唐朝多名公主的和亲，唐朝、吐蕃以及吐谷浑国使臣的往返，唐、蕃、浑三方经济文化交流活动等也多取道于青海。官方的遣使往来包括朝贡、议盟、盟会、修好、和亲、告丧、吊祭、封赠、求请、报聘、慰问、约和等等。唐蕃联姻使唐蕃双方的政治经济文化交流不断加强，唐蕃友好的"黄金大道"——唐蕃古道形成并繁荣，增进了汉藏两族人民亲密、合作的关系，也增进了两个民族间的友善和融合。青海是当时重要的交通枢纽，唐蕃古道一半以上路段在今青海省境内。"吐蕃—泥婆罗道"是吐蕃都城逻些（今西

---

① 《旧唐书》卷196上《吐蕃传》。

藏自治区拉萨市）至泥婆罗都城坎提普尔间的一条古老通道，至迟在公元 7 世纪上半叶，吐蕃与泥婆罗之间官方已有来往，此道已经开通。唐代许多内地高僧曾往来"唐蕃古道""吐蕃—泥婆罗道"求法或求经，他们在遍洒佛教种子的同时，也为唐蕃双方的贸易往来和文化交流作出了贡献。

第一节
"唐蕃古道"的构成及基本走向

一、"唐蕃古道"的构成

唐蕃古道是唐都长安（今陕西省西安市）通往吐蕃都城逻些（今西藏自治区拉萨市）的官道，是我国古代历史上一条非常著名的道路，也是唐代及其前后中原内地去往今青海省、西藏自治区乃至尼泊尔、印度等国的必经之路，是唐代丝绸之路青海道（"吐谷浑道"）的重要组成部分，丝绸之路经今青海通向南亚的重要廊道。著名的文成公主远嫁吐蕃王松赞干布走的就是这条大道。在文成公主入蕃之前，今青海省境内的古羌人与今西藏自治区境内的古代先民就有来往，唐蕃古道原型的出现由来已久。

唐蕃古道跨越今陕西、甘肃、青海和西藏自治区4个省区，全长约3053公里，其中一半以上路段在今青海省境内。按今天的行政区域划分，这条大道大致由陕甘段、青海段、西藏自治区段构成。陕甘段包括出发地长安，主要途经点有秦州（今甘肃省天水市）、狄道（今甘肃省临洮县）、河州（今甘肃省临夏市）、炳灵寺等。青海段主要经过点有龙支城（今青海省海东市民和县柴沟乡北古城）、鄯州（治今青海省海东市乐都区）、鄯城（今西宁市）等，古道西越赤岭（今日月山）后，经当时的吐谷浑境，在黄河源一带进入吐蕃境（吐谷浑亡后，赤岭以西为吐蕃境），越巴颜喀拉山至今玉树藏族自治州，再逾唐古拉山入今西藏自治区。西藏自治区段经今聂荣县北、那曲、拉萨市北羊八井到达拉萨。长安至鄯城的路段为唐蕃古道东段，与隋炀帝西巡时的路线基本相同，约有928公里，所经之地人烟稠密，行走条件相对较好；鄯城至逻些（今拉萨市）的路段为唐蕃古道西段，约有2125公里，由于地处高原，境内高寒缺氧，人烟稀疏，山峻路险，江河纵横，行走条件较差。

二、唐蕃古道东段的具体走向

据《武经总要》《元和郡县图志》等史籍所载，唐蕃古道东段的具体走向大体是：今陕西省西安市（唐都长安）—咸阳市（唐咸阳县驿）—兴平市（唐兴平县驿）—武功县（唐武功县驿）—扶风县（唐扶风县驿）—岐山县（唐岐山县驿）—凤翔县（唐凤翔府治）—乾县（唐沂阳县驿）—陇县（唐沂源县，为陇州治，有驿）—甘肃省天水市（唐上邽县，为秦州治，有驿）—甘谷县（唐伏羌县城）—武山县（唐陇西县城，有驿）—陇西县（唐襄武县城，为渭州治）—渭源县（唐渭源县城，西有武阶驿）—临洮县（唐狄道县城，为临州治，有驿）—广河县（唐大夏县城，西有大夏川驿）—临夏市（唐枹罕县城，为河州治，有驿）—莲花镇（唐凤林县城）—炳灵寺（唐凤林关戍地）—青海省民和回族土族自治县古鄯镇（唐龙支县城，有驿）—乐都区（唐湟水县城，为鄯州治，陇右节度使衙在城内，有驿）—西宁市（唐鄯城县城，有河源军城及驿站）。

唐代文献表明，唐使入吐蕃，东段多经由此主要的官道。如《全唐文》载唐使吕温入蕃，系由清水县（今甘肃省清水县）经河州（今临夏市）往蕃；《新唐书·吐蕃传》载刘元鼎入蕃，也是经过临州、兰州而至青海的。[①] 需要说明的是，古道东段至临州（治今甘肃省临洮县）以后，又有两条道路可通达鄯州。一条是由河州（今甘肃省临夏市）至鄯州，另一条是经兰州至鄯州。河州至鄯州一道较为流行，为正道，经兰州之道为辅道。如炳灵寺石窟内发现的《炳灵寺记》题记中，便记载有唐开元十九年（公元645年）朝内御使大夫崔琳率71人使团入蕃，道经河州炳灵寺时所留下的题名，[②] 藏文史籍《安多政教史》亦载唐文成公主入蕃时，曾在炳灵寺作短期停留，居住于其沟脑，由她加持，出现瑞兆，还在石岩上刻下一尊高约八十八尺的弥勒佛像。[③] 这些遗迹，都反映出唐代入蕃驿道河州道所居的重要地位。

---

① 《新唐书》卷216《吐蕃传》记载："元鼎逾成纪、武川，抵河广武梁，故时城郭未隳，兰州地皆粳稻，桃李榆柳岑蔚，户皆唐人，见使者麾盖，夹道观。至龙支城，耆老千人拜且泣，问天子安否，言：'顷从军没于此，今子孙未忍忘唐服，朝廷尚念之乎？兵何日来？'言已呜咽。"

② 灵岩寺记为摩崖阴刻文，高1.43m，宽1.02m。在炳灵寺148窟外面北壁，共30行，每行43字或多一二字不等。文曰："御史大夫清河崔公，公德问武，礼而文，英果而谋获，勇沈而大度，故天下之人，一拜再拜……时开元十九春三月龙集辛未六□□使御史大夫上柱国魏县开国侯崔琳，判官鸿胪寺丞王攸，判官鸿胪寺主簿……朝散大夫使持节河州诸军使试河州刺史兼知平夷五关守捉及当州营田使上柱国王谞，检校大夫功德官灵岩寺主无量，都检校大夫功德官权知河州安乡县令上柱国□□行尉王警献……"

③ 参见（清）智观巴·贡却乎丹巴饶吉著，吴均、毛继祖、马世林译《安多政教史》记载："炳灵寺，据说文成公主曾于一个时期居住于其沟脑，由她加持，出现瑞兆，有自然显现的度母像等云……当年文成公主赴藏时，因在途中等待伦布嚼尔，在石岩上刻下这尊弥勒佛像……总之，炳灵寺这尊石佛像造型美妙，比例匀称，供品托钵中绘有法轮，石像高约八十八尺，上下准线精确无误——至为稀有……"见青海人民出版社，2017年，第351~353页。

三、唐蕃古道西段的具体线路

（一）《新唐书》记载的线路

唐蕃古道的西段，是指由鄯城县至吐蕃逻些的官道，其道程《新唐书》卷40《地理志》"鄯城县"条下有翔实记载。然而由于这一区段人烟稀少，像东段那样从唐代延续至今的城镇几乎没有，加之年代久远，古今地名差异很大，因此对这一区段古道的具体走向、古驿站今地的确定比较困难，许多学者对此做了研究，但长期以来众说纷纭。1983～1985年间，在青海省文化厅的组织下，成立了"唐蕃古道考察队"，深入唐蕃古道西段进行了为期6个多月的实地考察，取得了很有价值的成果。本书对唐蕃古道西段走向的认定，多从其说。

现引述《新唐书》卷40《地理志》记载如下（括号内是学术界相对公认的简短注文）：

"鄯城（县名，在今西宁市），中，仪凤三年置。有土楼山，有河源军（军城在今西宁市），西六十里有临蕃城（今湟中县多巴镇），又西六十里有白水军（今湟源县城关镇东的北古城）、绥戎城，又西南六十里有定戎城（今湟源县日月乡克素尔古城），又南隔涧（今湟源县药水河）七里有天威军，军故石堡城（今湟源县大小方台）……又西二十里至赤岭（日月山），其西吐蕃，有开元中分界碑。自振武（即石堡城，今湟源县大小方台）经尉迟川（今共和县倒淌河）、苦拔海（今共和县尕海）、王孝杰米栅，九十里至莫离驿（约为今共和县恰卜恰镇北东巴乡正东巴古城，一说在今共和县沙珠玉乡达连海一带），又经公主佛堂（约在今兴海县子科滩镇北哇滩古城，一说在今兴海县河卡乡一带）、大非川（约在今兴海县大河坝河上游北岸，"大河坝营盘"古城），二百八十里至那录驿（今兴海县子科滩镇水塔拉河中游地区），吐浑界也。又经暖泉（今兴海县温泉）、烈谟海（今兴海县与玛多县交界处的苦海，一作豆措），四百四十里渡黄河，又四百七十里至众龙驿（今称多县清水河镇，镇南有崇陇峒滩，"崇陇"与"众龙"音近）；又渡西月河（今称多县扎曲，"扎曲"藏语意为"发源于月亮一样泉眼中的河"，与"西月"吻合），二百一十里至多弥国西界。又经犛牛河（又作牦牛河，今通天河）度藤桥（今称多县尕朵乡吾云达一带通天河渡口），百里至列驿（今玉树市隆宝镇，原名结隆乡）。又经食堂、吐蕃村（今玉树年吉措，又名野鸡海）、截支桥（今杂多县子曲桥），两石南北相当（据唐蕃古道考察队实地考察，今杂多县子曲桥东约 8 公里的给沙扁地方确有两块巨石，各长约 20 米、高约 15 米、宽约 8 ~ 10 米，一南一北兀立于子曲两岸草地，相距约 500 米，格外引人注目）。又经截支川（今杂多县子曲河谷），四百四十里至婆驿（杂多县子曲河上游子野云松多一带）。乃渡大月河（今杂多县扎曲河上游扎阿曲）罗桥（约在今扎尕拉松多一带），经潭池、鱼池，五百三十里至悉诺罗驿（今杂多县当曲以北莫云乡与原查当乡之正中一带），又经乞量宁水（今杂多县当曲）桥，又经大速水（今西藏自治区聂荣县索曲）桥，三百二十里至鹘莽驿（今西藏自治区聂荣县北），唐使入蕃，公主每使人迎劳于此。又经鹘莽峡十余里……百里至野马驿（今西藏自治区聂荣县东北的白雄附近）。经吐蕃垦田，又经乐桥汤，四百里至阁川驿（今西藏自治区那曲）。又经恕谌海，百三十里至蛤不烂驿（今西藏自治区那曲南桑雄），旁有三罗骨山，积雪不消。又六十里至突录济驿，唐使至，赞普每遣使慰劳于此。又经柳谷莽布支庄，有温汤……又经汤罗叶遗山及赞普祭神所，二百五十里至农歌驿（今拉萨市北羊八井）。逻些在东南，距农歌二百里。唐使至，吐蕃宰相每遣使迎候于此。又经盐池、暖泉、江布灵河……至卒歌驿（今西藏自治区曲水）……至勃令驿鸿胪馆，至赞普牙帐，其西南拔布海（今羊卓雍湖）。"

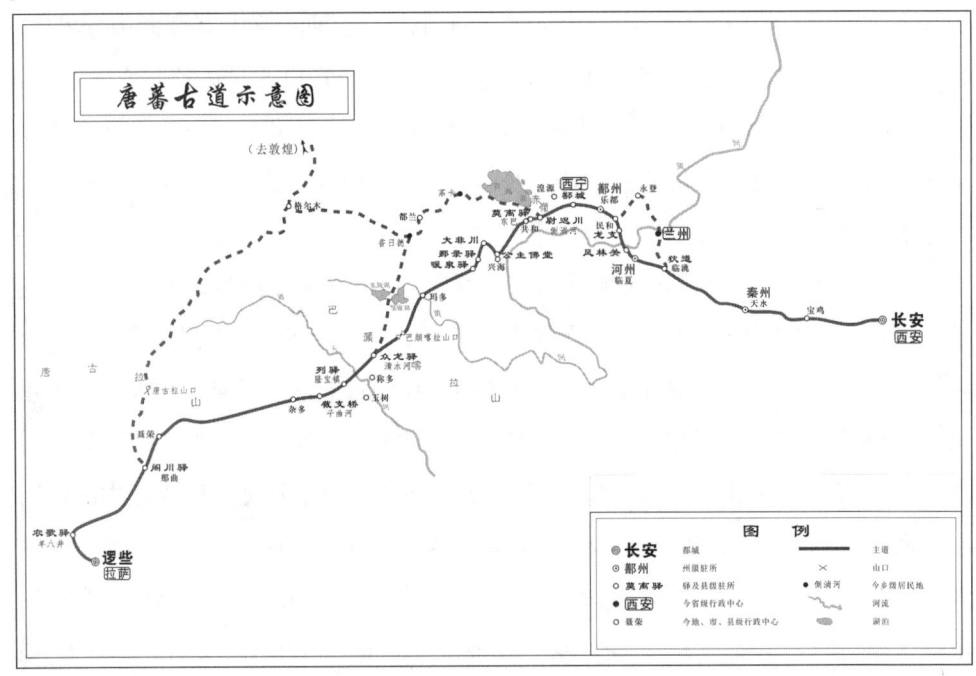

唐蕃古道示意图

（二）青海玉树地区通往西藏自治区的几种走法

唐蕃古道从青海玉树地区通往西藏自治区拉萨的具体走法比较多。青藏间唐古拉山的主要隘口，在这一区域自西向东分别是：郭由拉山口（青海杂多县与西藏自治区交界处，清代入藏官道经过此处。过山口后到安多或聂荣县）、查吾拉山口（青海杂多县与西藏自治区交界处，唐蕃古道经过此处。过山口后到西藏自治区聂荣县）、沙迈山口（青海杂多与西藏自治区交界处。过山口后到西藏自治区索县）、果龙拉山口（青海杂多与西藏自治区交界处。过山口后到西藏自治区巴青）、觉拉山口（青海囊谦与西藏自治区交界处。过山口后到西藏自治区荣布区）、沙俄拉山口（青海囊谦与西藏自治区交界处。过山口后到西藏自治区昌都）。上述各山口古今均可通行。西藏自治区安多、索县、巴青、荣布区、昌都之间有路相通，在那曲会合后可通往拉萨。隋唐时期唐蕃古道从今青海玉树地区翻越唐古拉山通往西藏自治区拉萨使用频率较高的线路主要有西、中、东三种：西线从今称多县清水河镇经今曲麻莱县，大体溯通天河朝西南方向行走，过西藏自治区的那曲，再去拉萨；中线是唐代设有驿站的官道，为唐蕃古道的正道，从今称多县清水河镇西南行，经扎多乡、孕朵乡，在吾云达一带过通天河，经今玉树安冲乡、哈秀乡、隆宝镇（结隆）至杂多县子曲桥，出查午拉山口，经西藏自治区聂荣县过那曲至拉萨；东线从今称多县清水河镇东南行，渡过通天河后，经今玉树市、囊谦县及西藏自治区的丁青县、巴青县，过那曲至拉萨。一般认为文成公主途经的可能是东线。

（三）官道以外的走法

《新唐书》卷40《地理志》"鄯城县"条下记载的线路是唐蕃古道西段最通行官道，其实官道以外的线路还有不少。例如从唐朝所辖地区先到吐谷浑都城（今都兰县香日德镇吐谷浑城或今共和县石乃亥乡铁卜加村伏俟城），再从经这两处都城去吐蕃都城逻些，所行线路又有多种选择。如果从今都兰香日德一带出发，可溯香日德河南下，翻越布尔汗布达山后，在鄂陵湖、扎陵湖一带与官道汇合；或从今都兰香日德（或巴隆）翻越布尔汗布达山，西行经秀沟、雪水河上游，可与另一条唐蕃驿道——逻些—沙洲（治今甘肃敦煌）道相汇等等。

第二节
唐蕃所置驿传

一、概况

文成公主和亲后，唐朝和吐蕃沿唐蕃古道共同设置了驿站。据上文所引《新唐书》卷 40《地理志》鄯城县条的记载，唐蕃古道上鄯城县以西驿站很多，较著名的有临蕃城驿、白水军驿、定戎城驿、莫离驿、公主佛堂驿、大非川驿、那录驿、暖泉驿、众龙驿、列驿、婆驿、悉诺罗驿、鹘莽驿、阁川驿、蛤不烂驿、突录济驿、农歌驿、卒歌驿等。这些驿站在唐朝境内的由唐朝开设并管理，在吐蕃境内的由吐蕃开设并管理，唐蕃双方各自支应境内驿站的交通工具和食宿等。唐朝与吐蕃的边界是动态的，一个时期双方以黄河源头一带为界，一个时期以赤岭（今湟源县日月山）为界。如唐朝开元年间（公元 713 ～ 741 年），唐蕃曾"交马于赤岭"[①]，就是说在赤岭交换驿马。

唐朝的驿传制度在本书第三章已有介绍，一般 30 里一驿，但鄯城县以西大体是 60 里一驿，大概是由于这里人烟稀少的缘故。而吐蕃境内驿站之间距离更大，几十里和 400 多里不等，都是依沿途路况而定。

二、吐蕃的驿传制度

吐蕃驿站的组织情况有别于唐朝，其人员有置顿官、置顿官的副手、书吏、伙夫、护送骑士等。据《新唐书》卷 216《吐蕃传》载，吐蕃发兵时，"以七寸金箭为契，百里一驿，有急兵，驿人臆前加银鹘，甚急，鹘益多"。所谓百里一驿，是指信使每日行程而言，未必每百里设有一处设施齐全的驿站。驿使在各驿站可以住宿、换马、办理通行手续等，护送人员各站交替。每个驿站只对所管的一段路程负责。

---

① 《新唐书》卷 216《吐蕃传》："吐蕃又请交马于赤岭，互市于甘松岭。宰相裴光庭曰：'甘松中国阻，不如许赤岭。'乃听以赤岭为界，表以大碑，刻约其上。"

在对驿站的控制和管理方面，吐蕃之制与唐大致相仿。信使在路上持有驿递文书，凭文书在沿途驿传得到食物、马匹供应等，有时还有人员护送。对不同的信使接待规格不同。信使的行程记录在驿递文书上，并须各驿站加盖印章作证。王庭在派遣信使时对前往的目的地和途经的路线、到达日期、沿途供应标准（如面粉多少、酥油多少等）等预先都有规定。如出现遗失信件、延误日期、失密等情况，信使和驿站官员都要受到严厉的惩罚。[①] 吐蕃王朝瓦解后，各部族分裂，原有的旧驿尽行废弃。

三、逻些—沙洲驿道

青海境内唐蕃之间的驿道除《新唐书》卷40《地理志》"鄯城县"条下记载的唐蕃古道西段最通行官道外，还有逻些—沙洲道和党项道。逻些—沙洲道是吐蕃专门设置，直接控制沙州（治今甘肃省敦煌市）、瓜州（治今甘肃省瓜州县锁阳城）等地的通道。它由今拉萨经藏北草原，越唐古拉山西端，渡拜渡河（一作摆图河、布赖楚河，即今木鲁乌苏河）、沱沱河、楚玛尔河，从玉树西部跨过昆仑山，越柴达木盆地西部，经今当金山口至敦煌。这是吐蕃控制河西走廊的一条管理完善的驿道，在吐蕃北方军事行动中曾经发挥过重要作用。这条驿道沿途多为无人区，各站设有专职官员"论布"负责。唐会昌三年（公元843年）后废弃[②]。

四、逻些—党项驿道

党项道是原党项羌各部（大致分布在今四川、甘肃、青海交界地区）通向多弥（古羌人邦国，约在今青海玉树市一带）等西部的旧道（一度称白兰故道）。吐蕃占领党项地区后，开辟了逻些—党项驿道。吐蕃于河曲设置军事重镇"玛冲"，辟有通向洮州（治所在美相，今甘肃省临潭县）、岷州（治今甘肃省岷县）及河州（治今甘肃省临夏市）大夏川等地的驿道。因这里与今甘肃武都、四川阿坝临近，后随着茶马互市的兴起，逐渐形成并发展起一条横贯青海南部的运输干道，史称党项故道。此道西端与唐蕃驿道上今玛多县境的驿道相接。

① 参看陈庆英、端智嘉：《一份敦煌吐蕃驿站递文书》，《甘肃社会科学》，1981年第3期。
② 参见崔永红、张得祖、杜常顺主编：《青海通史》，青海人民出版社，1999年，第210页。

第三节
"唐蕃古道"使用事例选介

一、弘化公主和亲吐谷浑对"唐蕃古道"的使用

唐代是继汉代之后，中国统一多民族国家壮大、发展的又一重要历史阶段，其时国力强盛，疆域辽阔，政治清明，经济繁荣，先后出现了"贞观之治"和"开元盛世"。高度的物质文明和高水平的文化使周边各族增强了向心力，国内各民族间的接触和交往空前发展，民族关系进一步密切。

唐贞观九年（公元 635 年），唐朝征服吐谷浑国，立吐谷浑国王慕容顺的儿子诺曷钵为河源郡王，封其为"乌地也拔勒豆可汗"，统领吐谷浑各部。诺曷钵登位后，上表归附于唐朝。贞观十年（公元 636 年）年底，诺曷钵亲自到长安觐见唐太宗，并向唐朝请婚，受到了唐朝的热诚款待。第二年，诺曷钵向唐朝献上牛羊 1.3 万多头只，唐朝与吐谷浑的关系日益密切。唐贞观十三年（公元 639 年），诺曷钵又一次亲赴长安，再次请求唐太宗赐婚。唐太宗李世民同意将宗室女弘化公主（公元 622 ~ 698 年）嫁给诺曷钵。贞观十四年（公元 640 年）二月，唐太宗遣左骁卫将军、淮阳王李道明及右武卫将军慕容宝，携带大批物资护送弘化公主入吐谷浑与诺曷钵成婚。诺曷钵在王城（约在今青海省都兰县香日德镇）中按吐谷浑风俗举行了盛大的成婚仪式，四方国王与吐谷浑各路名王都来赴宴恭贺。弘化公主嫁入吐谷浑，是唐朝将公主嫁于外藩的开端，是中华民族团结史上的一件大事，它使唐与吐谷浑的关系很快得到改善。唐贞观二十三年（公元 649 年），即诺曷钵十四年，唐太宗驾崩。在其陵墓前所立的 14 位民族领袖人物石造像陪臣中，有诺曷钵之名。高宗继位后，诺曷钵立即派出使节，到长安上表致贺。

唐高宗永徽三年（诺曷钵十七年，公元 652 年），诺曷钵和弘化公主联名上表，希望有生之年，回长安探亲一次。得到高宗李治的允准。十一月，弘化公主

和诺曷钵来到长安省亲，受到了唐王朝和唐高宗的热情款待。据正史记载，唐朝与少数民族政权和亲共 27 次，而出嫁的公主回过娘家的唯有弘化公主一人，由此可见唐与吐谷浑关系的特殊性。龙朔三年（公元 663 年），吐谷浑被吐蕃击败，弘化公主与诺曷钵奔凉州（今甘肃省武威市），归附于唐。武则天时，弘化公主被赐姓武，改封西平大长公主。弘化公主于公元 698 年去世，享年 76 岁，她的墓位于甘肃省武威市凉州区城南 20 公里的南营乡青嘴湾一座水库背面的山岗上。

弘化公主嫁给吐谷浑可汗诺曷钵，唐朝与吐谷浑国使臣往返频繁，对提高"唐蕃古道"的利用率有积极作用。

二、文成公主和亲吐蕃对"唐蕃古道"的使用

公元 6 世纪时，西藏自治区雅隆地区（今山南泽当、琼结一带）的鹘提悉补野部已由部落联盟发展成为地方政权，其国主达布聂赛、囊日论赞父子，逐渐将势力扩展到今拉萨河流域。公元 629 年，囊日论赞之子松赞干布（公元 617～650 年，汉文史籍中记作弃宗弄赞、器宗弄赞、弃苏农赞等），继位为吐蕃第 32 任赞普，他以武力降服古羌人苏毗（今西藏自治区北部及青海省西南部）、羊同（今西藏自治区北部）等部落国，将都城迁至逻些（今拉萨市），正式建立吐蕃王朝。后来吐蕃帝国不仅统一了青藏、康藏高原，而且占有今四川西部、滇西北等地，成为一个强大的区域性政权。青藏高原地区的统一，促进了当地政治、经济、文化的全面发展，同时为发展唐蕃关系奠定了基础，也为后来西藏自治区进入祖国版图创造了条件。

松赞干布是藏族历史上一位雄才大略的人物，他的光辉业绩，使他成为藏族历史上伟大的民族英雄，赢得了藏族人民的热爱和尊敬。松赞干布羡慕大唐的富庶与繁荣，很想与唐朝交好，以加强两国的政治、经济、文化交流，巩固新统一的吐蕃国政局。

布达拉宫法王洞中松赞干布塑像

释迦牟尼12岁等身佛像

布达拉宫法王洞中文成公主（右）塑像

他曾于唐贞观十年（公元 636 年）派人向大唐求婚，惜未获成。唐贞观十四年（公元 640 年），他又派遣大相禄东赞献黄金 5000 两和其他宝物珍玩数百件，再次向唐朝请婚。唐太宗也希望与吐蕃世代友好，见松赞干布心意诚恳，便十分欣喜地将宗室女文成公主许嫁与松赞干布。

唐贞观十五年（公元 641 年）正月，唐太宗命礼部尚书江夏王李道宗持节送文成公主、唐蕃专使赴吐蕃成婚。据汉、藏文史书记载，文成公主出嫁的队伍很庞大，唐太宗的嫁妆也非常丰厚。文成公主信仰佛教，据说她行前曾请求父皇把稀有至宝释迦牟尼报身像（通称觉卧佛，俗称 12 岁等身金像）赐给她，作为圣缘，请到吐蕃，得到唐太宗允准。文成公主入藏时除带有诸种府库财帛、金镶书橱，诸种金玉器具，诸种造食器皿、食谱、玉辔与金鞍，诸种花缎、锦、绫、罗与诸色衣料外，还携带有大批佛教经典和医学、农书、史书、医典、历法、工艺等方面的书籍，以及谷物和芜菁种子等。随行有 600 名侍者，其组成成员除文成公主陪嫁的 25 位侍婢外，还有一批文士、乐师和农业技术人员等。

文成公主远嫁吐蕃，浩浩荡荡的送亲队伍一路向西，进入青海境内时，曾驻驿于赤岭（今湟源县日月山），民间留下了公主摔碎"日月宝镜"，斩断对故乡亲人眷恋情丝，义无反顾地走上西行道路的美好传说。文成公主一行途经吐谷浑辖境时，受到吐谷浑王诺曷钵与夫人弘化公主的隆重接待。弘化公主是先文成公主一年嫁到吐谷浑的大唐公主，她同诺曷钵格外亲切热情地尽地主之谊，设盛宴欢迎、欢送文成公主一行。他们特地为文成公主修了行馆（即《新唐书》中的"公主佛堂"，其位置可能是今兴海县子科滩镇之北龙曲村哇滩古城，一说在今兴海县河卡乡一带）。

文成公主一行来到水草茂盛的黄河源地区时，吐蕃赞普松赞干布率迎亲队伍早已赶到柏海（今青海省玛多县扎陵湖、鄂陵湖一带，藏文史料对柏海的今地有多种说法），并修建行宫恭候。松赞干布拜见李道宗，恭敬行佳婿大礼。李道宗以长辈身份在行宫为新人主持相见礼，并按汉族的礼仪主持了婚礼仪式。松赞干布不断叹服大唐帝国服饰礼仪之美。行宫遗址"周毛松多"至今还在，被当地群众视为圣迹。

经过一段时间的艰苦跋涉，文成公主一行来到唐蕃古道重镇玉树地区。据文献记载，南北朝、隋时这里为苏毗和多弥国辖区的一部分，唐时为吐蕃辖区。这里草原辽阔，牧草肥美，风光秀丽，气候宜人。文成公主一行在玉树地区留驻休整时间较长，这里遗留至今的与文成公主有关的遗迹遗物很多，受到当地群众的珍视和保护。坐落在玉树市巴塘乡贝纳沟口的一座小寺院，就是闻名遐迩的历史文化古迹"大日如来佛雕像"及其庙宇，俗称"文成公主庙"。

勒巴沟内有吐蕃时期佛教造像、摩崖石刻，在勒巴沟口石刻不远处金沙江西岸有一座叫作"古素赛玛"（藏语，意为沙塔）的小土塔。据说，这座塔是唐代为纪念文成公主入藏而建的，仅用了一天的时间就垒筑成了。沿勒巴沟西进数公里，有一条支沟叫泽琼沟（又名鸟水沟），近沟口处还有一座古朴的土石塔，比"古

勒巴沟"公主塔"

素赛玛"要高大一些,当地人称之为"公主塔"。唐及以后的千余年间,当地佛教信众在勒巴沟刻凿的宗教文化石刻数以千万计,可以说漫山遍野俯拾皆是。石刻内容以"六字真言"(唵嘛呢叭咪吽)为主,也有经文和警世格言,等等。

文成公主一行离开玉树,翻越唐古拉山,跋涉数月,抵达吐蕃都城逻些(今拉萨)。吐蕃臣民按照赞普的指示,摆设了盛大的欢迎宴会,千百万身穿节日盛装的男女民众从各地汇聚拉萨,以无限敬仰的心情迎接释迦牟尼佛祖12岁等身金像和文成公主。接着,吐蕃择日为赞普和文成公主举行了盛大的婚礼。藏文典籍《贤者喜宴》记载:"松赞干布登临欢庆的宝座,为文成公主加冕、封作王后。"松赞干布正式授予文成公主赞普王妃宝座

从大昭寺远眺布达拉宫

拉萨小昭寺

和权威。松赞干布为能娶大唐公主而自豪。《新唐书》卷216《吐蕃传》记载说，松赞干布"自以其先未有昏帝女者，乃为公主筑一城以夸后世，遂立宫室以居"。松赞干布为文成公主所筑宫室，即今拉萨红山上闻名中外的布达拉宫雏形，至今其宫中还保存着松赞干布和文成公主成亲时的洞房遗址和他们的塑像。藏文典籍《王统世系明鉴》记载，文成公主精通卜算和堪舆术，她测出蕃地雪国是女魔仰卧之形，俄塘湖乃女魔的心脏，必须填平，并在其上建神殿加以镇压。文成公主协助松赞干布选址、设计了大昭寺，以供奉尼泊尔赤尊公主带来的8岁释迦牟尼等身金像。大昭寺旁的小昭寺，据说是由文成公主主持设计、并由公主从内地带来的建筑师修建的，以供奉文成公主从唐朝远道带来的释迦牟尼12岁等身金像。拉萨之所以有"圣地"之美誉，与上述寺院及两位公主带来的释迦牟尼等身金像有很大关系。

文成公主嫁吐蕃赞普松赞干布后，在吐蕃生活40年，十分忠诚地执行着唐朝廷赋予的和亲任务。她传播中原文化，接受吐蕃习俗，行事稳妥，受到吐蕃官方尊敬和民众的广泛爱戴，是为汉藏民族团结做出巨大贡献的伟大女性。唐蕃和亲是中国政治和亲成功的典范，文成公主为此作出了巨大贡献。由于和亲者身份高贵，通过自上而下的方式影响到许多层面，因而在政治上、社会上衍生出一系列新的、高层次的文化变化。伴随着唐朝与吐蕃的和亲，唐蕃之间的政治经济联系不断加强，人民之间的接触也日益频繁，唐蕃之间友好的"黄金大道"——唐蕃古道正式形成。

三、唐蕃间频繁遣使往来对"唐蕃古道"的使用

伴随着唐蕃和亲，唐蕃之间的政治联系不断加强，尤其是唐朝与吐蕃之间官方的遣使往来逐渐频繁起来。官方的遣使往来包括朝贡、议盟、盟会、修好、和亲、告丧、吊祭、封赠、求请、报聘、慰问、约和，等等。频繁的遣使往来对强化"唐蕃古道"的使用起了很重要的作用。据有关资料统计，自唐贞观八年（公元634年）吐蕃首次遣使入唐，至9世纪中叶吐蕃王朝崩溃，209年间，双方往来使者共290余次，其中吐蕃入唐朝190余次，唐朝入吐蕃100余次。从整体上看，吐蕃使者赴唐的次数明显多于唐朝使者赴吐蕃的次数。有学者研究，唐蕃使者在交往过程中，经常利用使者身份收集对方的军事、经济、社会等方面的情报，直接为统治者制定战略决策服务。毋庸讳言，唐蕃使者往来与唐蕃军事发展密切相

关，唐蕃使者往来频度与双方战争密度成正比关系。例如吐蕃赞普赤德祖赞和赤松德赞执政时期（公元704～797年）是唐蕃使者交往的高峰期，这一时期正是吐蕃势力急剧膨胀，对外扩张达到巅峰的时期。这一时期唐蕃使者往来多达127次，占吐蕃时期唐蕃使者往来次数总数的43.4％。[①] 这一时期恰恰也是唐蕃之间战事最为频繁的阶段。

但从更长时段看，唐朝与吐蕃之间团结友好的交往还是占主要地位的。唐蕃官方的遣使往来主要表现为汉藏和好的活动。总体上双方的遣使往来和民间交往形成的局面，用唐朝人的话说，就是形成了"金玉绮绣，问遗往来，道路相望，欢好不绝"[②] 的亲密关系。松赞干布十分倾慕中原文化，与唐公主成婚后不久，即派吐蕃贵族子弟到长安学习《诗》《书》等儒家典籍，唐朝也不断派出各类工匠到吐蕃，传授各种技术。吐蕃的佛教和汉族地区的佛教关系也十分密切。汉地的佛像、佛经、佛寺型制和汉僧进入吐蕃，促进了吐蕃社会佛教的兴起，唐代许多内地高僧曾往来"唐蕃古道"求法或求经。唐蕃古道的开通，在祖国内地与西藏自治区高原之间架起了一座经济文化友好交流的桥梁，在历史上发挥了极为重要的作用。唐蕃双方的遣使往来和民间交往极大地提高了"唐蕃古道"的利用率。

四、唐朝与吐蕃大非川之战对"唐蕃古道"的使用

吐谷浑国与唐联姻后，双方关系十分亲密，引起吐蕃的嫉恨。唐贞观十五年（公元641年），在吐蕃部分贵族的策动下，吐谷浑国内部以握有实权的丞相宣王为首的亲蕃势力，阴谋借祭山神之机袭击弘化公主，劫持诺曷钵奔吐蕃。因事机泄露，诺曷钵携弘化公主率轻骑到鄯城县（治今西宁）求援。唐鄯州（治今乐都）刺史杜凤举派果毅都尉席君买与在鄯城的诺曷钵属下威信王合兵攻击宣王，杀其兄弟三人。这一事件使吐谷浑国内亲吐蕃势力受到一次沉重打击。此后，由于吐蕃赞普松赞干布也与唐联姻，随着唐蕃和好关系的建立，吐谷浑与吐蕃的关系也有所改善。唐高宗即位后，因松赞干布去世，新赞普年幼，大相噶尔·禄东赞当权，极力推行向外扩张的政策，遂加快了征服吐谷浑国的步伐。

---

① 杨永红：《使者往来与唐蕃军事》，载《西藏大学》（社会科学版），2009年第24卷2期。
② （唐）独孤及：《昆陵集》卷18《敕与吐蕃赞普书》，见台湾商务印书馆影印本《文渊阁四库全书》，第1072册第297页。

唐显庆元年（公元656年），禄东赞率兵12万击败吐谷浑属国白兰（在今青海鄂陵、扎陵湖为中心的地区），并屯兵于此。显庆五年（公元660年），禄东赞率兵大举进攻吐谷浑国。吐谷浑国一边部署兵力抗御，一边急遣使至唐，请兵援助。与此同时，吐蕃也遣使至唐，请唐援助其讨伐吐谷浑国。唐高宗依违其间，未做定夺。龙朔三年（公元663年），吐谷浑国亲吐蕃的大臣素和贵叛投吐蕃，尽言吐谷浑国虚实。吐蕃遂集兵北伐，避实就虚，在黄河边上击溃了吐谷浑军队。诺曷钵及弘化公主率数千帐逃至唐凉州（治今甘肃省武威市）境，并遣使向唐告急。唐朝即令凉州都督郑仁泰为青海道行军大总管，率将军孤独卿云等屯兵凉州、鄯州等处防御吐蕃。同时，以左武侯大将军苏定方为安集大使，采取"平两国怨"的措施，并未出兵对吐蕃进行反击。至此，在青海高原立国近350年的吐谷浑国宣告灭亡。

吐蕃攻灭吐谷浑国后，于唐咸亨元年（公元670年），又攻占了唐在西域的18个羁縻州，并与于阗（今新疆和田）攻陷龟兹（今新疆库车县东）拨换城，于是唐朝设在西域的安西四镇——龟兹、于阗、疏勒（今新疆喀什）、碎叶（在今吉尔吉斯斯坦首都比什凯克以东的托克马克市附近）遂告废弛。这使唐高宗大为震怒，也促使唐朝下决心对吐蕃攻势正盛的扩张进行反击。这年四月，唐高宗命右威卫大将军薛仁贵为逻娑道行军大总管，右卫员外大将军阿史那道真、左卫将军郭待封为副，率兵10万攻讨吐蕃，并援助吐谷浑国还其故地。七月，唐军来到大非川（今青海省兴海县大河坝河上源），将进赴乌海（冬给措纳湖，一名托索湖），仁贵嘱待封说：乌海地方尚远，车辆行进艰难，如果带上辎重，将失事机。那里多瘴疠，无宜久留。你留二万人在大非岭上建两栅，辎重并留栅内，我等轻锐倍道，掩其未整，可以获胜。薛仁贵留郭待封谨守辎重，自己率精锐冒险向乌海进发。当薛仁贵率军进到河口（约今玛多县城东北黄河拐弯处）时，遇到一支蕃军，击败吐蕃军队，小有斩获，并获牛羊万余头，然后抵达乌海城（约今玛多县黑河乡一带，正在唐蕃古道上）以待后援。郭待封曾任鄯城镇守，原与仁贵齐列，这次位在仁贵之下，以为耻辱，故不愿遵守薛仁贵调度，违令带领辎重继进。未至乌海，被吐蕃20万大军击败，军粮辎重全部被劫，仁

位于今兴海县大河坝河上游地区的大非岭

贵等被迫退屯大非川。此时钦陵集合 40 万人马围攻。[①] 大非川一带海拔 3800 米以上，是高海拔黑土带冻土区，广泛分布着"鹿服泉"，即密布片状的大小泉眼，泉口大者丈余，小者一尺左右，内有积水，属于草甸草原。积水多时成了沼泽地，泉水干枯后地貌高下不平。吐蕃军马熟悉这种地形地貌，在泉口行走，不致失蹄。但唐朝军马不惯在这种地形上驰骋，动辄"汉马颠踬"。[②] 唐军进退失据，加之寡不敌众，遂全军覆没。唐军薛仁贵、阿史那道真、郭待封与吐蕃主帅论钦陵约和才得以生还。

　　大非川之战的惨败，使唐朝不但未能达到遏止吐蕃扩张势头的目的，而且也宣告了吐谷浑复国希望的破灭。吐谷浑国的灭亡，使唐朝失去了与吐蕃之间的缓

---

①《旧唐书》卷83《薛仁贵传》记载："咸亨元年，吐蕃入寇，又以仁贵为逻娑道行军大总管。率将军阿史那道真、郭待封等以击之。待封尝为鄯城镇守，耻在仁贵之下，多违节度。军至大非川，将发赴乌海，仁贵谓待封曰：'乌海险远，车行艰涩，若引辎重，将失事机，破贼即回，又烦转运。彼多瘴气，无宜久留。大非岭上足堪置栅，可留二万人作两栅，辎重等并留栅内，吾等轻锐倍道，掩其未整，即扑灭之矣。'仁贵遂率先行，至河口遇贼，击破之，斩获略尽，收其牛羊万余头，回至乌海城，以待后援。待封遂不从仁贵之命，领辎重继进。比至乌海，吐蕃二十余万悉众来救，邀击，待封败走趋山，军粮及辎重并为贼所掠。仁贵遂退军屯于大非川。吐蕃又益众四十余万来拒战，官军大败，仁贵遂与吐蕃大将论钦陵约和。"

②《册府元龟》卷961《外臣部·土风三》记载："吐蕃国，本汉西羌之地……有鹿服泉，诸山川亦遍出泉，其泉口大者丈余，小者一二尺，水深尺余。其马历泉口行止之，勇不失脚。与汉战辄引入此地，汉马颠踬，因而败绩。"参见谢全堂：《试论唐蕃大非川之战》，载《青海社会科学》，1991年第4期。

冲地带,唐朝控制区域从河源一线退至日月山一线。而吐蕃牢固占据了水草丰美的河源地区和环青海湖地区后,充分利用原吐谷浑国辖区的人力、物力资源,成为唐朝西北边境的劲敌。此后,唐蕃双方在今青海省境内展开了旷日持久的军事对峙和争夺。

吐蕃攻灭吐谷浑之战与唐蕃大非川之战期间,数以 10 万计的人、马,还有数以万计的载有军粮辎重的车辆行走在"唐蕃古道"上,对道路的拓展、路况的改善都有巨大好处,客观上提升了"唐蕃古道"的利用率。

五、金城公主再次入蕃联姻对"唐蕃古道"的使用

唐蕃大非川之战以后,吐蕃国力更加强盛。但吐蕃的扩张使其与唐朝的矛盾更为激化,双方争战绵延不绝。连年战争招致吐蕃国内矛盾重重,吐蕃百姓疲于徭戍,愿意与唐朝和平共处。吐蕃赞普赤都松赞继位后,剪除了专权好战的噶尔家族,逐步加强与唐朝的联系,还多次派遣使者,请求与唐和亲。唐长安四年(公元 704 年),赤都松赞在平定南诏叛乱时战死,年幼的赤德祖赞继承王位,由其祖母高太后没禄氏墀玛类监国主政。

唐神龙三年(公元 707 年)三月,吐蕃摄政太后没禄氏派遣使者悉薰热到唐朝进贡,并向唐中宗请求联姻,得到中宗应允。这年四月,唐中宗下旨进封宗室女李奴奴为金城公主,出嫁吐蕃赞普赤德祖赞。吐蕃非常重视这次和亲,派出了庞大的迎亲使团。景龙四年(公元 710 年),吐蕃再次遣使迎亲。唐朝在始平县(今陕西兴平)筑馆,为远嫁的金城公主送行。中宗亲自渡过渭河来到始平,在饯行宴会上,中宗"悲泣歔欷"良久,谆谆嘱咐吐蕃迎亲使臣,要他们转告吐蕃君臣,善体皇上把年幼公主远嫁吐蕃、忍痛割爱的良苦用心。[①]他还命群臣作诗词送别,当时有宰相张说、阎朝隐等 18 人即席赋诗,诗句有"帝女出天津,和戎转羽轮","旋知偃兵革,长是汉家亲","戎王子婿礼,汉国舅家亲"等,热情地歌颂了唐廷出嫁公主,加强汉藏和好,巩固唐蕃甥舅关系的事情,这些诗文大都保存在《全唐文》中。同年二月,中宗将始平县改名为金城县,将百顷泊改名为凤池乡怆别里,并赦免当地死刑以下囚犯,免百姓赋税一年,以作送嫁公主的纪念。

---

① 《旧唐书》卷 196《吐蕃传》记载:"其月,帝幸始平县以送公主,设帐殿于百顷泊侧,引王公宰相及吐蕃使入宴,中坐酒阑,命吐蕃使进前,谕以公主孩幼,割慈远嫁之旨,上悲泣歔欷久之。因命从臣赋诗饯别,曲赦始平县大辟罪已下,百姓给复一年,改始平县为金城县,又改其地为凤池乡怆别里。公主既至吐蕃,别筑一城以居之。"

中宗念公主年幼，赠锦缯数万，并派大批杂技诸工随行。因为金城公主喜好龟兹乐，中宗还特地送给一个龟兹乐队。据说当时一并传入拉萨的还有唐朝三大乐舞之一的《秦王破阵乐》，至今拉萨还留存有不少唐朝的乐器。

从始平饯别，金城公主在左骁卫大将军、河源军使杨矩护送下，翻越陇山，继续西北行，经狄道县（治今甘肃省临洮县），过枹罕县（治今甘肃省临夏市）到鄯州（治今青海乐都），又经鄯城县（治今西宁），经石堡城（今湟源大、小方台）至赤岭，往西进入吐蕃地区，所行路线与文成公主基本一致。据敦煌古藏文写本《吐谷浑（阿柴）纪年》残卷记载，公元710年，吐蕃迎亲使团经过吐蕃统治下的吐谷浑邦国地方时，"母后墀邦（即公元689年嫁与吐谷浑可汗的吐蕃公主）及其子莫何吐谷浑可汗、吐谷浑大尚论等宫廷位阶高之人，会见了金城公主，双方致礼，并举行盛宴，奉献了各种礼品"[1]。这年年底，金城公主一行抵达吐蕃首都逻些（今拉萨）。吐蕃赞普赤德祖赞仿效其先祖松赞干布故事，也另外构筑一小城让金城公主入居，并尊称其为"可敦"（赞普正妻）。今天在西藏自治区山南东乃的颇章村，人们还可以看到一座为金城公主兴建的傍塘宫遗址。

唐中宗和吐蕃执政的没禄氏去世后，唐蕃关系又趋于紧张。由于左骁卫大将军杨矩的奏请，唐朝将九曲之地（今青海省黄南州及海南州部分地区）以"金城公主汤沐邑"名义划给吐蕃，吐蕃在这一带设独山、九曲等军，在黄河上架桥，有了进攻唐朝边界更为有利的条件。

唐玄宗继位以后，于开元二年（公元714年），派遣左骁卫郎将尉迟瑰出使吐蕃，看望金城公主，并亲笔书信褒扬公主德行高尚、深明大义。这时，唐朝国势日渐强盛，对吐蕃发动了一系列主动进攻。吐蕃则毫不相让，在唐军入蕃的必经之地凭险据守。双方战事不息，使唐蕃双方都消耗了巨大的人财物力。到开元中期，吐蕃在战事中屡处下风，急欲息兵停战。金城公主多次与赞普一起上书唐玄宗，表达自己希望唐蕃和睦相处的良好愿望。唐朝大多数朝臣也希望息战以纾民困。开元十七年（公元729年），唐玄宗派皇甫惟明等入蕃，以探视金城公主为名，表达和平意愿。吐蕃立即作出积极响应，派重臣名悉腊随唐使入朝谈判。开元二十年（公元732年），双方达成协议：在赤岭（今日月山）立分界之碑，相约

---

[1] 转引自周伟洲编：《吐谷浑资料辑录》，青海人民出版社，1992年，第449页。

互不侵犯,强调"舅甥修其旧好","不以兵强而害义,不以为利而弃言"①。开元二十二年(公元734年),唐派金吾将军李佺到青海,在赤岭与吐蕃分界立碑,然后,唐蕃分派官员到双方交界各处,布告"两国和好,无相侵暴"②。从此,唐蕃停战,沿边人民有了恢复与发展生产的喘息之机。应当说唐蕃会盟的促成,金城公主功不可没。开元二十八年(公元740年)十一月,金城公主在吐蕃薨逝。次年春,吐蕃使者抵达长安报丧。几个月后唐玄宗为金城公主举哀,辍朝三日。

金城公主沿着70年前文成公主的足迹取道青海再次入蕃联姻,使唐蕃之间的政治和好关系得到延续和进一步发展。金城公主在吐蕃生活近30年,力促唐蕃和盟,为两地文化交流贡献良多。唐蕃联姻使大唐与吐蕃结成"舅舅"与"外甥"似的亲缘关系。两位公主和亲期间,唐、蕃间虽曾有过多次战争,但仍以和好为主。双方使臣往来频繁,"唐蕃古道"也因此而繁忙、兴盛。

六、唐蕃长庆会盟对"唐蕃古道"的使用

金城公主去世后,唐蕃在包括今青海东部在内的陇右地区的战争规模也开始升级。唐天宝十五载(公元756年),唐朝发生"安史之乱",今青海省境内的唐军大批内撤。吐蕃乘唐朝陇右地区边备空虚之机,大举兴兵东进,数年之内,尽占唐陇右地区。广德元年(公元763年)十月,吐蕃军进入大震关(亦称陇关,位于今甘肃省清水县东陇山东坡),直逼唐都长安。唐代宗仓皇出逃,吐蕃军入掠长安15天后退出。此后,唐蕃间的东部战线由原先今青海境内转移至今甘肃东部和东北部一线,双方战事仍较密集。

公元8世纪末9世纪初,唐蕃双方各由于其内部矛盾的加深,都没有力量再进行长时期的战争。特别是吐蕃因连年出战,本土民穷财尽,属部不听控制,王权日益衰落。这一时期,僧人入主朝政,主张与唐朝盟誓和平。唐穆宗长庆元年

①(清)董诰等纂修《全唐文》卷990,《定蕃汉两界碑》曰:"维大唐开元二十一年,岁次壬申,舅甥修其旧好,同为一家……今遵永旧,咸与维新,帝式藏用,不违厥旨。因以示赤岭之外,其所定边界,一依旧定为封守,为罗斥候,通关梁……幽蕃臣魁渠,实曰警戒,无或背淳德,习凶梗,侵扰我河湟,窥视我亭障。无或恣业惊驰咆哮,剽掠我牛马,蹂践我农穑。汉家军领,亦不得兵戈相侵。我家用不掩袭尔城守,覆坠尔师徒,壅塞尔道路,烟灭尔部落。不以兵强而害义,不以为利而弃言,则我无尔诈,尔无我虞,信也……忠于人则信于神,俾我唐受无疆之福,尔亦荷有永之谋。用怀尔远人,不宝尔远物,至圣之仁也!铭曰:'言念旧好,义不忒分。道路无壅,烽燧息分。指河为誓,子孙亿分。有渝其诚,神明殛分。'"

②《新唐书》卷216《吐蕃传》记载:"吐蕃遣使谢,且言:'唐、吐蕃皆大国,今约和为久长计,恐边吏有妄意者,请以使人对相晓救,令昭然共知。'帝又令金吾将军李佺监赤岭树碑,诏张守珪与将军李行祎、吐蕃使者莽布支分谕剑南、河西州县曰:'自今二国和好,无相侵暴。'"

唐蕃"长庆会盟碑"

（公元 821 年），吐蕃赞普赤热巴巾派礼部尚书论讷罗来长安请和。唐穆宗命大臣 17 人与吐蕃使臣于十月十日（公历 11 月 9 日）在长安西郊会盟，盟文表示要息兵宁人，恢复甥舅之好。唐承认吐蕃占有河西陇右，吐蕃承诺不再扰唐边境。次年，唐派大理寺卿刘元鼎为会盟使，与论讷罗取道青海同赴逻些参加隆重的会盟仪式。五月六日（公历 6 月 1 日），唐使刘元鼎与吐蕃僧相钵阐布在逻些东哲堆园会盟。这次会盟是唐蕃间第八次也是最后一次和平会盟，史称"长庆会盟"，亦称"甥舅会盟"。盟文称"舅甥二主商议社稷如一，结立大和盟约，永无渝替，神人俱以证知，世世代代，使其称赞"①。长庆会盟基本结束了唐蕃间多年的争战，符合唐蕃各族人民希望和平相处的共同美好愿望，顺应历史潮流。会盟后，在河州（治今甘肃省临夏市）大夏川，由吐蕃都元帅尚塔藏召集东道诸将领宣读盟文，要求不得侵犯唐境。长庆三年（公元 823 年），唐蕃又于双方京师竖立用汉藏两文写下的盟碑。迄今矗立在拉萨大昭寺门前的"长庆会盟碑"仍完好无损，藏族群众称之为"甥舅会盟碑"。唐朝吐蕃之间甥舅和好的亲谊关系长期延续，直到宋代，吐蕃王室后裔所建地方政权如唃厮啰政权仍视北宋皇帝为"阿舅天子"。唐朝与吐蕃多次会盟，双方使臣往返频繁，提高了"唐蕃古道"的利用率。

七、高僧往来对"唐蕃古道"及"吐蕃—泥婆罗道"的使用

早在两汉时期，中国内地与南亚诸国已有交往，其通道一是由今甘肃敦煌沿塔里木盆地北缘出葱岭，经撒马尔罕南行入南亚诸国；二是由敦煌沿塔里木盆地南缘出葱岭而后入天竺（今印度）、泥婆罗（今尼泊尔）诸国。后来随着"唐蕃古道""吐蕃—泥婆罗道"的畅通，形成了由长安经今青海入吐蕃、泥婆罗而至

---

① 《唐蕃会盟碑》文曰："大唐文武孝德皇帝与大蕃圣神赞普舅甥二主商议社稷如一，结立大和盟约，永无渝替，神人俱以证知，世世代代使其称赞，是以盟文节目题之于碑也：……今蕃汉二国所守见管本界，以东悉为大唐国疆，已西尽是大蕃境土，彼此不为寇敌，不举兵革，不相侵谋……须合舅甥亲近之礼，使其两界烟尘不扬，罔闻寇盗之名，复无惊恐之患，封人撤备，乡土俱安，如斯乐业之恩垂于万代，称美之声遍于日月所照矣。"依据王尧先生的《唐蕃会盟碑疏释》一文录写，参见《历史研究》1980 年第 4 期。

印度等南亚诸国的新通道。"吐蕃—泥婆罗道"是吐蕃都城逻些（今西藏自治区拉萨市）至泥婆罗都城坎提普尔间的一条古老通道，至迟在公元 7 世纪上半叶，吐蕃与泥婆罗之间官方已有来往，此道已经开通。如公元 637 年，泥婆罗国王将其妹尺尊公主嫁给吐蕃赞普松赞干布为妻，泥婆罗遣使护送公主入蕃，而松赞干布也派人前往迎亲。随着联姻的成功，双方间的往来便不断增多，使臣、学者、僧人开始奔波于此道，两国间经济、文化联系密切起来。"吐蕃—泥婆罗道"的走向大致是由今西藏自治区拉萨市西南行，在曲水附近渡过雅鲁藏布江，经羊卓雍湖、浪卡子、江孜到日喀则，再经拉孜、协噶尔到定日，由此分 3 路入尼泊尔。随着吐蕃—泥婆罗道的开通，北印度泥婆罗的佛教也开始不断地传播到吐蕃。据传创造吐蕃文字的吞米·桑布扎等人前往印度学习走的就是这条道，而印度等国的使臣、学者、商人亦经此路往返（此后，直到元朝时，应八思巴之请前来今西藏自治区建造佛塔的尼泊尔人都是经过此道而来，其中善于绘画、雕塑和铸造金佛的阿尼哥还被邀到大都参加了元朝首都的建设。到明清时期及以后，这条通往南亚诸国的通道仍在沿用）。

汉文史书中对于吐蕃—泥婆罗道的记载，过去首推约成书于公元 7 世纪中叶的唐释道宣《释迦方志·遗迹篇》所载：

其东道者，从河州西北度［渡］大河，上漫天岭，减四百里至鄯州。又减百里至鄯城镇，古州地也。又西南减百里至故承风戍，是隋互市地也。又西南减二百里至清海，海中有小山，海周七百余里。海西南至吐谷浑衙帐。又西南至国界，名白兰羌，北界至积鱼城。西北至多弥国，又西南至苏毗国，又西南至敢国，又西南至小羊同国，又西南度呾仓法关，吐蕃南界也。又东少南度末上加三鼻关，东南入谷，经十三飞梯、十九栈道。又东南或西南，缘葛攀藤，野行四十余日，至北印度泥婆罗国（此国去吐蕃约九千里）。

上引《遗迹篇》所记唐代从陆路去印度三条路线中的"东道"是从印度出发到中国所经道路的称谓，若从中国出发去印度，不应称东道，而应称"南道"。上文所勾画的从河州（治今甘肃省临夏市）至青海，再西南行至吐蕃国，南下泥波罗的道路正是"唐蕃古道"和"吐蕃—泥婆罗道"。引文中的"漫天岭"可能指今青海省民和县转导乡的接官岭一带，"鄯州"治今青海乐都，"鄯城镇"在今西宁，"承风戍"在今湟中县上新庄乡拉脊山南侧，"清海"即青海湖，"吐谷浑衙帐"可能指吐谷浑曼头城（约在今兴海县河卡乡东幸福村古城）。

唐代佛教高僧曾经从"唐蕃古道""吐蕃—泥婆罗道"往来过。

受唐朝文成公主和泥婆罗尺尊公主的影响，松赞干布成为吐蕃历史上第一位著名的信仰佛教的"法王"。在松赞干布的支持下，佛教在吐蕃社会逐渐兴起，赤德松赞时得到进一步发展。后来经过一次"禁佛运动"，至8世纪中叶，赤松德赞继位后，佛教又得到复兴。唐代许多内地高僧曾往来"唐蕃古道""吐蕃—泥婆罗道"求法或求经，他们在遍洒佛教种子的同时，也为唐蕃双方的贸易往来和文化交流做出了贡献。

据义净《大唐西域高僧求法传》和道世法师《法苑珠林》记载，唐贞观年间（公元627～649年），太州玄照法师第一次赴天竺时，所行路线是先循天山南路入"睹货罗"（即吐火罗，今阿富汗境内），再南行至吐蕃。蒙文成公主资助，被护送进入天竺。贞观二十二年（公元648年）唐右卫率府长史王玄策出使天竺时，曾与太州僧人玄照法师相会。玄照等人回国时，不再绕行天山南路，而是改行新道"吐蕃—泥婆罗道"，使行程大为缩短。泥婆罗人护送他们到吐蕃，他们再次见到了文成公主，文成公主又一次资助他们，使他们顺利经过苏毗、吐谷浑回到长安。1990年，西藏自治区西南边境的吉隆县境内发现了一通名为《大唐天竺使出铭》的唐代摩崖石碑，据考证，此碑是唐显庆三年（公元658年）唐使节王玄策第三次奉旨出使天竺时途经吐蕃西南边境，勒石记功之遗物，它为吐蕃、泥婆罗之间古代交通问题的研究提供了新的可靠证据。

唐时期取道唐蕃古道的僧人还有玄太、慧轮等。

第五章
宋至民国时期的丝绸之路青海道

　　唐后期及五代时期，随着吐谷浑国退出历史舞台，兴盛一时的丝绸之路"吐谷浑道"也渐趋沉寂。北宋时期，建都于青唐（今西宁市）的唃厮啰政权崛起后，不但竭力加强与宋、辽、西夏之间的联系，而且强化同西域的沟通，采取诸多措施，促使中西通道青海路一度出现繁荣局面。唃厮啰政权同中国内地、西域政治经济文化交流的加强，促进了其辖区内的商品流通和经济繁荣，也增强了该政权的经济、军事实力。人们将这一时期再次兴盛的丝绸之路青海道称为"青唐道"。南宋时期，青海地区归西夏统治，丝绸之路青海道再度趋于冷落。蒙元时期，由于蒙古西征的胜利，使东西驿路通畅，丝绸之路又出现繁荣迹象。青海回族、撒拉族先民主要就是那时自西域东来的。明朝采取闭关政策，陆上丝路作为中西交通路线远不如海路重要了。清朝继续实行"闭关锁国"政策，丝绸之路更趋衰落，青海道也是同样。不过，元、明、清、民国时期，青海省境内的驿道和驿传设施有了大的发展，与丝绸之路"青唐道"相关联的交通状况有了巨大改善，对该区域经济社会的发展起了推动作用。尤其是茶马互市持续兴盛，青海与陕西、四川、湖北等地区的联系更加密切，茶马古道繁荣一时。茶马古道的热络大大冲淡了丝绸之路的冷落。

第一节
"青唐道"的构成及基本走向

一、唃厮啰政权的建立与"青唐道"的复兴

公元 960 年，北宋王朝建立，此后逐步结束了中原地区的混乱局面。西北地区的甘州（治今甘肃省张掖市）回鹘、西州（今新疆维吾尔自治区吐鲁番东南）回鹘和于阗（一作于真，王治西城，今新疆维吾尔自治区和田）等地方政权纷纷遣使进贡，与北宋保持着频繁的朝贡贸易关系。一时间，从内地到西域，道路畅通，商旅如流，昔日冷清的丝绸之路又逐渐恢复了繁忙。在丝路贸易逐渐得到恢复的最初几十年中，往来于西域和内地的贡使团队和商人多由河西走廊道及灵州（治今宁夏回族自治区灵武市西北）、泾原（今宁夏回族自治区南部）道行走。11 世纪初，活动于今宁夏和陕西北部的党项族逐渐强大起来，不仅控制了贡使团队和商人们必经的灵州、泾原道，而且不断向河西走廊地区扩张势力。特别是元昊建立西夏国后，西夏势力炽盛，屡与甘州回鹘交战，积极向河西走廊地区用兵，最终于公元 1036 年完全控制了河西走廊地区，阻断了通往中原的交通路线，回鹘贡使往往被夏人抄掠。那时西夏统治者没有看到境内丝路贸易背后蕴藏的巨大商机，只是极力盘剥商贾，获取短期的暴利。据史书记载，西夏控制了河西走廊地区后，对于通过境内丝绸之路贸易的商人盘查很严，抽取 1/10 的货物作为税收，使贡使和商人们叫苦不迭。[1] 夏国还有抄掠商旅、羁留和勒索西域贡僧的行为。[2]

为了避开西夏的劫掠和盘剥，中西贡使和商人们改行唃厮啰政权掌管的丝绸

---

[1] 戴锡章编撰，罗矛昆点校：《西夏纪》记载："是年（1041 年），沙州回鹘来侵，却之。回鹘土产，珠玉为最……或为商贩，市于中国、契丹诸处。往来必由夏界，夏国将吏率十中取一，择其上品，贾人苦之。后以物美恶，杂贮毛连中，然所征亦不赀。自元昊取河西地，回鹘窜居山谷间，悉为役属，曹琮在秦州，欲诱之共图元昊，得西川旧贾，使谕意。于是沙州镇王子遣使入贡……"宁夏人民出版社，1988 年，第 212～213 页。又（清）吴广成撰，龚世俊等校证：《西夏书事校证》，甘肃文化出版社 1995 年，第 175 页。

[2] 戴锡章编撰，罗矛昆点校：《西夏纪》记载："宋景祐三年（1036 年）……夏四月，羁天竺国进奉僧于夏州。天竺入贡，东行经六月至大食国，又二月至西州……抵夏国，元昊留于驿舍，求贝叶梵经不得，羁之。由是，西域贡僧遂绝。"宁夏人民出版社，1988 年，第 152～153 页。

之路"青唐道"，逐渐使"青唐道"得以复兴。

唃厮啰政权是北宋时期以河湟地区吐蕃人（藏族前身）为主建立的地方性政权，以其都城在"青唐"（宋代吐蕃人对西宁的称呼），又称青唐吐蕃政权、安多吐蕃政权。"唃厮啰"先是对人的尊称，这人本名叫欺南陵温，青唐吐蕃政权就是他创建的；后用于称呼青唐吐蕃政权。欺南陵温，号瑕萨（意为当今皇上），是吐蕃王室的后裔，因他血统高贵，相貌奇伟，被当时人尊称为"唃厮啰"（汉文史籍又译作"嘉勒斯赍"，藏语"佛子"之意）。他联合河湟地区吐蕃各大部落创建了青唐吐蕃政权，并采取一系列符合自己发展的内外施政措施，使这个政权迅速发展壮大，成为北宋一代河湟地区最有影响力的政治实体，一度成为北宋、西夏竞相争取的对象，同时成为辽国愿意结好的友邦。北宋朝廷先后封唃厮啰为邈川大首领、宁远大将军、爱州团练使、检校太保、充保顺河西等军节度使、洮凉二州刺史等。唃厮啰死后，宋朝将唃厮啰的所有封号加给其子董毡。唃厮啰政权共传4代6主，存在近百年。唃厮啰政权鼎盛时期的疆域，大体东至今兰州市，东南达今甘肃省甘谷县境，奄有今甘肃省甘南藏族自治州境；南至今四川省北部和青海省果洛藏族自治州一带[①]；西逾青海湖至龟兹国（都今新疆维吾尔自治区库车）界[②]；北界祁连山与西夏相邻。宋徽宗崇宁年间（公元1102～1106年），唃厮啰政权内外交困，最终宣告解体。

唃厮啰政权值得称道的一大建树是造成中西陆路交通"青唐道"的一度复兴。

唃厮啰吐蕃势力与宋朝关系亲近，甘州贡使欲至宋廷，唃厮啰政权便派人护送甘州使者南越祁连山至青唐城、宗哥城（又叫龙支城，是唃厮啰政权早期建都的地方，在今乐都区碾伯镇），经河州（今甘肃省临夏市）、秦州（今甘肃省天水市）抵达中原朝廷。对此，史书有这样的记载："先是，甘州数与夏州接战，夜落纥贡奉多为夏州钞夺。及宗哥族感悦朝廷恩化，乃遣人援送其使，故频年得至

---

① （宋）杨仲良《皇宋通鉴长编纪事本末》卷140《徽宗皇帝收复湟州》记载唃厮啰故地："其四至正北及东南至夏国界，西过青海至龟兹国界，西至卢甘界，东南至熙、河、兰、岷界，连接阶成州界。"（宋）李远《青唐录》记载："又青唐之南有泸戎，汉呼为芦甘子……泸戎之南即西蜀之背。"可知《通鉴长编纪事本末》中提到的"卢甘界"即今四川北部和青海果洛藏族自治州一带。

② （宋）杨仲良：《皇宋通鉴长编纪事本末》卷140《徽宗皇帝收复湟州》曰："青唐录所称，洗纳等族大首领阿厮结悉来降。阿厮结在青海住，连夏国、龟兹，羌之最远者也。"这里告诉我们，吐蕃的西部边界就在青海湖，而龟兹与之相连。可见柴达木盆地是龟兹的国土。而李远《青唐录》又说，从青海湖西有铁堠的地方再"西行逾两月"，才能到达回纥、于阗边界，则唃厮啰政权的西界似乎又大约为今青海、新疆交界一带。究竟如何，待进一步考察。

京师。既而唃厮罗欲娶可汗女而无聘财，可汗不许，因为仇敌。（大中祥符）五年，秦州遣指挥使杨知进、译者郭敏送进奉使至甘州，会宗哥怨隙阻归路，遂留知进等不敢遣。八年，敏方得还。可汗王夜落隔上表言宝物公主疾死，以西凉人苏守信劫乱，不时奏闻；又谢恩赐宝钿、银匣、历日安抚诏书，仍乞慰谕宗哥，使开朝贡之路。九年，杨知进亦至，遂遣郭敏赐宗哥诏书并甘州可汗器币。其年，使来朝贡，言夜落隔卒，九宰相诸部落奉夜落隔归化为可汗王领国事。"[①]由此可见，甘州与宗哥之间曾经发生过小摩擦，造成此条道路中断了数年，后由于宋廷的慰谕，这条路又畅通了。另据史载，宋天禧元年（公元 1017 年）四月，"秦州曹玮请自今甘州进奉人回止，于秦州选牙校同共赍送国信物往彼，不烦朝廷使伴送。从之"[②]。这一决定，是对甘州回鹘贡使经由青海、秦州而达宋王朝的可靠保证。此后，甘州回鹘可汗夜落隔归化于天禧二年、四年，夜落隔通顺于天圣元年、二年、三年、五年、六年皆遣贡使入宋，[③]其往返路线应都走的是甘州—青唐道。

二、"青唐道"的构成

"青唐道"是宋代丝绸之路青海道的别名。"青唐道"其实与汉魏时期中西陆路交通主干道东段（以今青海省、甘肃省与新疆维吾尔自治区毗连处为界）南线的主体——"羌中道"基本重合，只是不同历史时期道路名及途经城镇、某些地点的叫法不同而已。"青唐道"总体呈东西向，大致以青唐城（今青海省西宁市）为中心，东至熙州（今甘肃省临洮县）为东段，可称"河湟道"，再向东延伸，可达北宋都城汴京（今河南省开封市）；向西经青海湖南岸、北岸，横贯"黄头回纥"居住区（柴达木盆地西北部）至今新疆维吾尔自治区若羌为西段，可称"黄头回纥道"，再向西延伸，可通达西域各国。

"青唐道"并非单一的线路，它还有不少支线，有的大体呈东西向相互并行，如"黄头回纥道"南线、"黄头回纥道"北线；也有呈东南—西北向与丝绸之路河西走廊道相连的小支线，如甘州—青唐道（即汉代的西平—张掖道，也可称为扁都口道）、青海湖—肃州道（即汉代的鲜水—酒泉道，也可称为走廊南山道）等。"黄头回纥道"所经地区主要由洪积、冲积、湖积平原和沙漠戈壁组成，途经若

---

① 《宋史》卷 490《回鹘传》。

② 《宋会要辑稿》卷 197《蕃夷四》。

③ 参见陆庆夫：《论甘州回鹘与中原王朝的贡使关系》，《民族研究》，1999 年第 3 期。

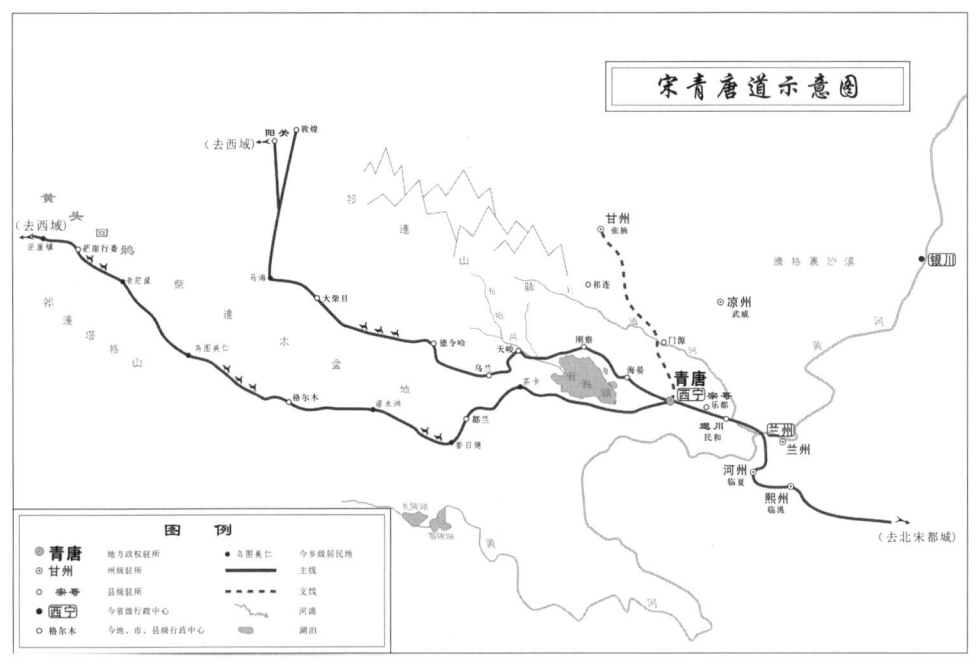

"青唐道"示意图

干处较优良的绿洲带，但人口稀少，供应很不方便。"河湟道"途经地区多山谷、河流、关隘，但人口稠密，有较多城镇，驿路相对完善，供应较为方便。

三、青唐道的具体行走路线

在甘州回纥没有被西夏灭亡前，即北宋景祐三年（西夏大庆元年，公元1036年）之前，西域贡使和商人先经河西走廊西段到达甘州（今甘肃省张掖市），然后从甘州南下，由大斗拔谷（今青海、甘肃交界之扁都沟）越过祁连山进入青海境内，并大体上沿今天的宁（西宁）张（张掖）公路到达青唐（西宁）。此即甘州－青唐道。然后由青唐向东经过宗哥（今青海省海东市乐都区碾伯镇）、邈川（在今青海省民和回族土族自治县境内），再向东南渡过黄河，到达河州（今甘肃省临夏市）、熙州（今甘肃省临洮县），再从这里前往中原地区。公元1036年西夏控制整个河西走廊后，往来中原的西域使团、商旅不得不改道相对荒凉的柴达木盆地，即"黄头回纥道"。据《宋史》卷492《吐蕃传》载："厮啰居鄯州（即青唐——引者注），西有临谷城（即东汉临羌城，今湟中县多巴——引者注）通青海，高昌诸国商人，皆趋鄯州贸卖，以故富强。"又据《宋会要辑稿》蕃夷四之一九，北宋神宗元丰四年（公元1081年）十月六日记事云："拂菻国贡方物，大首领你廝都令廝孟判言：'其国东南至灭力沙，北至大海，皆四十程。又东至西大石及于阗王所居新福州，次至旧于阗，次至约昌城，乃于阗界。次至黄头回纥，又东至鞑靼。次至种榅。次至董毡所居，次至林檎城，又东至青唐，乃至中国界……'"据专家考证，"拂菻国"隋唐时代指东罗马帝国及其所属西亚地中海沿岸一带，似以君士坦丁堡一带为大拂菻，以小亚细亚为小拂菻。宋代拂菻指塞尔柱突厥人统治下的小亚细亚一带地方。"西大石"一作"西大食"，当指疏勒国（都疏勒城，今新疆维吾尔自治区喀什）以西、兴都库什山以北的大石国西部。"新福州"又写作"新复州"，在旧于阗国西方，当是今新疆维吾尔自治区的喀什市或叶城县。"约昌"或作"灼昌"，即"朱里章"或"车尔臣"的异译，指新疆维吾尔自治区且末县的古城。"黄头回纥"指当时的龟兹回鹘国，在罗布泊东南，奄至柴达木盆地西北部。"种榅"为仲云的异译，为突厥部族之一，曾长期从属于回鹘汗国。[1]"董毡"是青海的吐蕃唃廝啰政权首领，青唐城在今青海省西宁市。"中国"指宋朝。从以上引文推断拂菻国使者所行路线，学界有不同意见，一种观点认为，东罗马拜占庭帝国使者到中原地区，走的是吐谷浑时代的青海道，即取道今天新疆维吾尔自治区且末、若羌一带，经过"黄头回纥"居住的柴达木盆地西北部，又经黄头鞑靼（或误作"草头鞑靼"）居住的今甘肃河西走廊西部，然后南越祁连山，可能过青海湖滨，经林檎城（又名宁西城，在今青海湟中县多巴镇）到达青唐。另一种观点（以汤开建先生为代表）认为，拂菻国使者"从黄头回纥（西州回纥）东行至鞑靼的路线即经过伊州（今哈密）东行沿马鬃山（今北山）北麓前往，至合罗川（额济纳河），也即王延德使高昌之路，与今天额济纳旗至吐鲁番的公路线相合。"到额济纳河一带后，"拂菻使者以东向行进折转为南下前进，他们沿着额济纳河南行，穿过张掖、民乐，经张掖南祁连之山口——扁都口（大斗拔谷）到达种榅……至种榅后，只能经大通河，继沿湟水支流北川河南下"。之后，经过"董毡所居"、林檎城，然后到达青唐城。再从青唐前往北宋。汤开建先生认为，所谓"董毡所居"就是建于北川河旁的一个城市，这个城市很可能就是《宋史·地理志》中记载的"氂牛城"（一作猫牛城，后改称"宣威城"，

---

[1] 有的学者认为"种榅"或"仲云"，指"小月支的遗种"。参见汤开建：《解开"黄头回纥"及"草头鞑靼"之谜——兼谈宋代的"青海路"》，《青海社会科学》，1984年第4期。

在今大通县桥头镇下庙村内）。[①]

中西往来的使团、商旅取道柴达木盆地，可能走"黄头回纥道"的例子又如，宋元丰六年（公元 1083 年）五月，"于阗贡方物，见于延和殿，上问曰：'离本国几何时？'曰：'四年'。'在道几何时？'曰：'二年'。'经涉何国？'曰：'道由黄头回纥、草头鞑靼，董毡等国。'又问'留董毡几何时'？曰：'一年'。问：'鞑靼有无头领、部落？'曰：'以乏草、粟，故经由其地，皆散居也。'上顾谓枢密院都承旨张诚一曰：'鞑靼在唐与河西、天德为邻。今河西、天德隔在北境，自太祖朝尝入贡，后道路阻隔，贡奉遂绝。'又问：'尝与夏国战者，岂此鞑靼乎？'曰：'鞑靼与李氏世仇也。'又问：'道由诸国，有无抄略？'曰：'惟惧契丹耳！'又问：'所经由去契丹几何里？'曰：'千余里。'……委李宪使人假道董毡使鞑靼故也。"[②]以上引文中黄头回纥居牧地在柴达木盆地西部，董毡即董毡，唃厮啰政权第二代主。一般认为，于阗贡方物的使者似乎走的是经柴达木盆地的"青唐道"。但是，汤开建先生否定此观点，他认为于阗贡方物的使者所行路线与几年前拂菻国使者所行路线是一样的，即出于阗界后，不是东行入青海境，而是继续东偏北行往新疆吐鲁番盆地，经今哈密东行，沿今北山北麓前往额济纳河一带，然后折向南行，经过扁都口到达青唐城（西宁），再从青唐前往北宋的。[③]他的考证周详、深入，更有说服力。

不过，汤开建先生根据李远《青唐录》的记载，认为："从西宁出发，沿青海湖南岸西行，穿过柴达木盆地，西出阿尔金山口，折西行至于阗"，才是平常所行走的路线。《青唐录》说："自青唐西行四十里至林金城，城去青海，善马三日可到，海广数百里，其水咸不可食，自凝为盐，其色青……海西地皆平衍无垄断，其人逐善水草……至此为铁堠，高丈余，羌之此以识界。自铁堠西皆黄沙，无人居，西行逾两月，即入回纥、于阗界。"汤开建先生申明：在西夏时代，前述"纵断河西的交通线并不是经常可以通行的，恐怕还是在极特殊的情况下人们才走这条道。一般还是走宋云西行的路线。"由于宋云西行的柴达木南线"地理条件太恶劣，

① 参见汤开建：《解开"黄头回纥"及"草头鞑靼"之谜——兼谈宋代的"青海路"》，载《青海社会科学》，1984 年第 4 期。

② （宋）李焘撰：《续资治通鉴长编》卷 335，元丰六年五月丙子条。

③ 参见汤开建：《解开"黄头回纥"及"草头鞑靼"之谜——兼谈宋代的"青海路"》，《青海社会科学》，1984 年第 4 期。

所以，只要有其他道可通行时，这条十分艰苦的商道人们是不愿意涉足的"①。

近年海西蒙古族藏族自治州文物部门在第三次文物普查中，于茫崖市花土沟镇再次确认了那仁萨拉三角城，还在大柴旦镇马海村、鱼卡村，德令哈市怀头他拉镇、尕海镇，及乌兰县茶卡镇等处共新发现十余座烽火台遗迹，②那仁萨拉三角城和众多烽火台的始建年代尚难确定，属明清时期的可能性较大，但也不排除其中有一部分可能为宋元甚至更早时期所筑。

宋时于阗国多次遣使朝贡。史载熙宁（公元 1068 ~ 1077 年）后，于阗国使者"远不逾一二岁，近则岁再至。所贡珠玉、珊瑚、翡翠、象牙、乳香、木香、琥珀、花蕊布、硇砂、龙盐、胡锦……"，宋朝则"每赐以晕锦旋襕衣、金带、器币"等。③于阗国还曾向宋进贡过西域地图。而甘州回鹘自北宋太祖建隆二年（公元 961 年）至北宋仁宗天圣六年（公元 1028 年）遣使（包含贡使贸易）至北宋至少有 28 次④，开始的时候走的是灵州道或草原道，后改走青海道。

由于唃厮啰政权长期奉行联宋抗夏的外交政策，为青唐道的畅通创造了便利条件，直到北宋末年，史书仍有于阗的使者不断经青唐城或柴达木盆地来到北宋朝贡的记载，说明"青唐道"在这个时候仍然畅通无阻。

---

① 参见汤开建：《解开"黄头回纥"及"草头鞑靼"之谜——兼谈宋代的"青海路"》，载《青海社会科学》，1984 年第 4 期。

② 辛峰主编：《海西州第三次全国文物普查资料精选》，中国民族摄影艺术出版社，2013 年，第 9、17、19、20、23、25、26、27、51、86、101、102 页。

③ 马端临《文献通考》卷 337《四裔考十四》。

④ 陆庆夫：《论甘州回鹘与中原王朝的贡使关系》一文认为："笔者试以《册府元龟》《资治通鉴》、新旧《五代史》《五代会要》《宋史》《宋会要辑稿》等史书及敦煌文献的记载为依据，对甘州回鹘贡使出使唐、五代及北宋各朝的次数统计如下（事实上的贡使次数应多于此统计数）：唐 5 次；后梁 3 次；后唐 13 次；后晋 8 次；后汉 2 次；后周 8 次；北宋 28 次。"载《民族研究》，1999 年第 3 期。

第二节
宋元明清时期青海道上的驿传设置及道路概况

一、北宋时期的驿传设置概况

（一）唃厮啰辖区的驿传设置

唃厮啰政权时期，因其与宋朝的联系十分密切，辖区吐蕃部的商人、贡使往来于宋地时受到宋朝边官的接待，并享有食宿等方便。当时人们把陕西州县为接待唃厮啰部而置的驿站称作"唃家位"。唃厮啰商使与宋通贡，所行路线即汉唐时丝绸之路故道。《续资治通鉴长编》卷 247 熙宁六年（公元 1073 年）十月条记，吐蕃大首领温纳支郢成管勾二十八族，居地在河州以北的邈川（今青海省民和回族土族自治县境）地区，"从邈川驻地到河州四驿"。根据这段记载，唃厮啰辖区内似乎也有驿传的设置。

（二）北宋在青海东部的州、军、城、寨、堡等设置

宋徽宗崇宁三年（公元 1104 年），北宋朝廷将原唃厮啰政权所辖之河湟地区划入其版图后，随着州、军、县等行政建制在这一地区的建立，社会逐步安定，青海东部的交通也相应有了新的发展。出于军政联系、军需物资运输等的需要，河湟地区的邮驿机构得以建立。哲宗元符二年（公元 1099 年），北宋在青海东部恢复了鄯州（治今西宁市），崇宁三年恢复廓州。同年，将鄯州改为西宁州，新设了湟州（治今民和回族土族自治县境，宣和元年即公元即 1119 年，改湟州为乐州）。北宋在今青海省地还置有震武军（在今门源回族自治县东川镇克图古城，一说在今甘肃省永登县连城）、积石军（今贵德县河西乡黑古城）等。

西宁州下属的相当于县一级的行政建置城、堡、寨有：龙支城（在今乐都区碾伯镇）、宁西城（在今湟中县多巴镇）、清平寨（在今湟中县上新庄镇）、保塞寨（在今平安区平安镇）、宣威城（在今大通回族土族自治县桥头镇下庙沟村）、绥边寨

（在今互助土族自治县威远镇一带）、制羌寨等。[①]

湟州（乐州）下属的城、堡、寨有：通湟寨（在今民和回族土族自治县湟水北岸）、宁洮寨（在今民和回族土族自治县马营乡一带）、安陇寨（在今民和回族土族自治县中部地区）、安川堡（在今甘肃省永靖县西南）、宁川堡（在今民和回族土族自治县中南部地区）、绥远关城（在今民和回族土族自治县与乐都区之间老鸦峡地区）、来宾城（约在今民和回族土族自治县南部地区）、大通城（约在今循化撒拉族自治县查汗大寺）、循化城（在今甘肃省临夏县甘加滩一带，一说在今青海省循化县起台堡）、安疆寨（在今循化撒拉族自治县东部黄河以南地区）、德固寨（在今乐都区马营乡黑古城）、临宗寨（约在今甘肃省兰州市红古区辖境大通河下游西岸）、通川堡（约在今民和回族土族自治县湟水北岸河嘴以北地区）、南宗堡（约在今甘肃省兰州市红古区辖境大通河下游西岸）、峡口堡（在今老鸦峡西口）。

廓州下属的城、堡、寨有：肤公城（在今化隆回族自治县牙什尕镇城车村）、绥平堡（在今化隆回族自治县扎巴镇）、米川城（在今化隆回族自治县甘都镇西）、宁塞寨（在今化隆回族自治县沙连堡乡其后昂村）、同波堡（在今化隆回族自治县牙什尕镇下多巴村）。

震武军下属的城、堡、寨有：善治堡（今门源回族自治县东川镇克图古城，一说即今甘肃省永登县连城古城）、大同堡（在今门源回族自治县浩门古城，一说即今甘肃省永登县连城）、德通城（在今门源回族自治县境，一说即今甘肃省永登县大有乡磴磴城）、石门堡（在今门源回族自治县境，一说即今甘肃省永登县大有乡三角城）。

积石军下属的城、堡、寨有：怀和寨（在今贵德县尕让乡）、顺通堡（在今贵德县河东乡麻巴至查达一带）、临松堡（在今贵德县阿什贡或其以东地区）。

以上城、寨、堡密集地分布在河湟地区的交通要道上，各城、寨、堡都驻有军队，它们与上一级的州、军政府间以及相互之间都有密切联系，对其间道路的使用很是频繁。按北宋时期的制度规定，推测相互间是有驿传设置的。

（三）宋代的驿递制度

宋代驿递制度沿袭唐代而略有变化。由属于兵部的驾部掌车马驿置等事。在

---

① 青海省地方志编纂委员会：《青海省志·建置沿革志》，青海人民出版社，2001年，第220页。

地方，路一级由转运使一员提举，当时青海地区各州、军属秦凤路管辖，有"提举秦凤路马递铺"的官员，其下另设有巡辖使臣，每千里或两州一人，巡回检察。再下，州一级由通判点检，县一级由县尉、知县催促。唐代驿夫由民夫担任，而宋代则特置邮卒，即"以军卒代民役"，这是中国驿传制度史的一项重大改革。文献记载，宋代驿道四通八达，郊野都鄙之间，20 里有歇马亭，60 里有馆，水行州县有水驿。传递文书则有递铺，每 18 里或 20 里、25 里置一铺。邮驿分步递、马递、急脚递（又称急递铺）和金字牌急脚递之别。南宋复有斥堠铺和摆铺。步递日行 200 里，马递日行 350 里，急递日夜兼程，飞驰 500 里。军邮有严格的保密制度。[①]

金国和西夏统治时期，青海东部地区各级行政建置虽有一些变化，但北宋时期河湟地区的邮驿机构大多得以延续，继续发挥着信息传递、货物运输的作用。

二、元代的站赤设置概况

元代疆域辽阔，邮驿制度也最为发达。"元有天下，薄海内外，人迹所及，皆置驿站，使驿往来，如行国中。"[②]元代称驿传为站赤，站赤分陆站、水站。陆站又有用马、用牛、用车、用轿和徒步之别，辽东又有用狗者，称为狗站。站赤设驿令、驿丞，还有脱脱禾孙（蒙古族语"察验官"之意），为关津稽查之官，掌辨伪防诈。青海境内的贵德州、积石州元帅府各设有脱脱禾孙一员。元代站赤供应周全，与前代相比有过之而无不及。元代驿马驿车等由当地马站户、牛站户供给。除站赤外，元代还设有急递铺。急递铺如同今天的快邮。每铺间 10 里、15 里或 25 里不等，每铺设铺长，有铺丁 5 人，都是壮健善走之人，腰束皮带，悬铃持枪，带着雨衣和文书，日夜兼程而行。铃铛如同今天的汽车报警器一样，走到道路狭窄处，坐车乘马的人听见铃声得赶紧让路，下一铺的人听见铃声，须赶紧出来，在门口等着，人一到，像接力赛跑似的，立即接过文书，辗转传递下去，效率非常高。后急递铺改称通远铺。[③]

元代在河湟地区西宁州至甘州之间应设有驿站，西宁州与贵德州、积石州

---

① 参见白寿彝：《中国交通史》，商务印书馆，1937 年；陈源远：《唐代驿制考》，载《燕京大学史学年报》第 1 卷第 5 期；高学良：《中国邮史通览》，沈阳市集邮协会，1987 年等。

②《元史》卷 63《地理六》。

③《元史》卷 101《兵志四·急递铺兵》。

之间也应当有驿站，但具体站点史载不详。元代时曾在青海南部和柴达木盆地驻军戍守，随着这里人口的增多，纵横交错的交通得到进一步发展。元代撒里畏吾地区（今海西州茫崖市等地）隶属甘肃行省沙州总管府曲先答林元帅府，由蒙古亲王出伯（一作术伯，系成吉思汗第四子拖雷的玄孙）及其后裔负责镇守。《元史·世祖纪》记载，至元九年（公元1282年）九月，西陲将领别速带"请于阇里辉立驿，从之"。四年后，正式设立了这些驿站。历史学家岑仲勉先生考证，"阇里"即"撒里"，"阇里辉"是"撒里畏吾"的异译，阇里辉驿就是撒里畏吾驿。[①]前面提到的那仁萨拉故城很可能既有曲先答林元帅府的衙署，也有阇里辉驿即撒里畏吾驿。

元世祖中统元年（公元1260年），元世祖忽必烈派遣答失蛮（达门）到朵思麻地区的丹斗寺（在今青海省化隆县）。后奉命负责藏区驿站的修设。答失蛮从青海开始，清查康区、前藏、后藏沿途人口多寡、土地肥瘠、道路险易等情况，仿照汉地设置驿站之例，设置站赤。当时从青海汉藏交界处起，直到萨迦，总计设置了27个大驿站。其中在吐蕃等处宣慰使司都元帅府辖区（朵思麻地区）设了7个大驿站，在吐蕃等路宣慰使司都元帅府辖区（朵甘思地区，包括今青海省玉树州和果洛州西部、四川省甘孜州和西藏自治区昌都市等地）设立9个大驿站，在乌思藏地区设立11个大驿站（其中前藏7个，后藏4个）。大站之间设有若干小站和急递铺，其中朵思麻地区设有13个小站，朵甘思地区设有19个小站。这条27站驿路是把藏族三个地区联系起来的一条主要交通干线，也是元代入藏的主要线路。这些驿站的设置有效地保证了经今青海入藏道路交通的正常运转。元代官道越唐古拉山时，有可能在众多的隘口中选择沙迈山口、觉拉山口或沙俄拉山口。这是因为元朝在卫藏的首个驿站"索"（在今西藏自治区索县境），距沙迈山口最近。

元代驿传制度发达，是就其驿传覆盖率而言，全国性驿传制度比前代更完备，但具体到青海境内来说，其发展程度相对于前代来说，却是比较有限的。

三、明代的驿传设置概况

（一）明代西宁卫驿站与驿路

---

① 参看岑仲勉：《天山南路元代设驿之今地》一文，载《中外史地考证》（下册），中华书局，1962年。

　　明代青海邮驿业有了进一步的发展，驿传制度和管理有严密的规定，已初步形成了四通八达的邮驿网。明代驿邮之事掌于兵部车驾清吏司。据《明会典》载："自京师达于四方，设有驿传。在京曰会同馆，在外曰水马驿，并递运所，以便公差往来。其间有军情重务，必给符验以防诈伪。至于公文递送，又置铺舍以免稽迟。"① 会同馆有南、北二馆，备有马、驴等交通工具及其他应用什物，并有馆夫专造饭食，接待来往客人。陆路设马驿，专为公差往来、递送使客、飞报军情服务。驿设驿丞。明洪武二十六年定制，马驿大率60里或80里一置，冲要地方设马80匹、60匹、30匹不等，虽不冲要但属于经行道路者，也设马20匹、10匹、5匹不等。马由国家供给，驿夫在驿站附近民户中佥点。驿马分上中下三等，上等马给粮100石，中等马给粮80石，下等马给粮60石，由附近民户按各自田地数目和该纳粮数朋合出夫。驿马上、中、下等次要写明挂在马脖子上。② 边地卫所有恩军（因罪谪充军）和囚军（囚犯服役）充站户者，与民夫"相间走递"。递运所主要是转运粮食和军需物资，备有车马人夫。③ 急递铺以送达紧急四方文书为主，每10里设一铺，每铺设铺长一名，铺兵要路10名，僻路或5名，或四名。④ 公文到铺，随即递送，不分昼夜。递送兵鸣铃，持簿籍，用包袱夹板包裹文书一如元制。明代用驿须有符信，传递文书也必须盖有印信，而且还要经过当地官府检验，这种符信，称为勘合。⑤ 明朝政府对使用驿站的时间和期限也有明文规定，如西宁卫到京陆路4570里，计75站，限150日；河州卫到京陆路4200里，共63站，限126天。⑥

　　西宁卫设于明洪武六年（公元1373年）正月，下辖6个千户所及周围番族部落。明洪武十四年（公元1381年），西宁卫有在城、老鸦城二驿，"每驿给以河州茶马司所市马十匹，以兵七十一人牧之，就屯田焉。"⑦ 由此知明初是以官兵充驿卒，在办理驿传业务的同时还屯田自给。

① （明）申时行等修：万历《明会典》卷145，兵部二十八，《驿传》一《水马驿》上。
② （明）申时行等修：万历《明会典》卷145，兵部二十八，《驿传》一《水马驿》上。
③ （明）申时行等修：万历《明会典》卷148，兵部三十一，《驿传》四《释递事例》。
④ （明）申时行等修：万历《明会典》卷149，兵部三十二，《驿传》五《急递》。
⑤ （明）申时行等修：万历《明会典》卷149，兵部三十二《释传》五《勘合》；又卷一百四十八《驿递事例》。
⑥ （明）申时行等修：万历《明会典》卷149，兵部二十二《驿传》五《勘合》。
⑦ 《明太祖实录》卷,140，洪武十四年十二月乙卯。

到洪武十九年（公元 1386 年）又增置马驿五：平戎驿（今平安区）、嘉顺驿（今乐都区碾伯镇）、冰沟驿（今乐都区老鸦镇东北四十里处冰沟）、古鄯驿（今民和县古鄯镇）、巴州驿（今民和巴州）。加上原有二驿共为七驿。增置递运所五：在城、平戎、嘉顺、老鸦、冰沟。递运所均于嘉庆三十八年（公元 1559 年）裁革。[①] 后来不再派官军充驿卒，而是改为佥点编户四里土民充当驿夫，自备马、骡、牛只应差。[②] 所谓编户四里，即三川、老鸦、巴州、红崖四里。[③] 除土民外还有达民（蒙古族），沿元旧制充马牛站户支应驿邮之差的。据《明英宗实录》记，正统元年（公元 1436 年）镇守西宁署都指挥佥事金玉奏："洪武、永乐中，达民止当马牛站铺，耕种自食。其后设立里甲，征收税粮，以致逃窜。今又选充土军操调……乞照旧例，止当马牛站铺，充其税粮。"事下行在户部复奏，从之。[④] 以上诸驿，置驿夫 9 名，驿马骡 9 匹（头）者，有古鄯驿、巴州驿。置驿夫 12 名，马骡 12 头（匹）者，有西宁在城驿。其余平戎、嘉顺、老鸦、冰沟四驿，均有驿夫 16 名，马骡 16 匹（头）。上述 5 个递运所除西宁在城所不详外，余平戎、嘉顺、老鸦、冰沟 4 递运所每所置佥夫 40 名，牛车 40 辆。[⑤]

明代西宁卫下除上述 7 马驿、5 运所外，还设有 14 铺。"马驿递紧急公文，铺舍传寻常事件。"[⑥] 自西宁卫城向东至冰沟口，依次为：在城（今西宁市明城垣西隅）、洪水铺（西宁东郊，去在城铺 10 里）、石峡铺（距洪水铺 20 里，以下除注明者外俱间隔 20 里）、土山子湾铺、迭烈逊铺、杨圮铺、马哈剌铺、碾伯铺、东弩木赤铺、白崖子铺（距前铺 30 里）、甜水铺、山岭铺、冰沟铺（距前铺 40 里）、冰沟口铺。以上 14 铺每铺设铺兵 5 名，均由本卫三川等处土民佥当。[⑦] 明代西宁卫驿传主要集中在湟水流域，自西宁卫向东之驿路，经平戎驿、嘉顺驿、老鸦驿，与庄浪卫（今甘肃省永登县）相连，全长 160 公里。庄浪卫东南通兰州、临洮，

---

① （清）杨应琚撰《西宁府新志》卷 31《纲领》下，并见万历《明会典》卷 146，兵部二十九《驿传》二，《水马驿》下；卷 147《驿传》三《递运所》。

② （清）苏铣纂修：《西宁志》，1959 年油印本第 32 页。

③ （清）杨应琚撰：《西宁府新志》卷 16《田赋·户口》。

④ 《明英宗实录》卷 22，正统元年九月丁未。

⑤ （清）苏铣纂修：《西宁志》卷 2《建置·驿传》。

⑥ （清）杨应琚撰：《西宁府新志》卷 10《建置·驿传·铺递附》。

⑦ （清）苏铣纂修：《西宁志》卷 2《建置·驿传》。

西北通凉、甘、肃诸州，为通往湟水流域之门户。湟水流域驿路自冰沟南行，可至巴州驿、古鄯驿，在民和官亭一带渡黄河，可接长宁驿（今甘肃省积石县大河家），再延伸至河州（今甘肃省临夏市）。

（二）明代黄河以南地区的驿站与驿路

明代甘青地区入藏驿站因袭元驿路线。青海黄河以南地区，明代属河州卫管辖。明初，河州西南甘青藏区曾置有"山后七驿"，又称"纳邻七站"[①]。《明太祖实录》载：洪武四年七月"遣工部主事王伯彦往河州，赐山后七驿世袭土官劳哥等文绮、银碗。"[②]洪武四年朱明王朝方入河州，山后七驿系恢复元制而非明始建是很显然的。"山后七驿"有可能得名于元代朵思麻七驿（见前文）。据《明实录》记载，永乐五年（公元1407年），成祖敕都指挥同知刘昭、何铭等往西番朵甘、乌思藏等处设立站赤，抚安军民。刘昭等人很快完成了修复驿站的使命。永乐十二年（1412年），成祖又遣中官敕谕"川卜、川藏、陇答、朵甘……陇卜诸处大小头目，令所辖地方驿站有未复旧者，悉如旧设置，以通使命"[③]。

另外，据康熙《河州志》记载："河州至归德，明初设站者六，曰三岔、曰弯沟、讨来、保安、边都、清水。每站设番官一员，如内地驿丞例，各给印信、站马，应付往来公使。非图借力于番也，明荒服同轨之义，联远人携贰之心。"[④]成书更早的嘉靖《河州志》所记与此不同："归德州（所），州西鄙七百里，七站方至……七站：三岔、讨来、边多、保安、清水。每站马八匹，军五名，俱在积石关外；长宁、银川在关内。"[⑤]嘉靖志所载关外只有5个驿站，少了弯沟，但关内有2个驿站为康熙志所不录。据嘉靖志，银川驿在河州西北60里，长宁驿在河州西北120里，考之今地，银川驿在甘肃积石山县银川乡；长宁驿即今积石山县大河家镇之西驿里故城，这里笔者曾于1990年亲自考察过，目睹过残存的城墙，碎砖旧瓦等。至于关外六站的具体方位，参考乾隆《循化志》的考证，才能有较正确的认知。其实，康熙《河州志》的"河州至归德"应改为"归德至河州"，

---

①《明太祖实录》卷122，洪武十二年春正月丙寅。

②《明太祖实录》卷67，洪武四年七月己酉。

③《明太祖实录》卷91，永乐十二年正月己卯。

④（清）王全臣纂修：（康熙）《河州志》卷4《彝情》。

⑤（明）吴祯纂修，刘卓增订：嘉靖《河州志》卷1第15页，临夏市图书馆据北京师范大学图书馆藏明嘉靖本重印，1986年8月。

因为排序最后的清水站离河州最近，三岔等站显然是以贵德为本位排序的。清水站即今循化县清水乡所在地。"边多"即扁都，在今循化文都乡境。《循化志》载："然考今边都沟百户锁南所存永乐元年之敕，其先祖赏思古，授边多站百户。是'边多'之为'边都'，确然无疑。盖边都之名，所属广远，凡百户所辖者皆是。边都一沟亦甚长，当时设站，当在其南保安、清水两处适中之地，非今循城西四十里之边都塘也。"①《循化志》纂者见过边都沟百户所藏明代敕文，他的考证十分可靠。循化西40里边都塘正在今文都乡一带，由文都去保安，要过扁都沟，这条路笔者曾乘汽车走过。保安站在今同仁县保安城，这一点毫无异议。讨来站的位置应在保安西今同仁县兰采乡一带。《循化志》云："今考六番站，大半皆厅境。"今循化、同仁二县清代均是循化厅辖地，六站中四站在循化厅管辖范围。鸯沟站的具体位置不好考定，推测在今贵德县常牧乡境内。三岔站估计在贵德县东沟乡一带。

后来，由于明廷政治腐败，边事废弛，以上驿站也仅存名目。至万历十五年（公元1587年），巡按陕西御史杨有仁言："归德去河州八百余里，万山中止是番站六处，马八匹，军八人。若虏变，难以传报内援，当添头目与军也。"②到了"万历二十二年（公元1592年），总兵官尤继先统兵西征，以军装资累番站递送，自是番疲于役，并废其驿，而道路为之不通。三十三年（公元1605年）八月，参政荆州俊多方筹策，查照原设驿站地如三岔等站，仍旧复立，每站各设番官一员，各军五名，各马八匹，番亦无梗化者。"③又据清康熙时梁份著《秦边纪略》记载：贵德堡"东至河州千二百里……其往来卫（河州卫）治，因河曲皆达尔加部落及生番住收，道路中梗，久借经于西宁，迂途始得达云。"④依上可知，从贵德所至河州之六驿站地处藏族聚居区，驿站间距离长，多经崇山峻岭，驿路艰难，且时通时废。当驿路不通时，只能舍近求远，绕道西宁，方能到达。于是七八百里的路程就成了1200多里了。

明代青海除了上述西宁卫河州卫的一部分外，还在柴达木地区设有安定、阿

---

① （清）龚景翰纂修：乾隆《循化志》卷3。

② 《明神宗实录》卷185，万历十五年四月乙丑。

③ （清）王全臣纂修：《河州志》卷4《彝情》。

④ （清）梁份著，赵盛世、王子贞、陈希夷校注：《秦边纪略》，青海人民出版社，1987年，第44页。

端、曲先、罕东四卫，归西宁卫节制。在今海南藏族自治州一带还设有必里卫，在玉树藏族自治州境还设有必力术江卫等等。明廷与这些卫也常有使臣来往，但似乎无驿站的设置。明代因公使用驿传设施须持有符信。明前、中期，青海境各少数民族首领、高僧等频频赴京朝贡，由地方官员在就近卫所选馆舍、驿站分批起送。对各部落、寺院入贡的路线、站程都有明文规定。

明时经青海入藏的驿道以洮岷河道为主道，西宁道为辅道。自河州西行，由川卜、必里卫、川藏等族负责支应。过黄河在今玛多县一带与西宁道会合后，进入玉树地区。明代正统以后，又开辟了自甘肃洮岷到松潘、甘孜、昌都、拉萨的川藏驿路，乌斯藏使者多由此路入贡。

明代从西宁入藏的道路主要有三条，即经今都兰、格尔木入藏的青藏西道；经琐力麻（今玛多县黄河沿）、鄂灵海（鄂陵湖）、查灵海（扎陵湖）、星宿海、喇嘛托罗海、巴彦哈拉、必里术江（今通天河）、阿克当木曲（当曲）、索克曲（索曲），到拉萨一带的青藏中道；经过玛多、称多、玉树、囊谦的青藏东道。其中青藏中道和东道均是明代驿路。这些都沿用了元朝的道路。明在玉树境内设置的驿站有通天河下游的喀沙渡、陇卜卫、年措族、通天河上游色吾松多渡、毕力术江卫。由此南下至上下邛部卫，西南行入藏。[①] 在玉树巴塘班遣寺发现明宣德年间颁赐给负责通天河渡口济渡事宜喇嘛的象牙印章，印文为"坚修口津"，旁刻"赐喇嘛锦敦钻竹"七字。[②] 此印的发现，证实明代入藏驿道的存在是毋庸置疑的。

四、清代的驿传设置概况

清代是我国历史上最后一个封建王朝，它继承和发展了历代封建王朝的驿传制度，并使其更为完善。清代邮驿也属于兵部车驾清吏司掌管。据《清会典》载，凡置邮驿，或称驿，或称站，或称塘，或称台，或称所，或称铺，各根据路途要冲还是偏僻而设。各省腹里所设为驿，隶属于厅、州、县，有时专设驿丞管理驿务。各省驿站夫役不同，如直隶有驿书、驿皂、马夫、兽医、杠轿夫、水驿夫、车夫、骡夫、驴夫等，甘肃有驿书、马夫、兽医、站夫、跑夫等。凡驿马每年倒毙之数也有规定，如陕西、甘肃、新疆十分不过二分。驿站夫役工食银、马牛草干银、外备棚厂、槽铡等银、雇募车船脚价银，俱按各处价值定制，于驿站款内

① 参看吴均：《玉树地区的沙薮述略》，载《青海邮电史料选编》（内刊），1988 年第 1 辑。
② 该书编写组：《玉树自治州概况》，青海人民出版社，1985 年，第 29 页。

动支。"凡差给驿者，皆验以部符"，官吏驰驿者给以勘合，兵役驰驿者给以火牌。根据奉差员役（用驿者）身份等第、出差性质的不同，各驿供应规格也有区别。公文递送，普通日行三百里；紧急公文，须日行四百里、五百里、六百里，并由发书官司签明。①其他制度大体沿袭明代，没有太大的改变。迄于民国3年（1914年），驿站尽裁，由国家邮政取代，旧日之邮驿制度宣告结束。

清初，西宁以东仍保留了明以来的7个驿站，并在明代基础上扩大了驿站规模，驿马、驿夫均有增加。②不过，明代所设14铺舍到乾隆年间大部废去，仅留西宁在城铺，投送各衙文书。由于循化地区自雍正以来军事、行政事务日增，由河州（治今甘肃省临夏市）来西宁，多经循化，故而巴州驿、古鄯驿以不通大路而日渐冷落，乾隆七年（公元1742年），裁撤此二驿。从乾隆至道光初，西宁府根据实际需要，新设了一些驿站，增加了向北、向西、向南行的驿站，从而改变了西宁只有向东走才有驿站的状况。

从西宁向北增设了长宁驿（今大通县长宁乡）、大通卫在城驿（今大通县城关镇，后改称向阳驿），由此二驿北行，越达坂山，渡大通河至北大通（今门源回族自治县），西行经黑石头、永安城，折北过景阳岭、察汗俄博，出扁都沟，至甘肃民乐。由民乐西北去甘州。

向西增设了镇海驿（今湟中县多巴镇南通海村）、丹噶尔驿（今湟源县城关镇）、哈拉库图尔驿（今湟源县日月乡哈城村），由此三驿西出日月山，可去今西藏自治区、新疆维吾尔自治区。向南增设了申中驿（今湟中县上新庄乡申中村）、朝天堂驿（约在今贵德县尕让乡）、贵德驿（今贵德县河阴镇）。此外，各县、厅之间也设过一些驿站。如"碾伯县应付巴燕戎在城驿"（今乐都区碾伯镇）、巴燕戎在城驿（今化隆回族自治县巴燕镇）、拉扎山根驿（约在今化隆回族自治县甘都乡公使家村，位于循化厅与巴燕戎格厅的适中之处），③密切了循化与化隆之间的联系。清代新设驿站15处，加上保留明代5处，共有20处驿站，以西宁府城为中心呈辐射状的交通驿站网形成。清德宗光绪三十三年（公元1907年）

---

① （清）昆岗等续修：《清会典》卷51《兵部·车驾清吏司下》。
② （清）杨应琚撰，崔永红校注：《西宁府新志》卷10《建置志二·驿传·铺递附》，青海人民出版社，2016年，第170～172页。
③ （清）杨应琚撰，崔永红校注：《西宁府新志》卷10《建置志二·驿传·铺递附》，青海人民出版社，2016年，第170～172页。

8月，西宁府邮政分局正式成立，传统驿站逐步被邮政取代。

清代农业区实行驿站费用全部由官府供给之制，牧业区一般不设固定驿站，青藏地区来往官员及文书传递由途经藏族各部落负责支应。如玉树地区40族中，"刺麻觉巴拉、喇布二族七十余户，一在南城（今通称"囊谦"——引者注）边界，一在木鲁乌苏河边，原不曾纳差，嗣后令附近河边居住者，承当济渡之差；附近南城者，于差官会盟之时，听差送文，免其纳马之差……"①这种由一两个部落固定负担驿传费用的情况属于特例，更普遍的是在途经各藏族部落中实行"乌拉"制度，即官府负担驿马供给和其他一些费用，劳役则由途经藏族部落负担。②

五、明清民国时期驿传以外的道路简况

（一）祁连山地区

明清时，青海东部与河西地区在行政、军事建制上联系十分密切，明及清初西宁卫隶属陕西行都司（治甘州，即今甘肃省张掖市）管辖，清西宁镇又归甘肃提督（驻甘州）节制，西宁与甘州之间交通往来十分频繁。因此，从西宁越过祁连山去甘州的驿传设施得到改善。除官方驿道外，祁连山区的道路还有多条，这些道路虽然没有驿传设施，但仍有人行走，对维护古丝绸之路交通的通畅有积极作用。

1.门源县城以西。自今门源回族自治县城西行至永安城，西北行经测尔兔、三角城、过野马川（今祁连县八宝河）、黄藏寺，经野牛沟，北行至今甘肃高台，再西北行达肃州（今甘肃省酒泉市）。

2.门源县城以东。自今门源回族自治县城东行，过仙米寺，越他拉山，至夏只牙合，继续东行，经马牙山至镇羌驿（今甘肃省天祝藏族自治县华藏寺一带），再东南行可去永登、兰州；自夏只牙合东北行，经鸡冠山至甘肃古浪之安远驿，继续北行可达凉州（今甘肃省武威市）；从夏只牙合北行，经张义堡也可达凉州。

3.峨堡西南。自今祁连县峨堡乡西南行，经默勒、柴得牙合（柴达尔），可至青海湖北的哈尔盖（今刚察县东），可与柴达木诸道相连接。

（二）柴达木地区

---

① （清）杨应琚撰，崔永红校注：《西宁府新志》卷16《田赋志一·塞外番贡》，青海人民出版社，2016年，第265页。

② 参见吴均：《玉树地区的沙菽述略》，载《青海邮电史料选编》（内刊），1988年第1辑。

明代曾在柴达木盆地设置安定、曲先、阿端、罕东等卫，由西宁卫节制，史称"西宁塞外四卫"。西宁塞外四卫与西宁联系密切，其中的曲先、阿端卫地跨今青海、新疆维吾尔自治区南部，与西域的联系更密切，因而柴达木盆地的道路使用频繁。清康熙、雍正时期，曾一度在柴达木地区设置卡伦（满语音译，意为哨所）台站，派兵戍守。尽管这些台站设施根据军事需要而时兴时废，但军用频度总体超过民用，对维护古丝绸之路交通的通畅仍有积极作用。

1. 柴达木南路。这是柴达木地区贯通东西的最主要的交通中轴线。清康熙五十八年（公元 1719 年），抚远大将军允禵、都统延信率兵送六世达赖入藏，沿途留兵设台联络，并在哈什汉水（一作阿什汉水，即今共和县倒淌河）至索落木（扎陵湖、鄂陵湖地区）设 15 站，每站留马 20 匹；索落木至柴达木设 5 站，每站留马 15 匹，各留兵 20 名，巡守防范。[①] 雍正初平定罗卜藏丹津之乱后，因柴达木盆地"径通准噶尔"，需加强防范，清朝廷便派绿营兵及蒙古扎萨克属下兵丁 1500 名，分屯在"准噶尔窥伺紧要之处"。据《西宁府新志》载："出日月山隘口，即青海蒙古地界。正南由青海达四川松潘；西南系入西藏之途；惟正西地方辽阔，径通准噶尔；西北过山即属安西、沙州。正北则有通甘肃、赤金之路。其应防准噶尔窥伺紧要之处，则现安台卡之两路。一路系自哈什汉水（即倒淌河——引者注，下同）头台起，至木克胡芦素（约在今都兰县夏日哈镇，一说在都兰县沙柳河）十台。自十台由希席、额色尔津乌木汉（在今都兰县宗加乡诺木洪村）、至德布特尔（一作得卜特尔，在今格尔木市郭勒木德镇一带）底卡；自底卡由察汉哈吉尔（今格尔木市乌图美仁乡一带）、噶顺（尕斯湖）、刚乂戈壁（塞外无水草处——原注）、噶斯（今茫崖市茫崖镇以西新疆境内）、哈吗尔大阪，直通准噶尔伊里。"[②] 这便是柴达木南路。此路与民国时期所修的西宁至新疆若羌的青新公路以及新中国所修青新公路南线走向基本一致。

经柴达木南路由香日德越布尔汗布达山的那木山口到索诺木（星宿海），或由巴隆南行经修沟（秀沟）、哲茂伦（可可西里），可会合进藏官道。

2. 柴达木北路。据《西宁府新志》的记载，清代巡逻路线，从木克葫芦素分出的另一岔道是："又自木克胡芦素十台分路，由西北之皂哈哈必尔（约今德令

---

①（清）祁韵士纂，张穆改定：《皇朝藩部要略》卷 10。

②（清）杨应琚撰，崔永红校注：《西宁府新志》卷 18《武备志一·戍兵》，青海人民出版社，2016 年，第 309 页。

哈西南可鲁克湖一带）、哈巴汉柴达木（小柴旦）至依克柴达木（大柴旦）底卡，由色尔腾（花海子）、衣逊、插汉弃老兔、马海戈壁径通伊里。"① 过了马海戈壁，再北行越当金山口，经甘肃玉门关直通新疆伊犁，或至甘肃敦煌、安西。这条路就是传统的柴达木北线。

雍正十三年（公元 1735 年），新疆战事结束，巡逻的戍兵撤走，但又派绿营兵和蒙古兵共 300 多人，在哈什汉水至额色尔津之间设 13 台，"以备传递文报"。另外，在额色尔津设总卡一处，在得布特尔和依克柴达木各设卡伦一处，派兵轮流巡逻。得布特尔卡伦的瞭探每半月要到 450 余里远的哈吉尔地方换牌子一次，依克柴达木卡伦的瞭探每半月要到 400 里远的色尔滕（今冷湖镇东）换牌子一次，以为证据。② 从可鲁克湖一带东行 4 日程至柯柯贝勒，又东南 2 日程至都兰寺（今乌兰县东），折东经热那亥（今天峻），沿青海湖北岸可至丹噶尔、西宁。

3. 柴达木西路。不同于上述两条东西向之路，这是一条南北向的道路。自柴达木北路的西口今茫崖镇或当金山口、马海一带南下，至格尔木河流域，继续南行，跨长江上游的楚玛尔河、沱沱河，越唐古拉山口可入西藏。明末清初厄鲁特蒙古曾由此道进入青海，继而进入西藏。此道与后世青藏公路、青藏铁路的走向基本一致。

（三）入藏诸道

1. 西宁至拉萨官马大道。清初，厄鲁特蒙古和硕特部首领顾实汗（又作固始汗）将青藏高原联为一体，青海、西藏之间的交通联系更为频繁。《西宁府新志》详细记载了西宁至拉萨官马大道的路线及里程，即西宁至木鲁乌苏河（蒙古语意为"冰河"，即长江上源通天河）计 30 程，共 1710 里，有瘴气地方 13 处，仍过丹噶尔、倒淌河、星宿海，大多数路段的走向与唐蕃古道重合。自木鲁乌苏河至西藏 37 程，1960 里，有瘴气地方 23 处。③ 清代青藏间山口通道比过去又增多了，主要有唐古拉山的郭由拉山口，查午拉山口的西路等。

民国四年（1915 年），宁海军玉树防卫支队司令部在玉树成立，西宁至玉树

---

① （清）杨应琚撰，崔永红校注：《西宁府新志》卷 18《武备志一·戍兵》，青海人民出版社，2016 年，第 309 页。

② （清）杨应琚撰，崔永红校注：《西宁府新志》卷 18《武备志一·戍兵》，青海人民出版社，2016 年，第 309 ~ 310 页。

③ （清）杨应琚撰，崔永红校注：《西宁府新志》卷 21《武备志四·西藏·赴藏路程》，青海人民出版社，2016 年，第 379 ~ 382 页。

沿途开始设立兵站，以维持交通，防御外敌的进犯和镇压果洛、玉树少数民族的反抗。民国六年（1917 年），玉树理事设立。自湟源至玉树结古，旅途非常艰辛，四等二级邮务官徐兰生自 1921 年 9 月 23 日起程，至 10 月 30 日才到达。徐兰生在《路程日记》中记载了沿途路况："大河坝营房为往玉树路间最终的驻防所。自丹噶尔（湟源）至大河坝共四百一十三里，玉树以及沿途军队所需粮食，均自西宁发运，由骡车载运至此。再前进，因山高地荒，路更崎岖，则换牛运。自大河坝至竹节寺，计七百八十八里，除二三处偶有帐居，余绝有居民。沿路多凹凸之地。寒则冰雪滑溜，暖则沮水流泥，黄河一水，尤非随时可涉，逢大水之际，马须游泳，人则伏马背而渡。竹节寺至结古，一百七十九里，因公旅行可住宿僧寺或各村头人家。过通天河时，除冰冻之际，无需筏渡外，其他时间，渡口居民有供应皮筏过渡的义务。"[①] 西宁至大河坝段，在民国八年（1919 年）修筑大车道，重点是将日月山等越岭和沿溪处稍加辟宽，使之能勉强通行木车而已。民国三十二年（1943 年），国民政府交通部会同青海省政府成立青藏公路工程处，经征调大批民工和军队士兵连续修筑，至次年 9 月，青藏公路西宁至玉树段工程基本完工，能勉强通行汽车。

2. 松潘河源道。果洛地区与四川松潘地区毗邻。由松潘出黄胜关到西口分道，北有通洮岷道路，西北行 530 里至察汗拜胜。从此分南北两道：北路经贵德可通西宁、青海湖；南路至图深图过黄河，西行 530 里至丹仲营，再西行 530 里至古尔班索诺木（今黄河源一带），在库库赛渡口（亦作"苦苦赛"或"柯柯赛"渡，在玉树州曲麻莱县境内的通天河上游）与西宁入藏道会合。

3. 清代从玉树结古到四川、西藏之道。主要有 5 条：一是西南行，经葛喜、葛顺，出郭由拉山口，过今西藏自治区哈拉乌苏（黑河）共 78 牛站 2270 里至拉萨；二是南行经囊谦、干达寺、莽达寺、浪木达至今西藏自治区昌都接四川至拉萨的官马大道；三是东南行经班庆寺、喀沙、瞻同等地至四川省邓柯，延伸至德格、同普，也接四川至拉萨的官马大道；四是自歇武寺经达木多至四川省石渠，延伸至甘孜、打箭炉（今四川康定），与川藏藏北草原路相接；五是自歇武寺经色修、黄河沿岸等至班玛白玉寺，向东可通四川阿坝等地。

---

① 参见毕艳君、崔永红：《古道驿传》，青海人民出版社，2007 年，第 108 ~ 109 页。

4.经柴达木南路入藏之道。由今都兰县香日德越布尔汗布达山的那木山口到索诺木（星宿海）可会合西宁进藏官道。清德宗光绪三十四年（1908 年），十三世达赖喇嘛由今北京出发至青海塔尔寺。次年经塔尔寺、东科寺（在今湟源县）、香日德，乘牛皮船渡通天河，过今西藏自治区那曲至拉萨，走的就是这条路线。此外，由今都兰县巴隆南越巴汗勒多山口，经修沟（秀沟）、舒尔干河（雪水河上游）、均均沟牙合到哲茂伦（可可西里），可会合前述柴达木西路（与今青藏公路、青藏铁路的走向基本一致）入藏。

第三节
茶马互市与茶马古道

一、明代以前的茶马互市概况

茶马互市就是茶叶与马匹直接交换，不经过钱币作为中介的一种物物交易形式。历史上茶马互市发生在我国西部，主要在汉、藏两族之间进行。茶马互市起源于唐代，彰大于宋代，鼎盛于明及清前期，延续千余年，在我国商贸史和民族史上占有重要地位。延续千余年的茶马互市曾经对繁荣农牧业经济，改善农业区和牧业区的生产和生活结构，促进民族间的友好共处发挥了非常重要的作用。

据史书记载，我国历史上对茶叶实行征税、管制、专卖措施始于唐朝，尤其晚唐时茶马互市渐渐增多。不过，真正较大规模的茶马互市开始于北宋时期。北宋朝廷因为常常与辽、西夏发生战事，战马消耗多、需求量大，而中原本土又不容易解决这个问题，于是便把获取马的希望寄托在西北地区的吐蕃（藏族先民）上。

世居青藏高原的吐蕃人主要经营畜牧业，习惯于食用热量高的肉制品、乳制品，这就需要便利消化的饮料。茶叶具有化腻、消食、提神等功能，深受藏族同胞的喜爱。一旦饮用，就离不开它。天长日久，茶叶渐渐成为他们日常生活不可或缺的必需品。但藏族聚居区不产茶，他们获取茶叶只能仰仗内地供给。于是，茶马市易、互通有无，就成为中原王朝与西北吐蕃部共同的需求和愿望。

北宋时，安多地区的吐蕃人联合起来，在青唐城（今西宁市）建立了唃厮啰政权，也叫青唐政权。唃厮啰政权与宋朝长期维持茶马互市关系。宋神宗时，熙河路（衙署在今甘肃临洮）每年通过交易可获得马匹1.5万匹，到哲宗时，增至2万匹，[①]差不多是宋初从全国得到马匹总数的4倍。而熙河路交易的马源以唃厮啰政权所辖各部为主。这一时期宋朝每年运往熙河的茶叶约是4万驮。宋代茶马

---

① 《宋史》卷198《兵志十二》。

互市的规模扩大，政策和措施也进一步完善。政府有掌管茶叶专卖与买马事宜的机构——"茶马司"。商人交纳茶价和税款后就可以领到政府发的凭证——"茶引"，凭"引"卖茶。南宋时期，今青海玉树地区的吐蕃部落（当时称"卢甘蕃"）珠氏家族与巴绒噶举派僧人勒巴噶布共同归附了南宋，青南地区吐蕃部落在设于黎、文、阶等州的市场上与南宋继续开展茶马市易。

元朝马匹充足，不必用茶去换，但茶叶仍由国家专卖。[①]

二、明代茶马互市的具体举措

明朝出于边防需求，每年需要得到大批良马武装军队。而辖境内产马不多，藏族嗜茶习惯更有发展，"不得茶则困以病"，[②]所以茶马互市的基础更为牢固。明代与茶马贸易配套的管理机构更为庞大，如产茶地方有茶课司、茶仓，茶叶运输由茶运司管，卫所官军有巡视保卫之责。明洪武年间，先后在秦州（治所今甘肃省天水市）、洮州（治所今甘肃省临潭县）、河州（治所今甘肃省临夏市）、甘州（治所今甘肃省张掖市）、庄浪（在今甘肃省永登县）设立了茶马司，具体掌管茶叶的运输、收贮和易换马匹事宜。洪武三十年（公元1397年），撤销秦州茶马司，改设西宁茶马司。西宁茶马司的办事机构在西宁卫城的北大街，具体纳马地点在镇海堡（今湟中县多巴镇通海村）。

明朝允许商人凭茶引到产茶地方买茶，在"腹里"即中原及江南各地销售营利，但严禁私人到甘青少数民族地区销售茶叶，对违反者从重治罪，直至处以死刑。[③]当时从四川、陕西汉中等地把茶叶运到河州、西宁等茶马司是很不容易的，一是路途遥远，二是崇山峻岭多，路况不好，所以茶叶运输成本很高。往西北边地运茶是官府的专利，但官方运力有限，所运的茶常常不敷换马所需。宣德末年（公元1430～1435年）曾试行招商运茶支盐引的办法，私人如能将茶运到西北边地，可以得到一定量营销食盐的凭证。商人为图营销食盐的丰厚利润，愿意运茶的很多。这样一来，茶叶运输难的问题立马解决了，但同时却出现了私茶买卖难禁的弊端，于是又恢复官运如故。到成化年间（公元1465～1487年），各茶马司所

---

① （清）杨应琚撰：《西宁府新志》卷17《田赋志二·茶马》记载："元……榷成都茶于京兆、巩昌置局发卖。"见崔永红校注本青海人民出版社，2016年，第279页。

② 《明史》卷80《食货四》。

③ 《明史》卷80《食货四》。

存茶叶过少，不够换马所需，朝廷不得已再次实行"招商中茶"的办法。但违禁私贩茶叶的情况更盛，商人自恃有执照文凭，大贩私茶，官府很难查办，朝廷每年所得马匹反而不足原来的十分之一。十来年后，朝廷再次下令停止招商中茶。到正德年间（公元 1506～1521 年），受官方运力小、马匹需求大的压力，招商中茶法第三次得以实行。当时规定，商人将茶运到边地后，一半留给官府用以易换马匹，一半允许商人在内地自由售卖（仍不许私茶出境）。另外，为了调动商人运茶的积极性，官府还支付给茶商一定量的茶叶作为"酬劳"（脚费）。史书称这部分茶叶为"附茶"。现在甘青地区民间还有"茯茶"的叫法，茯茶应该是由"附茶"演化来的。 这些规定和做法基本上成了此后沿袭不改的定例。当时藏族不习惯用秤，茶叶计量多用"篦"为单位。[①] 篦就是包装茶叶的竹器，一篦茶的重量 3～10 斤不等，以 7 斤为多见。用篦包装，还有搬运方便等优点。正德年间茶商所得"附茶"是运茶总量的 14%，后来又有调整，根据茶引的大小和售茶地区的不同，所纳税额及所得茯茶比率也有差别。

明朝刚推行招商中茶制度时，对商人贩茶的数额、时间、地域范围都还可以控制，但后来随着官场腐败，官府失去对茶商的控制能力。官营茶马互市管理混乱，贪贿盛行，茶禁日弛，私茶泛滥，茶叶贸易的主动权和大部分利益被商人拿去。

明代的茶马互市并不是遵循平买平卖、随行就市的纯市场原则进行的，茶马之比价基本上由朝廷单方面决定，一般是马价偏贱，茶价偏贵。正是明朝廷贱马贵茶的政策直接导致私贩难禁。其最终的后果是茶法、马政、边防"俱坏矣"。[②]

明代在以实行传统的茶马互市制为主的同时，还时断时续地实行过差发马制。后来实行过一个时期的"金牌纳马制"。"金牌"其实是铜铸的，分上、下两号，上号藏在内府，下号颁给各纳马部落作为信符。朝廷每三年派使臣征马一次，先比对金牌，上下号相合时方可交马给茶；如发现无金牌或牌号不符却来征马者，牧民有权不纳马，并可将行骗之人扭送官府治罪。明时颁给必里卫的一面黄色铜铸镏金"金牌"实物现存青海贵德县文化馆，长 22 厘米、宽 8 厘米、厚 0.8 厘米，正面有楷书"信符"二字，背后有篆文三行，上为"皇帝圣旨"，下左为"合当差发"，下右为"不信者斩"。据史书记载，当时给青海共颁金牌 41 面，其中

① （明）申时行等修：万历《明会典》卷 37《课程六·茶课》。
② 《明史》卷 80《食货四》。

西宁塞外四卫及西宁"十三番"共给牌 16 面，纳马 3050 匹。凡获得金牌的纳马部落，被明代称为"熟番"或"属番"，其中也包括被明代人视为"番族"的撒拉族、土族、撒里畏兀儿人（裕固族先民）等。

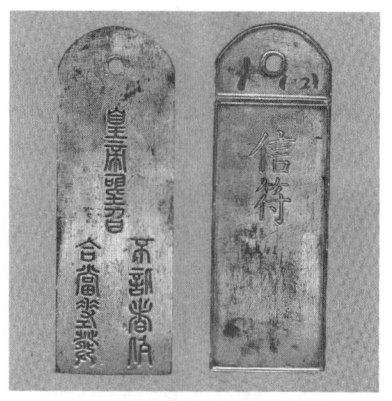

明时颁给必里卫的"金牌"

三、清代茶马互市的主要做法

清朝取代明朝以后，继续实行茶马互市。但废止了明代的金牌纳马制、勘合纳马制。顺治十年（公元 1753 年）规定，商人每运茶 1000 斤，一律给茶 140 斤作为脚费，即统一按 14% 的比率给以"附茶"。[1]清朝茶马比价与明末接近。雍正九年（公元 1731 年）规定，上马给茶 12 篦（120 斤），中马给茶 9 篦（90 斤），下马给茶 7 篦（70 斤）。[2]

清朝不像明朝那样把茶马互市看成"国之要政"，特别迫切指望用茶叶易换马匹。康熙四十四年（公元 1705 年），曾一度下令停止以茶易马。雍正九年（公元 1731 年），由于朝廷与新疆的准噶尔蒙古作战，需要马匹的数量突然猛增，一时难以凑齐，于是朝廷又下令西宁等 5 茶马司恢复以茶易马制。到雍正十三年（公元 1735 年），新疆战事结束，"番民以中马为累"，请求中止以马易茶。于是朝廷再一次下令停止茶马互市，此后再没有恢复过。清朝中期以后，国力日渐强盛，周

茶马古道行走图

边少数民族宾服，战事少了，马匹的需求量下降了，加之幅员广大，马匹有稳定的来源，不必仰赖用茶叶去换，所以茶马互市的终结成了必然。

传统的茶马互市虽然停止了，但茶叶销售由官府控制、专营的体制并没有终结。原来的西宁、庄浪、河州等茶马司均变成了"茶司"，中间少了一个"马"字，表示不再管易马之事了，但依然是清朝实行茶叶官卖的专门机构。乾隆中期，先后裁撤洮州茶司和河州茶司，剩下的西司、庄司（在今甘肃省永登县）、甘司（设

---

① （清）杨应琚撰，崔永红校注：《西宁府新志》卷 17《田赋志二·茶马》，青海人民出版社，2016 年，第 287 页。

② （清）杨应琚撰，崔永红校注：《西宁府新志》卷 17《田赋志二·茶马》，青海人民出版社，2016 年，第 287 页。

丹噶尔茶马互市图

在今兰州市），共经管茶引 28 996 道，其中西宁茶司额设茶引 9712 道，仍由商人纳税领引销茶。这时的茶叶均从湖南采运。这种状况一直延续到清后期。西宁府丹噶尔厅（今西宁市湟源县）曾经是茶马互市的重要集散地。民国时，仍沿用商人纳税买茶票运销茶叶的做法。

四、茶马古道的具体线路

延续千余年的茶马互市形成了著名的茶马古道。茶马古道是把产茶地区与产马地区联系在一起的道路，中间以洮州（治所今甘肃省临潭县）、河州（治所今甘肃省临夏市）、甘州（治所今甘肃省张掖市）、庄浪（在今甘肃省永登县）、西宁 5 个茶马司为贮存茶叶的重要节点。从产茶地区到茶马司一般均有比较完善的驿传设施，然而，从茶马司到藏族为主的少数民族聚居地，即产马地区一般则没有驿传设施。供应青海的茶叶主要集中收贮在西宁茶马司，洮州、河州、庄浪 3 个茶马司可能也有一些。

关于茶马古道的具体线路，甘肃、四川、云南、西藏等省区各自有各自不同的内容。从青海的角度看，总体上讲，茶马古道所行，实际上大多是历史上古丝绸之路青海道的老路线，即是将原来羌中道、吐谷浑道、青唐道等的线路略加变化后继续使用。

我国产茶的地方很多，其中收贮并供应青海少数民族的茶叶的产地比较有限，据史料记载，主要有 3 处，即陕西（主要是汉中）、四川、湖南，那么，把茶叶运往青海或邻近青海地区的茶马司之茶马古道相应地也就主要有 3 条。下面逐一作简单介绍。

1. 汉中—西宁线。史料记载：明"洪武四年（公元 1371 年），奏准陕西汉中府将金州、石泉、汉阴、平利、西乡县民，茶十株官取一分；民所收茶，官给价买；无主者，令官军薅培，及时采取，官取八分、军收二分。每五十斤为一包，令有司收贮，与西番易马"[①]。由此可知，陕西汉中是当时重要的产茶地区。从汉

---

① （清）杨应琚修纂：《西宁府新志》卷 17《田赋志二·茶马》，见崔永红校注本，青海人民出版社，2016 年，第 280 页。

中出发往青海走，西北行，先在明清略阳县（今陕西省略阳县）过秦岭，来到今甘肃省徽县。史料记载：明洪武九年（公元 1376 年），"各府并赴徽州茶引所批验，令商人于产茶地买茶，纳钱请引"①。徽州即今甘肃省徽县。既然明清时期徽州有茶引所，又与汉中毗邻，无疑它是茶马古道汉中—西宁线的必经之地。从徽县继续西北行，大体取道今甘肃省的西和县、成县、礼县，来到巩昌府（治今甘肃省陇西县）。元代曾经"榷成都茶于京兆、巩昌置局发卖"，可见巩昌是元明清时期很重要的茶叶集散地。从巩昌府大体可以分出 3 条路线：西偏南行，可去设在今甘肃临潭县的洮州茶马司；西偏北行，经过今渭源县，可到达明清临洮府（治狄道，今甘肃省临洮县），继续西行，可去设在今甘肃省临夏市的河州茶马司；北偏西行，经过今甘肃定西市、兰州市，可去设在今甘肃省永登县的庄浪茶马司。

从河州茶马司去西宁茶马司，有驿道可用。前文提到，明初归德至河州设有 7 个驿站（三岔、讨来、边多、保安、清水、长宁、银川），但时通时废。清乾隆三十年（公元 1765 年），正式设立了由循化厅管的 4 处新的驿站，它们是：循化厅本城驿、立轮驿（距上驿 50 里，在今循化县东南白庄乡）、盘坡根驿（距上驿 50 里，在今循化县道帏乡张沙村）、韩家集驿（距上驿 50 里，在今甘肃省临夏县）。新驿道的开辟使河州到循化的行程有所缩短。②另外，清代先后在循化厅与巴燕戎格厅（治今化隆回族自治县巴燕镇）的适中之处增设了巴燕戎在城驿、拉扎山根驿（约在今化隆回族自治县甘都乡公使家村）。③

从庄浪茶马司到西宁茶马司也有驿道，西行过河桥驿后，在西宁卫辖区经过冰沟驿（今乐都区老鸦镇东北四十里处冰沟）、嘉顺驿（今乐都区碾伯镇）、平戎驿（今平安区平安镇）就可到达西宁。

2.成都—西宁线。据史料记载，元代曾经"榷成都茶于京兆、巩昌置局发卖"④。明"洪武初……先期于四川征茶一百万斤，官军转运各茶司分贮给用"⑤。"隆庆三

①（清）杨应琚撰：《西宁府新志》卷 17《田赋志二·茶马》，见崔永红校注本，青海人民出版社，2016 年，第 279 页。
②（清）龚景瀚编，李本源校，崔永红校注：《循化志》卷 3《驿传》，青海人民出版社，2016 年，第 114~115 页。
③（清）邓承伟等修纂：《西宁府续志》卷 2。
④（清）杨应琚撰，崔永红校注：《西宁府新志》卷 17《田赋志二·茶马》，青海人民出版社，2016 年，第 279 页。
⑤（清）杨应琚撰，崔永红校注：《西宁府新志》卷 17《田赋志二·茶马》，青海人民出版社，2016 年，第 280 页。

年（公元 1569 年），以四川课茶改征折色，解苑马寺，易买中马。"① 由以上记载可知，四川成都是西宁等茶马司茶叶的重要来源地之一。从成都运茶到西宁的路线有好多条，汉魏时期的路线，特别是"吐谷浑道"的多条路线曾经十分繁盛，这时均可利用。不过，从明清时期的洮州、河州、庄浪等茶马司的位置推测，当时茶马古道很可能主要使用以下两条路线：一是北略偏东的路，途经阶州（治今甘肃省陇南市武都区）；二是取道松潘卫（今四川省松潘县）的路，基本上是正北方向。

阶州线大体是从成都出发，北行过今四川绵阳、广元，到今甘肃武都区。然后，西北行，途经今甘肃宕昌、岷县、卓尼，到达设在今甘肃省临潭县的洮州茶马司。其走向大体与今西（宁）成（都）铁路的一致。从洮州茶马司继续北行，可到达河州、西宁等茶马司。从阶州也可向北行，过秦州（今甘肃省天水市，明代曾经在秦州设立过茶马司），再西行，过今定西市、兰州市，到达庄浪茶马司。

松潘线大体是从成都出发，北行过今四川省茂县，到达松潘卫，然后路过今甘肃省迭部、卓尼等县，到达设在今甘肃省临潭县的洮州茶马司。从洮州茶马司继续北行，可到达河州、西宁等茶马司。

3. 湖南—西宁线。据史料记载，明万历二十一年（公元 1593 年），"巡茶御史禁中湖茶，以多假造。既而御史徐侨言汉中茶少而直高，湖南茶多而直下。湖茶之行，无防［妨］汉中。汉茶味甘而薄，湖茶味苦，于酥酪为宜，亦利番也。部议以汉茶为主，湖茶助之"② 由此可知，湖南也是西宁等茶马司所需茶叶的重要来源地。明清时期从湖南到西宁等茶马司，一般要经过陕西布政司治所西安，其间有完善的驿传设施。从西安到洮州、河州、西宁等茶马司一般要经过秦州（治今甘肃省天水市）、巩昌（府治今甘肃省陇西县，清代曾经是甘肃布政司治所）。从巩昌到各茶马司的具体线路见前文所述，不再重复。

以上 3 条线路只是从产茶地方到贮存茶叶的茶马司的运输线路，接下来，从茶马司到居住在各地的藏族为主的少数民族部落民还有好多路要走，这些路也是茶马古道的组成部分。根据常理推想，少数民族部落民应该去距离最近的茶马司交马领茶。那么，居住在今玉树藏族自治州、果洛藏族自治州的大多数藏族部落民，

① （清）杨应琚撰，崔永红校注：《西宁府新志》卷 17《田赋志二·茶马》，青海人民出版社，2016 年，第 282 页。
② （清）杨应琚撰，崔永红校注：《西宁府新志》卷 17《田赋志二·茶马》，青海人民出版社，2016 年，第 283 页。

应该去设在今甘肃省临潭县的洮州茶马司交马领茶；居住在今黄南藏族自治州和部分居住在海南藏族自治州的藏族部落民应该去设在今甘肃省临夏市的河州茶马司交马领茶；居住在今海西蒙古族藏族自治州、海南藏族自治州（其中的一部分）、海北藏族自治州的各族部落民应该来设在今西宁市的茶马司交马领茶。历史上的羌中道、吐谷浑道等的大部分路线应该都得到了利用。譬如，分布在柴达木盆地的明代西宁塞外四卫的部落民，应该分别走柴达木南线或柴达木北线。其他以此类推，不再赘述。

茶马古道示意图

第四节
宋至民国时期丝绸之路青海道使用事例选介（上）

一、元符年间宋军西进湟中之役对"青唐道"的使用

唃厮啰政权在董毡孙瞎征执政时，国内政局混乱，部众离心，处于分崩离析的状态。宋朝见瞎征无力维持日益衰败的政权，便对他失去了信心。宋哲宗元符二年（公元 1099 年）六月，宋朝廷采纳河州知州、洮西安抚使王赡攻取青唐的建议，令熙河兰岷经略使孙路筹划进兵湟中地区事宜。孙路以王赡所统河州官兵为先锋，王愍所统岷州及熙州（治今甘肃省临洮县）兵马为策应西进。七月，宋军从河州安乡关（今甘肃省永靖县莲花渡）渡过黄河，很快占领了邈川（今青海省民和回族土族自治县境）。八月，王愍率宋军入据宗哥城（今乐都区）。瞎征及其妻子、亲信赶至宗哥城投降了宋军。但宋军以"羌情叵测"，迟疑不敢西进青唐城，心牟钦毡又与大首领篯罗结等将唃厮啰嫡曾孙（一说是河南"王子"溪巴温之次子）陇拶迎入青唐，立以为主，对抗宋军。九月，宋以胡宗回代孙路为主帅，连连督促王赡西进。王赡兵至青唐，陇拶与各首领以及契丹、西夏、回鹘诸公主一并出降。唃厮啰政权从此基本解体。宋朝廷在青唐置鄯州，在邈川置湟州。[①]

宋军轻易进占河湟地区后，纵兵掳掠，大失民心。一部分河湟吐蕃首领不愿向宋朝俯首称臣，于元符二年（公元 1099 年）闰九月，发动吐蕃各部十余万人围攻青唐城。与此同时，邈川一带吐蕃也聚集数千人，在西夏国所派星多等三监军率十余万人协助下，围攻驻在城内的宋军。蕃夏联军先断炳灵寺桥，烧毁省章峡（今老鸦峡）栈道，然后四面急攻。湟州守军拼死战守 16 天，就在城将破时，援军赶到，湟州才得以保全。同期，宗哥城也被围 10 天才解。宋军随后又西援青唐，与王赡联兵攻打青唐崄。宋朝鉴于深入湟中后受到当地人民的强烈反对，

---

① 《宋史》卷 328《王厚传》、卷 332《孙路传》、卷 350《王赡传》；（宋）李焘撰：《续资治通鉴长编》卷 516 元符二年闰九月条。

加之后勤供应艰难，难以立足，遂于这年十二月，授权已归宋的陇拶（赐名赵怀德）以河西节度使、知鄯州、西蕃都护的名义管理湟中地区。元符三年（公元 1100 年），宋朝军队、官员开始撤出鄯州，后又撤出湟州。首议攻取青唐的王赡受到处罚。[①]宋军东撤后，建中靖国元年（公元 1101 年）十一月，宋廷又授予溪赊罗撒"西平军节度使、邈川首领"的称号，扶持小陇拶代表宋朝统治河湟地区。

二、崇宁年间宋军西进湟中之役对"青唐道"的使用

宋崇宁元年（公元 1102 年），徽宗欲效法熙宁之治，在西北地区开疆拓地，遂任用熟知边事的王韶之子王厚为知河州兼洮西安抚使，主持收复鄯湟诸州事宜。崇宁二年（公元 1103 年）六月，宋军分兵两路，一路 8 万兵马，由主帅王厚和监军童贯统领，从河州安乡关北渡黄河，连克来宾（今民和回族土族自治县中川丹阳城）、宁洮（今民和回族土族自治县转导乡黑城子古城）及安陇（今民和回族土族自治县柴沟北古城）诸寨，直抵湟州城下；另一路 2 万兵马由统制官岷州蕃将高永年和权知兰州姚师闵等率领，出京玉关（今甘肃省永登县河口一带），破通川（今甘肃省永靖县北）、通湟（今兰州市红古区红古城）诸堡，然后与王厚所部合攻湟州城（在今民和回族土族自治县境）。二十四日城破，宋军进入湟州。王厚又分兵收复湟州所辖城寨 10 座，吐蕃部民归降者约 10 余万口。[②]这时溪赊罗撒率众自青唐东援湟州，军至安儿城（今海东市平安区）时得知湟州城已破，遂进至宗哥城，准备抵抗。王厚在省章峡西洒金坪（约今民和回族土族自治县莲花台之北）筑 500 步城一座，名绥远关，派兵据守。溪赊罗撒遣使请求以绥远关渴驴岭为界议和，得到王厚的同意。宋军将赵怀德（大陇拶）迎至湟州"以顺人心"，大力开展招抚工作，黄河南部朗家部落首领角四结等归降。十月，王厚、童贯等返回熙州。[③]

崇宁三年（公元 1104 年）三月，宋军自熙州出发再进湟中，四月七日集结于湟州。宋军兵分三路由湟州西进鄯州，中路经绥远关直指宗哥城，北路取道胜铎谷（今海东市乐都区东北马厂乡），南路取道汪田丁零宗谷（今民和回族土族

---

① 参看《宋史》卷 350《王赡传》；（宋）李焘撰：《续资治通鉴长编》卷 516 元符二年闰九月条；《宋史》卷 492《吐蕃传》。

② 参看《宋史》卷 328《王厚传》；（宋）杨仲良撰：《皇宋通鉴长编纪事本末》卷 139《徽宗皇帝·收复湟州》。

③ 参看《宋史》卷 328《王厚传》。

自治县米拉沟），包抄宗哥。四月九日，溪赊罗撒亲率吐蕃军在宗哥城东 20 里处迎战，蕃军大败，溪赊罗撒最后投奔了西夏。王厚、童贯等于四月十二日兵临鄯州城下，龟兹公主青宜结牟及吐蕃首领李阿温等率城中大小首领、西域客商等开城出降。十八日，王厚又攻占廓州（治今化隆回族自治县群科），五月，宋改鄯州为西宁州，"西宁"一名，从此开始使用。[1]宋军前后招降户口 70 余万。

唐后期河湟地区陷于吐蕃王国三个多世纪，至此，这一地区重又纳入中央王朝直接统治的范围之内。大观二年（公元 1108 年），宋廷又令童贯率军进讨黄河南吐蕃诸部，置积石军。又过了七八年，宋军与西夏兵战于古骨龙城（在今甘肃省永登县连城乡，一说在今青海省门源县境），宋获胜并置震武军，从而控制了整个河湟地区。[2]

宋军两次西进湟中之役投入兵力众多，车马频繁往来，加大了对"青唐道"的使用频度。

三、蒙元时代若干重大事件对丝绸之路青海道的使用

蒙古于 13 世纪初崛起于大漠南北。蒙古汗国建立后，成吉思汗亲率 20 万大军西征，于公元 1220 年攻占了花剌子模（位于中亚阿姆河下游三角洲，是兼具波斯、突厥、伊斯兰三大要素之帝国）的都城撒马尔干（今属乌兹别克斯坦），蒙古军又西越里海、黑海间的高加索，深入俄罗斯。此后成吉思汗的子孙又进行了两次大规模的西征，建立起庞大的帝国。蒙古军三次大规模西征虽在丝绸之路上往返，但基本上没有使用青海道。南宋宝庆三年（蒙古成吉思汗二十二年，公元 1227 年）二月，蒙古军大举进攻西夏都城，与此同时，成吉思汗亲率一支蒙古军溯黄河而上，径直进攻积石州（治今甘肃积石山县大河家）。其部将按竺迩千户率先登城，将城攻破。三月，蒙古军又先后攻占了西夏所属的西宁等州。从此西夏和金朝在今青海的势力被蒙古国所取代。当时蒙古贵族热衷于劫掠人口和财富，所以对西宁州等地攻而不守，这里的百姓有许多变为驱口（即奴婢），有的被迁往云京（今内蒙古自治区境），有的寄留本地。此后，吐蕃地方陆续归附蒙古。

元朝建立后，采取一系列措施加强对吐蕃地方的管理，今青海省境内西宁市、

---

① （宋）杨仲良撰：《皇宋通鉴长编纪事本末》卷 140《徽宗皇帝·收复鄯廓州》。

② 参见祝启源：《唃厮啰——宋代藏族政权》，青海人民出版社，1988 年，第 195～197 页。

黄南藏族自治州、柴达木盆地等处驻有蒙古族军队，西宁州封主章吉驸马统领的军队曾多次奉调到别处作战。蒙元时期青海境内的诸多重大事件对丝绸之路青海道的使用有积极作用。

四、回族先民迁徙对丝绸之路青海道的使用

回族是青海地区人口较多的少数民族之一。其先民可追溯到唐宋时期来中国经商定居、当时被称为"蕃客""胡商"的阿拉伯、波斯穆斯林商人。唐"安史之乱"时，唐朝曾向大食、回鹘借兵平叛。《新唐书》卷6记载："广平王俶为天下兵马元帅，郭子仪副之，以朔方、安西、回鹘、南蛮、大食兵讨安庆绪。"唐安西都护府治所在龟兹，即今新疆维吾尔自治区库车县东，唐后期分管天山以南的西域地区。大食国是中国唐、宋时期对阿拉伯人、阿拉伯帝国的专称和对伊朗语地区穆斯林的泛称。《资治通鉴》记载，唐肃宗至德二年（公元757年），"上闻安西、北庭及拔汗那、大食诸国兵至凉、鄯，甲子，幸保定"[1]。"拔汗那"即汉代所称大宛，是中亚古国，在锡尔河中游谷地，今吉尔吉斯斯坦费尔干纳地区。唐北庭都护府，治今新疆维吾尔自治区吉木萨尔北破城子。"凉、鄯"即凉州（治今甘肃省武威市）、鄯州（治今青海省海东市乐都区）。上述来到鄯州的西域士兵应是最早进入青海东部的穆斯林。五代、宋朝新入居青海的穆斯林主要是经由丝绸之路青海道东来的阿拉伯、波斯商人和中亚地区伊斯兰化的突厥商人。

青海回族先民大批入居是在宋末元初。13世纪，蒙古汗国西征，先后征服了中亚穆斯林各国，从中亚、波斯、阿拉伯各国签发被征服国的青壮年组成"回回军"进入中土。西域青壮年还包括工匠和其他平民，也有归降蒙古的贵族、官员及其族人、部属、学者以及来中国各地经商而留居的商人，他们被统编为"探马赤军"，安置在甘肃（包括今青海地区）、宁夏、河南、山东、云南、河北一带屯聚养牧。至元十年（公元1273年），元世祖下令探马赤军随地入社，即编为民户，进行农垦，并同当地汉、藏、蒙古、维吾尔族通婚，于是在长期相处的过程及社会经济关系中形成了西北、西南及中原各地的回族。

元代诗人马祖常游青海河湟时，见到了留居当地的穆斯林，他在《河湟书事》诗中写道："波斯老贾度流沙，夜听驼铃识路赊。采玉河边青石子，收来东国易

---

① （宋）司马光著《资治通鉴》卷219。

桑麻。"足以证明当时青海道上行旅和落户者多有穆斯林。这些伊斯兰教徒应是唐宋时期落籍青海的大食、波斯等国的穆斯林民户及其后裔。元至顺三年（公元1332年），信奉伊斯兰教的蒙古贵族速来蛮被封为西宁王。那时有"元时回回遍天下，及是居甘肃者尚多"[1]的说法，属于甘肃辖境的青海东部地区应该分布着为数众多的回族。今西宁市南禅寺后的拱北碑文写道："天方圣裔故土，布·览巴尼尔卜都来海麻"是成吉思汗征服撒马尔罕后，从伊拉克来到中国云南，以后又传教于青海西宁的。这个"圣裔"在速来蛮任西宁王期间"复命归真"，速来蛮为其修拱北，葬于此寺大殿后，并立碑纪念。[2] 元代甘肃行省金事薛都尔（一作薛都尔丁），本系西域"缠头"，即新疆维吾尔人，信仰伊斯兰教。明洪武四年（公元1371年）归附明朝，被授小旗职，其子孙有因功授指挥金事、副将之职者，在今民和回族土族自治县巴州一带封土司民。薛都尔本姓"也"，明正德年间传至也珍辈，将"也"姓改为"冶"，遂迁居今民和回族土族自治县米拉沟。[3] 回族先民的迁徙频繁使用了丝绸之路青海道。

五、撒拉族先民迁徙对丝绸之路青海道的使用

撒拉族的祖先来源于中亚的西突厥乌古斯部落的一支——撒鲁尔。但中亚的具体地点还有争议，一说在今乌兹别克斯坦的撒马尔罕，一说在今土库曼斯坦的马雷州。近来有学者依据中亚外文史料认为，撒拉人的祖先是13世纪在蒙古军队西征后的民族大迁徙浪潮中迁到青海循化地区的。可能土库曼斯坦说较准。据撒拉族传说，原住撒拉克（今土库曼斯坦境内）附近的撒鲁尔部首领尕勒莽、阿合莽兄弟二人，受到国王的嫉恨，于是带领本族共170户人家，用骆驼驮上故乡的水、土和手抄本《古兰经》，前后分两批离开故乡。青海民族史专家芈一之先生认为：撒鲁尔是乌古斯汗第五子塔克汗的长子，其部众中的一支约于元代开始向东迁徙。撒拉族先民东迁时行走的路线与13世纪前半叶蒙古军在这些地区的重大军事行动中的行军路线基本吻合，即经今新疆维吾尔自治区、河西走廊辗转迁到了今青海循化地区，并定居在这里。他们不断吸收了周围的回、藏、汉等民

---

[1]《明史》卷332《西域四·撒马儿罕传》记载："其国中回回又自驱马抵凉州互市。帝不许，令赴京鬻之。元时回回遍天下，及是居甘肃者尚多，诏守臣悉遣之，于是归撒马儿罕者千二百余人。"

[2] 详见《南禅寺天方圣裔复命归真碑文》，此碑现仍立于西宁凤凰山拱北之内。

[3]（清）杨应琚撰，崔永红校注：《西宁府新志》卷24《官师志三·武职·土司附》，青海人民出版社，2016年，第425页。

族成分，互相融合，大约到明代中期（公元 16 世纪中叶），逐渐形成为一个稳定的民族共同体。[①] 马伟教授认为，撒拉族的来源与撒鲁尔王朝有关。"中国撒拉族先民为 13 世纪撒鲁尔王朝（主要版图在伊朗国）的撒鲁尔人"[②]。

撒拉族手抄本《古兰经》

撒拉族口碑资料《骆驼泉》提供的史实是：撒拉族先民从故乡出发，来到"金札"、"明札"（在中亚），一批经过天山北路、吐鲁番，进入甘肃嘉峪关，又经肃州（治今甘肃省酒泉市）、凉州（治今甘肃省武威市），到了宁夏，又东行到了秦州（今甘肃省天水市），折而西返，到了伏羌（今甘肃省甘谷县），又到洮州（今甘肃省临潭县）、黑错（今甘肃省合作市），经拉卜楞，进入今甘肃省夏河县的甘家滩，然后进入青海循化；另一批所行路线是经天山南路到青海柴达木盆地，然后到贵德，走尖扎滩，又到同仁县，折到元珠沟、甘家滩，最后进入循化。[③] 撒拉族先民的迁徙无疑也使用了丝绸之路青海道。

六、北宋时期商旅等对丝绸之路"青唐道"的使用

北宋时期，建都于青唐（今青海省西宁市）的唃厮啰政权加强同中国内地、西域的政治经济文化交流，中西贡使和商人们避开西夏掌控的河西走廊，改行唃厮啰政权掌管的丝绸之路"青唐道"，逐渐使"青唐道"得以复兴。

中亚、波斯和阿拉伯的商人，历来就是沟通东西方的陆上和海上"丝绸之路"最活跃的人群。公元 11 世纪末初，西域国喀喇汗王朝吞并于阗，占据了天山南北。喀喇汗王朝被中国史籍称为"黑汗王朝"，它与宋朝的交往比较频繁，唃厮啰政权在二者交往中起过积极作用，推动了丝绸之路青海道的兴盛。据《宋史》记载，元丰四年（公元 1081 年），于阗"遣部领阿辛上表称：'于阗国偻儸有福力量知

① 芈一之：《撒拉族史》，四川人民出版社，2004 年，第 19 ~ 24 页。

② 马伟：《萨鲁尔王朝与撒拉族》，载马成俊、马伟主编：《民族小岛——新时期撒拉族研究》，民族出版社，2010 年，第 271 ~ 290 页。

③ 马伟：《撒拉族先民的迁徙》，载青海省撒拉族研究会、循化撒拉族自治县政协、青海省政协学习和文史委员会编：《中国撒拉族百年实录》，2014 年，内部印行本，第 5 ~ 7 页。

文法黑汗王，书与东方日出处大世界田地主汉家阿舅大官家.' 大略云路远倾心相向，前三遣使入贡未回，重复数百言。董毡使导至熙州，译其辞以闻。诏前三辈使人皆已朝见，锡赉遣发，赐敕书谕之。神宗尝问其使去国岁月，所经何国及有无钞略。对曰:'去国四年,道涂居其半,历黄头回纥、青唐,惟俱契丹钞略耳.'"①上引"董毡"是唃厮啰政权第二任主。黑汗王使者绕行丝绸之路青海道是为了避开契丹的钞掠，他们能经熙州（治今甘肃省临洮县）顺利到达宋都，全赖唃厮啰政权的引导及提供的语言翻译。

伴随丝路贸易的日益兴盛，青唐道上逐渐兴起了一批新兴的商业城镇，如青唐城、宗哥城（在今青海省乐都区碾伯镇）、廓州城（在今青海省化隆回族自治县群科镇）、邈川城（在今青海省民和回族土族自治县境内）等，其中青唐城是规模和名气最大的一个。据北宋人李远所写《青唐录》记载，当时的青唐城周长 20 里，分东西两城，东城为商业贸易区，"唯陷羌人及羌人之子孙、夏国降羌，于阗、回纥往来贾贩之人数百家居之"。据史载，当时往来青唐城做生意的不仅有从于阗、回鹘、高昌等国赶来的商人，还有自古波斯和西亚、阿拉伯半岛来的西域商人，以及从中原地区赶来贸易的内地商人。青唐城一度成为中西商品云集、商人荟萃的一大商业中继站，境内各少数民族之间的日常贸易也较活跃。由于有优越、安定的贸易环境，许多商人在这里逗留一年或数年后才离开，有的在城中修建房屋，定居经商。这些商人中，资本多达二三十万贯的并不少见。《青唐录》记载："厮啰居鄯州，西有临谷城通青海，高昌诸国商人皆趋鄯州贸易，以故富强。"青唐吐蕃政权为了弥补自身经济发展的不足和改变物资较为匮乏的状况，也积极发展与中原地区以茶马贸易为主的经济贸易关系，并通过频繁的进贡，从中原获得丰厚的回赠。

青海河湟地区的吐蕃商人常去河州（治今甘肃省临夏市）、熙州（今甘肃省临洮县）榷场贸易，他们交易的商品除了有马匹、粮食、麝香、水银、朱砂、牛黄、珍珠、珊瑚、生金、木香、三雅褐、花芯布、兜罗锦、绒毛、羚羊角、竹牛角、红绿皮等土特产外，还有银枪、铁甲等手工艺品和兵器。北宋支付给他们的主要是茶叶、丝绸和钱币等。中原地区大量的手工业品、农副产品及文化用品传

---

① 《宋史》卷 490《于阗传》。

入吐蕃各部之中。当时青唐城交易的商品，既有来自中原地区的各种生活用品和生产工具，也有来自西域和西亚地区的珍珠、象牙、玉石等珍奇商品，还有产自本地的马、牛、羊等畜产品和鞍具、刀剑、甲胄等手工业品。[①]青唐城商业的兴旺，不仅极大地带动了唃厮啰政权境内商业的繁荣，促进了农牧业的发展，加快了人口的增长，而且也为唃厮啰政权的统治者们带来了巨大的经济利益，积累了十分可观的财富。北宋元符二年（公元 1099 年），当宋将王赡率领大军进入湟水流域时，已经被逐出青唐城的青唐国主瞎征（阿里骨之子），前往宗哥城投降王赡，并对王赡说，青唐城积蓄甚多，如果大军到来，那里的财富可以供应 1 万军队用 10 年，还有无数金银珠宝。[②]这说明当时青唐城的商业非常繁荣，积累起了数目可观的财富。

七、元代商旅及政治宗教人士对丝绸之路青海道的使用

随着蒙古对东西方各国的征服，中国和中、西亚伊斯兰世界同处于蒙古统治之下。元朝皇帝是全蒙古的大汗，统治中、西亚的察合台汗国和伊利汗国是元朝的"宗藩之国"，有驿道相通，商旅往来畅通无阻，于是东来的色目人尤其回回商人为数更多。其中，很多人乐于中国的风土、物产，又享有元廷对他们的种种优待政策，遂留居不返。其中有一部分定居西宁。元代初年，西宁州城既是交通要道，又是商业繁盛的城镇，是东来西往经商人士的必经之地。由于西宁州商业较为兴盛，元世祖至元二十三年（公元 1286 年）设立了"西宁州等处拘榷课程所"[③]，专门负责赋税征收事宜。

元代经常在包括青海地区在内的西北各地组织"和市"。这种"和市"虽然和此前历代中央王朝在青海举办的边关互市贸易有很大的不同，存在的时间也比较短，但它是青海地区互市贸易的延续，在一定程度上促进了青海境内商业贸易的发展，具有积极意义。1955 年柴达木盆地格尔木农场第一作业站平土造田时，发现用毛毡包裹的一大包元代纸币，共有 400 余张，包括元朝不同时期发行的多种纸币，上面盖有中书省、尚书省的朱红官印，钞面上印有汉文楷书"中统元

---

① 参见祝启源：《唃厮啰——宋代藏族政权》，青海人民出版社，1988 年，第 221 ~ 229 页。

② （宋）李焘撰：《续资治通鉴长编》卷 515，元符二年九月己未纪事，参见祝启源著《唃厮啰——宋代藏族政权》，青海人民出版社，1988 年，第 236 ~ 237 页；崔永红：《青海经济史·古代卷》，青海人民出版社，1998 年，第 125 ~ 127 页。

③《元史》卷 60《地理志三》载："西宁州……元初为章吉驸马分地。至元二十三年，立西宁州等处拘榷课程所。"

格尔木出土元代"贰贯"纸币

宝交钞"或"至元通行宝钞"字样，也有八思巴文，面值有"壹贯""贰贯""伍佰文"3种，先后印行于元代中统、至元、至正时期。这批纸币系用桑皮纸印制而成，因柴达木气候干燥，保存得很好。[①]这批珍贵文物的出土，从一个侧面反映出当时青海地区商业贸易曾正常开展的历史事实。

据《元史》记载，青海藏族部落首领、僧俗贵族前往大都（今北京）朝贡的络绎不绝，贡使团的规模非常庞大，常常有成百上千人。贡赐贸易的恢复，在一定程度上密切了青海少数民族和内地的经济文化交流，增强了民族团结和民族凝聚力。

元代经青海西宁去西藏的驿路较为畅通，汉区的茶叶、盐、布、绢、姜、纸、粮食、各种器具和衣物，藏区的马匹、各种畜产品、红花、虫草和其他药材、土产都在沿线得以交易。在汉、藏经济交流加强的同时，藏区与内地的文化交流也得到加强。藏族的造塔、塑像、用具工艺等传入内地，而内地的印刷、造船、建筑等技术也于此时传入藏区。

南宋理宗淳祐四年（蒙古窝阔台汗后乃马真三年，公元1244年），吐蕃宗教界委派萨迦班智达贡噶坚赞从今西藏自治区启程经今青海前往凉州（治今甘肃省武威市）见阔端，进行了具有划时代意义的会谈，会谈的结果，产生了《萨迦班智达致蕃人书》，双方商定了吐蕃全境归属蒙古统治的具体条件，后来元朝政府将西藏进行同中原内地各行省一样的管辖和治理。元世祖至元二年（公元1265年），元朝帝师、总制院住持、藏传佛教萨迦派第五代法王八思巴从大都（北京）返回藏区途中，抵达今玉树称多县称多乡的噶瓦隆巴地方，在此举行了有万余名僧俗信众参加的盛大法会，自此该地称"称多"，意为万人集会处。13年后，自藏区返回大都途中，又到此地讲经说法，传经灌顶。

蒙元时代商旅和著名政治人士、宗教人士都曾使用了丝绸之路青海道。

---

① 参见崔永红：《青海经济史·古代卷》，青海人民出版社1998年，第130～131页。

第五节
宋至民国时期丝绸之路青海道使用事例选介（下）

一、明军征讨曲先卫之战对丝绸之路青海道的使用

明洪武七年（公元 1374 年），故元宁王卜烟帖木尔归附明朝，明朝将他镇守的青海湖以西撒里畏兀儿地方划分为四部，各赐其酋长铜印以领其众。次年册封卜烟帖木尔为安定王，并开始陆续设立了安定、阿端、曲先、罕东四卫，受西宁卫节制，史称"西宁塞外四卫"。永乐二十二年（公元 1424 年），明朝出使西域的使臣乔来喜、邓成途经安定、曲先二卫地界（今大柴旦及以西以南地区）时，遭安定卫指挥使哈三之孙散哥、曲先卫指挥使散即思等带领的 5 000 余部众的抢劫，明朝使臣被误杀。洪熙元年（公元 1425 年），明仁宗命陕西行都司土官都指挥同知李英与必里卫土官指挥使康寿，率西宁诸卫军士及隆奔等 12 个藏族部落之兵进讨安定、曲先卫。散即思等畏罪惊逃，李英率部追击，越过昆仑山，西行数百里，至雅令阔地方，与安定卫的同党锁南等交锋。李英等获胜，获驼马牛14 万多匹（头）。散即思率众远遁，不敢还居故地。[①] 宣德初年，经朝廷遣人招抚后才返回，复业者 4.2 万余帐。但此后，散即思又曾多次率所部劫掠来往使臣，梗阻道路。

宣德五年（公元 1430 年）六月，明朝以右军都督府都督佥事史昭充总兵官，都督佥事赵安为左参将，都督佥事王域为右参将率兵征讨曲先卫。兵至，散即思又逃逸，其部将答答不花率众迎战，史昭等纵兵攻击，杀伤甚众，俘获答答不花及男女 340 余人，马驼牛羊 32 万多匹（头）。[②] 经此重创，曲先卫元气大伤。

明军两次征讨曲先卫之战，交战地点在柴达木盆地西部，位于丝绸之路青海道必经之处，战事中双方投入兵力众多，来来往往，提高了丝绸之路青海道的使

---

① 《明史》卷 330《西域二》，卷 156《李英传》。
② 《明史》卷 330《西域二》。

用率。

二、明朝末年西蒙古入青藏事件对丝绸之路青海道的使用

明正德以后鄂尔多斯等地的东蒙古自东部移牧青海，一个时期后渐趋衰落。明崇祯初年，青藏地区的教派斗争使格鲁派在西藏地区面临极大的危机。于是，崇祯八年（公元1635年），四世班禅、五世达赖秘密派遣在哲蚌寺学经的青海佑宁寺僧人噶如洛扎瓦纳钦和赛尼喀钦二人去今新疆维吾尔自治区天山以北，向游牧在那里的漠西蒙古即厄鲁特蒙古求援。厄鲁特联盟接到请求后，决定派军增援西藏格鲁派，由和硕特部的顾实汗和准噶尔部的巴图尔洪台吉为统帅。这年，顾实汗和巴图尔珲台吉化装成商人，带着少数随从经今新疆维吾尔自治区东部、柴达木盆地向西藏进发。在通天河畔遇到进藏的喀尔喀蒙古却图汗之子阿尔斯兰。顾实汗劝其改变敌对格鲁派的立场，阿尔斯兰进藏后遂改而支持格鲁派。

他们一行到拉萨后，了解了青藏地区的真实情况，与五世达赖喇嘛等人商量了下一步的行动计划，便返回天山以北驻地做准备。崇祯九年（公元1636年）秋末，顾实汗率和硕特部全部精锐兵马，又有巴图尔珲台吉所率部分准噶尔部军队的配合，共约一万余人，从塔尔巴哈台（今新疆维吾尔自治区塔城）出发，经过伊犁、塔里木盆地，进入青海柴达木盆地西北的托勒地方，进行修整和围猎备粮。次年，以顾实汗为首的西蒙古联军打败据有青海地区的喀尔喀蒙古却图汗部的军队，并将其擒杀，取得了血山之战的胜利。经此之战，喀尔喀蒙古却图汗部被消灭，取而代之的是厄鲁特蒙古和硕特等部。此后4年内，和硕特等部先后出兵消灭了康区的白利土司，入藏斩杀了藏巴汗。经顾实汗请求，和硕特部和伏尔加河的土尔扈特部及少数辉特部百姓陆续移牧青海草原。崇祯十五年（公元1642年）三月，顾实汗在拉萨组成了以蒙古汗王为主要执政、与格鲁派领袖达赖喇嘛合作的联合政府，开始统治整个西藏地区。

以顾实汗为首的厄鲁特蒙古数万人经柴达木盆地由丝绸之路青海道进入青海，占据包括青海大部在内的整个藏族聚居区，这一事件对提高丝绸之路青海道的使用率有重要作用。

三、清平定罗卜藏丹津叛乱之战对丝绸之路青海道的使用

清康熙五十五年（公元1716年），青海蒙古首领罗卜藏丹津（顾实汗孙）被清朝封为和硕亲王。同年，新疆准噶尔蒙古首领策旺阿喇布坦派策零敦多布率军

向西藏进发。次年，策零敦多布击杀藏王拉藏汗（顾实汗孙），推翻了和硕特蒙古对西藏的统治。康熙五十七年、五十九年，清朝两次进兵西藏，逐走准噶尔蒙古。在第二次进兵西藏时，青海蒙古积极参与。罗卜藏丹津以为，清朝驱走准噶尔蒙古后，必会恢复和硕特蒙古贵族对西藏的统治，而他作为青海诸台吉中唯一一位亲王，自然是新的和硕特汗王的最佳继任人选。然而康熙皇帝从统一大业考虑，决定终止蒙古汗王统治西藏的政治割据局面，改为由朝廷在西藏派驻军队，实行委派四名藏族世俗贵族为噶伦，共同负责处理西藏政务的行政管理体制。罗卜藏丹津"希冀藏王，已非一日"，而新的噶伦制度的实行，使他日思夜想的政治理想化为泡影，于是他对自己的地位极不满意，遂暗中与准噶尔部策旺阿喇布坦联系。在对方的怂恿下，罗卜藏丹津于雍正元年（公元 1723 年），乘雍正皇帝刚刚继位和青藏地区大量清军内撤的时机，纠集部分蒙古贵族，公开发动了反清叛乱。

这年五月，罗卜藏丹津召集青海蒙古各台吉于察罕托洛亥（今共和县倒淌河乡北）会盟，号召"恢复先人霸业"，公开反对清朝廷。不愿反清的一位郡王逃至甘州向清军求救。雍正皇帝令驻西宁的兵部左侍郎常寿前往调解，反被拘禁。随后，罗卜藏丹津又率兵南渡黄河与游牧在河曲地区的察罕丹津开战，察罕丹津不敌，率少数随从避居河州老鸦关内。十月初，清朝廷任命川陕总督年羹尧为抚远大将军，由甘州（治今甘肃省张掖市）赶到西宁，调集四川、陕西、云南等省兵力，平定罗卜藏丹津之乱，并以四川提督岳钟琪参赞军务。十一、十二月，年羹尧从陕西督标及西安、固原、宁夏、四川、甘州、大同、榆林诸镇，还有土默特蒙古、鄂尔多斯蒙古、吐鲁番等处檄调的精兵 1.9 万人先后到位，由岳钟琪等将率领，分四路从松潘、西宁、甘州、布隆吉尔进剿罗卜藏丹津。在清军的强大攻势下，许多附随叛清的蒙古首领和喇嘛僧人纷纷归降，降众达十余万。十二月中旬岳钟琪率兵自四川进抵贵德，十二月底，会师西宁。青海湖以南的局势很快趋于稳定，罗卜藏丹津仅控制青海湖以北及柴达木盆地一带地区。

雍正二年（公元 1724 年）正月，清廷以岳钟琪为奋威将军，指挥三路兵马攻打郭隆寺（即今互助县佑宁寺），焚毁该寺而归。二月初八日，清军分三路向柴达木西部追击，寻歼罗卜藏丹津。二月十二日，岳钟琪在伊克哈尔吉地方擒获部分叛军小头目。二月十四日在席尔哈色地方，又有部分叛军小头目向岳钟琪投降。[①]二月二十日，岳钟琪等追至哈达河，又有一些蒙古首领率部来降，并得知罗卜藏丹津驻乌兰穆和儿地方。岳钟琪等日夜兼程追赶，追至乌兰穆和儿，罗卜藏丹津等又逃往柴旦木（大柴旦）。清军继续追击，途中擒获罗卜藏丹津之母和妹夫等。二十二日，岳钟琪等追至柴旦木，罗卜藏丹津又先逃匿，清军遂分兵到乌兰白克，擒获其部分小头目。罗卜藏丹津易女装逃脱，西投准噶尔，岳钟琪等班师回营。[②]青海诸部悉定。

清军平定罗卜藏丹津叛乱之战，从西北各地调动了众多兵力，各地兵士云集青海，清军与罗卜藏丹津均投入数以万计的兵员，作战期间，人来车往，战马驰骋，使自古以来形成的青海东部及柴达木地区的纵横通道被频繁使用，以满足传达军令、运送辎重等多种需要，从而加大了对丝绸之路青海道局部的使用力度。

四、民国时期哈萨克族迁徙对丝绸之路青海道的使用

哈萨克族是我国古代西北游牧民族的后裔。甘肃、青海境内的哈萨克族是民国时期从今新疆维吾尔自治区镇西（今巴里坤哈萨克族自治县）、哈密等地迁来的。新疆哈萨克族大批迁入甘肃、青海主要的有5次：民国二十三年（1934年），居住在哈密一带的哈萨克族开始东迁。次年，500余户中约300户迁至甘肃酒泉，200余户迁至青海都兰县茶卡一带。民国二十五年（1936年）1月，巴里坤的部落头目阿都巴依（塔斯比克部落人）率领110余户，共560余人，迁徙到河西走廊北部的马鬃山，后又南下到玉门鱼儿红一带游牧。9月，部落头目扎依甫（巴扎尔湖勒部落人）率领233户、1160余人，通古什巴依（叶斯道列提部落人）率领112户、600余人，额米尔特（乃蛮部落人）率领70户、350余人，哈斯木（买尔克特部落人）率领10户、50余人，还有其他众多部落共计4000余户联合东行。途中遭到盛世才所派骑兵、汽车、飞机的追杀和堵截，人畜均有重大伤亡，一部分人被截回新疆。进入甘肃的3700余户中约900户又迁到青海。次年7月，巴里坤部落头目"乌库尔台"（总管）叶力斯汗（塔斯比克部落人）率领170多户、

---

① 《清史稿》卷522《藩部五·青海额鲁特》记载："（雍正）二年，诏以岳钟琪为奋威将军，参赞军务。钟琪奉命进剿，侦从贼之巴彦珠尔阿喇布坦自乌兰博尔克遁，尾击之，至伊克喀尔吉，擒其党阿喇布坦鄂木布。遣西宁总兵黄喜林由西尔哈罗色赴柴达木，断噶斯路。侦罗卜藏丹津走乌兰木和尔，钟琪复分兵驰击，擒其母阿尔泰，俘户畜无算。罗卜藏丹津偕贼党分道窜。侍卫达鼐等擒丹津珲台吉于华海子，阿布济车臣台吉于布哈色布苏，吹喇克诺木齐、紫什敦多卜等于乌拉克，罗卜藏丹津走准噶尔。逆党悉槛送京师，诏行献俘礼。"

② 《清史稿》卷295《年羹尧传》、卷296《岳钟琪传》。

约 900 余人和民国十三年（1924 年）曾来过甘肃又返回新疆维吾尔自治区的阿齐巴依所率领的 42 户、200 余人，同时迁徙到甘肃；民国二十八年（1939 年）1 ~ 2 月，乃蛮部落的"台吉"胡萨因、克烈部落的"乌库尔台"努尔哈里、"台吉"沙布尔巴依、"台吉"阿合买特、"乌库尔台"沙拉黑坦，"台吉"苏勒坦夏里甫等带领 1000 余户，约 7000 余人，经马鬃山陆续迁到鱼儿红，后沙布尔巴依又率一部分离开甘肃，迁徙到青海西部。

到 1939 年，留牧甘肃西部的哈萨克族约 6000 户 3 万余人，留牧青海的哈萨克族有 1800 余户近 1 万人。进入甘肃的哈萨克族，分散在当金山、祁连山以北的敦煌、玉门、安西、酒泉、张掖一带；进入青海的哈萨克族，分散在今海西蒙古族藏族自治州的都兰、乌兰、格尔木、大柴旦、冷湖、茫崖和海南藏族自治州的兴海一带，均以游牧为生。

迁入青海的 10 余年间，哈萨克族的足迹遍及柴达木盆地的各个角落，他们被迫东躲西藏、颠沛流离，有的死于拼杀，有的死于饥寒交迫，有的数年后又返回新疆，个别的辗转漂流到印度等地，经历了难以想象的苦难。20 世纪 30 年代从新疆陆续迁出的哈萨克族牧民 4 万余人，到 1949 年，在甘肃省内只剩 1443 人，在青海省境只有 800 多人，仍过着漂泊不定的悲惨生活。[①] 幸存者多数一贫如洗，或在荒滩上留散，或在深山靠打猎为生，许多人四处乞讨。1950 年东迁的哈萨克族获得解放。

民国时期哈萨克族成批从新疆迁入青海，他们的往来行走，加大了对丝绸之路青海道的使用频度。

五、明清时期商旅等对丝绸之路青海道的使用

明代西北地区茶马贸易空前繁荣。清前期继续沿袭明朝实行茶马互市的做法。茶马互市的过程加大了对唐宋以来形成的茶马古道的使用。

明时贡赐贸易比前代发达。由于明朝政府推行大力扶持藏传佛教的政策，青海地区的藏族首领和僧人到京城进贡的日益增多。据统计，从洪武六年（公元 1373 年）到正德九年（公元 1514 年）的 141 年间，今青海境内的少数民族首领、上层僧人和土官进京贡献方物的次数总计达 200 次以上，平均每年 14 次以上。[②]

---

① 青海省编辑组：《青海省汉族撒拉族哈萨克族社会历史调查》，青海人民出版社，1985 年，第 111 ~ 120 页。
② 崔永红：《青海经济史·古代卷》，青海人民出版社，1998 年，第 215 页。

青海地区的朝贡者们进献的方物主要是马匹，明朝政府为了表示"恩典"和笼络人心，除了对进贡的方物论值给价外，还要给予丰厚的赏赐。赏赐物以银或钞为主，还有彩帛、丝绢等。而且，贡使们在返回途中可以做生意，如可以买茶叶等物，获利很多。①到清代以后，贡赐贸易渐趋衰落。

明清时期青海境内寺院众多，无论藏传佛教寺院还是伊斯兰教清真寺，一般都兼营商业，尤以藏传佛教寺院较为普遍。寺院经商规模较大者，东部农业区首推塔尔寺，牧区以结古寺最为著名。这些寺院每年用于经商的资本（白银）数以万（两）计。玉树结古寺商队配有枪支、马匹，经常往来于西宁、拉萨、打箭炉（康定）等地，有时还去印度、尼泊尔经商，利润可观。明清时期沿用元朝的入藏驿道，汉区的茶叶、盐、布、绢等物资，藏区的马匹、各种畜产品、红花、虫草和其他药材、土产都在驿道沿途有交易。

明末清初，蒙古人进藏熬茶之风兴起，一直延续至清末。蒙古准噶尔部（在今新疆维吾尔自治区一带）常派人带着牲畜沿途贸易，换成金钱后进藏熬茶布施，这被称为入藏熬茶或进藏熬茶贸易。熬茶者多取道青海。清王朝对准噶尔进藏熬茶贸易十分重视，允许的贸易地点一般为得卜特尔（一作得布特尔，在今格尔木市郭勒木德镇一带）和东科尔（丹噶尔）两地。维吾尔商人在准噶尔进藏熬茶贸易中扮演贸易代理者的角色。居住在青海境内的蒙古人赴西藏熬茶的现象也很普遍。进藏熬茶贸易推动了蒙藏之间的交流，也促进了丝绸之路青海道交通的发展。

清朝时期河湟地区民间商业比前代有更大发展，其中不少商品来自西域。如清中期以后兴起的白塔儿市场（在今大通县老城关）上交易的品种主要有：镔铁、金刚钻、美玉、琐幅（门窗的装饰物）、五花毯、撒黑剌（后三种都是羊绒织品，产于撒马尔汗等西域国家）、阿魏（产于伊朗、印度等地的药材名）、哈剌、苦术、绿葡萄、琐琐葡萄、貂鼠皮、白狼皮、艾叶豹皮、猞猁狲（土豹）皮、元狐皮、鹿皮、牛羊皮等。②多巴交易的商品也以西域奇货及各种名贵皮张为主。丹噶尔城交易的货物品种据《丹噶尔厅志》记载，多达 200 余种，其中 100 余种是从兰州、宁夏、西安等地运入的手工业产品，如洋布、茯茶、铁锅、细瓷器、纸张、大米等，20 余种为当地畜产品，还有一些西藏及玉树产的货，如氆氇、藏香、红花、野牦皮、

---

① 《明史》卷 86《食货六》，卷 330《西域二》。
② （清）梁份著，赵盛世、王子贞、陈希夷校注：《秦边纪略》，青海人民出版社，1987 年，第 78 页。

羔皮、蕨麻等。明清时期大量的商业活动频繁使用丝绸之路青海道。

六、民国时期商旅等对古丝绸之路青海道的使用

民国时期，仍沿用清朝后期以来商人纳税买茶票运销茶叶的做法。青海建省后仍延续旧制。茶叶的运销活动仍使用传统的丝绸之路青海道。

从公元19世纪80年代开始，今青海境内的一些商人就将青海羊毛用骆驼或皮筏沿黄河东运，经河套、张家口到达天津后售给英、俄、德等国商人在天津开设的洋行。随着青海羊毛在国际市场上行情的看好，外国商人纷纷涌向青海，收购羊毛。最先在西宁开设洋行、抢滩羊毛市场的是天津的英商新泰兴洋行。民国初年，除西宁外，湟源、循化、贵德、门源、上五庄、鲁沙尔、隆务、永安、白塔等地也有了洋行，最多时全省达到近30家洋行。洋行以收购羊毛为主，同时收购羔皮、胎皮、大黄等土特产品。1927年，行销国外市场的青海羊毛数量大增，年出口量达700万斤。西宁和湟源成为羊毛的主要集散地。1938年5月，国民政府贸易调整委员会奉命办理对苏联贸易，将青海羊毛输出改为西运。青海羊毛由青海经甘肃、新疆销往苏联。

除羊毛外，民国时期青海与外省、外国间其他商品的交易也很兴盛。据西宁县商会统计，1929～1934年，每年输入西宁的商品价值约为620万银圆，西宁输出商品的价值约1550万银圆。1935～1940年，青海省输入商品约值620万元，输出商品约值1400万元。一般输入的工业制成品、百货主要来源于邻省和内地，例如茶叶、布匹、绸缎、纸张等主要由天津、西安、兰州、成都等地输入，藏香、藏红花等主要由西藏输入，米、豆等主要由甘肃、宁夏、新疆输入。从青海茶卡等盐池输出的盐主要销往甘肃、陕西、河南等地，1944年茶卡盐池的产盐量为48 826担；皮张主要在上海、天津、武汉、成都等地销售；青海输出的药材则销售至全国各地。商品运输形式主要有驮运和皮筏运，也有畜力大车运，民国后期汽车运输渐居主体地位。大量物资流动反映了其时青海道路交通运输业的发展，物资的流动也进一步促进了道路的改善。

民国时期青海省最早的官办运输机构青海省商务队下设3个畜力驮载大队，共有驮牛千余头，往来于西宁至拉萨间进行贩运。抗日战争期间，垄断青海内、对外贸易的德兴海商号贩运物资出口的道路主要有3条：由西宁经兰州、重庆至滇缅公路，与美、英公司贸易；由西宁经玉树、昌都入西藏至印度，与英、印商人取得联系并贸易；由西宁经甘肃临夏，沿黄河东下至包头，与日本人及其代理人进行商业往来。

1940年12月，青海官方兴办的青藏商务联合办事处在西宁成立，办事处在拉萨、上海、兰州、包头、天津、西安、汉口等地设立分支机构，垄断青海商品的输入和输出，以青海的羊毛、皮张、沙金、药材等兑换日、英等国的军火物资等。

1946年1月，青海省国民政府合并协和商栈和德兴海商号等，成立湟中实业公司。该公司下设70多处分支机构，在宁夏银川、今内蒙古包头增设办事处，在今四川康定、邓柯增设支号，在河南郑州、老河口、湖北汉口、陕西汉中设转运站，在上海设商栈，在印度加尔各答设经理处。湟中实业公司的物资运输形式有汽车运输、马车运输、驮运（有骆驼总队、牛运总队、骡马总队）和筏运（皮筏合计牛皮袋在万数以上，员工178人，几乎垄断了青海的筏运业）等。湟中实业公司基本垄断着青海的官营运输。

民国初年，清朝以来持续发展的寺院商业贸易有了更进一步的发展和壮大。寺院商队频繁往返于青、藏、康之间，有时候还去今印度、尼泊尔等地，其长途贩运的的规模十分可观。结古成为玉树地区最大的商品集散地，商户约200余户，其中以川藏商人居多。

1919年8月，北洋政府派西宁道参议朱绣、青海宁玛派领袖古郎仓活佛、甘肃督军公府谘议李仲连等进藏宣慰联络，争取十三世达赖内向。次年4月返回。1939年7月15日，青海省国民政府主席马步芳派青马军师长马元海护送十四世达赖拉木登珠由塔尔寺前往拉萨。次年2月22日拉木登珠在拉萨布达拉宫坐床。

上述频繁的商业交往和某些重大政治事件的使者均使用了古丝绸之路青海道。

第六章
丝绸之路青海道上的
烽墩、岩画、古墓葬遗存

　　丝绸之路青海道上密布各个时期的烽墩、岩画、古墓葬等文物遗存。烽墩即烽火台，是古时用于点燃烟火传递重要消息的高台，系古代重要军事防御设施，丝绸之路青海道上的烽火台也有护卫通道安全的功能。青海道上河湟地区历代的烽火台不是很多，有些只见于文献记载，遗迹未能保存下来，有些遗迹则得以保存至今。柴达木盆地丝绸之路青海道南、北支线上的烽火台遗存相对较多，以清代的为主。岩画是一种古老的艺术作品，截至2019年，青海共发现岩画地点近100处，集中分布在海西蒙古族藏族自治州、玉树藏族自治州、海北藏族自治州和海南藏族自治州境内，多位于丝绸之路青海道附近。这些岩画为史前至明清时期生活在此地的游牧民族所刻，内容以动物为主，也有少量畜牧、狩猎场面，以及舞蹈、交战、巫术、生殖崇拜及汉藏文字，还有一些神秘莫测的物形和符号等。有学者经过探讨研究后认为，在青海及甘肃已发现的岩画是由古羌人、匈奴人、吐谷浑人、吐蕃人以及藏族、蒙古族共同创作的，不同民族只是时代先后上有别。其内容与技法跟西域、北方草原等地的岩画互有影响，可从一个侧面窥见中西文化交流互鉴的情况。丝绸之路青海道沿线还有不少著名的古墓葬，如都兰热水大墓等出土过许多中原与西域的丝织品等文物，这批墓葬的时代以南北朝隋唐时期为主，这些文物的出土对于研究古代吐谷浑、吐蕃的历史文化及丝绸之路"吐谷浑道"具有重要意义。西宁市大通回族土族自治县后子河乡上孙家寨汉晋时期墓葬出土的一件单耳环银壶，其造型与纹饰具有鲜明的古波斯风格。这类遗存不仅与丝绸之路青海道密切相关，同时也见证了青海道的繁荣与冷寂。

第一节
历代的烽火台遗迹

一、河湟地区历代的烽火台遗迹

（一）只见于文献的类烽火台建筑

1. 赵充国平羌时所主持建造的木樵（樵同谯，即高楼）。据《汉书·赵充国传》记载，汉宣帝神爵初年（公元前61～前60年），后将军赵充国来河湟地区平羌获胜即将班师时，曾向朝廷建议："留步士万人屯田……为堑垒木樵（师古曰：樵与谯同，谓为高楼以望敌也），校联不绝（如淳曰：言营垒相次），便兵弩，饬斗具，烽火幸通，势及并力，以逸待劳，兵之利者也。"[①] 这就是说赵充国请求朝廷批准在湟水流域交通线路旁的高岭上建高楼，用以瞭望敌情，随时点燃烽烟以作联络。这类木樵（高楼）的功能类同于烽火台，对保障"羌中道"的畅通有积极作用。另外，打算修筑堑垒以防敌偷袭。可惜赵充国所说的高楼、堑垒保存至今的极少。

2. 东汉马援将军所主持建造的坞壔。东汉建武十二年（公元36年），朝臣议欲放弃河湟地区，时任陇西太守的马援将军上书反对此议，他建议加强金城郡的耕战守备，得到朝廷同意。马援除主持在河湟地区修缮西汉以来所筑城郭外，还主持建造了一批坞壔。《后汉书》中有坞壔、亭侯等连用的例子。当时的坞为许多小障或小城，壔为边境地区用于伺望侦察的土堡。可见，坞壔、亭侯也有作为通信设施烽火台的功用。东汉时所建坞壔保存至今的也极少见到。

（二）现存的烽火台遗迹

1. 巴州汉代烽火台。位于海东市民和回族土族自治县巴州镇政府所在地北约1公里的土山顶上。据笔者亲临实地调查，烽火台大体呈圆锥体状，底部周长约30米，台高约4.5米，夯筑而成，夯层约8厘米。顶部略呈长方形，长约2.8米

---

① 《汉书》卷69《赵充国传》。

民和巴州汉代烽墩

，宽约 2.3 米。顶部镶嵌一层石片，个别石片残留有火烧痕。烽火台东南方向百余米的半山坡上有一处略呈瓜子形的平台，平台南北长约 55 米，东西宽约 17 米，平台表面散布大量砖瓦残片，其中布纹青瓦与南垣村古城社西汉时所筑金城郡故城所见相同。巴州烽火台西南距西沟

乡南垣村古城社汉代金城郡故城约 3 公里，二者遥相呼应，从二处所见砖瓦相同等因素判断，当为同时代的遗存。烽火台前的平台处应是驻守烽火台兵士住所的遗址。

2. 红土垭壑汉代烽火台。位于海北藏族自治州海晏县甘子河乡北。海晏县境内有与西海郡古城同时代的汉代烽火台 8 处，多在丝绸之路青海道沿线，现均已坍塌，仅存遗址。[①]

贵南县唐乃亥烽火台

3. 贵南县唐乃亥烽火台。位于海南藏族自治州贵南县沙沟乡德茫村二社（唐乃亥社）东 300 米的农田中，呈梯形，夯土筑。底部 5.5×5.5 米，残高 13 米，地表无遗物和文化层暴露。该烽火台的时代尚不能确指。[②] 它正当"吐谷浑道"向东南区段的北支线附近，显然曾具有保障该交通线安全的功用。可能是南北朝时期的遗存。

4. 北古城唐代烽火台。位于西宁市湟源县城关镇光华村北古城，共有 4 座。

① 资料于 2017 年获自海晏县文化广电局。

② 资料获自 2018 年 1 月 30 日"丝绸之路南亚廊道（青海段）学术研讨会"。

据笔者亲临实地调查，北古城东墙外围墙至湟水岸边处有一座方形瞭望台，高 11 米，底部长、宽均 12 米。古城西门再折向北有大道，大道北面高峻的大山半山腰处又筑有 3 个瞭望台。台高 19 米，底径 15 米，顶径 11 米，台底利用了原生的土层，原土上部用土夯筑而成，夯层内夹有圆形原木。

北古城唐代瞭望台

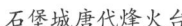

石堡城唐代烽火台

5. 石堡城唐代烽火台。位于西宁市湟源县日月乡大茶什浪村西南。此处的"大小方台"又名"铁仞城"，为唐蕃争战的著名军事要地。据笔者亲临实地调查，大方台以山崖为屏障，台上有 7 排房屋基址，曾采集到唐"开元通宝"及泥质灰陶片。山脊北端有边长 3 米、高 3 米的夯土筑瞭望

台。小方台中间偏西有一边长 4 米、高约 2 米的天然岩石平台，亦为唐代烽火台。

6. 金羊岭宋代烽火台。位于海北藏族自治州祁连县俄博乡金羊岭西端。残留长 2 米、宽 0.8 米、高约 3 米的台体，用砂钙土夯筑。台西南角有边长 16 米的正方形围墙遗迹，墙已坍塌，基宽 1.2 米，烽火台的一部包裹在围墙内。采有白瓷碗、黑瓷碗、青花瓷碗等残片，"嘉庆通宝"铜钱 1 枚等。据考证，为宋代烽火台。

7. 俄博宋代烽火台。位于海北藏族自治州祁连县俄博乡俄博村西北角。台平面略呈长方形，长 7.2 米，宽 6.8 米，夯土筑，剖面略呈梯形。台高约 7 米，夯层厚 0.12 米，内夹圆木。台顶立砌一层土坯。据考证，为宋代烽火台。

8. 扁都沟宋代烽火台。位于海北藏族自治州祁连县俄博乡扁都沟南端。现残

存长 7.2 米、宽 4.2 米、高约 5 米的夯土台，用砂土混筑。夯层厚 0.1 米，内夹有圆木。从台顶内收迹象看，应为覆斗状。采集白瓷片、青花瓷片等遗物。据考证，为宋代烽火台。

9. 娘娘峰沟宋代烽火台。位于海北藏族自治州祁连县俄博乡扁都沟内。台已坍塌成土丘状，南北长约 12 米，东西宽约 8 米，高约 2.5 米。黄土夯筑，夯层厚 0.1 米，内夹圆木。采集到白瓷片、夹砂红陶片、灰陶片、青花瓷片等。据考为宋代烽火台。[①]

10. 卡子沟宋代烽火台。位于海北藏族自治州门源回族自治县阴田乡卡子沟村西 400 米处。已塌残，现存长 7.2 米、宽 3.7 米、高 3.4 米的土敦。夯土筑，夯层厚 0.12 米，夯层内夹有圆木。据考为宋代烽火台。

11. 永安宋代烽火台。位于海北藏族自治州门源回族自治县皇城乡永安故城东台地。台已完全塌残，仅见基座土堆。据考为宋代烽火台。

12. 西台宋代烽火台。位于海北藏族自治州门源回族自治县皇城乡永安故城西约 1.5 公里处。台已残，现存长 2.4 米、宽 1.8 米、高 3.8 米的土墩。用黄土和黑壤土互相叠筑而成，内夹圆木及红柳枝条，夯层厚 0.08 米。据考证，为宋代烽火台。

13. 干沙河宋代烽火台。位于海北藏族自治州门源回族自治县皇城乡永安河上游，永安河与干沙河交汇的三角台地上。台已完全坍塌，仅见基部土堆及部分台体土块，夯层厚约 0.15 米。为宋代烽火台。[②]

此外，青海省境内与明代长城相配套的烽火台遗存很多，主要分布在河湟地区，因其与丝绸之路青海道关系不是十分密切，本书不烦一一列举。

二、柴达木盆地南、北支线上的烽火台遗存

丝绸之路青海道在柴达木盆地大致有南、北两条支线。尽管丝绸之路青海道在先秦及两汉魏晋时期曾被称为"羌中道"，东晋南北朝时期至唐前期曾被称为"吐谷浑道"，宋代曾被称为"青唐道"，然而各个时期位于柴达木盆地的南、北两条支线的位置和走向变化不是太大。

---

① 以上金羊岭至娘娘峰沟 4 处烽火台的资料来源是：国家文物局主编、青海省文化厅编制：《中国文物地图册·青海分册》，中国地图出版社，1996 年，第 126～127 页。

② 以上卡子沟至干沙河 4 处烽火台资料来源：国家文物局主编、青海省文化厅编制：《中国文物地图册·青海分册》，中国地图出版社，1996 年，第 129 页。

（一）南支线上的烽火台遗存

柴达木盆地南支线大体是青海湖以南经过今共和县、都兰县、格尔木市、甘森镇、茫崖市，出今青海省境与今新疆若羌县境内的中西陆路交通主干道西段衔接的路线。南支线附近分布着不少不同时期的烽火台。

1. 香日德南圻墩。位于海西蒙古族藏族自治州都兰县香日德镇，现存两处烽火台，分别被当地人称为"南圻墩""北圻墩"。这两处圻墩都建在地势比较高的地方，相距约5里，一南一北，遥遥相望。据笔者亲临实地调查，南圻墩建在一个七八十米高的小石山上，西侧50米处为香日德河，北侧80米处为109国道，南侧30米处为耕地，东侧10米处为民宅。圻墩由黄土夯筑而成，破坏比较严重。平面呈正方形，现只存西墙和北墙，西墙残长3.1米，厚1.3米；北墙残长6.2米，厚1.4米，其余已坍塌。所存墙体多处有通透的蚀孔。墙高1.7米处有插放圆木的墙洞，下部有基座，平面呈正方形，边长9.1米，高2.9米，基座外围采用土坯横平错锋垒砌，内部用夯土填充。土坯厚6~8厘米，宽20厘米，长30厘米，土坯边有切割痕迹，这正是汉代的特点，这种风格在河西走廊汉墓中出现过。香日德烽火台的结构为两层，犹如碉楼。上层为瞭望、报警之用，约3米见方，东、西、南、北开有4个小窗口，可插"转射"（即既可从孔中瞭望、射击，也可以从里面堵住的设置）；下层为斥堠兵住宿之处，约5米见方，可住三至五人。下部夯土层厚12厘米，上部夯土层厚14厘米。夯筑层中间隔约10厘米左右夹有直径10厘米许的柏木椽子，可起加固作用。顶部残存房椽上压木条的现象（这种风格在甘肃敦煌汉代墙体中出现过）。南、北两个圻墩的距离正符合5里一小墩的汉制。

香日德南圻墩

笔者初步推测香日德南圻堠、北圻堠很可能始建于王莽当权的西汉末年，[①]是丝绸之路"羌中道"在柴达木盆地的重要遗存。西汉末王莽秉政时，曾在今青海海晏县设西海郡，郡辖5县，筑5城，并广建烽燧，以致一度出现"边海亭燧相望焉"[②]的景象。这说明在环青海湖地区，包括今都兰县香日德一带，汉廷所置的亭燧相望于途，传递军事消息的烽烟燃起时，环湖地区就会出现烽火灿若星辰的景观。

2. 茶卡乌兰哈达烽火台。位于海西蒙古族藏族自治州乌兰县茶卡镇乌兰哈达村茶卡寺东南约1公里处泉吉河西岸，西南约4公里是茶卡村，西侧50米有通往茶卡寺的简易公路。烽火台基部平面呈正方形，垮塌严重，顶部有朽木，北部残长6.6米，南部残长7.8米，东面残长8.2米，西面残长7.7米，残高6.4米，有土坯横平错缝垒砌的现象。[③]笔者初步推测乌兰哈达村烽火台很可能跟香日德"南圻堠""北圻堠"一样，也始建于王莽当权的西汉末年，是丝绸之路"羌中道"在柴达木盆地的重要遗存。

茶卡乌兰哈达烽火台

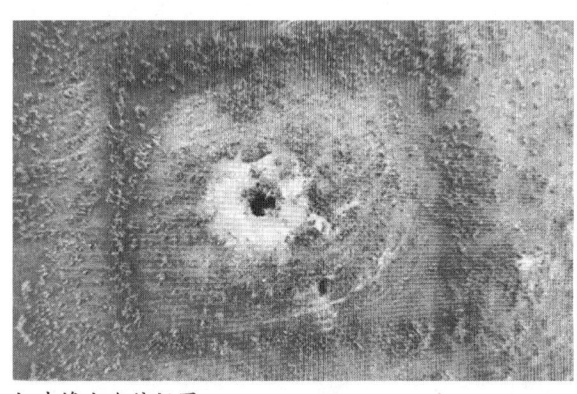

切吉烽火台俯视图

3. 切吉烽火台。位于海南藏族自治州兴海县河卡镇西北切吉水库附近，共两座，分别位于切吉水库所在河谷南北两侧山坡上。东面的烽火台位于切吉水库南侧400米的小山坡顶部，现仅存一个长宽均为5米、高不足2米的梯形土台，土台中部有一直径1

① 崔永红：《都兰香日德圻堠始建年代浅议》，载《青海民族研究》，2013年，第4期。
②《后汉书》卷87《西羌传》。
③ 参见辛峰主编：《海西州第三次全国文物普查资料精选》，中国民族摄影艺术出版社，2013年，第86页。

米的盗洞,盗洞深 2 米多,从盗洞内可见夯土痕迹。2017 年"丝绸之路南亚廊道(青海段)考古调查队"采集到灰色陶片残件 1 件,初步判断其时代为汉代。西面的烽火台在东面烽火台西南方 2.1 公里的切吉河北侧的山坡上,与东面烽火台的形制相同,土台中部也有一盗洞。两座烽火台均位于筑于新莽时期的支东加拉古城东南,其中东烽火台至支东加拉古城的直线距离为 13 公里,西烽燧至古城的直线距离为 14.6 公里。[①] 两座烽火台很可能是与支东加拉古城同一时期的遗存,也就是说它们很可能与香日德南北圻堧、茶卡烽火台一样,都是汉代丝绸之路"羌中道"上的重要烽燧遗存。

（二）北支线上的烽火台遗存[②]

丝绸之路青海道柴达木盆地北支线,大体是青海湖以北经过今乌兰县、德令哈市、大柴旦镇、马海村,西北行出当金山口,与河西走廊道衔接的路线。这条支线附近密布大量烽火台遗存。

1.希里沟瞭望台。位于海西蒙古族藏族自治州乌兰县希里沟镇。台基夯土筑,平面呈长方形,长 18 米,宽 12.5 米。瞭望台中心用土坯砌成方形,外部用夯土围筑,顶部用土坯平砌。通高 8.9 米。台基东南侧辟有一洞,内有彩绘佛像及泥塑佛像残迹。时代不详。

2.巴音河烽火台。位于海西蒙古族藏族自治州德令哈市蓄集乡乌察汗村巴音河北岸约 100 米处的台地上。烽火台基座为边长 8 米的正方形,高 6.6 米,剖面呈蘑菇状,土坯垒砌,外面糊一层泥巴,顶部受雨水冲刷呈圆形,台基土坯裸露。无遗物和文化层暴露。迎风的西北壁风蚀严重,背风的东南壁保存较好。北壁有 3 米深的人为盗洞,保存一般。可能是清代用来传递信号的

巴音河烽火台

---

① 资料获自 2018 年 1 月 30 日"丝绸之路南亚廊道（青海段）学术研讨会"。

② 这一部分内容参考了辛峰主编《海西州第三次全国文物普查资料精选》一书,中国民族摄影艺术出版社,2013 年,9 ~ 102 页。

一处军事设施。

3. 马海湖烽火台。位于海西蒙古族藏族自治州冷湖行政委员会冷湖镇马海办事处东侧10公里、冷湖柴旦六号界碑南200米处,西南1公里为马海湖,东为沙漠,东约0.5公里处为冷乌公路。烽火台平面呈正方形,剖面呈梯形,基宽约4.5米,长5.1米,高4.2米,用一层沙土夹一层红柳夯筑而成,夯层20余层,夯层厚度13～18厘米,占地总面积为25平方米。据传为罗卜藏丹津反清时所建。

4. 马海村四站烽火台。位于海西蒙古族藏族自治州大柴旦行政委员会大柴旦镇马海村原知青四站内西端。西北约60米为原知青五站,南150米为原知青四站,东南5公里为原知青三站,东南10公里为原知青一站,四周为荒废的农田,地表趋于沙化。烽火台底部平面呈正方形,剖面呈梯形,底部7米×7米,顶部6米×6米,高7.3米,占地面积49平方米,一层黏土夹一层沙柳夯筑,黏土夯层厚度为10～12厘米。烽火台原有的布局

马海村四站烽火台

结构较为完整,西北角坍塌,西面和北面均有缺口,顶部凸凹不平,南部呈驼峰状,整个墙体上布满鸟类的巢穴,保存一般。可能为一处清代遗存。

5. 马海村四站二号烽火台。位于海西蒙古族藏族自治州大柴旦行政委员会大柴旦镇马海村内西端。西北约1公里为原知青五站,西南约300米为原知青四站,东南5公里为原知青一站,南8公里为原知青三站。四周为荒废的农田,地表趋于沙化。烽火台底部平面呈7米×7米正方形,占地面积49平方米,高2.5米,用石块和黏土夹杂夯筑,黏土夯层厚度为16～20厘米。烽火台上部大部分已坍塌,现仅残存2.5米的下部分,坍塌的墙体堆积在烽火台四周,总体风貌尚存,保存较差。可能为一处清代遗存。

6. 唠唠山欧绕高力烽火台。位于海西蒙古族藏族自治州大柴旦行政委员会大柴旦镇马海村南5公里唠唠山西欧绕高力、嗷唠河西岸的山体上。东北约5公里为柳园至格尔木公路。烽火台外墙由石板沙柳砌成,内包土墩,平面呈8米×8米的正方形,剖面呈梯形,顶部7.2米×7.2米,残高约8米。可能为清代军事

观察设施遗址，保存一般。

　　7. 柴旦鱼卡烽火台。位于海西蒙古族藏族自治州大柴旦行政委员会大柴旦镇柴旦村鱼卡河南岸 2.2 公里，喀什至格尔木公路和柳园至格尔木公路交会处东南约 7 公里、325 国道南 2 公里处。烽火台平面呈正方形，剖面呈梯形，底部 6.8 米 ×6.8 米，顶部约 6 米 ×6 米，占地 46.24 平方米，现存残高 6 米，由黏土、沙柳、石板砌成，上部已坍塌呈驼峰状，坍塌处裸露出建筑用沙柳条、石板和沙土等物，无遗物和文化层暴露。为一处清代时期遗存。

　　8. 鱼卡哈日泉吉烽火台。位于海西蒙古族藏族自治州大柴旦行政委员会大柴旦镇柴旦村南 60 公里鱼卡河南岸 2 公里处第一台地上。南 3 公里为格尔木至柳园 215 国道，北部为鱼卡河。顶部部分垮塌，仅残存 7.4 米 ×7.4 米底部，顶部约 5.2 米 ×5.2 米。剖面呈梯形，残高 7 米，四周堆积了大量垮塌下来的石板、泥土、柳条等，形成直径 21.8 米土堆，掩埋了烽火台底部。无遗物和文化层暴露。可能为清朝时期的军事设施。

鱼卡哈日泉吉烽火台

　　9. 鱼卡石砌烽火台。位于海西蒙古族藏族自治州大柴旦行政委员会大柴旦镇柴旦村西北 65 公里鱼卡河北岸约 1 公里处第二台地一山包上。西北约 1 公里为鱼卡变电所，东北 300 米为 215 国道，东南 400 米为鱼卡煤矿。烽火台平面呈正方形，剖面呈梯形，底部 5.8 米 ×5.8 米，顶部约 4 米 ×4 米，占地 33.64 平方米，现存残高为 8 米，由红黏土、沙柳、

柴旦村鱼卡石砌烽火台

石头砌成。南壁上有40厘米从上至下的长槽，无遗物和文化层暴露。烽火台型制结构保存较完整。时代不详。

10. 雅沙图烽火台。位于海西蒙古族藏族自治州德令哈市怀头他拉镇卡格图村雅沙图夏季草场内，西北距德令哈市约88.6公里（直线），四周均为山梁，烽火台处在山梁中间相对平坦的平地上，南北长15.9米，东西宽13米，高6米，

雅沙图烽火台

墙厚1.1米，黏土加石板夯筑，每隔10～12厘米加一层50厘米×30厘米×5厘米的红石板，中间为泥沙夯筑。可能为清代用于传递信号的军事设施。

11. 仓吉烽火台。位于海西蒙古族藏族自治州德令哈市尕海镇陶哈村的巴音郭勒河南岸。"仓吉"，蒙古语意为烽火台。烽火台北约300米为巴音河，东约1公里为尕海镇牧民草库伦，西约200米是柯鲁克镇，南约500米为雅丹地貌边缘。烽火台以土坯砌成，基部长3.4米、宽2.4米、残高3.4米，纵剖面呈梯形。土坯的形制有31厘米×24厘米×9厘米、38厘米×29厘米×9厘米两种。

仓吉烽火台

顶部由于雨水及风蚀形成中间低、东西两端高的马鞍形（驼峰形），该烽火台处在雅丹地貌和湿地的连接处，离烽火台西南约300米处发现一座被盗墓，在被盗墓内发现一个较完整的木碗。时代不详。

12. 那仁萨拉瞭望塔。位于海西蒙古族藏族自治州茫崖行政委员会花土沟镇莫河尔布鲁克村村北20公里处那仁萨拉河南岸。那仁萨拉三角城古城外东北60米处，瞭望塔塔基长20米，宽15米，塔高13米。建筑年代不详。

第二节
历代岩画 [①]

岩画是介于绘画和雕刻之间的艺术，因此它具有绘画和雕刻的双重特点。岩画多方面地记载了猎牧人的生活。猎牧人中擅长绘画的人有创造欲望时，便把他们生产生活的场景凿刻到岩石上，以表现对美好生活的向往与追求。这些艺术作品再现了他们当时的审美观、社会习俗和生活情趣，岩画作为人类的精神产品，以艺术语言打动人心。

中国南方岩画是用软毛笔之类蘸颜料涂画，北方岩画则大都是用硬质工具刻制的。北方岩画的手法主要有三种：一种是敲凿法，即用钝尖的石器、金属器在石面上一点一点凿刻，凿痕成麻点状，麻点呈圆形或不规则的多面形。第二种是磨刻法，即用石器或金属器磨刻，磨痕有深浅之别，深的阴线断面呈 U 形，其制作程序大概是先凿出（或画出）轮廓，再用尖硬的石块或金属器沿轮廓线来回摩擦，使之成为槽状粗线。第三种制作方法是线刻法，即用尖硬的金属凿头类锐器勾勒出形象轮廓，然后掏深线条。岩画构图整个来说是零乱、分散的，整体规划不严密，表明了它的原始性。岩画制作时间的跨度很大，最早的可能在新石器时代，最晚的到近代。有的岩画早期的和晚期的混杂在一起。汤惠生先生认为，青海地区的岩画大致分为三期：第一期，公元前 1000 年至公元前 500 年，以敲凿法（即垂直打击发）制成；第二期，公元前后，以阴线轮法制成；第三期，公元 7 ~ 9 世纪，多以磨划法制成。[②]

青海岩画 2010 年以前发现的大约不足 20 处，后来在全省第三次文物普查中发现较多，主要分布在海西蒙古族藏族自治州、玉树藏族自治州以及海北藏族自

---

① 这一部分内容主要参考了王敬斋主编：《岩石上的历史画卷——青海海西岩画》一书，中国民族摄影艺术出版社，2012 年。

② 参看汤惠生、张文华：《青海岩画》一书，科学出版社，2001 年。

治州、海南藏族自治州等地，总共可能达到近100处。尤其是玉树藏族自治州近几年在通天河两岸"三县一市"（即曲麻莱县、称多县、治多县和玉树市）总共发现岩画51处遗存，2386个单体形象，震惊了学术界。学者们的主流意见认为，在青海及甘肃已发现的岩画是由古羌人、匈奴人、鲜卑人、吐蕃人以及藏族、蒙古族共同创作的，不同民族只是时代先后上有别。内容以动物为主，主要以牛、马、鹿、鹰、豹子、狗为主，牛最多，鹿次之，也有少量畜牧、狩猎场面，以及舞蹈、交战、巫术、生殖崇拜及汉藏文字，还有一些神秘莫测的物形和符号等。虽然历经数千年的时光依然色彩鲜艳，形象生动，带给我们强烈的视觉冲击，给我们留下了辉煌的艺术宝藏。

一、柴达木南支线附近的岩画

1.野牛沟岩画。野牛沟位于海西蒙古族藏族自治州格尔木市郭勒木德镇西北约70公里处的昆仑山脚下。此沟为当地牧民的夏季草场。岩画所处的四道沟山梁海拔3900米左右，相对高度30米左右。野牛沟岩画分为两组：第一组镌刻在

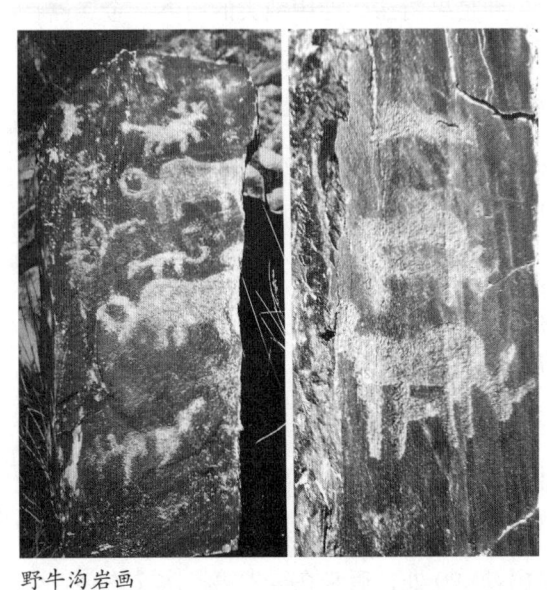

野牛沟岩画

四道沟山梁南坡的花岗细砂岩上，共45幅画面，约有250个个体形象，主要有牦牛、鹰、马、骆驼、豹子、狍子、狼、狗、熊、鹿、羊、人、鸟首人、车、日、巫师等，组合图案有人骑马、人骑马牵骆驼、猎牛图、单辕马车图像等。牛的形象在岩画中占很大的比例。岩画通体为敲凿法制作，带有浓厚的模式化色彩。公元前3～4世纪在中亚地区岩画中广泛流行的带有"缒杖"武器的形象，在

野牛沟较早期岩画中点出现。

2.芦丝沟岩刻。位于海西蒙古族藏族自治州都兰县热水乡智尕日一社的芦丝（一作露斯）沟之中，在察汉乌苏河南岸，距沟口6公里。岩刻刻在西侧的南北走向的山崖立面上，内容分三组：第一组有佛立像3尊，为阴线勾勒，画面高5.6米，

宽 4.5 米。立佛穿长至脚部的袒右臂、复左肩的"右开左合"偏衫。第二组为 4 尊菩萨像，浅浮雕，画面高 1.4 米，宽 2.6 米。坐佛头戴菩萨冠，袒右臂，着偏衫，两手持禅定印，结伽趺坐。底座为五瓣莲花。第三组为双马，画面高 1.4 米，宽 5.6 米。马取直立状，无耳，马尾较长，整个体形肥壮，采用浮雕技法雕琢而

成。佛像古朴生动，线条流畅，比例匀称。据考古学专家考证，此画成于北朝中期，"应出自吐谷浑人之手"[①]。吐谷浑第十二任王拾寅时，吐谷浑上层已信奉佛教。吐谷浑人在露斯沟刻石敬佛，大概就在此前后。也有学者认为此岩刻是公元 9 世纪的作品。

芦丝沟摩崖石刻佛像图

3. 洪水川沟口岩画。位于海西蒙古族藏族自治州都兰县香加乡孟克台村北 15 公里处托素河左岸的一块独立岩体上。岩体长 7 米，高 6 米，厚 3.5 米。岩画个有鹿、骆驼、蛇、马等体动物形象。敲凿法制作。

4. 野马滩岩画。位于海西蒙古族藏族自治州格尔木市郭勒木德镇阿拉尔村野牛沟口西侧 39 公里处的野马滩，即野牛沟四道沟的对面。岩画分布在一块约 3 平方米的整体岩石表面，共有 41 幅画面。画面上的个体动物形象有骆驼、羊、鹿、牦牛等，另有文字符号多处。通体敲凿而成。根据石锈颜色来观察，颜色较深（基本上与岩面颜色无二致）者应为早期作品，后期作品石锈颜色较浅。

5. 切吉岩画。位于海南藏族自治州共和县切吉乡南 13 公里处的卢阿龙河当山顶之上。岩画施于山顶上零散的细砂岩上，共分两组，6 个形象。内容有羚羊、牦牛、鹿等。系采用垂直敲击点刻与磨刻方法制成。

6. 中布滩岩画。位于海南藏族自治州共和县切吉乡西 5 公里左右的中布滩西端的阿龙休山丘上的粗砂岩上。"阿龙休"藏语意为"天然的""天生的"。山丘高 25 米左右，海拔 3400 米左右。画有牛、牦牛、羚羊、鹿等，均为磨划法，风格古拙。

---

① 参看许新国：《露斯沟摩崖石刻图像考》，载《青海社会科学》，1994 年 2 期。

7. 和里木岩画。位于海南藏族自治州共和县黑马河乡然去乎东村约 1.5 公里处。岩画布在两级台地衔接处的红砂岩断面上，高于河床约 20 米，海拔 3400 米。雕有岩画的岩石为 39 块，岩画内容有牛、马、鹿、狗、豹、狼等，共约 50 余幅动物图像，采取垂直凿刻法。其时代初步定在唐代。此处岩画系省级文物保护单位。

8. 克尔斯特达吾口石经院。位于海西蒙古族藏族自治州茫崖花土沟镇岗次村内的山谷口，西南约 20 公里为祁曼塔格乡政府。石经院系用刻有藏经文和莲花等图案的板石错缝垒砌，坐东面西，平面呈"日"字形，南端宽 14 米，北端 13 米，南北长 26 米，总面积约为 364 平方米。西面留有一门，门宽 0.6 米。始建年代不详。

二、柴达木北支线附近的岩画

1. 卢森岩画。位于海西蒙古族藏族自治州天峻县江河镇赛尔创村卢森山丘东坡上，距江河镇约 8 公里。岩面东西长 10 米，南北宽 8 米，画面最大的为 6 米 ×8.5 米。刻有大角鹿、牦牛、马、虎、豹、鹰等动物形象，人物形象有奔跑、角斗者，狩猎（包括车猎图）、交媾形象等，此外尚有树和符号等约 270 个形象。卢森岩画是中国北方地区岩画中面积最大、图案最多的单幅岩画。岩画的打制技法分垂直打击、阴线勾勒和磨刻法三种。垂直打击的形象时代最早，次为阴线刻凿，磨刻法最晚。第二期的图案是青海岩画的代表性制作，造型准确生动，制作精良，图案丰富，有些图案甚至可

卢森岩画

能具有一种叙事结构或宏大的场景表现，如成排出现的三幅车猎图案等。卢森岩画的年代早期为青铜器时代，晚期为汉代。公元前 3~4 世纪在中亚地区岩画中广泛流行的带有"锤杖"武器的形象，出现在此地点中。

2. 鲁芒沟岩画。位于海西蒙古族藏族自治州天峻县新源镇的鲁芒沟，东北距乡政府约 5 公里。岩画刻凿在山体崩落下来的两块大石上，岩画共分 3 处，面积约 21.1 平方米，所刻图案主要有马、羊、牛、骆驼等动物形象。第一处岩画高

3.2 米，宽 3.2 米，刻有 52 个形象；第
二处岩画高 4.2 米，宽 2.7 米，刻有 7
个形象。鲁芒沟岩画年代为青铜器时
代至汉代。

　　3. 怀头他拉岩画。位于海西蒙古
族藏族自治州德令哈市怀头他拉镇西
北约 40 公里处的卡格图村。岩画零星
分布于长约 5 公里、宽约 1 公里的哈
齐布齐沟内 30 块岩体立、平面上，共
有 300 幅，约 100 个个体形象。最大
的一块即第一组面积 2 米 ×1.5 米，制

怀头他拉岩画

作手法早期以敲凿法为主，也有一定数量的晚期磨划法制作的图像。早期内容以
动物为主，造型有野牛、羊、马、狗、骆驼等个体，另有射猎、骑马、动物交配
等图案；晚期有许多藏传佛教的内容，如吉祥结、藏文、藏式三鱼图、莲花、宇
宙树、"卐"字符号以及金刚杵等符号。

　　4. 察汗特买图岩画。位于海西蒙古族藏族自治州德令哈市蓄集乡浩特茶汗村
一座由东北向南延伸的三块大小不等的岩石立面上。其中，一号岩石上刻有 4 峰
骆驼、4 头鹿、1 个手持弓箭的猎人；二号岩石上刻有 3 头牦牛、1 只猎豹；三
号岩石上刻有 1 峰骆驼、1 株菩提树。

　　5. 艾力肯·达呼尔岩画。位于海西蒙古族藏族自治州德令哈市怀头他拉镇西
北艾力肯·达呼尔沟内。岩画镌刻在一块长 1.2 米、宽 0.45 米、高 0.54 米的独立
岩石上，阴线磨划法制作，画面上共有 4 个动物形象，有两头牛在抵角，一只大
角鹿作回头状，另一只动物形象似为豹。此岩画点为第三次全国文物普查新发现。

　　6. 敖木本哈达岩画。位于海西蒙古族藏族自治州德令哈市蓄集乡浩特茶汗村。
该岩画为龙形，可分辨出龙头及四爪、龙尾，S 型龙身。高 0.7 米。此岩画点为
第三次全国文物普查新发现。

　　7. 巴嘎萨岩画。位于海西蒙古族藏族自治州德令哈市怀头他拉镇巴力沟村
巴力沟河的巴嘎萨。西靠巴嘎萨山，东邻一条自北向南的简易路，正北方向 500
米处有一牧民住宅，岩画镌刻在 8 处独立的岩体立面上，最大的一块约为 1.5 米

×1.5米。图案有牛、马、骆驼、大角鹿等动物个体形象和骑马、骑骆驼、放牧等生活场面。

8. 巴里河滩岩画。位于海西蒙古族藏族自治州乌兰县茶卡镇巴里河滩村的巴里河沟口处。岩画位于巴里沟口处的巴里河岸的一块花岗岩上,岩石高2.1米、宽2.9米。图案12幅,属唐代岩画。内容有狩猎、日、月、狗、狍子等。

9. 尕尔岩画。位于海西蒙古族藏族自治州天峻县江河镇西北约6公里的索德村道尕尔山上。岩画内容有鹿、牦牛、羊等14个动物形象,通体敲凿技法。画面最大的为3.9米×2.4米。该岩画为青铜器时代。系第三次全国文物普查新发现。

10. 佛岩山岩画。位于海西蒙古族藏族自治州乌兰县铜普镇茶汗河村柯柯赛山地区佛岩山的南面断崖立面上。面积总共约145.4平方米,最高处的岩画距地表约15米。共有7处相对集中的动物图案组合,动物个体有牦牛、羚羊、鹿、盘羊、山羊、狼等形象,另有抽象的太阳图案和人骑牛画面。制作手法以磨划为主,动物造型较为逼真。该岩画点系第三次全国文物普查新发现。

11. 贡艾里沟石经遗址。位于海西蒙古族藏族自治州德令哈市蓄集乡贡艾里沟村一处秋季牧场内。石刻遗址在一条宽80米、深20米的深沟南500米处,面积约120平方米的范围内散落着大小不等的石板,每块石板上都分别镌刻着藏经、梵文、菩萨等内容,其中不少石板被人为损坏。

12. 哈日哈达岩画。位于海西蒙古族藏族自治州乌兰县铜普镇茶汗河村柯柯赛地区查汗阿孟哈日哈达的一处断崖上。岩画分布在东西走向查汗阿孟哈日哈达(黑石山)南部山下,面积约19.8平方米,最高处的岩画距地表约8米。共有4处相对集中的动物图案组合,动物个体有牦牛、羚羊、盘羊、山羊、狗等形象,另有抽象的人体形象和"卍"等文字符号,制作手法以磨划为主,仅制作出动物形象的轮廓。动物造型较为逼真。系第三次全国文物普查新发现。

13. 红土沟岩画。位于海西蒙古族藏族自治州大柴旦行政委员会大柴旦镇柴旦村红土沟内。岩画共分5组,分别镌刻在5块大小不等的岩石立面上,最大的一块画面1.10米×0.70米,小的为0.40米×0.25米,画面内容有鹿、牦牛、骆驼、羊等动物形象28个,打制技法为垂直打击法。根据该岩画的打制技法判断,其年代应与卢森岩画相当,距今约2000年。

14. 牦牛西山岩画。位于海西蒙古族藏族自治州乌兰县柯柯镇南柯柯村牦牛西山山坳北侧突出岩石立面上，岩画总共分布面积约 45 平方米，总长 6.8 米，最大的一块岩画为 1 米 × 0.5 米，最高处的岩画距地表约 2.5 米。共有 6 处相对集中的动物图案组合，动物个体形象有骆驼、鹿、马等，另有藏文图案、抽象的树、放牧画面。制作手法有垂直打击和磨划两种，动物造型较为逼真。该岩画点系第三次全国文物普查新发现。

15. 梅陇岩画。位于海西蒙古族藏族自治州天峻县梅陇村一社牧民的冬季草场北部一石山上。最大的一块岩画镌刻在石山顶部一岩石平面上，面积 7.4 米 × 4 米，有马、牛、狗等动物形象 13 个个体；另外两组岩画镌刻在山体西面山腰上，有马、牛等动物形象三个。岩画由垂直打击和磨划法制作。该岩画点系第三次全国文物普查新发现。

16. 那仁布勒格斯坦岩画。位于海西蒙古族藏族自治州德令哈市的蓄集乡浩特茶汗村那仁布勒格斯坦山东面的岩石立面上，由三组画面组成，面积约 48 平方米，最大的一块约为 1.2 米 × 1 米，岩画内容有牦牛、马等形象。岩画为磨划法制作，应为晚期作品。

17. 那日更知和纳岩画。位于海西蒙古族藏族自治州天峻县新源镇日许尔村东部冬季草场。岩画两组分别镌刻在两块立面花岗岩石上，内容有人物、牦牛、野牛等 4 个个体形象，分别镌刻在两块大小各异的岩石立面上，画面最大的为 1.4 米 × 0.8 米。岩画的制作技法包括垂直打击和磨划两种，时代亦相应为青铜时代和晚期作品两种。

18. 塔温特买图岩画。位于海西蒙古族藏族自治州德令哈市怀头他拉镇卡格图村的查干阿门山脚下。岩画分布在大小不一的岩石上，其中在 9 块岩石上刻画着骆驼、马、鸟等动物形象，最大的一块岩石 0.9 米 × 0.5 米，打制技法采用敲凿、磨划两种手法制作。

19. 夏日哈岩画。位于海西蒙古族藏族自治州天峻县江河镇赛尔创村夏日哈河东岸冬季草场上。岩画位于夏日哈山南北两面山腰处，岩画内容有鹿、牦牛、羊等 20 个动物个体形象，分别镌刻在六块大小各异的花岗岩石立面上。画面最大的为 1.4 米 × 1 米。

20. 哈龙沟岩画。位于海北藏族自治州刚察县泉吉乡哈龙沟内。岩画雕凿于沟内 3000 米处的花岗闪长岩山岗上。原有画面较多，修筑青藏铁路时，因取用石料部分遭破坏，现存有 5 幅图像，分甲、乙两区。岩画内容为牛、鹿、虎、人牵骆等，采用磨划方法。据初步研究其时代大约在南北朝至唐代时期。此处岩画为省级文物保护单位。

21. 舍布齐岩画。 位于海北藏族自治州刚察县吉尔孟乡的青海湖西山舍布齐

沟口的山顶之上。沟口北面为水草丰茂的石甫滩，滩长约 30 公里，宽约 15 公里，地势平坦，为当地牧民的冬季草场，其东约 8 公里为青海湖，山顶相对高度约 50 米，海拔 3500 米，舍布齐沟为石甫滩和青海湖之间的通道。岩画刻在沟口北岸板页岩一块高 2.80 米、宽 3.40

舍布齐岩画

米的千枚岩上，板页岩石质较软，部分画面风蚀剥落，现存画面约 30 幅，内容有牛、羊、狼、马拉车、狩猎等。采用垂直打击点刻方法，个别的为阴刻线雕方法。其时代据初步研究暂定在南北朝至唐代。但这里有后期所刻的藏文六字真言，不排除有晚期作品。此处岩画为省级文物保护单位。

三、"唐蕃古道"上的摩崖石刻

1. 玉树勒巴沟佛像及经文石刻。位于玉树藏族自治州玉树市巴塘乡勒巴沟内。图像刻在勒巴沟沟崖岩石上，总面积约 900 平方米。其内容主要为佛教故事和经文，其中一幅一般认为为文成公主礼佛图，高出地面 3.5 米，宽 2.5 米。主佛为释迦牟尼立像，立在仰莲座上，背有焰纹背光和头光。右面刻有四个朝佛的形象：第一个作下跪状捧香炉的是侍童，第二个头戴吐蕃塔式缠头、身着对襟小翻领胡服作献礼状的一般认为是藏王松赞干布（也有学者认为应该是吐蕃贵族，不一定是松赞干布），第三个身穿汉服斗篷、头梳双髻，手持莲花的一般认为是文成公主，第四个是身着胡服的侍童。这幅图中，主佛和所谓松赞干布的造像均为藏式风格，而其他形象均为汉式造像风格。此处岩画为唐代所刻，系省级文物保护单位。

2. 玉树贝纳沟摩崖石刻。位于玉树藏族自治州玉树市巴塘乡勒巴沟内大日如来佛堂背后的山崖上。崖面坐北朝南，摩崖题记从西到东依次为横书梵文、竖书

玉树贝纳沟《狗年题记》

汉文、横书藏文的《摩诃般若波罗蜜多心经》，其东边还有一处古藏文题记，字迹模糊，经初步辨认可能是《无量寿经》。大日如来佛堂西侧崖壁古藏文题记共分为上下两段：第一段为《大日如来和八大菩萨赞》，题记宽约6.40米，高约2米，共18行；第二段是著名的《狗年题记》原刻，宽约2.45米，高约0.65米，共5行。题记中提到赤德松赞（公元798～815在位）、狗年（公元806年）、大译师益西央以及多名工匠的名字。其时代为唐代。

四、玉树州近年新发现的岩画

（一）发现概况

玉树藏族自治州通天河两岸的大量岩画长期封存于天地间，基本不为人们所知。2013年至2016年，玉树州博物馆等部门组织专业人员在通天河流域先后进行了13次岩画调查工作，在境内"三县一市"（即曲麻莱县、称多县、治多县和玉树市）的勒池、昂拉、章玛、章囊、智隆、娘扎巴玛、塔琼、扎囊依、格玛、邓额隆巴、谐青、宗青、曲孜隆巴、尼希查加、统吉、赛康、木秀、云塔、布朗、麦松、觉色等地发现了21个岩画群，30余处岩画点、410余组岩画，1700余个单位图像。2017年8月1日，玉树藏族自治州在西宁举行了"玉树岩画国际论坛"，公布了有关资料，引起与会专家、学者的极大兴趣。玉树岩画资源丰富，散见于通天河流域的河道悬崖、崇山峭壁、山间岩石、草原散石上。岩画遗存形式基本为崖壁岩画和大石（或落块）岩画两种。岩画内容精彩纷呈，以牦牛、鹿、豹、狼、虎、飞禽、马、犬、羊、骆驼等动物为主，还有人物形象以及神秘的万字纹（即雍仲符号）等。从岩画专题上，分为狩猎、畜牧、战争、车辆、棋盘、农耕以及信仰

玉树市仲达乡觉色岩画

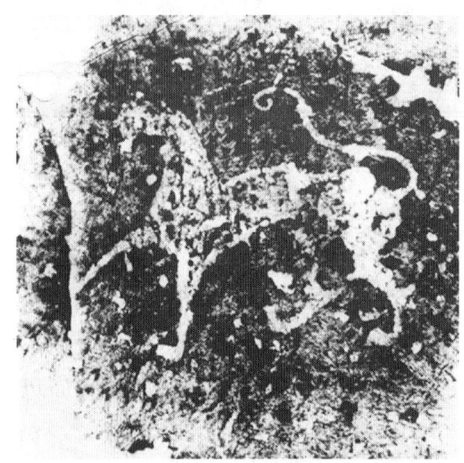

玉树岩画中通体凿刻法表现的豹子形象

玉树岩画中通体凿刻法表现的牦牛

符号等。与会专家、学者对玉树岩画时代、特点等发表了初步看法，认为通天河流域岩画呈现出中国北方草原岩画的风格，它延续时间较长，第一期岩画的年代约在距今 2600 年左右，带有浓厚的黑海沿岸斯基泰文化特征；第二期岩画的年代约在距今 2300 年左右，第三期岩画的年代可能晚至距今 2000 年左右。[①] 在岩画制作方式上，一般早期以通体凿刻为主，晚期以线刻、凿刻为主。"玉树岩画国际论坛"之后，玉树州岩画引起社会各界的广泛关注。

关于上面提到的黑海沿岸"斯基泰文化"，据"百度百科"介绍，斯基泰人（Scythians），又译西古提人、西徐亚人或赛西亚人；古代波斯人称之为塞克人。中国《史记》《汉书》称之为塞种、尖帽塞人或萨迦人，是南俄草原上印欧语系东伊朗语族之游牧民族。斯基泰随居地从今日俄罗斯东部的欧洲部分一直到内蒙古和鄂尔多斯沙漠，是史载最早之游牧民族，善于养马，据信骑术与奶酪等皆出于其发明。斯基泰人多以游牧为主，饲养马、牛、羊、狗。少部分从事渔猎。斯基泰人精于制造手工艺术品。整个欧亚草原的斯基泰艺术风格较为一致，即通过锻、铸、镶压、刻等多种手法，用金、

① 中国新闻网 2017-08-02 09:50：《玉树通天河流域发现 21 个岩画群，最早可追溯至 2600 年前》。

银、铜等材料创造出生动的浅浮雕动物造型，其中最常见的有狮、虎、驯鹿、马、麋、食肉鸟以及其他想象的动物，统称为"动物纹"或"野兽纹"。如果玉树州的早期岩画"带有浓厚的黑海沿岸斯基泰文化特征"之说成立，那么，玉树地区无疑也是中西文化交流互鉴的重要通道之一。

据央视新闻客户端 2019 年 10 月 26 日的最新报道，"玉树岩画国际论坛"召开两年后，玉树藏族自治州境内的发现的岩画数量似乎又有新增加，也或者是统计口径不一致。报道说，玉树州总共发现岩画 51 处遗存，2386 个单体形象，其中牦牛占 70% 许。中国岩画学会副会长、中国人民大学魏坚教授认为，早期的岩画反映的主要是狩猎经济，第二、第三期岩画的地方文化因素逐渐增加。在较晚期的岩画中，装饰性的公鹿图像有所减少，代表畜牧业的牦牛和狗的图像则有所增加，显示出高原牲业形态从早期的狩猎采集过渡到了畜牧或游牧生产的阶段。也就是说它的形态从狩猎经济逐渐向畜牧经济，而且是定点的畜牧经济发展，形成了地域性的文化因素。[①]

（二）玉树州主要岩画点选介

1. 治多县客尤山岩画。位于立新乡叶青村，客尤山岩画分布在 3 个小地点上，共有 13 幅画面，凿刻的内容有牦牛、鹿、狗、人、符号等，个体图像共 67 个，采用技法为点线敲凿法。

2. 治多县章齐达岩画。位于立新乡叶青村，章齐达岩画分布在两个小地点上，两点相距 200 米。调查时发现有画面的岩画 13 幅，凿刻的内容有鹿、牦牛、狗、羊、人物、帐篷等，个体图像共 50 余个，采用技法包括通体敲凿、点线凿刻和磨刻法多种。

3. 玉树市麦松岩画。位于仲达乡麦松村，调查时发现有画面的岩画 13 幅，凿刻的内容有牦牛、鹿、符号等，个体图像共 50 余个，采用技法包括通体敲凿、点线凿刻法。

4. 曲麻莱县昂拉岩画。位于通天河北岸一级支流昂曲河拉龙沟北岸一级阶地后缘的山体基岩上，属于曲麻河乡昂拉村。调查时发现有画面的岩画 45 幅，凿刻的内容有牦牛、鹿、人物、车马等，个体图像共 600 余个，采用技法包括通体

---

① 央视新闻客户端 2019 年 10 月 26 日播报：《青藏高原岩画大调查——玉树通天河流域已发现 51 处岩画遗存》。央视记者赵涛、周晓月。

敲凿、点线凿刻和磨刻法多种。

5. 曲麻莱县塔琼岩画。位于约改镇岗当村塔琼三社，调查时发现有画面的岩画 60 幅，凿刻的内容有牦牛、鹿、豹、狼、马、犬、盘羊、黄羊、岩羊、骆驼等动物及人物、太阳、车辆等，个体图像共 223 个，采用技法包括通体敲凿、点线凿刻法。

6. 称多县查龙岩画。位于通天河北岸一级支流布曲河白龙沟口西北山梁上，属于称多县称文镇可哇村，岩画刻于 24 块岩石岩面上，凿刻有牦牛、鹿、豹等动物及人物、符号等，个体图像共 120 余个，采用技法包括通体敲凿、点线凿刻法等。

7. 称多县更卓岩画。位于称多县称文镇岗茸村更卓社，调查时发现有画面的岩画 39 幅，凿刻的内容有牦牛、鹿、人物、车辆、棋盘、三角形等，个体图像共 100 余个，采用技法包括通体敲凿、点线凿刻和磨刻法多种。

8. 称多县布由东岩画。位于通天河下游北岸一级支流布曲河白龙沟口西南山梁上，属于称多县称文镇可哇村，岩画整体山坡散落的自然石块之上，集中分布于 45 块岩石岩面上，凿刻有牦牛、鹿、豹等动物及人物、符号等，个体图像共 420 余个，采用通体敲凿、点线凿刻等技法。

（三）若干岩画内容解读①

1. 昂拉双车马狩猎图。该岩画位于玉树州曲麻莱县曲麻河乡昂拉村。手法为通体凿刻，可能属于较早时期。岩画的左上角为一车马图，系两马所拉车。两马上下背对，系于车辕两侧。车由车舆、车轮、车辕组成。车轮为圆形，无辐。车右前方有二鹿，一鹿头向右，一鹿头向左，鹿右前方有四头牦牛，体型较小，相迎而前。车辆下部为一人，双手拉弓，向右作欲射状。人的前方有一牦牛，

昂拉双车马狩猎图

———————————

① 这一部分内容参考了青海省博物馆叶玉梅研究员关于青海岩画的展陈大纲。

牦牛头向右，作奔跑状，牦牛前方又有一幅车马图，是四马拉车图，作向右奔行状。车前有一人，站立持弓。人的前方有一体型硕大的牦牛，牛角突出，头向左，与人相迎。这幅岩画通体用点凿法制成，呈剪影效果，不过，弓箭系用线刻补画的。

2. 章囊狩猎角斗图。岩画位于玉树州曲麻莱县曲麻河乡章囊地方。章囊狩猎角斗图上共有 6 头牦牛，5 只飞鹰，1 位猎人，3 个角斗士，1 位骑骆驼者，还有其他不能识别的图形。岩画图像左侧有一列牦牛，中间一头体格硕大，头向右。牦牛前有一人，身着长袍，作张弓欲射状。牦牛的下部有四五只飞鹰，上部有月牙形连续的块状物。画幅右侧上部有两个人物，均两臂环形弯曲，一手持一圆形盾状物，互相对峙。下部也有一个持方形盾的人物，人物下身未完成凿刻。此 3 人可能为角斗士。再下部有一骑者，所骑动物有前后双峰和细长弯曲的脖颈形象，可以判断出为骆驼。

3. 毕色兽搏人塔图。位于玉树州治多县立新乡叶青村叫毕色的地方。毕色兽搏人塔图分上、中、下 3 部分，上部左为牦牛，右为豹子。中部右上为 1 头鹿，雄性，体形硕大，引颈远眺；左下为 2 只豹子，豹子的臀部下垂，后腿微弯曲，长尾拖地卷曲，似乎做好了随时进攻的准备。上、中两部分显然是野兽准备搏斗的图像。下部左边是一幅猴子骑马图，马为雄性，俯首竖耳，头部被缰绳所套，尾下垂，马背上立着一只猴子，猴子的上肢上扬，尾巴后伸。下部右上方是一位着长袍的人，袍的下摆呈三角形，前方有一倒 T 形图像，指代不明；下部右下方为一佛塔形象，塔有四级，逐层呈梯阶状收分，顶部呈圆形。

章囊狩猎角斗图

毕色兽搏人塔图

第三节
丝绸之路上历代重要墓葬遗迹选介

一、河湟地区历代墓葬选介

先秦及两汉魏晋时期的丝绸之路青海道大致以今青海湖为中心，东至陇西郡（治狄道，今甘肃省临洮县南）的一段，称之为"河湟道"。"河湟道"再向东延，可直达今西安。距今三四千年以来，"河湟道"两侧人烟稠密，城镇较多，史前至明清时期的墓葬遗址数以千万计，为节省篇幅，只选取其中与丝绸之路青海道关系相对密切的个别墓葬做简要介绍。

（一）新石器时代墓葬举例

1. 柳湾墓地。位于海东市乐都区高庙镇东约2公里的柳湾村村北的旱台上，地当丝绸之路青海道湟水流域孔道。墓地东起大堂沟西坡沿，西到柳湾沙沟东坡沿，北到柳湾坪顶点，南到大峡支渠，整个台地呈不规则性，地势北高南低。柳湾墓地延续时间长，从马家窑文化半山类型至辛店文化时期，大约有1000多年之久。遗址面积近50万平方米，其中墓群面积约21万平方米。柳湾墓地共清理出马家窑文化半山类型墓葬265座，马厂类型墓葬1041座，齐家文化419座，辛店文化5座。出土文物包括生产工具、生活用具、装饰品等共计37 925件，仅精美彩陶近2万件。齐家墓葬的随葬陶器除了先前常见的壶、盆、碗以外，新出现了不少造型别致的器物，如薄胎素面、敞口束腰、折腹平底，口沿至腹部有对称的两个大单鋬耳的双大耳陶罐，与古希腊、罗马的安佛拉瓶造型十分相类似，显然受到西域文化的重要影响。

柳湾墓地是我国黄河上游迄今已知的规模最大、保存较好且经过科学发掘的一处氏族公共墓地。墓地出土的2万多件精美的彩陶，彩陶器物造型多样，纹饰繁缛，构图精美，艺术风格独具一格，让人叹为观止。特别是一些珍贵的器物，如裸体人像彩陶壶、彩陶靴、人头像壶等，具有很高的艺术价值。柳湾遗址在国内外有着广泛的知名度和社会影响，被称为"彩陶王国"，有人甚至认为它可以与埃及的金字塔、国内的万里长城、兵马俑相媲美。迄今已有 70 多个国家和地区的专家学者到这里考察，并给予了极高的评价。2001 年，在这里修建了中国青海柳湾彩陶博物馆，这是我国第一个展示彩陶文物的专题性博物馆，成为青海著名的历史文化旅游景点之一。

2. 宗日墓地。宗日遗址是 1982 年在海南藏族自治州同德等地的文物普查中首次发现的，位于黄河上游海南州同德县团结村内，东距县城 40 余公里。目前认定的同类遗址有 51 处，主要分布在黄河两岸以及各支流接近入河口处的岸边，上游起自同德、兴海两县交界处的巴曲入河口，下至贵德县的松巴峡，分布区域主要是青海湖南面的共和盆地的黄河及其支流沿岸。宗日文化是青海地区新发现的一支新石器时代文化，时代大体与东部的马家窑文化相始终，距今年代约为 5600 ~ 4000 年，延续了大约 1600 年，后被齐家文化所替代。宗日墓地分布在黄河北岸的第二台地上，北靠塔拉湾村，东为班多村，西北为卡里岗村，南隔黄河与兴海县的曲什安乡相望，面积约 5 万平方米。青海省考古所在 1994 ~ 1995 年间对该遗址进行了比较彻底的发掘。宗日墓地的随葬品繁多复杂，按质地分，主要有陶、石、骨、铜器。据不完全统计，墓葬中共出土文物 12 691 件，其中陶器约 896 件，石器约 5323 件，骨器 6465 件，铜器 7 件。墓葬中所出宗日式陶器，夹粗砂者占绝大多数，少量为泥质陶，乳白色或乳黄色。绳纹、附加堆纹较普遍。彩陶占一定比例，为单一紫红色彩，图案主体分两大类：一类是变形鸟纹，另一类是多道连续折线纹，大型器物的图案多绘在颈、肩部，小型敞口器物则多绘在内壁。器类有壶、罐、碗、杯等。宗日墓地遗址正处在后来（南北朝隋唐时期）丝绸之路"吐谷浑道"的南支线上。

（二）汉晋时期墓葬举例①

1. 中华巷汉墓群。位于西宁市兴海路与胜利路之间，1964 年、1992 年、1994 年，青海省文管会和文物考古研究所先后配合城建工程，发掘清理墓葬 7 座。墓葬较集中，皆为带有长方形墓道的砖室墓，分单室和前后室两种；单室墓都是券顶，

---

① 这一部分参考了赵生琛、谢端琚、赵信：《青海古代文化》，青海人民出版社，1986 年，第 104 ~ 114 页；国家文物局主编、青海省文化厅编制：《中国文物地图册青海分册》，中国地图出版社，1996 年，第 42 ~ 48 页等。

双室墓前室为穹窿盖顶，后室为券顶。墓砖有长条砖和子母砖，皆有木棺葬具，木板多腐朽，有的只见板灰痕迹。有单人葬和多人葬，均早期被盗掘，尸体被扰乱，已看不清原来摆放姿势。随葬器物有灰陶和釉陶的壶、罐、灶、井、奁、案及木耳杯、错金口沿漆奁盒、五铢钱等。据出土的陶器与五铢钱判断，这7座墓葬的时代为汉代。

2. 南滩汉墓群。位于西宁市看守所至山陕台。1964年、1991年，青海文物考古队配合城市建设工程，发掘清理墓葬8座。其中2座在西宁市第三中学院内，2座在山陕台，3座在原南滩砖瓦厂，1座在青海省皮革厂院内。第三中学校园内2座墓葬为单室砖券墓。随葬器物有陶壶、陶罐、陶灶、木耳杯、木盘（已不成）、木马、木牛车、五铢钱等，其中五铢铜钱为东汉时期，木、牛车接近魏晋，故这2座墓应属魏晋时期。山陕台2座墓都是土坑木椁墓。随葬有陶罐、陶壶、陶盒、陶灶、五铢钱及一些已看不清器形的漆器。1座随葬器物有陶壶、陶罐、陶井、陶耳杯、陶盆、铜盆（已不成形）、五铢钱和一方"彭安世"铜质私印。两座墓葬保存较完整未经扰动，从陶器及五铢钱判断为西汉晚期。南滩砖瓦厂及皮革厂院内的4座墓葬都是单室砖券墓，皆早期被盗掘扰乱，属汉代时期。

3. 彭家寨、刘家寨汉墓群。位于西宁市彭家寨与刘家寨两村南，墓葬较密集，尤以火烧沟口及刘家寨砖厂密度更大。清理的6座墓葬均被破坏，出土有陶壶、陶罐、陶灶、五铢钱、陶井、砖灯及一些难以认出器形的漆器等，属汉代。

4. 陶家寨汉墓群。位于西宁市陶家寨乡陶家寨村西。1982年清理墓葬8座，其中1座为木椁，7座为砖室墓。随葬器物有陶壶、陶罐、陶瓶、陶灶、铜镜、五铢钱、木马车、木独角兽、木虎（木质皆已腐朽），装饰品有木梳、琉璃耳珰，有的棺内还放置粮食（麻籽），其中1墓还出土铜俑一对。从墓室结构及随器判断，这些墓葬属东汉时期。

5. 上孙家寨史前及汉晋墓群。位于西宁市大通县后子河乡，北距县城、南距西宁市各约15公里。1973年至1981年共清理1296座墓葬，其中马家窑文化墓葬21座，齐家文化墓葬2座，辛店文化墓葬12座，卡约文化墓葬1077座，汉晋时期墓葬182座，元代墓葬1座。马家窑文化墓葬出土文物中，最珍贵的为五人舞蹈纹彩陶盆。汉晋墓葬延续时间较长，从西汉昭宣时期到西晋初年，前后约350年。随葬器物有5870件，其中"汉匈奴归义亲汉长"铜印、汉军事木简等，反映了这一时期青海地区的民族关系及汉中央政府对青海地区的经略状况，比较珍贵。该印的主人是归顺汉王朝的"南匈奴'卢水胡'南迁部族"的首领。[①]上孙家寨墓地内涵极其丰富，其文化面貌呈现出多元的特征，既有汉文化的因素，又依时代早晚而在不同程度上保留着固有的土著文化传统。汉晋时期墓葬出土的随葬物品中有一件单耳环银壶，器表镀金，器腹有环状纹饰，图案是锤揲的忍冬花瓣和葡萄形。这种纹饰具有鲜明的古波斯风格，是研究当时青海的地理交通位置及与西域的经济文化交流等情况的很好物证。

6. 多巴汉墓群。位于西宁市湟中县多巴镇，以村庄为名登记为多巴北（指挥庄）、奔巴口、合尔营（麻坡根）、羊圈等5处。1957年在指挥庄发掘墓葬2座，皆是单室砖券墓，东西向墓道。出土有陶罐、陶灶、铜甑（残）、五铢钱等。历年平整土地，还在各墓群中发现有砖室墓葬，皆被毁坏，具体形制不清。只征集有陶壶、陶罐、陶灶、陶井、陶盆、陶碗、陶仓、五铢钱等。1993年，青海省高原体育训练中心的院内、院外发掘清理墓葬3座，出土有陶壶、陶灶、陶井、陶罐、陶仓、铜弩机和摇钱树、木制漆奁盒、五铢钱及金指环等。从墓葬形制及出土陶器与五铢钱判断，属东汉时期。多巴镇内的破塌城是汉代临羌城所在地，多巴镇周围的汉墓群无疑应与临羌城有直接关系。

7. 杜家庄汉墓群。位于西宁市湟中县总寨镇杜家村东南台地上。现存16座，是青海省境内汉墓群中地面封堆保存最多和最集中的1处。1977年和1993年，先后发掘墓葬6座，其中双室砖穹窿有甬道墓早期被盗，扰乱严重。随葬器物有陶壶、陶罐、陶灶、陶盘、陶井、车马具、五铢钱等。2人合葬墓随葬器物有陶壶、陶罐、陶仓、陶、熏炉、陶灶、铜盘、本质漆奁盒、耳环、铜弩机、骨笄、摇钱树、五铢钱、货泉、车马具、耳环、铜指环、铜刀等。从随葬器物观察，此墓地的墓葬属汉代。

8. 高寨汉晋墓群。位于海东市互助土族自治县高寨镇高寨村东，现地面存有封堆12座。1990年清理发掘墓葬2座：1座为单室砖结构券顶墓，1座为砖结构双室墓。双室墓前室为穹窿顶，后室为券顶，此墓墓门为砖彩绘门楼。出土器

① 任晓燕：《大通上孙家寨汉墓群反映的几个问题》，载《青海考古五十年文集》，青海人民出版社，1999年，第9页。

物有陶罐、陶壶、陶灶、陶仓、陶井、铜镜、铜龟、铜勺、木质漆、奁盒、盘、耳杯、石砚、五铢钱及木马、木车和车马饰等。墓群为汉、晋时期。

9.南凉康王墓。位于西宁市城东区共和路南南山脚下小圆山尔。墓葬顶呈锥体形，高约十丈，占地 20 多亩，当地人把这个墓葬叫"圆山尔"。康王是南凉第二代王秃发利鹿孤的谥号。南凉是河西鲜卑秃发部于东晋十六国时期在甘肃西部及青海东部一带建立起来的地方性政权。秃发利鹿孤是第二任国王，他在位时将都城从今乐部迁至今西宁。利鹿孤即位后，继承其兄秃发乌孤的遗愿，

圆山尔南凉康王墓

对外小心周旋，对内进行改革，除重农习武外，还积极采纳谋士意见，设立学校，以教"胄子"。① 这些措施促进了河湟地区经济文化的发展，为南凉的鼎盛创造了条件。东晋元兴二年（403 年），利鹿孤病故，葬于西平（今西宁）之东南。1999 年，西宁市文物考古队对小圆山尔进行了初步考察和试掘，证实圆山尔不是自然形成，而是人工夯筑而成，并认定其就是东晋十六国时期南凉第二代王康王之墓。

（三）元代凤凰山拱北

凤凰山拱北位于西宁南山。拱北也写作"拱拜"，是埋葬伊斯兰教大阿訇的墓葬。它又跟清真寺一样，是教徒集会诵经的场所。根据文献资料和本民族的口头传说，早在唐代，就有信仰伊斯兰教的阿拉伯人、波斯人以传教、经商等方式来往于青海地区。还有因政治等原因到中原地区的大食军团、外交使团也常出入于这一地区。北宋时期，阿拉伯、波斯和中亚各地的穆斯林商人继续沿着丝绸之路进入新疆，从罗布泊绕道入柴达木盆地，经过青海湖南或北岸到西宁，再循湟水谷地到洮河流域，去往关中平原。因此，当时的青唐城（今西宁市）

①《晋书》卷 126《秃发利鹿孤载记》。

即聚集有大批西域商人。13 世纪，随着蒙古西征的胜利，中西交通大开，大批中亚各族和阿拉伯人被迁徙到东方。元代把这些人统称回回，列入"色目人"。他们在聚居区建立清真寺，并围寺而居，官方文书称他们为"回回"。他们中的一部分人逐渐移居到青海河湟地区。明清两代数次将江南等地的回回民族迁往今西宁、贵德、乐都等地。在被蒙元迁徙的这些人中，有一个叫哈什目·尔卜敦勒咳麻尼的人，据说他是东来回回"四十贤哲"中的一位，经名固图布·兰巴尼。固图布·兰巴尼是伊拉克巴格达人，据说是伊斯兰教先哲穆罕默德的第25 代孙。他 13 世纪中叶来到中国。南宋咸淳九年（公元 1273 年），固图布在云南等地宣扬伊斯兰教苏非派教理。后来，固图布经过川陕来到甘青，在某个年份的正月十五来到今西宁地区。固图布在西宁、湟中一带避世隐居，修炼教法。不久，固图布在某年的六月初一卒于当地，被葬在凤凰山。后来，西宁王苏来曼在凤凰山修建清真寺，在固图布的墓地修建起拱北，并树碑纪念。这座清真寺拱北就成了青海历史上伊斯兰教的第一个活动场所。这座拱北的左右侧下方还有 4 个坟墓，据说就是跟随固图布传教的人的墓葬。元末农民战争中，拱北遭到破坏。明洪武十三年（公元 1380 年），西平侯沐英奏准朝廷重建了凤凰山拱北。当时除依旧制恢复了清真寺和拱北的原貌外，还增修了经阁一处，经阁墙壁绘了西域 36 国志谱。明太祖朱元璋御赐碑两通，细述了拱北的源流。后由于年久失修，拱北颓废。清及民国时期，信徒多次集资整修清真寺和拱北。1983 年，凤凰山拱北恢复开放，西宁地区的信徒集资对拱北做了整修。凤凰山拱北自此成为西宁市一个内涵丰富的人文景点。

二、柴达木南、北支线附近的墓葬[①]

（一）南支线附近的墓葬

柴达木盆地丝绸之路青海道南支线附近的墓葬主要分布在都兰县及茫崖等地，以都兰县夏日哈河、察汉乌苏河和柴达木河流域最为集中。这批以位于都兰县热水乡扎马日村察汉乌苏河岸血渭草原上的 1 号大墓为代表的墓葬，出土了大量中原与西域诸国的精美丝绸、金银器、钱币、装饰品以及中国中古时期的铜器、漆器、木器、古藏文木简牍、棺板画等重要文物。自 1982 年发现至 2019 年，一

---

① 这一部分参考了辛峰主编《海西州第三次全国文物普查资料精选》一书，中国民族摄影艺术出版社，2013 年，第 112～157 页。

系列重要考古发现，充分证明了该地域是丝绸之路上的重要节点。

1. 热水1号大墓为主的墓群。位于海西蒙古族藏族自治州都兰县。1970年以来，青海都兰县境内及邻近地方发现数千座古代墓葬，分布较集中的主要有都兰县热水乡、夏日哈乡、沟里乡、香日德地区等。热水墓群约有墓葬165座，截至2017年正式清理发掘的墓葬40余座。墓群位于血渭社的冬季草场上，以察汗乌苏河为分布中心。1982年以后（主要是1982～1985年），青海省文物考古部门对都兰县热水乡血渭墓地、夏日哈乡大什角沟墓地等做了正式发掘。曾在国内引起轰动的都兰热水血渭1号大墓封土堆高约30米，东西长55米，南北宽37米。墓葬南面的地平面上，有陪葬坑和陪葬遗迹。该1号大墓1983年被文化部列为我国六大重要发现之一，1986年被列为全国十大重大考古发现之一，1996年被公布为全国重点文物保护单位。此墓规模很大，学术界认为是王者之陵。但具体到哪位人物，一直有争议。中国社会科学院仝涛研究员认为，从都兰热水墓地的总体布局以及出土文物来看，血渭1号大墓属于吐谷浑降吐蕃后最重要的一个吐谷浑王陵墓的可能性很大，而这个最重要的吐谷浑王大概是垄达延墀松。[1] 这一推测是迄今为止在全面深入研究基础上得出的一个最具说服力、很值得信据的学术观点。

以热水为代表的柴达木盆地墓群出土的中西文物众多，其中公元6世纪末到9世纪前期中原及西域织造的丝绸织品，其数量之多、品种之全、图案之美、织技之精，时间跨度之大，在全国罕见。丝绸织品种类有锦、绫、罗、缂丝、绢、纱等，其中织金锦、缂丝、嵌合组织显花绫、素绫，均为国内首次发现。据不完全统计，丝绸中共有残片350余件，不重复图案的品种达130多种。其中中原汉地织造者占品种总数的85%，西方中亚、西亚所织造者占品种总数的14%。西方织锦中有独具异域风格的粟特锦和波斯锦，一件织有中古波斯使用的钵罗婆文字锦，是目前所发现世界上仅有的一件确证无疑的8世纪波斯文字锦。除丝织品外，还发现有中原汉地文物"开元通宝"铜钱、小宝花铜镜、大量的漆器如杯、盘、碗等，木器如碗、盒、盘、车、鸟、兽等，金银器如带饰、牌、扣等，装饰品如绿松石等，此外，还出土了一批陶罐和藏文木牍。西方文物发现有粟特金银

---

[1] 参看仝涛：《青海都兰热水一号大墓的形制、年代及墓主人身份探讨》，《考古学报》，2012年第4期。

都兰热水血渭1号大墓远景

器、突厥银饰件、玛瑙珠、玻璃珠、红色蚀花珠、铜盘残片和铜香水瓶等。这样多的来自东、西两方的文物集中于都兰县一带，充分说明这一时期丝绸之路"吐谷浑道"很繁荣，都兰县一带确已成为交流东、西方物资的中心和融合东西方文化的中心。热水古墓群已被开发为旅游景点。

2. 都兰热水墓群2018血渭一号墓。2018年9月至2019年10月，中国社会科学院考古研究所和青海省文物考古研究所组成的联合考古队，对该墓葬进行了

都兰热水血渭1号大墓发掘现场

都兰热水墓群 2018 血渭一号墓墓园建筑

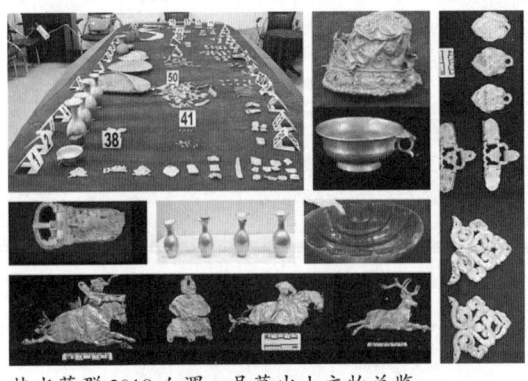

热水墓群 2018 血渭一号墓出土文物总览

阶段性考古发掘，取得了重要收获。2018 血渭一号墓，墓葬规模大，墓园结构完整，是迄今青藏高原所发现的高规格陵墓当中，保存最完整、结构最清晰的一座墓葬。完整的墓园建筑系热水墓群首次发现。墓园建筑由茔墙、封土、回廊和祭祀建筑组成。墓葬由墓道和墓圹组成。墓道内发现有殉马坑，坑内殉有 6 匹马。墓圹填土中发现了殉人。在墓道与墓圹衔接处发现照墙遗迹，系用土坯垒砌。发掘出土大量文物，有藏文木简、金银带具、饰品，丝织品、皮革、漆器、绿松石、水晶等。本次发掘的这座墓葬规模大、等级高，反映了墓主人较高的政治地位和经济实力。青海都兰热水墓群 2018 血渭一号墓完整的墓园建筑系热水墓群首次发现，是研究热水墓群高等级墓葬葬制和葬俗的重要材料，是热水墓群研究的新突破和新进展。①

3. 乌兰泉沟一号墓。位于海西蒙古族藏族自治州乌兰县希里沟镇河东村泉沟周边的山谷地带，属青海省第三次全国文物普查新发现。墓葬形制为带墓道的长方形砖木混合结构多室墓。墓坑填土中埋葬有一殉葬武士，唐代文献中称之为"共命人"。墓室由前室、后室和两个侧室组成。前室为砖室，后室及两侧室为柏木砌成，顶部用柏木封顶，墓顶上堆积大量石块，防盗措施严密。前室和后室均绘壁画，内容有武士牵马迎宾、宴饮舞乐、狩猎放牧、宫室帐居、山水花卉等内容。墓顶绘有各类珍禽异兽、祥龙飞鹤、日月星辰等图像。前后室内中央各立一根八棱彩

---

① 参看李瑞：《四项考古新成果实证古丝绸之路上的融合交流》，《中国文物报》，2019 年 11 月 22 日。

绘莲花纹立柱。后室内发现大量彩绘漆棺构件，应该为双棺，棺表髹黑漆，再施彩绘，内容有骑马行进人物、兽面、飞鸟、花卉、云团及几何图案等内容。人骨堆积散乱，可见至少 2 具骨骸，推测应为夫妻合葬墓。随葬品有丝织物残片、金银带饰、铜筷、铜饰件、铁器残块、漆木盘、陶罐残片、玻璃珠、粮食种子和动物骨骸等。

在后室西侧木椁外墓底坑壁上，发现一处封藏的暗格，内置一长方形木箱，箱内端放一件珍珠冕旒龙凤狮纹鎏金王冠和一件镶嵌绿松石四曲鋬指金杯，木箱下铺有粮食种子。鎏金王冠前后各饰一对翼龙，两侧各饰一立凤，后侧护颈饰双狮，周身镶嵌绿松石、蓝宝石、玻璃珠等，冠前檐缀以珍珠冕旒。供奉和珍藏的意味突出，可见是墓主人最为珍视的，兼具神圣性的重要物品。鋬指金杯有四曲杯体和方形圈足，装饰富丽，技艺精湛，融合唐朝、中亚和吐蕃之风于一体，以往出土的同类器物中无出其右者。考古发掘显示，泉沟一号墓是青藏高原首次发现的吐蕃时期壁画墓。壁画墓在汉文化区非常流行，但在青藏高原极为罕见，尤其是吐蕃统治时期，并不流行这类墓葬装饰形式，显示了该墓葬的与众不同之处。绘画技法具有浓郁的唐风影响，图像内容又兼具青藏高原游牧民族特色，具有很高的史料价值和艺术价值。

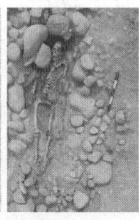

乌兰泉沟墓的结构

墓内的彩绘漆棺是迄今青藏高原首次发现的独特葬具装饰形式。根据出土物特征和壁画内容风格，可以推测该墓葬为吐蕃时期，碳 14 测年显示为公元 700 年前后。吐谷浑和吐蕃统治时期丰厚的财富积累和文明发展高度，以及唐朝和中亚地区源源不断的文化输入，对于青海地区多民族文化的形成具有重要的影响力。泉沟一号墓葬的发现，对于

乌兰泉沟墓出土珍珠冕旒龙凤狮纹鎏金王冠

乌兰泉沟墓壁画局部

探讨古代汉藏文化融合进程和青海丝绸之路的文化交流盛况具有重大的学术价值。[1]

4.香日德古墓群。位于海西蒙古族藏族自治州都兰县香日德镇香日德古城北。墓地有大小坟头一二百座。棺材都是一整段柏木挖成的凹槽，尸体仰身直肢平卧其中，上面盖一块平面材板。尸主多为武将，头盔由半圆形牛皮制成，有铜片护目；铁衣分三层，里层是毡套，中层是牛皮片，外层是铜片，都用铜铆钉连钉在一起。棺材中随葬物种类较多，以丝绸为多见，有的丝绸上有文字和鹿、云等纹饰。还有用桦树皮层层黏制、轻便而结实的箭筒和牛皮甲。可能是南北朝时期吐谷浑人的墓群。

5.诺木洪元代蒙古族武士墓。位于海西蒙古族藏族自治州都兰县诺木洪农场四分场。1956年，农场平整土地时发现，墓葬掩埋在沙内，墓圹无法识别，形制不清。尸体用毛毡包裹，已干枯成"木乃伊"。尸体身着黄色锦缎皮袍，有护身软甲，头戴缎面羊皮帽，脚穿高筒皮靴。随葬有马尾，全套鞍具、箭服、弓、箭（11支）。由于当地气候干旱少雨，日照时间较长，故尸体得以完好保存。尸体胸部有创伤，创伤内塞有带血迹的丝巾，随葬品主要是骑具和兵器。从尸体留须及衣着判断，墓主人应是元代蒙古族武士。

6.乌图美仁墓葬群。位于海西蒙古族藏族自治州格尔木市乌美仁乡境内，包括乌图美仁及大、小灶火等地。墓葬多在沙柳中的沙包内。这里多大风，每当风起，沙包移动，诸多墓葬即暴露于外，且大多是保存较好的"干尸"，随葬物一般保存也较好。但由于沙包不固定，不几日则又被风沙掩埋无迹。墓葬形制不清。据当地宿老及附近农场职工讲，从未见有棺木，大多是用毛毡或毪褕包裹，个别的外用柳条编织笼状葬具。从一些零星采集的遗物及"干尸"衣着看，基本属于

---

[1] 参看李瑞:《四项考古新成果实证古丝绸之路上的融合交流》,《中国文物报》,2019年11月22日。

元、明、清时期。此墓葬群是青海省地区"干尸"形成和保存较多的地方。

7. 乌图浩勒墓地。位于海西蒙古族藏族自治州茫崖市。共有 5 座墓葬。墓地东北为尕斯湖，南面是牧民冬季草场。此地向东分布有 10 个土包，墓葬全部分布在土包上，墓群东西长 60 米、南北宽 12 米。成人干尸、马匹干尸、箭囊、马鞍、动物骨骼等暴露于地表。墓葬群布局较为完整，均已被盗，结构破坏较为严重。时代不详。

8. 乌日德巴力格河口墓地。位于海西蒙古族藏族自治州茫崖市驻地。墓葬分布区域东西长 400 米，南北宽 200 米，面积为 8 万平方米。被盗墓葬 11 座，其中 8 座墓葬位于乌日德巴力格河北岸的一级台地内，3 座位于二级台地上。被盗墓葬地表遗有石堆，墓坑多为长方形竖穴，墓穴长 2～3 米，宽 0.8～1.2 米，深 0.8～1.2 米，墓葬多为东西向。盗坑附近散布的遗物有夹砂陶片、木器及人骨等。采集到加砂褐陶残片、残锈棺木等文物标本。时代不详。

9. 芦丝沟龙根墓地。位于海西蒙古族藏族自治州都兰县热水乡芦丝沟，共有 3 座石砌边框墓葬。1 号墓平面呈等腰梯形，四周有石块垒砌的边框，北侧边框长 80 米，南侧边框长 70 米，东西两侧边框长 65 米，中间有一段南北向的石砌矮墙将整个石砌边框分为东西两部分，石砌边框内有两个塌陷坑。2 号墓位于 1 号墓南侧 53 米处，平面近方形，边长 19 米，四周有石块垒砌的边框，石框宽约 50 厘米，高约 40 厘米，石框上有覆土及植被，石砌边框内有塌陷坑。3 号墓位于 2 号墓南侧 85 米处，平面呈等腰梯形，四周有石块垒砌的边框，北侧边框长 47 米，南侧边框长 54 米，东西两侧边框长 53 米，中间有一段南北向的石砌矮墙将整个石砌边框分为东西两部分，石砌边框内有两个塌陷坑。石框上有覆土及植被，石砌边框内有塌陷坑。时代不详。

10. 智尕日墓地。位于海西蒙古族藏族自治州都兰县热水乡智尕日村，共有 11 座墓葬。其中 10 座分布在智尕日一社东北方的山嘴缓坡地带，另有 1 座分布在智尕日一社东侧的山坳中。1990 年发掘的 1 号墓葬由为斜坡式墓道单室墓，四壁用祁连圆柏垒砌，顶部用祁连圆柏作为棚木封顶。该墓内曾出土干尸一具。时代不详。

11. 七道班墓葬。位于海西蒙古族藏族自治州都兰县热水乡赛什塘村。被盗墓 1 座，封土堆高 3 米，基部直径约 8 米，墓室为单室，平面呈长方形，四壁以石块垒起，墓室顶部用祁连圆柏作为棚木封顶。墓葬已被盗，地表暴露有河卵石石块及腐朽的圆木。时代不详。

12. 柴开墓地。位于海西蒙古族藏族自治州都兰县香日德镇下柴开村。墓葬2座，1号墓墓葬直径20米，高10米，基部有梯形石砌边墙，墓室为单室，平面呈长方形，四壁以石块垒起，墓室顶部用祁连圆柏作为棚木封顶，已被盗。2号墓墓葬位于1号墓墓葬的东南30米处，为覆斗形的封土堆，东西长46米，南北宽32米，高10米，未见被盗痕迹。无遗物和文化层暴露。时代不详。

13. 达什角龙洼沟墓地。位于海西蒙古族藏族自治州都兰县夏日哈乡达什角龙洼沟。有墓葬8座。封土堆为馒头状，直径约10米左右，高约3米，封土堆基部有梯形石砌边框。墓室均为单室，平面呈长方形，四壁用石块垒砌，顶部用祁连圆柏作为棚木封顶。墓葬形制与都兰热水地区的墓葬相似。

（二）北支线附近的墓葬

1. 郭里木墓地。位于海西蒙古族藏族自治州德令哈市尕海镇郭里木村。墓葬4座，全被盗掘，附近散布葬具、人骨及陶片。盗坑长5米、宽3米、深4米，墓形制、葬式均不详。无文化层暴露。从被盗状况分析，均有封土堆，地表沙化严重。省考古研究所进行过抢救性发掘，曾出土彩绘棺板、木刻公鸡等文物。为隋唐时期墓葬。

郭里木墓彩绘棺板画局部

2. 白水河河口西岸墓葬。位于海西蒙古族藏族自治州德令哈市宗务隆乡。墓葬已被盗，盗坑南北长4米，东西宽2.1米，深3米，周围散布棺椁及棺板，棺板上有墨书棺板画，图案模糊，大致有羊、牦牛、奔鹿，骆驼等动物形象，有骑马涉猎等生活场面。出土马骨、细绳纹泥质灰陶罐残片、银饰残片、铜质残片等遗物，东侧有女性干尸一具。为隋唐时期墓葬。

3. 贡艾里沟阿门墓葬。位于海西蒙古族藏族自治州德令哈市蓄集乡。2座墓葬南北排列，相距3米，均被盗，盗坑周围散布残棺木。时代不详。

4.艾力斯太墓葬。位于海西蒙古族藏族自治州德令哈市东南与乌兰县交界处。墓葬南5米处为一条自西向东通往草库伦的便道。地表暴露被盗墓葬1座,周围暴露有棺木、兽骨和细绳纹泥质灰陶片,陶器器形以罐为主,无文化层暴露。近几年降水量增多,泥石流频发,加之人为盗掘,对墓葬产生了严重破坏。时代不详。

5.哈日吾足尔墓葬。位于海西蒙古族藏族自治州大柴旦行政委员会柴旦村牧民草原夏季草场,西约3公里处为柳园至格尔木公路,南紧邻大山,墓地东西长500米,宽30米,有墓葬3座,均为石圈墓,现已被盗,仅存石块,墓坑约1.5米 × 1.5米,地表散布少量棺板。时代不详。

6.额日德尼奥木仁墓葬。位于青海省海西蒙古族藏族自治州大柴旦行政委员会。墓地东西长500米,南北宽300米,墓葬8座。东为柳园至格尔木215国道,北面为小柴旦湖,西南为山丘。单体墓葬不起封土,是一种浅葬的形式,现已全部被盗,盗坑直径约0.8 ~ 1米,深0.6 ~ 1米,墓葬时代不详。

三、唐蕃古道附近的墓葬

2012年7月中旬至8月初,青海省文物考古研究所与四川大学考古系、四川大学藏研所共同组成联合专业考古调查队,对玉树藏族自治州境内摩崖石刻等遗迹进行了调查,同时发掘了2处吐蕃墓葬。这是在玉树地区首次科学发掘的吐蕃墓葬。[①]

（一）聂龙加霍列墓群

聂龙加霍列墓群位于治多县治曲乡治加村的聂龙沟内。2012年共发掘墓葬15座。墓葬群范围2万平方米。墓葬封堆形制全部为梯形,墓室结构为不规则竖穴,底部铺有小碎石,没有铺底板。墓室中用石条分割出区域。墓上有层层叠压的大型石板封顶。墓葬均被盗扰过,个别墓葬中发现骨灰。8号墓室被整齐分割成两行8个隔断,清理时发现有摆放的牛尾骨。出土随葬品主要有银器、铁器、漆器、陶器等。漆器数量较多,但保存不好,很难见到有完整的器形,大抵有盘、碗之类,有些漆器口沿上有铜包边。漆器纹饰为红底黑彩,以木和麻做胎。纹饰以几何纹为主,有平行线纹、回纹、圆圈纹等。纹饰最有特点的是联珠纹,其密集的排列方式类似于宁夏固原北魏漆棺上的联珠纹。银器仅见于1号、13号墓,均为带饰。

---

① 参见蔡林海、马春燕:《玉树地区吐蕃墓葬考古的新进展》,《青海日报》,2015年4月24日第11版。

13 号墓出土有完整的带饰，包括带头、铊尾等，素面无纹饰。出土时背部有皮革残留。舌环扁圆，铊尾较大。铁器有刀、铁片等，锈蚀严重。陶器仅出土 1 件。

（二）章齐达墓群

章齐达墓群位于治多县立新乡叶青村，共发掘墓葬 2 座，编号 M1、M2。发掘面积 500 平方米。墓地分布有地表特征明显的 33 座单体墓葬。整个墓地中以编号 M1 规模最为宏大，梯形，前端边长 17.3 米，后端边长 12.6 米，侧边长 12.5 米，高度 1.7 米左右。M2 为圆形，直径约 9 米，高为 0.6 米。封堆采用岩石人工垒砌，中间加以碎石填充。M1 封堆砌石底部前沿经过修整，基本上处于水平线上，两侧边及后沿随地形。M2 整体随地形。两座墓葬封堆墙体逐级收分，呈三级台阶状。第一、第二级保存明显，第三级局部有所破坏，但仍能清晰复原。M1 封堆内部结构复杂，由墓道、天井、主室、侧室以及主侧室与天井相通的甬道组成。采用岩石砌成的网格状石墙将封堆上部划分成 7 个不同的单元，墓室位于中间的一格位置。墓道平面呈狭长长条形，西向，开口于封堆顶部 2/3 处，与封堆顶部齐半。墓道下行共有 9 级级踏到达天井，仅容一人下行。天井平面呈长方形。天井南侧通甬道与主室相连，西侧通甬道与侧室相连。主室与侧室平面呈圆形，略不规整，下半部采用平砌，上半部采用立券，逐渐收分成穹窿顶。顶部留有圆形空洞，用石板封砌墓室顶部。圆形穹窿顶的墓室结构不但与西藏发现墓葬形制相同，也与近年在海西蒙古族藏族自治州德令哈郭里木棺板画上绘制的吐蕃"拂庐"形制相似。墓内出土人骨不完整，为一个个体，初步判别为男性。人骨旁还有一个羊的头骨随葬。出土物不丰富，有石器和残碎陶片。M2 墓室位于中央，石板封顶，平面呈十字形，无分割相互贯通，因早年被盗掘严重，墓内无出土物。

以上两处经过发掘的墓地中，墓葬表现出复杂的建筑式样与结构，极大地丰富了人们对玉树地区吐蕃墓葬内部状况的认识，是近年来青海吐蕃考古的新进展。墓中出土的随葬器物虽然残损十分严重，但也仍可从中观察到当时丧葬仪式、随葬制度等方面的若干线索，对于推动青海吐蕃时期墓葬的研究将起到重要的作用。

玉树章齐达 1 号吐蕃墓

第七章
丝绸之路青海道上的重要古城遗迹

　　古代城池的主要功用是军事防卫，兼顾生产生活、行政管理，同时也有为驿传运输、信息传递等提供便利的功能。丝绸之路青海道上密布历代重要的古城遗迹，它们与历代烽墩、桥梁等共同见证了丝绸之路青海道的繁荣。汉晋时期"羌中道"附近的古城、亭堡，集中分布在河湟地区和环青海湖地区，其军事防卫和行政管理的职能较为突出，兼有驿站的功用。南北朝隋唐时期的古城堡，集中分布在"吐谷浑道"附近，例如在今海南藏族自治州、黄南藏族自治州境内较为密集，除军事防卫外，这些古城堡为商业服务的功能发挥得较多。史书讲吐谷浑人有城郭而不居，其所筑城池地当交通要冲，发挥存放货物的功能可能占重要地位。隋唐时期"唐蕃古道"附近的古城堡，多为唐、蕃官方所设驿站。宋代"青唐道"附近的古城堡及元至清代所筑城堡也以河湟地区为集中分布区，且大多兼有驿站的功用。本章简要记述青海省境内历代重要古城遗迹的位置、形制、保存状况等，以揭示历代重要古城与丝绸之路青海道千丝万缕的联系。

　　"元至清代所筑城堡"一节包括一些暂时难以断代的古城。

第一节
汉晋时期"羌中道"附近的古城堡

一、湟水流域诸亭城

1. 西平亭城。汉代的亭是设在交通要道上的县以下基层行政建置。河湟地区的亭与内地的亭有所不同,是为了军事防御和实行邮传而在边疆地区所设的一种机构,是中央与边地之间传送文书的驿站和驻军御敌的据点。西平亭城位于西宁市城东区湟光一带,是西宁地区最早的兼具军事防御与邮驿传递职能的古城。据《后汉书》卷87《西羌传》等的记载,西平亭始建于西汉武帝元鼎六年(公元前111年)将军李息、郎中令徐自为平羌后不久。《汉书》卷69《赵充国传》记载,赵充国在《屯田奏》中提到,临羌(今湟源县)与浩门(约今民和县享堂)之间湟水流域地方,"其间邮亭多败坏者……"表明公元前60年前后湟水流域有邮亭。20世纪青海省考古部门在西宁南滩、莫家路等处发掘了西汉中晚期墓葬,出土遗物可以证实西平亭在西汉中晚期确已存在。《水经注》卷2记载:"湟水又东,牛心川水注之……又北径西平亭西,东北入湟水。湟水又东径西平城北。东城,即故亭也……魏黄初中,立西平郡,凭倚故亭,增筑南、西、北三城以为郡治。""牛心川水"指今南川河。曹魏黄初年间(公元220~226年),曾凭倚西平故亭,利用故西平亭的西墙作为东墙,增筑南、西、北三面城墙,新筑了西平郡城。西平亭城址虽然地面无遗存,但经青海省历史、考古学界依据诸多史料,结合现存明清古城遗迹等考证,主流观点认为西平亭城址大致在今西宁市花园南街、花园北街以东,七一路以南,北小街以西,山陕台以北的湟光一带。接近方形,边长小于200米。最终结论有待考古发掘。

2. 东亭城。也是西宁地区较早的兼具军事防御与邮驿传递职能的古城,曾经在丝绸之路青海道上发挥过重要作用。其始设时间不详,估计与西平亭城同时或稍后。《水经注》卷2记载:"(湟水)又东径东亭北,东出漆峡,山峡也。""漆峡"

即今小峡。据此，东亭故城应在今西宁市以东乐家湾，地面遗迹未曾见到。

3. 长宁亭城。也是西宁地区较早的兼具军事防御与邮驿传递职能的古城。始设时间不详，估计与西平亭城同时或稍后。《水经注》卷 2 记载："湟水又东，长宁川水注之……阚骃曰：长宁亭北有养女岭，即浩亹山，西平之北山也。乱流出峡，南径长宁亭东。城有东、西门，东北隅有金城，在西平西北四十里。"长宁亭故城的位置据《水经注》等记载，在西平西北 40 里，长宁川（今北川河）西，即今大通回族自治县后子河乡长宁村附近。城的地面遗迹今已不存。长宁亭故城正当西宁通往河西走廊的孔道上，曾经在丝绸之路青海道上发挥过重要作用。

除以上 3 亭外，还有罗亭（约在今尖扎县境内）等。湟水流域诸亭设置时间较早，它们是公元前 2 世纪西汉王朝平定羌人之乱后，采取的诸如筑令居塞（在今甘肃永登）、设护羌校尉等一系列军政措施中的一项，同时进行的还有向湟水流域迁移汉族农户。此后，今甘肃兰州、永登一带与今青海西宁等地之间障塞亭燧相望，交通信息联系日益密切。

二、金城郡及其所辖诸城

（一）金城郡治所古城塬古城

金城郡故城是青海最早的郡一级古城，其址正在丝绸之路青海道上，是古青海道上的重要遗迹，汉代驿道的重要枢纽点。据《汉书》卷 28《地理志》等记载，汉昭帝始元六年（公元前 81 年），汉设金城郡，郡治在今兰州西固，青海还不在其管辖范围之内。汉宣帝神爵初，汉名将赵充国平羌获胜后，汉朝于公元前 60 年将金城郡辖县由 6 个扩为 13 个。青海东部河湟农业区从此开始正式纳入中原封建王朝的郡县体系之中。金城郡西扩以后，郡的治所西移到今青海境内。然而金城郡古城及其所辖附郭允吾县古城的具体位置长期以来有争议。本书认为，诸说中在今民和回族土族自治县西沟乡南垣村古城社的可能性最大。此古城"东北距川口镇约 18 公里……在巴州川内东沟、西沟二水交汇处的古城塬上。城呈长方形，南北长 600 米，东西宽 500 米，残高 0.8 ~ 1.5 米，基宽 1.5 米，夯土筑，夯层厚 0.06 ~ 0.09 米。有内外两重城垣。城址在平整土地时遭到严重破坏，城

金城郡故城残存遗址

内暴露遗物较少。"① 西沟乡南垣村古城社的位置很符合《水经注》关于金城郡故城在大通河汇入湟水后的河南岸的记载，古城规模宏大，易守难攻，符合金城郡筑城的需要。2017年4月21日笔者等继2005年实地考察之后再次亲赴实地踏勘，见到南城墙残存部分仍存有近200米，北城墙残段仍存有3米许，还见到南城墙外的壕沟和当地村民崔文科家所存从城内捡到的西汉布纹瓦等。

（二）金城郡所辖诸县故城

西汉神爵以后金城郡辖县共13个，其中4个在今青海境内，除允吾县与郡同城外，另外3个城分别是：

1. 临羌县故城。《水经注》卷2记载："湟水又东，径赤城北，而东入，径戎峡口，右合羌水，水出西南山下，径护羌城东，故护羌校尉治。又东北，径临羌城西，东北流注于湟。"引文中的"羌水"即今药水。据此，汉临羌县故城址当在今湟源县城关镇东，药水河与湟水交汇的东南夹角尕庄村一带。这里正好现存

_____

① 参见李智信：《青海古城考辨》，西北大学出版社，1995年，第21～28页。

一座"南古城"，古城东西长 250 米，南北宽 245 米，近于正方形，夯土筑，基宽 12 米、残高 15 米。上部有加筑痕迹，南北各开一门。此城与《水经注》记载的汉临羌县故城地理位置恰相吻合，学者多认为此城是汉临羌县故城址。但据省考古部门考察，结合文献记载，可以认定南古城为清代所筑。然而清城与汉城是何关系？目前尚不十分明确。有的学者认为清城是在汉城的基础上重建加高而成，但尚待考古发掘进一步证实。

2. 安夷县故城。《水经注》卷 2 记载："湟水又东，安夷川水注之。水发远山，西北流，控引众川，北屈径安夷城西北，东入湟水。湟水又东径安夷县故城。城有东、西门，在西平亭东七十里。阚骃曰四十里。"据王昱主编的《青海省志·建置沿革志》考证，汉安夷县故城址约在今平安镇西营村、三合沟口东的营盘台一带，处于湟水南岸。但现今地面上已见不到任何痕迹了。位于今平安区平安镇略西处的安夷县故城，也处在古今交通要道上。

3. 破羌县故城。《水经注》卷 2 记载："湟水又东径乐都城南，东流，右合来谷、乞斤二水，左会阳非、流溪、细谷三水，东径破羌县故城南。"据此，破羌县故城位于今乐都区高庙镇，这里东距老鸦峡约 2.5 公里，西距碾伯镇 25 公里，处在古今交通要道上。该镇老鸦村内现有一座古城，仅存东北角城墙，北段墙残长 21 米，宽 4.5 米，墙高 3 ~ 5 米；东段墙残长 39 米，宽 4.5 米，残高 2 ~ 3 米。[①] 城门位置不明，未见汉代文物，湟水在城南数十米处流过。省内学术界主流观点认为老鸦城就是汉破羌县故城，但也有学者认为破羌县故城不是老鸦城的前身，更不是老鸦城本身。汉破羌县城应在今高庙镇一带，但具体地点有待考古发现。

三、西海郡及其所辖诸故城

（一）西海郡故址三角城

西海郡城的故址位于今海北藏族自治州海晏县境内，东距海晏县城约 100 米，俗称"三角城"。据《汉书》卷 99《王莽传》记载，西海郡设于汉平帝元始四年（公元 4 年），新莽始建国元年（公元 9 年），王莽称帝后，曾派人在西海郡城中雕制安放了"虎符石匮"。"虎符石匮"由上、下两部分构成，分别由

---

① 国家文物局主编、青海省文化厅编制：《中国文物地图集·青海分册》，中国地图出版社，1996 年，第 22 页。

花岗岩整体雕成，然后套合而成。基座上阴刻有三行篆字，从右到左为："西海郡虎符石匮 / 始建国元年十月癸卯 / 工河南郭戎造"，共 22 字。[①] 在古城内还发现有"五铢""半两""货布""货泉""大泉五十""小泉直一""崇宁重宝""圣宗元宝"等多种货币，以及东汉时的"西海安定元兴元年作当"云纹瓦当和唐代的莲花纹瓦当残片等，说明该城址所经历的时间很长，此城使用的下限晚至唐宋时期。更为少见的是在城中发现了两种钱范，均为陶质，一是"大泉五十"母范，一是"小泉直一"母范，后一块钱范上还有阳文汉隶铭文"前钟官工良造第八"字样。证明新莽时期在此城中曾铸造过青铜钱币。新莽政权很快垮台，西海郡随之废弃，东汉及以后再未恢复。经 2014 年青海省文物考古研究所与陕西龙腾勘探有限公司组成的联合考古调查勘探工作队勘探，西海郡故城整体平面呈方形，东西约 635.5 米，南北约 613 ~ 636.5 米，面积约 30 万平方米，墙体宽约 9 ~ 18 米，现高约 1 ~ 5 米。城墙夯筑，大部分已经倒塌，但墙体走向清晰可辨。城墙四面中部各有一门，门址保存较好。在古城西北部、东北部各发现角阙一处，平面均呈曲尺形。古城由外城、内城组成，内城又分为北城、南城两部分，北城南墙中部辟有一门。南城北墙、东墙各辟有一门。根据门址的平面形制及结构，初步判断，东门址为南城的主城门，北门址为南城侧门。勘探发现的建筑基址、夯土基址多分布于内城之中的南城内，在南城内还发现数量众多、与建筑基址、夯土基址相接的道路、踩踏面及多处砖瓦堆积，且发现集中分布的灰坑。初步判断，南城应为西海郡故城的主要建筑区或官署区。

西海郡古城出土"西海安定"瓦当

（二）西海郡所辖诸县古城

除《汉书》卷 99《王莽传》外，《后汉书》卷 87《西羌传》中也有王莽设西海郡的记载，"至王莽辅政，欲耀威德，以怀远为名，乃令译讽旨诸羌，使共献

[①] 崔永红、张得祖、杜常顺主编：《青海通史》，青海人民出版社，1999 年，第 49 页。

西海之地，初开以为郡，筑五县，边海亭燧相望焉"。由此可知，西海郡共辖5县，但5县的名称除与郡同在一地的龙夷县（即今海晏县三角城）外，其余4县没有留下记载。然而这5县均分布在青海湖四周已经明确，因为5县的县城故址于20世纪七八十年代都已被青海省文物考古部门找到。① 这些古城都建筑在环青海湖地区视野比较开阔的地方，都在古丝绸之路青海道孔道上。

1. 尕海古城。位于青海湖东北的海西蒙古族藏族自治州海晏县甘子河乡尕海村，平面呈正方形，南北长436米，东西宽435米，城墙夯筑而成，残高4.8米，基宽8米，顶宽5米。城的东南西北各开一门，门宽约7米。城内南高北低，曾采集到汉五铢钱、铜镜及泥质灰陶绳纹罐残片等。省考古部门认定此城为新莽时期西海郡所辖五个县之一的县城遗址。

2. 北向阳古城。位于青海湖西北的海北藏族自治州刚察县吉尔孟乡西约1公里处。城东西长460米，南北宽300米，城墙夯筑而成，残高1.5～3米，基宽约20米，顶宽5米。开南门。在城内，当地群众修建房屋时，曾采集到汉五铢钱、汉代陶片等。考古部门认定此城为新莽时期西海郡所辖五个县之一的县城遗址。

3. 曹多隆古城。位于青湖东南方向的海南藏族自治州共和县曲沟乡曹多隆村三社北，城平面呈长方形，南北长420米，东西宽412米。城墙夯筑而成，残高3米，基宽6.8米。开东门。城内曾出土汉代铜钱、铜镞、铜镜残片、铜弩机残片、瓦当、陶片、铁犁铧、石转磨盘等珍贵文物，考古部门认定此城为新莽时期西海郡所辖五个县之一的县城遗址。该古城20世纪90年代被龙羊峡水库淹没。

4. 支东加拉古城。位于青海湖正南方向的海南藏族自治州兴海县河卡乡宁曲村原塘格

支东加拉古城遗址

---

① 参看青海省文物考古队：《青海湖环湖考古调查》，《考古》，1984年第3期；李智信：《青海古城考辨》，西北大学出版社，1995年；国家文物局主编、青海省文化厅编制：《中国文物地图集·青海分册》，中国地图出版社，1996年。

木农场九大队北约 1.5 公里处。古城址基清晰可辨。古城平面呈长方形，东西长510 米，南北宽 250 米，城墙夯筑而成，残高 0.8 米。开西门。城内曾采集到汉代和王莽时期的钱币、陶片等。考古部门认定此城为新莽时期西海郡所辖 5 县之一的县城遗址。

另外，在今刚察县吉尔孟乡东南发现有南向阳古城，在该县青海湖北山南麓发现有 114 公里古城（因城址在环湖公路 114 公里处而得名），此二城规模更小，分别为 100 米左右见方。据考，应为王莽时期建筑的亭城。可见史料所记当时"边海亭燧相望焉"并非虚语。

四、其他古城

1. 西平郡城。汉献帝建安元年至十年（公元 196 ~ 205 年）期间，由金城郡西部析置西平郡。据《水经注》记载，三国魏黄初年间（公元 220 ~ 226 年），"凭倚故亭，增筑南、西、北三城以为郡治"。据此，东汉所置西平郡之城于魏黄初年间凭倚西汉西平亭城筑成。西平郡城的具体地点，东城墙大致在今西宁市花园北街；南城墙大致在今花园南街的华联向西，与仓门街、大什字市公安局、北斗宫街的连线上，最南超不过宏觉寺街；西城墙大致在今长江路东侧；北城墙大致在今七一路南侧。2005 年，西宁市文管所曾对明清西宁古城北墙七一路省中医院南 62 米的残段作勘测时，在城墙剖面上发现了不同质地和颜色的三个分界面，分别对应魏西平郡城、宋青唐城、明西宁卫城三次大规模修建的历史痕迹。西宁古城从东汉末西平郡筑成，直到清代，千余年来，它的北墙和西墙被历代所沿用。

2. 破塌城古城。位于西宁市湟中县多巴镇多巴村北，南距湟水约 1 公里，东距西纳河约 800 米，西北依猪头山。20 世纪 90 年代古城尚存西北角及西南角部分残墙，残高 2 ~ 10 米，基宽 11 米，夯土层厚 6 ~ 8 厘米，用沙石泥土混合筑成。据当地群众反映，此城原有东、南、西 3 个"豁口"，应为 3 个城门。根据反映情况实测，城约呈正方形，边长约 250 米。古城地面及断崖上散布有大量汉代绳纹陶罐、瓮残片及板瓦、筒瓦、兽骨等遗物。湟中县博物馆曾征集到出于该城内的汉代"五铢钱"、九枝铜灯、铜镜等文物。《水经注》卷 2 记载："湟水又东径临羌新县故城南。阚骃曰：临羌新县在郡西百八十里，湟水径城南也。城有东、西门，西北隅有子城。"此城应是东汉临羌新县故城。

3. 公伯峡口古城。公伯峡位于海东市黄河两岸，南岸为循化撒拉族自治县查汗都斯乡红光上村，北岸属化隆县甘都镇西滩新村，此峡自古以来是青海通往甘肃的交通要隘，本名古什群峡，因南岸悬崖处建有一座"拱北"，故又得名"公伯峡"（"公伯"由"拱北"转音而来）。公伯峡出口处较窄，自古是天然济渡之处。峡口南岸、北岸共有 3 座桥头堡古城遗址，据专家考证，很可能为汉代所建的"逢留河城"。南岸有两座城址，一座位于山上，一座位于山下台地上，两座城都有内、外城。山上古城的内城呈不规则形，北临峡谷，以崖为险，东西长约 200 米，南北宽 20 ~ 100 米，东、西、南三面有夯土城墙，宽约 8 米，开南门，无北城墙；外城长约 150 米，宽 20 ~ 30 米，也没有北城墙。内、外二城间有浅沟相隔。山下城的内城东西长 180 米，南北宽 58 米；外城长 250 米，宽 80 米，二城均残高 5 米，宽 7 米，夯土层厚 0.07 米，均东、西开门，无北城墙。黄河北岸的城址南北长 320 米，东西宽 60 米，残高 4 米，基宽 5.5 米，顶宽 0.9 米，夯土层厚 0.08 ~ 0.12 米。无南城墙，与南岸的城址遥相对应。[①]

　　4. 鲍家古城。位于海东市民和回族土族自治县官亭镇鲍家村北。在黄河北岸第二台地上，距黄河约 250 米。城依山势而建，北面依山，南临绝壁，北高南低，东西均为洪沟，呈不规则形。城分为两部分，南部大，长约 540 米，宽 95 ~ 119 米；北部小，呈一规则的长方形，南北长 70 米，东西宽 40 米。城残高一般在 1 ~ 5 米间，最高处达 13 米。城西部宽 1 ~ 3 米。夯土筑，夯土层厚 6 ~ 7 厘米。城北墙外有一道护墙，与北墙平行，长度也相当。城东南、西南两角有两座城门。

城内暴露有牛、羊等兽骨和少量泥质灰陶片。《水经注》卷 2 记载："河水又东径临津城北、白土城南。《十三州志》曰：左南津西六十里有白土城，城在大河之北，而为缘河济渡之处。魏凉州刺史郭淮破羌遮塞于白土，即此处矣。"引文中"临津城"在今甘肃省积石山县大河

鲍家古城遗址

① 参见李智信：《青海古城考辨》，西北大学出版社，1995 年，第 174 页；国家文物局主编、青海省文化厅编制：《中国文物地图集·青海分册》，中国地图出版社，1996 年，第 106 页。

家，恰好位于鲍家古城之南。官亭一带的黄河渡口是赵木渡，白土城应设于附近。官亭鲍家古城的位置与白土城恰好相符，疑即白土城。

5. 南凉故城。位于海东市乐都区碾伯镇西约 1.5 公里处的大、小古城村。现在地面上已无遗迹可寻，但与城有关的地名仍然存在。两个村庄分别被称为大古城村和小古城村。两村周围有"北门壕子""古城角落""北门十字""南门台""营门"等小地名。1983 年，在全省文物普查时，乐都文物普查小组对此城进行了调查，认为大、小古城是南凉都城——乐都城。从文献记载推测，大古城内原来还有一重城垣，内城建于后凉吕光政权时期，为乐都郡城，后来为南凉早期国都；外城筑于南凉秃发傉檀时，和内城同为南凉晚期国都。当时，所谓"国人"（鲜卑族人）居于内城，"晋人"（汉族人）居于外城。小古城则年代远晚于大古城，可能由北宋时期唃厮啰政权权臣李立遵所建，同大古城一起，并称为宗哥城。

6. 晋长宁县古城。位于今西宁市大通回族土族自治县后子河乡长宁村附近。西汉时曾在这里设长宁亭，西晋时置长宁县，北魏时废。城现已无存。

7. 峨博古城。位于海北藏族自治州祁连县峨博乡至祁连公路 18 公里处，故又名"十八公里古城"。古城距额济奈河南岸 250 米，东西长 110 米，南北宽 80 米，残高 1.5 米。城中和城外暴露有夹砂红陶片和绳纹灰陶片。从所出遗物分析，此城或许建造于汉代，[①] 西汉武帝年间，在河西走廊设置郡县的同时，大力修筑障塞亭燧。十八公里古城大概就是这类建筑。《水经注》卷 2 记载："湟水又东与阁门河合，即浩亹河也。出西塞外，东入塞，径敦煌、酒泉、张掖南，东南径西平之鲜谷塞尉故城南，又东南与湛水合。"此峨博古城有可能即"鲜谷塞尉故城"。不过，也有专家认为或许是宋代的古城。峨博古城位于丝绸之路西平—张掖道边，除军

峨博古城遗址

---

① 参见李智信：《青海古城考辨》，西北大学出版社，1995 年，第 196～197 页。

事防卫外，也有为驿传运输、信息传递等提供便利的功能。

　　8.加木格尔滩古城。位于海西蒙古族藏族自治州天峻县快尔玛乡境内布哈河南岸二级台地上，东距县城约 14 公里，西距乡政府约 4 公里。古城址东西长约750 米，南北宽约 600 米，现今仅保存西城垣残段。残段由人工夯筑而成，基宽8 米，残高 1.8 米。城内建筑遗迹可分 3 个小区：1 号小区东西长 80 米，南北宽78 米，墙基宽 4 米，门朝西开，门宽 6 米，残高 0.2 ~ 0.5 米；2 号小区东西长75 米，南北宽 68 米，北墙东北角开一门，门宽 10 米，墙外有护城壕，宽约 20 米；3 号小区南北长 110 米，东西宽 85 米，北门宽 12 米，西门宽 20 米。经初步试掘，1 号小区内出土大量方形砖、板瓦、筒瓦、瓦当等建筑材料，最重要的是出土了带有"长乐未央"铭文的瓦当。① 带有同样铭文的瓦当还在天峻县关角乡西王母祠（或寺）遗址中发现过，后者已被认定为十六国时期前凉所建。加木格尔滩古城的年代当与之接近。另外，据史书记载，十六国时期，西秦曾在鲜卑契汗部居地筑"列浑城"，加木格尔滩古城有可能是列浑城遗址。加木格尔滩古城是迄今为止青海省已发现的古城中面积最大的古城。有的学者认为此城也有可能是吐谷浑伏俟城。

---

① 青海省考古研究所、日本国奈良丝绸之路研究中心撰:《中国青海丝绸之路的研究》，日本国奈良市丝绸之路研究中心，2002 年专刊，第 210 ~ 211 页。

第二节
南北朝隋唐时期"吐谷浑道"附近的古城堡

一、柴达木南支线附近的古城堡

1. "额色尔津旧城"。位于海西蒙古族藏族自治州都兰县宗加镇诺木洪村略东的"艾里斯金"小村。据中国第一历史档案馆藏清雍正朝档案记载，清雍正九年（1731年），为防备准噶尔蒙古东袭，清朝数千名军队曾在一个叫"额色尔津"的地方试办过屯田，并驻防近4年。据雍正朝大臣奏折称，这额色尔津地方距西宁1300多里，附近有布尔汗布达山中自南向北流出的诺木洪河。[①] 按方位里距，额色尔津当即今都兰县宗加镇诺木洪村略东的"艾里斯金"（又作"额色勒金"）。当时清军曾将这里的旧城加以修葺（曾计划在城内盖100间房，未果），又在傍近另筑一座新土城，奏折中分别称之为"额色尔津旧城""额色尔津新城"。艾里斯金一带气候温和，植被茂盛，农牧皆宜，曾是南北朝及隋唐时期吐谷浑国的辖区，"额色尔津旧城"很可能是吐谷浑人所筑之城。

2. 香日德古城。位于海西蒙古族藏族自治州都兰县香日德镇南北街道办事处居民小区内。20世纪60年代，此城北城墙残迹尚存，据老年人口述，古城基本呈正方形，故当地蒙古族牧民称之为"德律半金"，就是四方城的意思。古城东西长约320米，南北宽约300米，墙基约18米，残高约3米。城外有约8米多宽的护城壕沟，注水入内，可以御敌。东城墙正中有一门。香日德古城中靠北城墙处还有内城，内城可能是王室宫阙遗址，东西长约80米，南北宽约70米，也开东门。城内取土时挖出过陶器和铜器残片、人骨、箭镞、玉器、汉五铢钱、铁器等。据《洛阳伽蓝记》卷5《宋云惠生行纪》记载，公元518年，宋云、惠生等高僧从洛阳出发赴西域取经，西行40天，到达"国之西疆""赤岭"（今青海湖东南日月山）；再越"赤岭"西行23天，到达吐谷浑国。还说"路中甚寒，多

---

① 《清雍正朝军机处录付奏折·民族类·蒙古族》档案第77胶片2269号。

饶风雪，飞沙走砾，举目皆满，唯吐谷浑城左右暖于余处。"引文中的"吐谷浑"即吐谷浑。据学界考证，此香日德古城可能是南北朝时期吐谷浑人在汉代古城址的基础上所建都城。

3. 考肖图城址。位于海西蒙古族藏族自治州都兰县香加乡考肖图村东南 2 公里考肖图河东岸。遗址西侧 600 米处为南北向的山系，北侧 2 公里处为 109 国道。现为省级文物保护单位，包括主城址 1 处，外城 1 处，封土堆 6 处，附近有古墓群。主城平面呈长方形，东西长 176 米，南北宽 134 米，东城墙开有一门。西侧城墙保存较好，墙基宽约 5 米，高 2.5 米，城内东南部区域已被发掘，出土有古藏文木简、唐开元通宝等文物。主城东南角有 1 处封土堆，封土堆已经发掘，呈馒头状，直径 12 米，高 6 米，表面有覆土，内部为土坯垒砌的塔状结构，周围有祭祀坑。塔形建筑是具有浓厚中亚风格的佛塔。[①] 主城外东南侧有较小的一附属小城址（附属外城），方向与主城址一致，东西长 160 米，南北宽 110 米，门向不明，附属外城内东南角有 2 处封土堆，外城城外西南角有 3 处封土堆。初步断定遗址的年代为唐代吐蕃时期。

4. 考肖图霍东木沟口古城。位于海西蒙古族藏族自治州都兰县香加乡考肖图村东南 4.5 公里处的霍东木沟口。平面呈长方形，南北长 238 米，东西宽 118 米，面积 32100 平方米，西南—东北走向，现仅残存墙基，城墙基宽 4 米，残高 1 ~ 2 米，东北面墙正中有一门，门两侧各有一马面，东西长 8 米，南北宽 4 米，西南角和东南角各有一角楼。城门外东北方向 90 米处有一方形建筑遗迹，城址中心有一处近似梅花形的建筑遗迹，基宽 4 米，残高 1 米。城内外无遗物和文化层暴露。时代可能为唐代吐蕃时期。

5. 伏俟城。位于海南藏族自治州共和县石乃亥乡铁卜恰村西南，俗称铁卜恰古城。"伏俟"为鲜卑语，意即王者之城。不过，也有学者认为，"伏俟"在吐谷浑语中是水的意思，然则伏埃城就是水城或滨城，亦即"滨水之城"的意思，则更符合其位于青海湖滨的实际。[②]

古城坐落在布哈河南岸，南依石乃亥北山，距石乃亥乡政府驻地北 2.5 公里；北临莱济河，东南距青海湖约 7.5 公里，城周围是大草原。古城东西长 200 米，

① 参看蔡林海：《都兰考肖图沟吐蕃时期遗址》一文，载《中国考古学年鉴 1997》，文物出版社，1997 年。
② 参见席元麟：《青海几个地名语源辨析》，《青海民族学院学报》（哲学社会科学版），1996 年第 2 期。

吐谷浑伏俟城遗址

南北宽 200 米。城墙保存完好，残高 6 米，基宽 17 米。只开东门，门宽 10 米，门外有一折角遮墙，类似瓮城。城内自城门向西有一条中轴线，线两边各有长 50 米、宽 30 米的 3 座相连的房屋基址遗迹。最西端有一东西长 70 米，南北宽 80 米的小方院，小院东、南、北三面墙已坍塌，残高 2 米。西墙则与西城墙重合为一。在小院与南部房屋基址之间有一直径约 15 米、高 9 米的夯土台，土台上遗留有建筑痕迹。城内地面散布有少量的瓦片和陶片。城外有外郭围墙，系用砾砂泥土堆积而成，现已坍塌，只略高于地面。外郭围墙当初有可能是为阻挡莱济河与布哈河河水冲击而修的围堰，或者是围拦牲畜用的。围墙的南墙长 1400 米，北、东、西三边因被水冲毁，长度无法测量。外郭围墙中部稍偏东又筑有一条墙，将外郭分割成东、西两部，西部较东部大一倍，伏俟城居西部中心。[①]据史书记载，伏俟城由吐谷浑可汗夸吕在位时（公元 535 ~ 591 年）所筑。[②] 隋时曾作为西海郡址。此城居于丝绸之路"吐谷浑道"的枢纽地位。

二、柴达木北支线附近的古城堡

1. 达赖嘛呢一号城址。位于海西蒙古族藏族自治州天峻县生格乡秀陇村东北约 40 公里四社与快尔玛乡纳尔宗村一社交界处。古城址位于布哈河北岸第二台地上，西 50 米隔布哈河为县城通往乡村的简易公路，北 40 米处为一排洪沟，隔沟是大山。古城呈正方形，长、宽 200 米，西面为一瓮城，现仅残存墙基，墙基宽 6 米，高 0.7 ~ 0.9 米。西墙中部偏北有一城门，门宽 20 米。门外有一瓮城，长 15 米，宽 13 米，残存墙基，基宽 5 米，高约 0.8 米。瓮城东面无墙。地表平坦，生长有稀疏的牧草，城内外无遗物和文化层暴露。根据城址的形制判断，达赖嘛

① 参见李智信：《青海古城考辨》，西北大学出版社，1995 年，第 212 ~ 213 页。
② 《北史》卷 96《吐谷浑传》记载："夸吕立，始自号为可汗，居伏俟城。在青海西十五里，虽有城廓而不居。"

达赖嘛呢一号城址

呢一号古城址应为南北朝时期遗存。[①]

2. 达赖嘛呢二号城址。位于海西蒙古族藏族自治州天峻县生格乡秀陇村东北约 40 公里四社与快尔玛乡纳尔宗村一社交界处西约 450 米。古城址位于布哈河北岸第二台地上，东约 50 米为县城通往乡村的简易公路，北 40 米处为一两米宽的排洪沟。古城分为内城和外城。外城呈长方形，东西长 226 米，南北宽 178 米，残存墙基，基宽 5.5 米，高 0.6 ~ 0.2 米，东墙与内城相距 18 米，西墙与内城相距 93.5 米，南墙与内城相距 16 米，北墙与内城相距 47 米，城门不清。内城呈正方形，边长 115 米，现仅残存墙基，墙基宽 7 ~ 8.5 米，高 0.9 ~ 1.4 米，四角高于墙基 0.3 ~ 0.5 米，西墙中部有一城门，门宽 6 米。地表平坦，生长有稀疏的牧草，城内外无遗物和文化层暴露。根据形制判断，达赖嘛呢二号古城址为南北朝时期遗存，保存较完整。

三、"吐谷浑道"青海境内东段北支线附近的古城堡

从今都兰县香日德镇吐谷浑城或伏俟城出发东行，途经今共和县切吉草原或共和县恰卜恰镇，然后从龙羊峡过黄河，经今贵德、同仁、循化，甘肃甘南、四川松潘前往成都。此线沿途古城址众多，与丝绸之路"吐谷浑道"关系密切。

1. 上塔买古城。位于海南藏族自治州共和县恰卜恰镇恰卜恰河北岸的上塔买

---

① 辛峰主编：《海西州第三次全国文物普查资料精选》，中国民族摄影艺术出版社，2013 年，第 79 页。

村东南约 50 米处，北距恰卜恰镇约 5 公里。城略呈长方形，南北长 270 米，东西宽 245 米，残高 2 米，基宽约 10 米。夯土筑成，夯土层厚 0.1 ~ 0.2 米。城内西北角有一座夯土筑圆形台基。城有南、北两城门。城内曾发现大量瓦片和砖块。从该城建制分析，应属南北朝时期遗存。其规模略大于吐谷浑伏俟城内城，推测该城是吐谷浑树敦城。[①]

2. 曲沟古城。位于海南藏族自治州共和县曲沟乡加什达村，俗称"菊花城"，平面呈长方形，南北长 420 米，东西宽 400 米。城墙夯筑，残高约 10 米，基宽约 7 米，夯土层厚约 0.12 米。东、西两面各有一座城门，有瓮城。1979 ~ 1980 年发掘揭露面积 550 平方米，出土残铁器、陶壶、罐等文物 200 余件。一说该城是吐谷浑树敦城。

3. 龙羊峡姊妹城。位于海南藏族自治州共和县曲沟乡加什达村东约 4000 米，俗称"姊妹城"，建于龙羊峡口，分东、西二城，东城在黄河东岸贵南县境内，西城在黄河西岸共和县境内。西城墙夯土筑，城墙残高 4.7 米，基宽 7.9 米，夯土层厚 0.1 米。西、北两两侧各有一门，门宽 4.14 米。1979 年对西城门进行了试掘，城门地面铺有木板，外有方形瓮城，还有在岩石上钉铁桩的遗迹等。"姊妹城"应是为保障黄河渡口安全而筑的。该城现为龙羊峡水电站坝址。

4. 贵德黑古城。位于海南藏族自治州贵德县河西乡先锋三村四社东北，分内外两座城。外城仅存部分墙体残迹，夯土筑，面积不详。内城平面呈正方形，边长 140 米，城墙夯土筑，高 9 米，基宽 8 米，夯土层厚约 0.12 米，夯层内夹有圆木门向西开，门外有瓮城门。城墙四角有敌楼土墙，高约 5 米。采集有铁犁、板瓦、石杵、铜饰件等。[②] 省考古界推测此黑古城为后凉吕光置浇河郡，后曾为吐谷浑所用。北魏时设浇河戍，北周置廓州，隋改为浇河郡，唐、宋时为积石军驻地。

5. 破城子。位于黄南藏族自治州尖扎县康杨镇簸箕湾村东侧。城北临黄河，东、西两面为洪沟峭壁，西侧有一宽 30 米的护城壕。城依地形而建，略呈梯形，北城墙因黄河河水侵蚀而无存，东城墙长 280 米，西城墙长约 150 米，南城墙残长 105 米。西城墙有马面，南面有城门。城墙夯土筑成，高 1 ~ 7 米，基宽 3 ~

① 李智信：《青海古城考辨》，西北大学出版社，1995 年，第 209 页。
② 国家文物局主编、青海省文化厅编制：《中国文物地图集·青海分册》，中国地图出版社，1996 年，第 160 页。

8 米。据相关史料推断，此破城子可能是北朝至唐代的达化县城。

6. 黄沙戍古城。位于黄南藏族自治州尖扎县马克唐镇雅毛村东。大部分城墙已被破坏，只有南城墙残长 50 米，高 2.8 米，基宽 6 米。城墙夯土筑成，夯层厚 0.12 米。城内未发现遗物。此城可能是唐代的黄沙戍古城址。[①]

7. 向阳古城。位于黄南藏族自治州同仁县年都乎乡向阳村南 1 公里处。城西依大山，北侧有条山涧，城南临洪沟，隆务河从东侧流过。城东、南、北三面依地形弯曲构筑，不太规整。就总体外观而言，略呈长方形，东西长 600 米，南北宽 500 米，基宽 5 米。夯土筑，夯土层厚 0.1 ~ 0.15 米，残高 1 ~ 2.5 米。城内被分割为几部分。从向阳古城的规模看，应属于郡县城之类的城池，可能是北周

张尕塌古城

绥远县城。

8. 张尕塌古城。位于海东市循化撒拉族自治县白庄乡张尕村南，在科哇河与起台河交汇的三角台地上。城北侧和东北侧沿两条河的河岸修筑，城呈不规则形，开东门，周长约 1000 米。城墙基宽约 6 米，残高约 8 米。城内曾出土刻有"贞观 ×× 年"纪年的门槛、宋代"大观通宝"钱及唐宋时期的砖、瓦、陶片等遗物。此城地当交通要道，应是唐代米川旧县故城和振威军城址，宋代沿用为安疆砦。[②]

9. 卡坝古城。位于甘肃省迭部县卡坝村，在白龙江与达拉水汇流处东岸，西

---

① 国家文物局主编、青海省文化厅编制：《中国文物地图集·青海分册》，中国地图出版社，1996 年，第 142 页。

② 参见李智信：《青海古城考辨》，西北大学出版社，1995 年，第 164 ~ 165 页。

甘肃省迭部县卡坝古城

距迭部县城约 25 公里，西距卡坝村约 1 公里。卡坝古城平面呈长方形，目测其南北长约 110 米、东西宽约 90 米。城垣夯筑而成，宽约 4 米，残高约 2.4 米。有座东城门。卡坝古城东垣北起白龙江河畔，南抵山脚下，已经断为四截。综合各种资料，陈良伟先生认为它应当是南北朝时期的"三交口城"。三交口城又称三交口，始筑于吐谷浑时期，北周至盛唐间依次在此置甘松防、芳州、常芳县、甘松府，是白龙江流域非常重要的战略要塞，同时还是白龙江流域（也即甘松岭地区）非常重要的商业口岸。①

四、"吐谷浑道"青海境内东段中支线附近的古城堡

从今都兰县香日德镇吐谷浑城东行过切吉旷原，到吐谷浑曼头城；或从伏俟城出发到曼头城，然后从尕毛羊曲东渡黄河，到达吐谷浑早期的总部沙州慕贺川即今贵南县一带。再东行，经今泽库县、河南蒙古族自治县和甘南、川北地区前往益州。此线是"吐谷浑道"青海境内东段中支线，沿途古城众多。这众多古城仅个别能确定时代，大部分难以断代。考虑到这一带曾在吐谷浑国的控制范围，吐谷浑亡国后，又是吐蕃与唐对峙时的重要区域，吐蕃曾在这一带设过九曲、独山等军，故此线沿途众多古城属吐谷浑、吐蕃时期即南北朝隋唐时期的可能性很大，而其他时代在此筑城的可能性不大。

1. 曼头城。位于海南藏族自治州共和县河卡乡幸福村内，在河卡滩正中，四周是河流冲积的川谷地带。现在大部分地段仍是草滩，部分地段种植农作物。城

① 参见 陈良伟：《丝绸之路河南道》，中国社会科学出版社，2002 年，第 111 ~ 113 页。

东侧有条叫尕日晕的小河沟。城南北长 194 米，东西宽 105 米，城中有条隔墙将城分为南、北两部分。城基宽度不详，现存一陇土圈，残高 0.5 ~ 1 米，估计开门于北侧，北城东部正中间有一处土丘，南部正中地势稍高。地面上无早期遗物。河卡滩东侧是黄河，河上有尕马羊曲渡桥，南侧是河卡大山，北侧是三塔拉草原。站在城内向东北方向望去，娃彦山（独山）历历在目；向西南方看去，在河卡山的丛山群中，可以看到一座酷似馒头的山包，山名叫也儿郎支海。疑此城是吐谷浑曼头城。[①] 也有学者认为曼头城可能是位于此城西北 10 多公里处的切吉古城。

2. 羊曲古城。位于海南藏族自治州兴海县河卡乡尕马羊曲村东的黄河岸边，分东、西二城。西城坐落在尕马羊曲村东，为河卵石垒筑，内外有三层，外层边长 45 米，第二层边长 35 米，里层尺寸不清，石墙宽 2 米、高 1 米。东城位于贵南县茫拉乡黄河岸边，与西城隔黄河相对，已毁，只有砾石痕迹，形制已看不出。[②] 这里是河卡滩的东端，茫拉滩的西缘，是古今建桥的位置，东、西二城应均为吐谷浑、吐蕃时期为保护黄河桥而筑建的桥头堡。

3. 多果滩古城。位于海南藏族自治州贵南县茫拉乡上洛哇村西多果滩上，滩东有西龙沟口。城共有 5 座：1 号城呈长方形，南北长，东西宽，城内西南角有一座小土堆。城开东、西二门，门宽 9 米。城西 40 米处有一座大土堆，直径约 20 米。2 号城在 1 号城西北 100 米处，城略呈长方形，南北略长，开南门，宽 10 米。3 号城在 1 号城北、2 号城东 50 米处，城略呈正方形，城内有子城，子城门开在南墙西侧，城门开在南墙正中。4 号城在 3 号城北 50 米处，城略呈长方形，南北稍长，城内西北角有一座土堆，直径约 20 米，城开南门。5 号城在 4 号城西、2 号城西北，距 4 号城约 100 米，开东、北、南三门，门宽 8 米。5 座城规模都较小，面积在 3000 ~ 8000 平方米间，地面上无遗物。时代不详。

4. 上堡子古城。位于海南藏族自治州贵南县茫拉乡那然村三社南 200 米处，北距茫拉河约 400 米。城在平整土地时被破坏，据当地村民反映，该城原来呈正方形，边长约 200 米，开东、西、南三座城门。时代不详。

5. 塔哇古城。位于海南藏族自治州贵南县茫拉乡塔哇村东南，北距茫拉河约 300 米。分内、外二城。外城呈长方形，南北长 250 米，东西宽 200 米。内城位

① 参见李智信：《青海古城考辨》，西北大学出版社，1995 年，第 254 页。
② 参见陈良伟：《丝绸之路河南道》，中国社会科学出版社，2002 年，第 126 页。

青科永古城

青科永古城出土铜锅

于外城中央，东西宽 50 米，南北长 60 米。内城中有两个直径约 15 米、高约 5 米的土堆。内城内暴露有残瓦和灰陶片。时代不详。

6. 青科永古城。又作青稞永、青禾羊古城，位于海南藏族自治州贵南县森多乡青科永村二社西 50 米，城南侧台沿下为茫拉河，四周是草原。城分内、外二重，外城大致呈椭圆形，周长 560 米。开南门，门宽约 20 米，城外有护城河。内城呈正方形，边长约 70 米。时代不详。

7. 肉仓尕吐海古城。位于海南藏族自治州贵南县森多乡政府南 600 米处，南临茫拉河，四周是草原。城呈长方形，东西长 92 米，南北宽 84 米，墙基厚 3.5 米，残高约 1 米，开南门，门宽 12 米，城内有房屋建筑痕迹，无遗物。时代不详。

8. 拉才恰龙尕拖古城。位于海南藏族自治州贵南县森多乡青科永村东南 300 米，四周是草原。城呈长方形，东西长 164 米，南北宽 130 米，墙基厚约 8 米，残高约 1 米，城开东、南二门。城内出土有灰瓦片、灰陶片等遗物，采集到一块双瓣莲花纹瓦当，应为隋代或唐朝前期的遗物。

9. 合豆贡么古城。位于海南藏族自治州贵南县森多乡青科永村寄宿学校北约 800 米处，城北有合豆沟，东北侧有条壕沟。城呈长方形，东西长 130 米，南北宽 100 米，墙基宽约 8 米，残高 1 米，城门不详。城内出土有灰陶片。时代不详。

10. 卡加古城。位于海南藏族自治州贵南县森多乡卡加村一社东北 300 米处，城四周与农田毗邻，南 150 米处为达布江河，北 40 米处有一条从东向西延伸的小山梁。城呈长方形，东西长 200 米，南北宽 95 米，开南门，门宽 14 米，城内无遗物。时代不详。

11. 多江堂古城。位于海南藏族自治州贵南县森多乡完秀卡加村西南约 1 公里处，北 300 米处有达布江河。城呈长方形，东西长 135 米，南北宽 100 米，开东、北二门，东门宽 8 米，北门宽 6 米。城内散布有灰陶片和灰瓦片。

12. 冬次多古城。位于海南藏族自治州贵南县塔秀乡塔秀寄宿学校西约 4 公里处，南约 500 米处有冬次沟。城呈长方形，南北长 360 米，东西宽 260 米，墙残高约 1.5 米，基宽约 7 米，城内有四排房址。城外西北角处有一座小城，城呈正方形，边长 53 米，墙基宽约 5 米，残高 1 米，城内西部中间有一片略高于地面，南北长 19 米，东西宽 18 米。二城城门皆不详。城内出土瓦片和灰陶片。

13. 智合罗合古城。位于黄南藏族自治州泽库县城南约 2 公里处的智合罗合山上，山南即是泽曲。城有两座，两城相距约 1 公里。东城略呈圆形，南北长 130 米，东西宽 145 米，开东门。西城呈不规则形，东墙长 190 米，北墙长 170 米，南墙长 170 米，西墙长 150 米。东、西、北三面有城门痕迹，门外有折形瓮城。两座城皆因牧草覆盖，城内未发现遗物。

14. 恰日如来古城。位于黄南藏族自治州泽库县城东北约 3.5 公里处。城东约 150 米处有一条小沟。城呈不规则形，北墙长 166 米，东墙长 158 米，南墙长 178 米，西墙长 196 米，基宽约 3 米，残高约 0.6 米，开四门，门外有折形瓮城。

15. 宁秀古城。位于黄南藏族自治州泽库县宁秀乡宁秀村，原有几处古城址，曾出土大量砖瓦块，现已被完全破坏。

16. 拉干木塘古城。位于黄南藏族自治州河南蒙古族自治县智后茂乡阿木乎村，西距泽曲约 50 米。城略呈正方形，东西长 230 米，南北宽 220 米，残高 1.5 米，基宽 7 米，开东门。时代不详。[①]

五、"吐谷浑道"青海境内东段南支线附近的古城堡 [②]

从今都兰县香日德镇吐谷浑城出发，越扎梭拉山口，沿兴海县大河坝河东行，

---

① 多果滩至拉干木塘古城资料来源：以李智信《青海古城考辨》为主，参以《中国文物地图集·青海分册》，陈良伟著《丝绸之路河南道》等。

② 夏塘古城以下资料来源以李智信：《青海古城考辨》为主，与《中国文物地图集·青海分册》，陈良伟著《丝绸之路河南道》等互参。

在今同德县班多村一带过黄河，循阿尼玛卿山北麓东南行，前往今四川成都，此即南北朝隋唐时期"吐谷浑道"青海境内东段南支线。此线沿途古城众多，其中仅个别能确定时代，大部分难以断代。据史书记载，这一带曾先后是吐谷浑、吐

切卜藏古城

蕃的控制范围，故这些古城大多应属南北朝隋唐时期所筑。

1. 切卜藏古城。位于海南藏族自治州兴海县子科滩镇切卜藏村二社公路右侧。据笔者亲临考察，古城呈长方形，东西约 170 米，南北约 150 米。北、东、南墙均有城门，门宽约 8 米。东南角和西南角有马面。土墙夯层七八厘米，残高 1 ~ 4 米，城的西墙外正中、南墙外正中地面有青色的砖瓦散布。城的正中有正方形高台，边长约 30 米，周边有墙痕，残高不足 1 米，可见有东、西二门，门宽约 3 米，残基宽约 5 米，顶宽约 2 米。正中暴露出大量砖瓦，高台的两侧有方格形痕迹。推测高台是官署建筑物，两侧可能是士兵宿舍。推测该城是隋卫尉卿刘权镇守这一带时所筑的军城。城南侧山坡中部有古渠遗迹，也应是隋代驻军为大开屯田所遗痕迹。

夏塘古城遗址

2. 夏塘古城。位于海南藏族自治州兴海县唐乃亥乡夏塘村东 3 公里大河坝河南岸约 30 米的草原上。城东南侧有一条崖壁垂直的洪沟，沟深约 30 米，内有泉水。古城呈长方形，南北长 170 米，东西宽 160 米，残高 1 ~ 3 米，开东门，门宽

约 15 米。古城保存较好，现长满杂草。城内东南角有一座圆形土堆，高约 3 米，直径约 10 米。土堆西北部有一块呈刀把形的土台，南北长 19 米，东西宽 19 米。土堆南侧有一片长 20 米、宽 22 米的隆起地带。另外，在东门至西墙的中轴线两侧各有一条长 10 米、宽 6 米的隆起地带。城内散布有夹砂红陶片、泥质红陶片、绳纹到灰陶片、灰瓦片等。夏塘古城的形制与青海湖西吐谷浑都城伏俟城很相似，都是大体方形，开东门，城内一角有圆形高土堆。这当不是偶然的巧合，而应看作一个民族的文化特征。夏塘古城是吐谷浑的赤水城，曾被隋利用为河源郡治所。

3. 吉浪卡亚古城。位于海南藏族自治州兴海县中铁乡政府西南 120 米处的台地上。古城略呈梯形，东西长 147 米，南北宽 65 ~ 75 米，基宽约 4 米，残高 0.5 米。城东墙正中有一缺口，宽约 5 米，似为城门。城西墙外有一附城，附城南墙与城的南墙在一条直线上。附城呈方形，边长 45 米，开门于北城墙东侧。城内暴露有灰瓦片。城南邻郭什青沟。估计吉浪卡亚古城建于隋唐时期。

4. 拉毛跨立卡古城。位于海南藏族自治州兴海县中铁乡斗后塘村五社东约 2 公里处的山坡上，古城下即为黄河，城南约 1 公里处有中铁沟。城南侧有一条洪沟，北侧临拉毛沟。城依地形而筑，北城墙长 150 米，南城墙长 180 米，东城墙因黄河冲刷已无存，西城墙呈不规则形。城基宽约 2.5 米，残高 5 米，南、西、北三面共有马面 12 座。夯土筑，夯层厚 4 ~ 7 厘米，城门开在西墙上，宽约 4 米。在城内未找到遗物，建筑年代不详。

5. 空哇古城。位于海南藏族自治州兴海县中铁乡杜宗村东 50 米，在杜宗河西 300 米处的高岗上。古城南、北两侧各有一条洪沟。城呈长方形，南北长 147 米，东西宽 80 米，基宽 4 米，残高 0.5 ~ 0.8 米。门向不详，城内未发现遗物，不知建于何时。

6. 塔东古城。位于海南藏族自治州兴海县曲什安乡塔东村东南方向的野马山麓，西邻那尔干沟。城东西长 125 米，南北宽 110 米，基宽 4 米，残高 0.8 米，东墙正中有豁口，似为城门遗迹，在城内未发现遗物，建城时代不详。

7. 松多古城。位于海南藏族自治州同德县巴沟乡松多村东约 300 米处，南 200 米处为巴木河，西 50 米处有克日布沟。城呈正方形，边长约 148 米，墙残高 1.5 米，基宽约 3 米，城内有几处隆起的地势，应为建筑遗迹，周围散布有碎瓦片。城西南角已被破坏，门向不清。

8.龙巴滩古城。位于海南藏族自治州同德县巴沟乡和居村，南 150 米处有巴沟河，东 30 米处有龙巴沟。城呈长方形，南北长 164 米，东西宽 100 米。城内可分为 3 个区，南区宽 48 米，中区宽 49 米，北区宽 47 米，主要建筑物应集中在北区，地面散布有瓦片。城门不详。

9.加卡日古城。位于海南藏族自治州同德县谷芒乡东吾村。城有两座，中间有哈拉沟相隔，相距 69 米。南城东西长 111 米，南北宽 92 米，残高 0.2 米。北城南北长 57 米，东西宽 50 米，残高 0.3 米。二城城门门向不详，城内外无遗物。

10.斗后宗古城。位于海南藏族自治州同德县巴水乡东约 10 公里处的巴水河北岸。城呈不规则圆形，周长约 791 米。城东、西、北三面临深沟，南边为巴水沟。城内地势较平坦。城正中间有座圆形土台，高 1.5 米，直径 6 米。城内由于牧草覆盖，布局不清，只可见到一处东西长约 10 米，南北宽约 7 ~ 8 米，基宽约 1 米的房基遗迹。城东南角有一处断崖，断崖上暴露有厚约 0.40 米的灰层，灰层内含泥质灰陶片、夹沙红陶片、铁块、瓦片及兽骨等遗物。城有南、北二门，门宽约 5 米。

第三节
"唐蕃古道"附近的古城堡

一、河湟地区的古城堡

1. 桦林嘴北古城。位于海东市民和回族土族自治县古鄯镇桦林嘴村阳山社西。古城坐落在呈东西向长带形的塬上，南北临陡深的沟壑，南面的沟叫马家河，河对岸是古鄯塬；北面的沟叫宝光寺河，河对岸是高山（当地人称童家山）。据笔者两次亲临考察，古城依地形修建，呈不规则长方形，东西700米、南北80

~ 110米，利用陡崖并稍加劈斩以为城垣，故当地俗称"斩城"。20世纪80年代尚存东北和西南部分城墙，夯土筑，残高0.2 ~ 5米，夯层8 ~ 10厘米。城内散布大量的筒瓦、板瓦、条砖碎块、泥质灰陶、罐、瓮、盆等残片，曾出土有铜镜、

桦林嘴北古城残迹

泥制灰陶罐、石柱础及窖藏开元通宝铜钱30余公斤。据《元和郡县志》《甘肃省志》，推测此城为隋、唐时所设置的龙支县古城址。

2. 鄯州故城。位于海东市乐都区碾伯镇西约1.5公里处的大、小古城村。省内考古学界认为大、小古城是南凉都城——乐都城，唐代沿用为鄯州治所。城址现已基本无存。

3. 鄯城县、河源军故城。位于西宁市城东区曹家寨一带，一说在乐家湾一带。据史书记载，唐鄯城县、河源军在西平郡故城东。城址现已无存。

4. 临蕃城。位于西宁市湟中县多巴镇多巴村北，南距湟水约1公里，俗称破塌城。此古城是东汉临羌新县故城，唐代沿用为驿站，更名临蕃城。

5.湟源北古城。位于西宁市湟源县城关镇光华村东俗称二架梁的山梁上，西距湟源县城2公里。二架梁是座高出湟水河床约50～80余米、北高南低、南端延伸到湟水岸边、北连大山的山梁，古城坐落在山梁北部，东、西、南三面城墙直接沿山梁断崖修筑，城墙与断崖近于垂直。北城墙因接连大山，在城墙外挖掘有宽10米、深3米的壕沟，壕沟两端与东西沙沟相通。城墙夯土筑，基宽16米，残高1～7米。北城墙长150米，中间有一马面。西城墙长478米，中间偏北有一城门。南城墙分东西两段，向内错开，墙外留有10余米宽空隙，南城门即开在错开处。东城墙长412米，有距离不等的5个马面。城内现辟为农田，原来布局已不清，但能看出有一条由西向东的大道，南城门向北也有一条大道。推测可能有南北大道与东西大道呈丁字形的布局。城内主要建筑集中在北部小院及丁字形大道两侧。古城东墙外由于是山洪冲积面，由第一马面自北向南又修筑有一条长约400米的围墙至湟水岸边，围墙高4米、宽3米，东面开有一门，与古城南门有大道相通。围墙至湟水岸边处有一座方形瞭望台，高11米，底部长、宽均12米。据遗迹观察，围墙可能初为拦洪所筑，后又将其西部利用为居住地。出西门再折向北有大道，大道北面高峻的大山半山腰处又筑有3个瞭望台。[①]古城内地面遍布砖瓦碎片、泥质灰陶片及石磨盘、柱础等遗物，采集有开元铜钱、长条砖、板瓦、骨器及石马等。此城是青海境内发现的唐代城堡中面积较大、城墙保存较完整、文化堆积较厚的一座古城，一般认为是唐开元五年（公元717年）

湟源北古城遗址

① 李智信：《青海古城考辨》，西北大学出版社，1995年，第126页。

陇右节度使郭知运所设白水军的故址（与绥戎城同址）。白水军地当丝绸之路青海道"唐蕃古道"的交通要冲，其军事防卫职能突出，兼有驿站的功用。

6. 克素尔古城。位于西宁市湟源县和平乡克素尔村北山上，北距湟源县城20公里，南距日月山20公里，位居药水中游西岸。北山高约200米，青藏公路由山下东侧通过，北为孙家沟，西南称克素尔沟，山势陡峭，顶部较平缓。古城坐落在山的西部，沿山崖修筑，城墙已全部塌陷，仅留下一周残高1～3米的土塄，轮廓尚清楚可辨。古城平面呈不规则四方形，南墙长147.5米，北墙长137米，西墙长203米、东墙长110米，西北、东南角各开一门。城墙有马面多处。城中央偏北处有一长50米墙基，并有门道，墙内正中有一边长3米、高2米的夯土台，台上置有较多的河卵石，现被群众利用为"峨博"使用。城内地面散布有灰陶瓮、罐残片，采集有开元铜钱数枚。[①]从遗物判断为唐时所筑，是当时军事据点之一。

7. 石堡城。又叫铁仞城，当地人则叫大、小方台，位于西宁市湟源县日月乡大茶什浪村西南，药水河东高山上。海拔3300余米，石堡城并非传统意义上的城池，它没有城墙，而是由与石山连为一体的两个方台构成。两个方台一南一北，南面的叫大方台，北面的叫小方台。两方台间有一条狭窄的山梁相连，成为唯一相通的小径。大方台的南、西、北三面均是犹如刀削的悬崖峭壁，小方台的东、西面也是陡坡，很难攀登。人到台上去，只有东边一条羊肠小道可通。石堡城就设在这两个方台上，史书说该城"三面险绝，惟一径可上"[②]，峥嵘险峻。据笔者亲临考察，小方台面积约40米×40米，地势平坦，地面散布有少量的砖头瓦块，中间偏西有一边长4米、高约2米的天然岩石平台。大方台长约50米、宽15余米，是一长条山脊，两端隆起略呈马鞍形，山脊中部有排成一字形的一排房基，因狭窄不平，房基用石板垫平，房屋皆为正方形，面积约30平方米，共7间，彼此相连无间隙。山脊北端有边长3米、高3米的夯土筑瞭望台。山脊地面散布有大量的砖瓦碎块及较厚的灰烬土，其中采集到过开元通宝铜钱。山下药水河东岸山根下堆积有从山上掉下的大量砖瓦碎片，还有相传称作死人沟、万人坑名称的小地名。大、小方台视野极为开阔，为军事瞭望哨所理想的制高点。石堡城于唐开元五年（717年）为吐蕃所置。唐蕃双方以石堡城为中心，在其周围设置了若干

---

① 参见李智信：《青海古城考辨》，西北大学出版社，1995年，第133～134页。
② 《资治通鉴》卷216《唐纪29》。

个相呼应的防御据点，主要有北京台、位于大小方台南约 3 公里处的料瓣台、料瓣台南约 2 公里处的古营盘城以及日月山的隘口等。唐朝两度攻占石堡城后曾先后改设振武军和神武军。石堡城是唐蕃古道上重要的一站，是扼守古道的一处重要关隘。

8. 北京台古城。位于西宁市湟源县日月乡上若药村北山上。此山西连日月山，南北临山沟，东为药水河。笔者曾亲临考察，古城南北宽 40 ~ 60 米、东西长 80 米，用石块及河卵石筑墙，墙基宽 4 米，残高 2 米。20 世纪 60 年代时，因取用石料被破坏，仅存留有东、西、南三面墙基，

石堡城大方台

石堡城小方台

城内被挖掘成几个大坑，布局完全被破坏无法看清。西墙外有一座夯土筑的土台，土台上部也被削去。从地面散布碎片层、陶片等遗物判断，此城为唐代所筑。

9. 金巴台古城。位于海北藏族自治州门源回族自治县北山乡金巴台村北，古城西临老虎沟，高出河床约 30 米，城为长方形，南北长 230 米，东西宽 200 米，残高 1.5 ~ 2 米，底宽 10 米，上部残宽 2 ~ 4 米，夯土层厚 9 ~ 11 厘米。门开于东墙正中，宽 10 米。城内西部有一片南北长 40 米、东西宽 30 米、高约 1 米的长方形台基，但无砖、瓦等建筑遗物和人工建筑的居住遗迹，灰层中只出有大量家畜骨骼。以从此城所出遗物判断，应为游牧民族所建，城中土台基应为牙帐驻扎处。金巴台古城可能是吐蕃新城，也就是唐开元年间杜希望所置的威戎军故城。①

---

① 参见李智信：《青海古城考辨》，西北大学出版社，1995 年，第 197 ~ 198 页。

10. 老虎沟口城址。位于海北藏族自治州门源回族自治县北山乡金巴台村北老虎沟口，城址呈长方形，用石块砌成，东西长约 70 米，南北宽 40 米，残高 1～2 米，底宽 8 米。西南角的高台上有一座石砌哨卡，台高 10 米，宽 5 米，长 5 米。哨卡门开于东南角，宽 4 米。[①] 在哨卡内有零星铁片和灰陶片，陶片内壁有凸起的圆点纹。其质地和纹饰与热水吐蕃墓葬中所出的部分陶片相似。哨卡两岸高山雄峙，仅有一条羊肠小道经其西蜿蜒通入山内，沟通山内外交通。此老虎沟口小城与金巴台古城相距不远，应为同时期建筑，可能是吐蕃遗迹。

二、青南地区的古城堡

1. 黑古城。位于海南藏族自治州共和县倒淌河乡蒙古村东南约 100 米的草滩上。北侧 20 米处有一条小河，北 140 米处有一道山梁，城南距青藏公路约 1.5 公里。城东、西、南三面是湖滨草原。城呈长方形，东西长 150 米，南北宽 125 米，残高 1.5 米，四角有马面，开东、西二门，门宽 3 米。东门内南侧，西门内北侧有上墙马道。城内散布有大量瓦片和少量唐代泥质灰陶罐、瓮残片。该城应为唐代神威军故城。

2. 正东巴古城。位于海南藏族自治州共和县恰卜恰镇东巴村。城呈长方形，城墙夯土筑成，南北长 200 米，东西宽约 100 米，残高 0.2～2.5 米，基宽 6 米。城东、西墙上各有 4 个马面，南北墙上各有 3 个马面。墙体夯土层夹杂木棍（橼）的痕迹，有的还有朽木残渣，有的只是碗口大小的圆洞。南墙正中有一座城门，北城墙西侧也有一座城门，门宽约 5 米。东北、东南、西北三个角残存角楼，角楼为正方形，

正东巴古城遗址

① 参见国家文物局主编、青海省文化厅编制：《中国文物地图集·青海分册》，中国地图出版社，1996 年，第 128 页。

宽为 10 米。推测唐莫离驿位于此处的可能性很大。

3. 兰卡索古城。位于海南藏族自治州共和县恰卜恰镇东巴村东台前沿的"兰卡索"台上。古城略呈正方形，南北长 172 米，东西宽 168 米。仅存轮廓。此城有可能是《新唐书·地理志》提到的王孝杰米栅故址，但有待考古界进一步研究。

4. 娃彦古城。位于海南藏族自治州共和县河卡滩东侧的娃彦山脚下。娃彦山俗名"独山"，是一座石体裸露的山峰，周围是一片丘陵，丘陵四周是河卡滩和塔拉滩。城建在丘陵顶上，站在城上可以对东、南、西三面一览无余。城的规模很小，东西长 43 米，南北宽 37 米。在城外西北侧有一座附城，南北宽 35 米，东西长 25 米。城残高 1 米，基宽不详。附城西部有一座土堆，高约 2 米。暴露有板瓦，瓦分为灰色和"青棍"两种，瓦长 36 厘米、宽 18 ~ 26 厘米，厚 2.5 厘米。采集到一件兽面滴水，其形制与哇滩古城内出土的滴水完全相同。娃彦城建筑年代应与哇滩城相当，应为唐代。

5. 哇滩古城。位于海南藏族自治州兴海县城西北约 5 公里，龙曲沟西约 500 米处。周围是大草原。城基本上呈正方形，边长在 105 ~ 107 米之间。城墙基宽度不详，东南角城墙高约 4 米，其他地段的城墙高约 1.5 米。城门东向。城东北角有一处圆形土堆，1989 年被群众当作古墓进行了盗掘。1990 年，青海省文物管理处和海南州博物馆对残土堆进行了清理，发现是一处寺院遗址。寺院建在高台上，面阔 4 间，进深 3 间。面阔约 2 米，第一间进深 3.15 米，后两间进深 2.15 米。房内有一"凹"形佛堂，残存有佛像和菩萨泥塑残迹。出土了大量砖脊构件和双瓣莲花连珠纹瓦当和兽面纹滴水。瓦当形式与唐长安青龙寺出土的初唐时期的瓦当相似。[①] 此城应为唐代驿站，有可能是《新唐书·地理志》提到的公主佛堂故址。

6. 大河坝台站古城。位于海南藏族自治州兴海县子科滩镇大河坝乡赛日涌滩（一作赛日云滩）沙石路边，距大河坝河北岸不足 500 米，北距共（和）玉（树）高速约 7 公里处。《中国文物地图集·青海分册》著录为 1918 年甘边宁海镇守使马麒构筑的"大河坝营盘遗址"。据载，此城"平面略呈方形，周长约 840 米，墙夯土筑，高 2.5 米，基厚 1.8 米，夯土层厚 0.2 米，墙顶上有高 1.4 米、厚 0.45

---

① 黑古城至哇滩古城参见李智信：《青海古城考辨》，西北大学出版社，1995 年，第 215 ~ 226，257 页；国家文物局主编、青海省文化厅编制：《中国文物地图集·青海分册》，中国地图出版社，1996 年，第 149 ~ 150 页。

大河坝台站古城遗址

米的夯土筑的女儿墙，女儿墙上每隔 1 米左右，有土垛和一个直径约 0.1 米的射击孔。墙四角各有一座炮台，南向开门，门宽 4 米。城内有石砌房基、土墙等遗迹和国民政府国徽、砖、瓦等遗物"[1]。据笔者 2016 年 9 月 8 日实地踏勘，发现该城墙体上、下部分的土质土色、夯层厚度存在明显差异：下部土色总体发白，上部则发黄；下部夯层只有 7 ~ 10 厘米，上部则 20 厘米左右。很显然，民国时期台站是在古代城基上加宽加高重新修葺而成的，等于给旧城穿了一层新外套，新加部分的顶部建了女墙。新、旧城黏合部由于风吹日晒已裂开拳头宽的裂缝，存在非常明显的"两张皮"现象。《新唐书》卷 216《吐蕃传》记载：贞观"十五年，妻以宗女文成公主，诏江夏王道宗持节护送，筑馆河源王之国"。"河源王之国"即吐谷浑国，因当时吐谷浑王诺曷钵被唐封为"河源王"。今兴海县当时属于吐谷浑国辖区。大河坝河上游地区的地貌正好符合遍布"鹿服泉"[2] 的特点，与唐咸亨元年（公元 670 年）薛仁贵率兵 10 万攻讨吐蕃大非川之战关系密切，故而，此"大河坝营盘"古址很可能是唐贞观年间所筑供文成公主一行休息的馆城，即《新唐

---

① 国家文物局主编、青海省文化厅编制：《中国文物地图集·青海分册》，中国地图出版社，1996 年，第 168 页。

② 《册府元龟》卷 961《外臣部·土风三》记载："吐蕃国，本汉西羌之地……有鹿服泉，诸山川亦遍出泉，其泉口大者丈余，小者一二尺，水深尺余。其马历泉口行止之，勇不失脚。与汉战辄引入此地，汉马颠踬，因而败绩。"

书·地理志》提到的"大非川驿"故址。

7. 然尔根古城。位于海南藏族自治州兴海县温泉乡温泉点东南 15 公里的然尔根滩上,西 100 米处有塔卜丝沟,南 50 米处有长水沟,东北 250 米处有中果沟。这里共有 3 个从南至北一字并排的圆形城墙,中间相距 40 米。第一个直径 110 米,第二个直径 65 米,第三个直径 40 米。城墙基宽 1.5 米,残高 0.4 米。城内无遗物,建筑年代不详。[①] 推测与《新唐书·地理志》提到的"温泉驿"故址有关。

①国家文物局主编、青海省文化厅编制:《中国文物地图集·青海分册》,中国地图出版社,1996 年,第 168 页。

第四节
宋代"青唐道"附近的古城堡

一、青唐古城

青唐古城又叫南滩古城，位于西宁市城中区昆仑中路北侧南滩体育场南侧。宋人李远在其《青唐录》中记载：青唐城"枕湟水之南，广二十里，旁开八门，中有隔城，以门通之，为东、西二城。伪主居西城。门设谯楼二重。谯楼后设中门，门后设仪门。门之东，契丹公主所居也；西，回纥及夏国公主所居也。过仪门北二百余步为大殿九楹，柱绘黄龙，基高八九尺，去坐丈余矣。碧琉璃砖环之……直南大衢之西有坛三级，纵广亩余，每三岁冕祭天于其上。西城无虑数千家；东城惟陷羌人及陷人之子孙、夏国降羌，于阗、回纥往来贾贩之人数百家居之。城之西有青唐水注宗河，水西平远建佛祠，广五六里，缭以周垣，屋至千余楹……城中之屋，佛舍居半。唯国主殿及佛舍以瓦，余虽主之宫室亦土覆之"。青唐古城夯土筑，基宽 8 米，高 7 米。现只存留东西长约 400 米的南墙一段。其东墙约在今西宁市城东区共和路一带，北墙约在今城中区七一路南侧，西墙约在今城中区长江路东侧。"隔城"之址约在今城中区湟光花园南街、花园北街一带。唃厮啰国主和契丹、回纥、夏国公主住西城，国内普通百姓以及"于阗、回纥往来贾贩之人数百家"住在东城。青唐城的西面是青唐新城（在今古城台一带），主要是佛祠，"屋至千余楹"。只有国主的宫殿和佛舍上面铺有瓦，其余即使是公主的宫室，也都是土屋。这座青唐故城是唃厮啰政权的都城，是宋代"青唐道"的中心枢纽。宋、元时期沿用为西宁州城。青唐城在中西交通、贸易中具有很重要的位置，唃厮啰政权利用青唐在古丝绸之路青海道上的枢纽地位，积极发展商业贸易。当时，西域各国商旅、贡使或由今新疆东南越阿尔金山（或出当金山口），进入青海省西北，穿过柴达木盆地，沿青海湖南、北两岸而行，到达林金城（一作临谷城，在今湟中多巴镇）；或经河西走廊来到"氂牛城"（一作猫牛城，后改

青唐古城遗址

称"宣威城",在今大通县桥头镇下庙沟村内),再到林金城,然后到青唐城,继续东行,与中原商人进行贸易。唃厮啰及其后任者大力发展当地的商品经济,为商旅提供吃住,派兵护送,允许商人在其境内修盖货栈,定居贸易。由于措施得力,林金城、青唐城内西域商贾云集,成为吐蕃商人与西域商人进行贸易的中心。

二、青唐城以东诸城堡

1. 宗哥城。位于海东市乐都区碾伯镇西约 1.5 公里处的大、小古城村。李远《青唐录》记载,宗哥城"分东、西二垒,广八里,北依山,南枕湟水,比诸城最高"。碾伯镇大古城内的内城建于后凉吕光政权时期,为乐都郡城,后来为南凉早期国都;外城筑于南凉秃发傉檀时,和内城同为南凉晚期国都。小古城则由北宋时期李立遵所建,同大古城一起并称为宗哥城,又名龙支城。现地面无遗存。

2. 乐都黑古城。位于海东市乐都区马营乡黑古城村北。古城平面呈长方形,东西长 410 米,南北宽 170 米,夯土筑。古城坐落在高低不平的山间,城墙高低错落,南、北城墙设有马面,东、西两面开门,皆附有瓮城,城内散布有砖瓦碎块、陶片、瓷片。当地农民在城内拾到过"崇宁通宝"及石珠装饰品等。所见遗物为宋代时期,故疑其可能是宋时所置的"德固砦"古城。[①]

3. 下川口古城。位于海东市民和回族土族自治县马场垣乡下川口村。下川口古城有两座,一座在龙支沟西岸、湟水南岸二水相汇的三角地带,台地高出湟水约 50 米左右,城北部已被湟水冲刷,现只存一大半,城东西长约 320 米,南北残宽 40～80 米,残高 2～6 米;另一座在下川口村,城呈长方形,南北长约 220 米,东西宽约 100 米。城分为三部分,中部为大城,大城南侧有偏城,大城

---

① 参见李智信:《青海古城考辨》,西北大学出版社,1995 年,第 70 页。

北侧有新城。整个古城有三个城门，大城北墙有一内城门。[①]后者已被完全拆毁。宋人李远《青唐录》记载："又行三十里至湟州，城周七里，东倚高山，北临宗河桥，西入省章峡。"推测上述二城是宋邈川城（一说湟州治所邈川城在民和回族土族自治县川口镇）。宋于元符二年（公元1099年）在邈川城置湟州，宣和元年（公元1119年）改为乐州。

4.丹阳古城。位于海东市民和回族土族自治县中川乡清泉村北，古城坐落在寺沟峡盆地北部中心，黄河北岸第三台地前沿处。古城东西长365米、南北宽250米，平面呈长方形，夯土筑，基宽7米、高8米，南北开门，皆有瓮城，城墙有马面。墙外有宽10米、深2米的护城壕沟。城内已成农田，但也能看出有一条南北向中轴大道。古城内散布有大量的砖、瓦碎块及齐家文化时期的陶片。调查时采集有宋"崇宁通宝"、兽

丹阳古城遗址

面瓦当等遗物。所见遗物除齐家文化时期外，皆为宋元时期遗物。据《宋史·地理志三》疑为宋时的来宾城。[②]

三、青唐城以南诸城堡

1.扎巴三角城。位于海东市化隆回族自治县扎巴乡南滩三社，在扎巴沟东北侧的高台上。西宁至化隆的公路从城西南侧经过。城仅见部分残墙遗迹，长170米，宽120米。疑为宋绥平堡故址。

2.金刚城。位于海东市化隆县群科镇内。南距黄河约500米。城南北长345米，东西宽288米，夯土版筑，夯土层厚0.12～0.14米。城已遭到严重破坏，城内布局不详，散布遗物较少。此金刚城应为宋代廓州城。

3.甘都破城。位于海东市化隆回族自治县甘都镇西约5里的甘都农场场部南侧，南距黄河约1000米。城南北长600米，东西宽约500米，残高2～5米，

① 参见李智信：《青海古城考辨》，西北大学出版社，1995年，第42页。

② 参见李智信：《青海古城考辨》，西北大学出版社，1995年，第47～48页。

基宽约 13.5 米。夯土版筑，夯土层厚 0.12 ~ 0.20 米。由于农田基建，城仅存部分残墙，城门不详，城内布局不详。《续西宁府新志》卷 1 载："破城。在甘都川，黄河北岸。"该城应该是唐代米川新县城、宋代米川城故址。[①]

4. 上新庄古城。位于西宁市湟中县上新庄镇新城村。该古城呈正方形，边长 200 米，残高 8 ~ 10 米，夯土筑，夯土层厚 0.1 ~ 0.12 米，南北各开一门。城南现仍存有部分古城残迹。该古城应即宋清平砦故址。上新庄位于拉鸡山北麓，地当西宁至贵德孔道的要冲。上新庄新城村一带共有三座相邻的古城，除宋清平砦故城外，不远处还有明伏羌堡（又作南川堡）古城、清黑古城。[②]

5. 尕让古城。位于海南藏族自治州贵德县尕让乡查曲昂村西侧的高台上，西临尕让河。尕让古城呈长方形，南北长 220 米，东西宽 102 米，基厚 10 米，残高 7 米，夯土筑，夯土层厚 0.9 ~ 0.12 米。东、西墙各有马面 4 座，南北墙各有马面 3 座。该城东墙被严重破坏，南墙也略有残缺，估计城门开在东墙正中，城内布局不详，遗物较少。此城应是宋代怀和砦故址。

6. 积石军城。位于海南藏族自治州贵德县河西乡先锋三村四社东北，分内外两座城，俗称"黑古城"。初为后凉吕光所置浇河郡城，宋时沿用为积石军驻地。[③]

四、青唐城以西、以北的古城堡

（一）青唐城以西的古城堡

1. 林金城。位于西宁市湟中县多巴镇。宋唃厮啰政权辖地林金城又名林檎城、临谷城，崇宁三年（公元 1104 年）宋收复后改名宁西城。李远《青唐录》记载："自青唐西行四十里至林金城，城去青海，善马三日可到。"据此，林金城很可能与东汉临羌城、唐临蕃城同址。据《宋会要辑稿》蕃夷四之一九，北宋神宗元丰四年（1081 年）十月六日记事载，拂菻国即东罗马拜占庭帝国使者到中原地区贡方物，取道今天新疆且末、若羌一带，经过"黄头回纥"居住的柴达木盆地西北部，又经黄头鞑靼居住的今甘肃河西走廊西部，然后南越祁连山，经"林檎城"到达青唐。"林檎城"是林金城的不同音译。又《宋史》卷 492《吐蕃传》载："厮

---

① 以上 3 城参见李智信：《青海古城考辨》，西北大学出版社，1995 年，第 158、156、151 页。

② 参见李智信：《青海古城考辨》，西北大学出版社，1995 年，第 112 页。

③ 以上尕让古城、积石军城参见国家文物局主编、青海省文化厅编制：《中国文物地图集·青海分册》，中国地图出版社，1996 年，第 160 页。

啰居鄯州，西有临谷城通青海，高昌诸国商人，皆趋鄯州贸卖，以故富强。"此处"临谷城"可能是林金城、临金城的误写。可见，林金城是丝绸之路"青唐道"上的重要站点。

2. 海晏故三角城。位于海北藏族自治州海晏县城西约 100 米，俗称"三角城"。汉平帝元始四年（公元 4 年）始设西海郡，古城内出土过宋代"崇宁重宝""圣宗元宝"等货币，表明该城址使用的下限晚至宋代。

（二）青唐城以北诸城堡

1. 浩门古城。位于海北藏族自治州门源回族自治县浩门镇城区，因位置适中，多年来被利用为集会广场。古城平面呈长方形，东西长260 米，南北宽 240 米。城墙夯土筑，残高 11.7 米，基宽约 20 米，顶宽 7 米，夯土层厚 0.1～0.13 米。四周有马面，东西 4 个，南北 3 个。门向南。城外有宽 20 米、深 5 米的护城壕。城内东部

浩门古城

有建筑遗迹。此城可能是宋代大同堡（一说宋大同堡在今甘肃省永登县连城一带）。

2. 克图古城。位于海北藏族自治州门源回族自治县东川镇克图村大通河北岸，村北有通向河西走廊的道路，古城处在丁字路口。古城平面略呈梯形，东西长约460 米，南北宽约 230 米。城墙夯筑，残高 11 米，基宽 12 米，顶宽 3 米，夯土层厚 0.06～0.11 米。门向北，有瓮城。城内地表暴露瓦片、陶片等，采集到一枚"天禧通宝"钱币。此城可能是宋代善治堡城（一说宋善治堡城即今甘肃省永登县连城古城）。

3. 沙金古城。位于海北藏族自治州门源回族自治县皇城乡马营村。平面呈长方形，东西长 210 米，南北宽 120 米。城墙夯筑，残高 5 米，基宽 8 米，顶宽 2 米，夯土层厚约 0.08～0.11 米，东开一门。城周有一宽 10 米、深 5 米的护城壕。城

内西南角有一座瞭望台。此城可能是宋代所筑。[①]

4.土牛古城。位于海北藏族自治州祁连县峨博乡扁都沟北口西岸。平面略呈长方形，南北长约50米，东西宽约45米。墙夯筑，现已坍塌，基宽约7米，残高约4米，夯层厚约0.1米，东向开一门。城西南角利用城墙建有烽火台，台高出城墙约1.5米，夯土筑，夯层厚0.13米，内夹圆木。城外北、西两面建有两层护墙，墙已坍塌，夯层较疏松，厚0.3米，内夹木炭、残砖、石块等。城东有古道绕过。城内曾采集到黑釉布纹筒瓦、夹砂灰陶片、泥质灰陶片、白瓷片、青花瓷片等。推测此城为宋代所筑。

5.扁都沟古城。位于海北藏族自治州祁连县峨博乡扁都沟内。古城依地势建在山梁上，平面呈三角形，周长约400米。墙夯土筑，已塌残成陇岗状，残高约2米，基宽约5米。因地势陡峻，城内按阶梯状布局。东南角开一门。从城门至山下河边有一条石砌阶梯状踏道，宽约1.8米。城东台下建有烽火台。采集到白瓷片、黑瓷片、泥质灰陶片、夹砂红、灰陶片、青花瓷片等。推测此城为宋代所筑。

6.峨博宋代古城。位于海北藏族自治州祁连县峨博乡峨博村北50米处。古城呈长方形，南北长300米，东西宽200米，残高6米，基宽6米。夯土筑，夯层厚0.11米。城墙四角有马面。东、西、南三面各开一门，门宽11米。门外均有翁城，翁城长30米，宽25米，翁城门宽5米，内呈弧形。[②]推测此城为宋代所筑。

以上诸城位于丝绸之路西平—张掖道边，除军事防卫外，也有为驿传运输、信息传递等提供便利的功能。

[①] 以上3城参见国家文物局主编、青海省文化厅编制：《中国文物地图集·青海分册》，中国地图出版社，1996年，第129页。

[②] 以上3城参见国家文物局主编、青海省文化厅编制《中国文物地图集·青海分册》，中国地图出版社，1996年，第127页。

第五节
元至清代丝绸之路青海道附近的古城堡选介

一、河湟地区古城堡举例

1.西宁卫古城。位于西宁市城中区，为明西宁卫城，清因之。现仅存北城墙、东城墙部分残段。据乾隆《西宁府新志》记载，洪武十九年（公元1386年），明朝廷命长信侯耿秉文率陕西诸卫军士在元西宁州城的基础上修筑了此城。城周长九里一百八十步三尺，高五丈（约合16米），基宽五丈（16米）。月城高四尺（1.5米），护城壕一丈五尺（5.8米），宽二丈五尺（8米）。并修有4座城门，4座角楼，19座敌楼，34间逻铺。"东门连关厢，商贾市肆皆集焉"[①]。嘉靖二十二年（公元1542年），进行了修补，并在东稍门外增添了月城。万历三年（公元1575年），在城墙内外添加了护城砖，成了名副其实的"砖包城"。后来又做过多次补修工作。该城城墙在新中国成立后西宁市城市建设中大部分被拆除。西宁卫城处在中原入西藏、入新疆的交通要道上，地理位置十分重要，被称作"天河锁钥""海藏咽喉"。

2.威远镇故城。位于海东市互助土族自治县威远镇内。故城东西长375米，南北宽354米，基宽7.2米，高9米，夯土筑，南面开门，并设有瓮城。由于城镇扩建，城墙大部被拆除，现仅存县政府招待所院内一段残墙。据《甘肃通志》卷11记载，威远镇故城建于明嘉靖十四年（公元1535年）。

3.碾伯县故城。位于海东市乐都区碾伯镇内。故城始建于明洪武十九年（公元1386年）。东西长450米，南北宽336米，夯土筑，墙高约10米，基宽9～10米。万历十二年（公元1584年）补加砖堞。万历二十四年（公元1596年）重修并增设城楼。此城原分内外，外城墙已无存，内城城墙也因为城镇扩建大部被拆除，现只存有北城墙。

4.冰沟驿城。位于海东市乐都区芦花乡城后村西南50米处。驿城东西宽

103 米，南北长 152 米，夯土版筑，南面开一门，有瓮城。冰沟为明、清时期甘、青两省主要的通道之一，由此北上经甘肃省永登县河桥驿等驿站可达兰州。据《西宁府新志》卷 9 记载，冰沟驿城为明洪武十九年（公元 1386 年）修建，嘉靖中置防守官，清初设把总。此城保存尚好，城内有一条中轴大道，两侧地面散布有砖瓦及瓷片等。

5. 古鄯驿故城。位于海东市民和回族自治县古鄯镇。现存城墙南北长 250 米，东西城墙因拆毁长度不清。原调查时有南、北二门，皆附有瓮城，现只存有南门。

古鄯驿故城

据《西宁府新志》，该城规模较大，"周回长六百六十丈"。据清康熙《碾伯县志》载，建于明洪武时期，原为古鄯驿，嘉靖时设操守官，后设守备，清初设游击，乾隆时改为守备。系县级文物保护单位。1986 年城内曾出土一门铁炮。

6. 哈拉库图古城。位于西宁市湟源县日月乡哈拉库图村。城址建在一独立小山东坡处，扼守日月山及药水河上游，地势险要。城依山而建，周长 760 米，夯土筑，有东、西二门。西门在小山最高处，并设有瓮城。据《丹噶尔厅志》载，哈拉库图古城为清乾隆四年（公元 1739 年）修筑，次年竣工，设守备驻防。此城从调查资料看，其北城墙有二次筑成迹象，下层夯筑类似唐代时期筑法，有可能清时

哈拉库图古城遗址

筑城前即有城池。系县级文物保护单位。

7. 白塔故城。位于西宁市大通回族土族自治县城关镇（又名毛伯胜）。据《西宁府新志》《大通县志》记载，该城建于清雍正三年（公元 1725 年），原名白塔营城。乾隆九年（公元 1744 年）大通卫移治此城。乾隆二十六年（公元 1761 年），改卫设县，遂为大通县治。1957 年，县治移于桥头镇，遂废。城周长 1674 米，高 6 米，设东、西二门，有城楼、角楼、腰楼及月城。城外有护城河，现因城镇建设大部已被拆除，仅存东城墙残垣 30 来米。

二、柴达木南、北支线附近的古城堡

（一）南支线附近的古城堡 [①]

柴达木盆地南支线大体是青海湖以南经过今共和县、都兰县、格尔木市、甘森镇、茫崖市，出今青海省境与今新疆若羌县境内的中西陆路交通主干道西段衔接的路线。

1. 那仁萨拉城址。位于原茫崖行政委员会所属老尕斯乡西 19 公里处（今属新疆维吾尔自治区若羌县铁木里克乡），铁木里克河上源两条小河交汇的地方。"那仁萨拉"是蒙古语音译，"那仁"是细小的河之意，"萨拉"是交汇处的意思。此名称与古城的位置十分吻合。城址南距新疆若羌县铁木里克乡旧乡政府所在地约 5 公里，北距 315 国道约 15 公里，东北距花土沟镇约 35 公里。据海西州文物部门调查著录，该"城址东西长 160 米，南北宽 158 米，现仅存西墙，夯土筑，夯

---

① 这一部分资料基本上来源于辛峰主编：《海西州第三次全国文物普查资料精选》，中国民族摄影艺术出版社，2013 年。

那仁萨拉三角城

层厚 5 ~ 10 厘米，残高 1.5 米，底宽 10 米，其他三面为墙基，底部有一层厚 20 ~ 30 厘米的芦苇。南墙有一城门，门宽 11 米，墙基呈弧形。古城外东北 60 米处有一处瞭望塔，瞭望塔呈 20 米 × 15 米的长方形，塔高 13 米"[①]。据本人参加的实地考察，该古城依地形而建，由于小河有弯曲，故古城呈三面环水之貌。城墙夯层中除夹杂有芦苇外，还有红柳之类的细树枝，有羊粪块以及河中淤泥干燥形成的泥块等物。城内未见有助于断代的遗物，其时代不详。从那仁萨拉城址及烽火台的破损程度揣测，估计或许与丝绸之路青海道上的"黄头回纥道"甚至更早的吐谷浑道有关，更有可能是元代曲先答林元帅府驻在地。元至元年间曾设立"阇里辉驿"，岑仲勉先生认为阇里辉是"撒里畏吾"的音译。那仁萨拉故城正在撒里畏吾的核心地带，元代在这一带将行政官衙和驿站置于此城中的可能性很大。

2. 诺木洪四大队城址。位于海西蒙古族藏族自治州都兰县宗加镇哈西洼村西侧 4 公里处（诺木洪农场四大队队部南 20 米处）。地势平坦，东侧 4 公里处为南北流向的哈西洼河，是一条季节河，北侧紧邻一条东西向的砂石路。城址东西长 160 米，南北宽 110 米，墙体为夯土筑成，夯土层厚 13 厘米。城墙高 3.6 米，上宽 2.5 米，下宽 4 米。东墙保存较好，南墙、西墙破坏较为严重，北墙已完全破坏。城址内现建有民宅。

3. 诺木洪古城。位于青海省海西蒙古族藏族自治州都兰县宗加镇宗加街道办事处以西南方向约 6 公里处。位于宗加镇镇政府东侧。东、西、北面为农田，南侧 5 米处为一条东西向的柏油路。古城东西长 280 米，南北宽 170 米，墙体为夯土筑成，夯土层厚 13 厘米，墙高 3 米，上宽 2.5 米，下宽 4 米。西墙保存较好，

[①] 辛峰主编：《海西州第三次全国文物普查资料精选》，中国民族摄影艺术出版社，2013 年，第 15 页。海西州普查资料认为残存最长的一段墙是西墙，而青海省文化厅编制的《中国文物地图集·青海分册》则记"现仅存一段 18 米长的北墙"（中国地图出版社，1996 年，第 186 页）。实地勘察，残存最长的一段墙呈南北向，"北墙"的说法似有误。

南墙、东墙、北墙破坏较为严重。城内外无文化层暴露。该城址时代不详，有可能是清雍正九年（公元 1731 年）所建"额色尔津新城"。

4. 托托村琉璃瓦建筑遗址。位于海西蒙古族藏族自治州都兰县巴隆乡托托村。近年文博部门在巴隆乡政府北侧约 5 公里的地方发现了铁斯格窑址，该窑址地面密密麻麻散布绿、土红、黄等色琉璃瓦碎片，还有无釉瓦、青砖等的碎片。托托村琉璃瓦建筑遗址位于铁斯格窑址西北约 8 公里处。建筑遗址坐落在一片广阔的沙原之上，南距 109 国道约 7 公里。主遗址约 800 平方米，高 1 米多，布满了大大小小的各色琉璃瓦和板瓦的残片。遗址内还发现过残长 24 厘米的条砖以及铁刀、铜饰残片等。估计此处为琉璃瓦宫殿建筑遗址。然而此遗址的年代尚难确定。古代琉璃瓦宫殿建筑在青海境内十分罕见，录此待考。

5. 红星村城址。位于海西蒙古族藏族自治州都兰县香加乡红星村西南 590 米的香日德河支流河口右岸。背山面水，北侧为农田，东南方向 400 米处为大山，西侧为可可哈达沟。城址平面呈梯形，北墙长 20 米，东墙长 18 米，南墙长 17 米。北、东、南三面为夯土墙，西面为河险。夯土墙宽 7.6 米，残高 1 ~ 2 米，南墙及北墙各有一缺口，初步断定为城门。城内建筑布局不明，地表散布有夹砂灰陶片、石块、牛羊骨、草木灰等。时代不详。

6. 英德尔城。位于海西蒙古族藏族自治州都兰县察汉乌苏镇和平街道办事处英德尔种羊场老场部西南方向约 300 米的耕地中，东约 2 公里为南北走向的山系，

英德尔城遗址

南约 1 公里为东西走向的山系，西侧为开阔地，北约 5 公里处为东西走向的山系。有内、外城垣各一周，现仅残存墙基。外城平面呈不规则的长方形，东墙长 198.5 米，南墙长 232 米，西墙长 245.4 米，北墙长 227 米，墙基宽约 4 米，残高 0.5 ~ 2 米。东墙有一城门，门宽 6 米。内城位于城址西南部，平面呈正方形，边长 60 米，东开一门，城门宽 2.4 米。西南部有一座圆形的封土堆，高 3.5 米，直径约 16 米。封土堆基部为夯土，夯层厚 8 ~ 10 厘米，上部用土坯垒砌呈塔状，表面有覆土。城墙西南角因修建简易土路被破坏，南墙及西墙各残缺约 3 米，城址保存较差。时代不详。

（二）北支线附近的古城堡 [①]

丝绸之路青海道柴达木盆地北支线，大体是青海湖以北经过今天峻县、乌兰县、德令哈市、大柴旦镇、马海村，西北行出当金山口，与河西走廊道衔接的路线。

1. 西庄古城址。位于海西蒙古族藏族自治州乌兰县希里沟镇西庄村小学院内，又名破城子。北为环城路，西南部的西墙和角楼被村民推倒后，建为县蔬菜储备库，西北为原西庄小学和卫生院，东为一简易路，隔路为灌溉水渠。城址东西长约 150 米，南北宽 120 米，夯土筑，夯层厚 0.8 米，现残存西墙北段 47 米，高 3.3 米，墙基宽约 1.6 米；东墙南段约 60 米，墙基宽 1.8 米，高约 1.7 米。东墙残存墙基中部 60 米处与西墙对称有一马面，均已坍塌。在东部马面上建有一座高约 5 米小土楼，西南角有一坍塌角楼，角楼和马面呈正方形，边长约为 2.8 米。城门位置不详，无文化层暴露。时代不详（据当地群众反映属明朝时期建筑）。

2. 西庄西城址。位于海西蒙古族藏族自治州乌兰县希里沟镇西庄村。东邻希里沟镇兽医站，南至东西走向的文化路，西至村民住宅，北至村民住宅及乡村小路。城址东西长 75 米，南北宽 73 米，墙基宽 2 米，顶宽 0.5 米，夯土筑，夯层厚 0.12 米。南墙正中有宽 5 米缺口，东墙正中有城门，城门宽 4.5 米。城内建筑布局不清，无文化层暴露。初建年代不详。据当地群众反映，该城址在清朝末年可能为马圈，民国时期曾被县长用作衙署。

3. 黑石山军堡。位于海西蒙古族藏族自治州德令哈市河东街道办事处东山村黑石山一座陡峭的山顶。为军事设施遗址。北临黑石山水库，南临海西州东诺化

---

① 这一部分资料基本上来源于辛峰主编《海西州第三次全国文物普查资料精选》一书，中国民族摄影艺术出版社，2013 年。

黑石山军堡遗址

工厂，站在该军堡顶部，市区一览无余。军堡墙体依山而建，东西长 43 米，南部宽 25 米，东部宽 3 米，残高 25 米，由石头与泥沙垒砌。该军堡保存较好，当地文管部门认为，可能始建于元代。

4. 鱼卡石砌关堡。位于海西蒙古族藏族自治州大柴旦行政委员会大柴旦镇柴旦村西南 65 公里处鱼卡河西南岸第一台地上，西北与通往鱼卡煤矿的公路相连，距鱼卡采石场 400 米，隔采石场为鱼卡煤矿。关堡处在一石山上，平面呈正方形，边长 23 米，面积 530 平方米。现仅残存墙体底部，残墙底宽 1.2 米，上宽 0.4 米，残高 6 米，由沙柳条、碎石子夯土夹砌而成，内部砌有土坯。夯层厚约 40 厘米，沙石厚约 4 ~ 8 厘米，地表无遗物和文化层暴露。推测是清朝时用于军事观察兼做税收等的关堡遗址。

5. 马海城址。位于海西蒙古族藏族自治州大柴旦行政委员会大柴旦镇马海村内，在喀什至西宁和柳园至西宁公路交会处西 23 公里、喀什至西宁公路以北 2 公里处，北 100 米为自北向南至马海冷钾集团公司公路，西 200 米为柴旦村乡村公路，四周为农田。古城平面呈梯形，东西长 50 米，南北宽 40 米。该建筑建设年代不详，损毁年代亦不详，无遗物和文化层暴露。

6. 马海村大营房遗址。位于海西蒙古族藏族自治州大柴旦行政委员会大柴旦镇马海村西北 10 公里处。为军事设施遗址。共有碉堡 8 处，单兵掩体 11 处。东 15 公里处为知青五站，民国时期曾被用为兵营。该建筑平面呈长方形，长 154 米，宽 114 米。目前仅存残墙基，墙体由土坯砌成，宽 50 厘米，高 20 ~ 40 厘米，周围有战壕和 8 处直径约为 4.6 米的碉堡，战壕宽度约 1.4 米，深 1.6 米，周边

加拉上古城遗址

还有 11 处单兵掩体，总面积为 18 000 平方米。

三、青南地区的古城

1. 察汗故城。位于海南藏族自治州共和县倒淌河乡黄科一社村东北，俗名白城子。古城夯土筑，南北长 410 米，东西宽 300 米，东、西各开一门。西门前有一宽 3 米、高 6 米的遮墙，城内残留有用石板垒砌的房基。房基分别在东西大道两侧。城内散布大量的砖、瓦等建筑构件。据《西宁府续志》载，清道光三年（公元 1823 年）建，设兵驻守，咸丰元年（公元 1851 年）废。此城既是设兵驻守之地，也是清时祭海的场所，海神庙即在其西北。

2. 加拉上古城。位于海南藏族自治州共和县恰卜恰镇西北约 6 公里处。城略呈正方形，东西长 211 米，南北宽 231 米，残高 2 米，基厚约 4 米。城内曾挖出过大量砖块和瓦片、柱石、灰烬、木炭、人骨、大量残缺不全的小泥菩萨（有的

切吉古城遗址

还刷有金粉）、残缺的寺钟，还有金刚杵、法铃、冰水碗、石板上刻有藏文的经，插经幡的石座等等。可能是明万历年间西海蒙古人修竣又被焚毁的仰华寺址。

3. 切吉古城。位于海南藏族自治州兴海县河卡乡宁曲村原塘格木农场五大队北。古城坐落在切吉河畔，河水发源于鄂拉山芒丈沟，流经古城西侧后，向北流约 10 公里进入切吉滩，与胃育渠汇合，东流注入沙珠玉以东的大连海湖。城北侧有青海南山，南侧有鄂拉山。古城由一座正方形和矩形城相连构成。正方形城边长 200 米，其南墙向西延伸 15 米，再向南折延伸 150 米，再东折 215 米后北折，与正方形城的东墙延长线重合，构成矩形城。在矩形城内，离西墙 35 米处，有一道南北走向的城墙又将城分为两部分。在矩形城东西中轴线东端的东墙外，有一道"L"形遮墙，可能是城门，城墙基宽 1.5 ~ 2 米，高 2 ~ 4 米，系夯土筑建。有人认为该城可能是吐谷浑贺真城。1987、2016 年笔者两次对该城进行了实地考察，否定了该城是吐谷浑人所筑的看法，认为切吉城城龄超不过 200 年，应是清光绪十三年（公元1887年）在青海金厂沿途为所驻防兵修筑的城。然而2017年丝绸之路南亚廊道（青海段）考古调查队考察时，在城内采集到手印砖、兽面瓦当、青辊瓦和鸱吻残件等文物，说明该城始筑时代也可能早到唐宋时期，或许存在在旧城址上筑新城的情况。确切结论有待考古发掘。

4.大河坝台站城址。位于海南藏族自治州兴海县子科滩镇大河坝乡赛日涌滩（一作赛日云滩）沙石路边。《中国文物地图集·青海分册》著录为1918年甘边宁海镇守使马麒构筑的"大河坝营盘遗址"[①]。其实，按当时的习惯，应叫"大河坝台站遗址"。台站又称兵站、驿站，西宁至玉树沿途的湟源、哈拉库图、大河坝、长石头和竹节寺等处均有台站。大河坝台站还是转运军需物资的重点站之一。城址面积、墙体高度等参见本章第三节"大河坝台站古城"条。

---

① 国家文物局主编、青海省文化厅编制：《中国文物地图集·青海分册》，中国地图出版社，1996年，第168页。

第八章
与丝绸之路青海道有关的重要遗物

　　与丝绸之路青海道有关的遗物很多，主要有沿途出土的中国与西域诸国的古钱币、丝绸、手工艺品、饰物、陶器等等。丝绸之路青海道上出土的古钱币种类众多，中国各个时期流通的古钱币基本上都有出土，局部地区还数量众多，如唐龙支县故城——今民和回族土族自治县古鄯镇桦林嘴村北古城中，曾一次出土开元通宝钱30余公斤。柴达木盆地出土的元代纸钞也属国内罕见。丝绸之路青海道沿线出土的西域诸国的古钱币也比较多，如西宁市解放路一次出土波斯萨珊王朝执政时期的银币76枚；海西蒙古族藏族自治州乌兰县出土波斯萨珊王朝不同时期的银币6枚，有东罗马金币1枚；都兰县香日德镇吐谷浑墓中也出土过东罗马帝国索里德斯金币1枚，均在丝绸之路"吐谷浑道"沿线，十分珍贵。都兰等地吐谷浑、吐蕃时期墓葬中出土的丝绸种类之多几乎囊括唐代的所有品种，其数量之多、品种之全、图案之美、技艺之精、时间跨度之大，均属少见。其中织金锦、缂丝，嵌合组织显花绫、素绫、绯锦等为国内首次发现。此外都兰等地吐谷浑、吐蕃时期墓葬中出土的西域风格的装饰品、工艺品也不少，还有，海东市民和回族土族自治县喇家遗址出土的齐家文化炊煮器绳纹敛口陶盉等，其领及耳部压刻花纹的灰陶罐，与出自西伯利亚及北欧所谓之"康式陶器"关系极为切近；海南藏族自治州贵南县尕马台齐家文化墓出土的齐家文化双大耳罐，则与希腊及罗马古代之"安佛拉"即一种两联底瓶有几分相类之处，均表明西域与中国内地的交流与沟通由来已久。

上述青海道沿途出土的重要文物是中西商贸及文化交流的物证，也是丝绸之路青海道存在并一度繁荣的铁证。

第一节
丝绸之路青海道沿线出土的钱币

一、中国钱币

（一）史前时期

青海远离海滨，不产海贝，但在新石器时代晚期马家窑文化以及后来的青铜器时代各文化的遗址或墓葬中都有海贝出土。不仅出土自然贝，还陆续出土仿自然贝制成的骨贝、石贝以及铜贝等。这些贝与原始货币有关。青铜器时代的卡约文化时期，青海先民们的商品交换达到了新水平，文化遗址中除了出土大量海贝、骨贝、石贝外，还出现了青铜贝和金贝。1981 年贵南县沙沟

卡约文化金贝

乡关塘遗址卡约文化墓中出土了青铜铸贝 2 枚，其形状与天然贝相似，腹空，有槽齿。更令人惊叹不已的重大发现是，1978 年在大通县上孙家寨卡约文化 455 号墓中出土了 32 枚金贝。这种金贝形体小巧玲珑，是用很薄的金片包在木胎上制成的，长约 6 毫米，宽 4 毫米，平均重量为 2.246 克。同一座墓中还出土了 32 枚海贝，100 多颗绿松石以及石贝、金耳环等。这座墓的年代相当于春秋后期。[①] 卡约文化出土的铜贝、金贝说明，春秋后期古羌人中同样有最早的货币

[①] 青海省文物处、青海省考古研究所编著：《青海文物》，文物出版社，1994 年，第 151 页；青海省博物馆、青海民族博物馆编著，祝君主编：《河湟珍藏·历史文物卷》，文物出版社，2012 年，第 152 页；参见崔永红：《青海经济史·古代卷》，青海人民出版社，1998 年，第 32 页。

吉尔孟古城出土汉五铢钱

在流通。这些金属贝，可以说是青海地区最早的钱币。

（二）秦至隋代

1. 秦半两钱。西宁市大通回族土族自治县后子河乡上孙家寨汉墓出土。古钱为圆形，直径2.4厘米，穿边长0.8厘米。边缘无周郭。"半两"二字清晰突起。①

2. 汉五铢钱。青海省汉代墓葬中普遍有发现。西宁市大通回族土族自治县后子河乡上孙家寨汉墓出土的古钱，直径2.6厘米，穿1厘米。铜质好，铸工精。"铢"字的"金"字头作三角形，"朱"字上下方折，"五"字宽放，交叉两笔缓曲柔圆。刚察县吉尔孟汉代古城也出土过汉五铢钱。②

3. 汉"大泉五十"钱及钱范。汉"大泉五十"钱于西宁市大通回族土族自治

"大泉五十"陶钱范

县后子河乡上孙家寨汉墓出土。古钱为圆形，直径2.9厘米，正方形穿，边长1.1厘米。铜质良好，钱面光滑，比较厚，铸造精致，书法工整。"五"字上下两笔略出头，"大"字一横作圆缓弧形，"大"字中部略凸起，"泉"字靠上一笔中间稍凸起。③

钱范是古代铸造金属货币的模子，一般称为钱模，质地有陶、石、铜、铁等。海北藏族自治州海晏县西海郡故城出土的"大泉五十"陶钱范，为夹砂粗陶，

---

① 青海省文物考古研究所：《上孙家寨汉晋墓》，文物出版社，1993年，第168～169页。

② 青海省文物考古研究所：《上孙家寨汉晋墓》，文物出版社，1993年，第169页；青海省文物考古研究所编著、任晓燕主编：《再现文明——青海省基本建设考古重要发现》，文物出版社，2013年，第125～126页。

③ 青海省文物考古研究所：《上孙家寨汉晋墓》，文物出版社，1993年，第180～182页。

圆角长方形，长 13.9 厘米，宽 9.2 厘米，厚 6.3 厘米，呈砖红色。钱范上面斜排两行钱样，钱铭为阴文"大泉五十"。[①]

"小泉直一"钱范

4."小泉直一"陶钱范。海北藏族自治州海晏县西海郡古城出土。陶钱范长 11.5 厘米、宽 7.5 厘米、厚 5 厘米。[②]上面有 8 枚钱模，排列 3 行，钱径 1.4 厘米，穿宽 0.4 厘米，穿中间有凸起小乳钉。钱文为阳文篆体，上下为"小泉"，左右为"直一"，字迹已模糊。

5.货泉。西宁市大通回族土族自治县后子河乡上孙家寨汉墓出土。古钱为圆形，直径 2.2 厘米，正方形穿，边长 0.8 厘米。质地尚好，铸造较粗。[③]

6.大布黄千。西宁市大通回族土族自治县后子河乡上孙家寨汉基出土。通长 5.8 厘米，足枝长 1.4 厘米，首宽 1.4 厘米，肩宽 2.2 厘米。铜质、铸工均好。钱的正面有篆文"大布黄千"四字，背面无字。[④]

7.货布。西宁市大通县后子河上孙家寨汉墓出土。通长 5.6 厘米，足枝长 1.9 厘米，首宽 2 厘米，肩宽 2.2 厘米。铜质铸工均好，钱的正面有篆文"货布"二字，背面无字。[⑤]

8."一刀平五千"错金币。湟中县征集，属新莽时期古币。自居摄二年至天凤元年（公元 6～14 年）王莽颁布一系列改变币制的法令，禁五铢，行新钱，先后规定和使用的货币达 30 余种。就铸造工艺而言，新莽时期所铸钱币工艺精美，钱文书体考究，如货布、货泉等钱文采用悬针篆，笔画纤细，字体优雅。其中包括了"一刀平五千"和"六泉十布"等一些精品。新莽时期的制币工艺无疑在当时已经达到了较高的境界。一刀平五千错金币全长 7.4 厘米，上部圆形方孔。如钱形，有穿，直径 2.7 厘米。金币为刀形，篆文"一刀"阴刻黄金错之，"平

①青海省博物馆、青海民族博物馆编著，祝君主编：《河湟珍藏·历史文物卷》，文物出版社，2012 年，第 166 页。
②青海省文物处、青海省考古研究所编著：《青海文物》，文物出版社，1994 年，图版 90。
③青海省文物考古研究所：《上孙家寨汉晋墓》，文物出版社，1993 年，第 184 页。
④青海省文物考古研究所：《上孙家寨汉晋墓》，文物出版社，1993 年，第 184 页。
⑤青海省文物考古研究所：《上孙家寨汉晋墓》，文物出版社，1993 年，第 184 页。

五千"非黄金错，阴刻，铸于刀身。①

（三）唐代及以后

1.唐开元通宝钱。海东市民和回族土族自治县中川乡清泉村出土。直径2.4

厘米，厚0.8厘米。正方形穿，钱的正面有篆文"开元通宝"四字。"元"字第二笔的一横往左挑。

2.宋代银饼。互助土族自治县沙塘川乡五下村窖藏出土。直径4厘米。质地白银，熔铸

宋代银饼

后锤揲成饼状，有熔铸砂眼。饼面锤揲痕迹明显，素面无纹。银饼是制作银器的原材料，也以货币形式在社会流通。②

3.元壹贯纸钞。海西蒙古族藏族自治州格尔木农场平地造田时出土。长方形。长29厘米，宽20厘米。纸币用灰黑色桑皮纸铜板印刷，比较粗糙，票面为壹贯，纸币上盖有中书省、尚书省等朱印印鉴。世祖中统元年（公元1260年）七月，诏造"中统元宝交钞"，亦名"通行交钞"。正面上端自右至左为钞名"中统元宝交钞"，钞名下以长方形栏分为上下两段，上段居中印有宝钞，面额"壹贯文省"。左右分别印有汉文和八思巴文对照的"中统元宝，诸路通行"，汉文九叠篆，八思巴文系上述八字的音译。下段居中印"伪造者斩，首告者赏银五两，仍给犯人家产"。右起印"中书省奏准印造，中统元宝钞宣课差役内并收受不限年月诸路通行"。后接"元宝交钞库子，攒司""印造库子，攒司"。左起印"中统　年　月　日　元宝交钞库使副判　印造库司副判"。末行抬头书"中书省提举司"。上下两框各盖一正方形官印。该印背面有"至正印造元宝交钞"字样。③

4.元贰贯纸钞。海西蒙古族藏族自治州格尔木农场平地造田时出土。长方形。长30厘米，宽20.5厘米。纸币用桑皮纸印制，比较粗糙，票面为贰贯。纸币上盖有中书省、尚书省等朱红印鉴。元世祖至元二十四年（公元1287年）三

① 青海省文物处、青海省考古研究所编著：《青海文物》，文物出版社，1994年，图版124。

② 青海省博物馆、青海民族博物馆编著，祝君主编：《河湟珍藏·历史文物卷》，文物出版社，2012年，第218页。

③ 参见青海省文物处、青海省考古研究所编著：《青海文物》，文物出版社，1994年，第14～15页。

月，更造至元宝钞，全称"至元通行宝钞"。灰黑色桑皮纸铜板印刷。正面上端自右至左为钞名"至元通行宝钞"，钞名上下端正中印有宝钞面额"贰贯"，字下为两贯钱形图案。左右为八思巴文："至元宝钞，诸路通行"，不见汉字。下半部正中印"伪造者处死，首告者赏银五两，仍给犯人家产"。右起印"尚书省奏准印造　至元宝钞宣课差役内并行收受不限年月诸路通行"。后接"宝钞库子，攒司"，"印造库子，攒司"。左起印"至元年　月　日"，"宝钞库使副""印造库使副"。抬头书"尚书省提举司"。币背面有官印。[1]

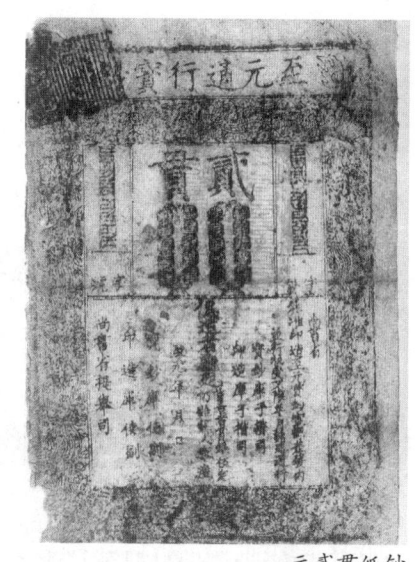

元贰贯纸钞

5.元伍佰文纸钞。海西蒙古族藏族自治州都兰县诺木洪农场出土。长24.5厘米，宽18.5厘米。桑皮纸，雕版黑墨印刷，设草木流水纹边框，其内分上下两栏。上栏两旁印八思巴文，与九叠文汉字各占两行，内两行书八思巴文相应的汉字"中统元宝，诸路通行"，右下角印有"字料"，左下角印有"字号"字样，中间楷书体"伍佰文"，其下一串钱纹。下栏文字为"中书省，奏准印造中统元宝交钞，宣课，差发内，并行收受，不限年月，诸路通行，元宝交钞库字攒司，印造库字攒司，伪造者斩，赏银伍定［锭］，仍给犯人家产，中统　年　月　日，元宝交钞库使副判，印造库使副判，中书省提举司"。正面上半部盖有八思巴文朱文印，背面盖有墨印。外围草叶花栏，上2/3处有"又"字形五串铜钱图案，背面下半部盖有八思巴文朱印。[2]

6.大明宝钞。青海省文物考古研究所征集。长方形。长28厘米，宽20厘米。纸用桑穰纸印刷，比较粗糙，面额为壹贯。外为龙纹花栏，横题其额名"大明通行宝钞"。栏内上部两旁篆文八字曰"大明宝钞、天下通行"。中部有十贯钱形图案。其下印有"户部，奏准印造，大明宝钞与铜钱通行使用，伪造者斩，告捕者

① 参见青海省文物处、青海省考古研究所编著《青海文物》，文物出版社，1994年，图版179；青海省博物馆、青海民族博物馆编著，祝君主编：《河湟珍藏·民族民俗文物卷》，文物出版社，2012年，图版第95。
② 参见青海省博物馆、青海民族博物馆编著，祝君主编：《河湟珍藏·历史文物卷》，文物出版社，2012年，第224～226页。

赏银二十五两，仍给犯人财产。洪武　年　月　日"。

二、外国钱币

1.波斯银币。1956年西宁城隍庙街（今解放路），一次出土波斯钱币76枚，其中大多数为金银币，经鉴定为波斯萨珊王朝卑路斯执政时期（公元457～483

年，北魏孝文帝太和年间）所铸。银币为圆形。直径2.5厘米，重3.8克。正面为王者肖像，根据王者肖像的不同,银币分A、B二式。A式的王冠前有一新月，冠的侧面和后部有一雉堞形饰物，冠后有条带末端的两条飘饰，脑后有发髻成球状，项间

西宁出土波斯银币

有联球形项饰,脸前近肩处有钵罗婆文的铭文一行KADIPIRVCI（意主上卑路斯）。B式的王冠前后有翅形物，王冠的后部是一对翼翅。冠的顶前A面有一条由肩上飘起的带形物，和髻后的一条相对称。A式、B式背面花纹相同，是一般萨珊朝银币的拜火教祭坛，坛上有火焰，火焰的两侧为五角星（或六角星）和新月。祭坛的两侧各有祭祀一人，相对而立。①考古学家夏鼐先生认为："西宁是在中西交

通的孔道上的。这个比较稍南的交通路线，它的地位的重要在当时决不下于河西走廊……现在这一大批第五世纪的波斯银币在该地发现,更可替我们增添实物的证据。"②荣新江等专家认为，丝路沿线出土的萨珊银币是从事中转贸易的粟特人携来的，西

乌兰出土东罗马金币

宁出土大量银币正是他们来华贸易的明证。③

2.东罗马金币。1999年，海西蒙古族藏族自治州乌兰县铜普乡大南湾遗址出土一枚查士丁尼一世（527～565年在位）时期的东罗马金币1枚、波斯萨珊王朝不同时期的银币6枚。东罗马金币直径1厘米，重约2克，打压制成。正面

---

① 参看夏鼐：《青海西宁出土的波斯萨珊朝银币》，载《考古学报》，1958年第1期；王丕考：《青海西宁波斯萨珊朝银币出土情况》，《考古》，1962第9期。

② 参看夏鼐：《青海西宁出土的波斯萨珊朝银币》，载《考古学报》，1958年第1期。

③ 荣新江、张志清主编：《从撒马尔干到长安——粟特人在中国的文化遗迹》，第5～6页；荣新江：《丝路钱币与粟特商人》，载《丝绸之路与东西文化交流》，第240～248页。

为帝王半身像，头戴王冠，两耳部各垂一对小吊珠耳环。身着交领铠甲。左侧为一圆球，其上立十字架；右侧为"NVSPPAVG"字符。背面为带双翼天使立像（或曰为胜利女神像），左手托一十圆球，其上立十字架，右手持权杖，右侧环绕有拉丁文字母"AAVGGGE"。[①]

3. 拜占庭王朝金币。2002 年海西蒙古族藏族自治州都兰县沟里乡牧草村的一座北朝吐谷浑人的墓葬中，发现了一枚拜占庭金币。该币直径 1.45 厘米，重 2.36 克，边缘剪轮。正面是王的半身像，头部稍偏向一边。头上戴盔，盔顶饰以翎羽。脑后有冠缨结带两股翘起；冠的两侧下垂珠子，露于颊旁。身上穿铠甲，外加战袍，右手持一标枪，左手持盾。金币背面为胜利女神像，侧身向右作前行姿态，右手持长柄十字架，头部与十字架之间有一颗星。金币正反两面都有铭文，王像上下两边还有两个穿孔。铭文由右手处开始，依时针旋转方向排列，以盔顶翎羽分开，成为两节，共 17 个字母，即 DNTHEODOSIVSP-FAVG。这里的拉丁文，有些是省略字。金币背面为胜利女神像，侧身向右做前行姿态。右手持长柄十字架。头部与十字架之间有一颗八芒的星。脚下一条横线的下面有一行铭文，由五个字母组成：CONOB。两侧都有铭文，一侧为 VOTXX，另一侧为 MV-LTXXX。据考古专家论证，这枚新出土的金币属拜占庭王朝狄奥多西斯二世（公元 408 ~ 450 年在位）的金币"索里得"。[②]

4. 越南钱币。越南同青海相距千里之遥，但随着南方丝路的发展，通过日益繁盛的贸易往来，而进入中国内地的越南古代钱币亦流入了地处西北的青海。就目前所掌握的情况来看，在青海东部地区，沿河湟谷地各县均有越南古代钱币的发现。在湟中、湟源、化隆、循化等县近年来出土、发现了多种越南古钱币，其中有"景兴通宝""景盛通宝""明命通宝""洪德通宝""景统通宝"等。1987 年，在青海乐都出土了一个清代窖藏，一次出土古钱币 130 公斤，其中就有"景兴巨宝"1 枚，"景兴通宝"1 枚，"景盛通宝"3 枚以及晚期私铸钱"圣元通宝"2 枚，从上述这些钱币的出土情况及磨损情况来看，均参与了流通。[③]

---

① 参看青海省文物考古研究所：《青海乌兰县大南湾遗址试掘简报》，载《考古》，2002 年 12 期。

② 参看许新国：《都兰县香日德出土的拜占庭金币》，载《昆仑文汇》，2002 年第 2 期；许红梅：《都兰县出土的东罗马金币考证》，《青海民族研究》，2002 年第 2 期。

③ 参看陈克志、王麟：《从青海发现的越南古代钱币看青海货币经济的发展》，《青海金融》，1994 年 1 期。

第二节
丝绸之路青海道沿线出土的丝绸

一、汉代帛画

海西蒙古族藏族自治州都兰县宗加乡诺木洪地区出土。帛画是汉代丧葬礼仪中的重要物品，叫非衣，其功用是丧礼期间张挂在棺枢上方，送葬路上用竿高高挂起，引导亡者之灵魂，顺利到达天界，最后放置在棺盖上。此为后世"引魂幡"的来由。诺木洪地区出土的帛画形制为 T 字形，上宽 89 厘米，下宽 36 厘米，全长 219 厘米，四角有飘带，略长于马王堆出土的帛画，可能与棺枢的长度相关。整个画面呈土红色，画面污浊不辨。经过技术复原，画面内容才一一显现出来。画面分天界、地界、水界（下界）三大层次，中间有一巨型玉璧，两条长龙穿璧结环，连通天地水三界，使画面整体有了一种

诺木洪出土汉代帛画

气贯天地的气势和意蕴。上部正中画一个人首蛇身的神祇，为女相。正中悬一巨铎，为古代传令的乐器。巨铎下左站一女，右站一男。画的中心为巨璧，璧心中悬一大帐，帐覆下界。这件帛画用暗红色丝绸为底，毛笔墨线勾勒，玉璧涂成浅白色，龙头染成淡红色。画风粗犷简练，品相古老，似为急就而成。其时代应与长沙马王堆出土的帛画差不多。此画原盖在棺盖之上，T 字上部垂盖棺头，年代长久，帛片纤维手触即会散断。因重力作用和折叠之故，多处自然断裂，其他破

损为剥离不当而造成。[①]

二、柴达木出土南北朝至隋时期中国织造丝织品选介

1. 红地对波楼堞狮面锦。出自海西蒙古族藏族自治州都兰县热水一号大墓封堆2号陪葬墓中。该锦组织为斜纹经二重，表里经之比为1:2，有区域中部有红、黄两色变换，还有一种色彩在不同区域中由紫、蓝、绿三色交替使用。该锦幅宽为40.2厘米，全幅图案由5个对波圈再加两边的两区组成。居中的对波圈较小，其中有一对经向对称的狮子，步伐雄健，造型简洁。此外的对波圈两两沿纬向对称，本身的图案又沿经向对称。靠中的圈由方格节状图案分隔，圈内有3人物，两边为两持械直立者，方脸，眉目不清，着绿袍，身持三叉戟状兵器，但中间一叉呈十字形，不知是原意还是由于丝织技术限制而造成的。3人均在一建筑物之中，其屋顶飞檐和屋立柱均清晰可见。建筑之外的对波圈由一狮面构成，该狮面十分庞大，充满经向循环。狮面正视，张开血盆大口，头部周围附有多层卷云状的鬃毛，首下伏有一对狮爪，显然是伏踞时的姿态，十分狰狞。这个对波圈至此为止。两边还有一些余地，用直线隔出，各置两个经向对称的立兽，兽形模糊不清。这种对波型骨架楼堞式狮面锦，与斯坦因在敦煌莫高窟发现的北朝几何填花龙虎朱雀纹锦和新疆吐鲁番出土的北凉时期鸟兽纹锦相似。专家认为，该锦的生产年代当在北朝晚期，至迟不晚于隋代。

2. 对波带式织锦。出自海西蒙古族藏族自治州都兰县热水一号大墓封堆陪葬墓中。这类织锦图案共出4件，图案基本一致。基本色彩是红与黄，此外分别由蓝和绿在各区域显花，红色为地，蓝、绿显花，黄色勾边，有两片尚存有幅边。整幅图案应由7个完整的和1个被分割成两半置于两边的对波圈构成，构成对波骨架的单纯的带状线条，在两条对波线之间用六瓣小花连接。各对波圈中的纹样分别是对虎（半圈中）、对人物牵驼、对狮、对象、一坐二立人物、对象、对狮、对牵驼、对虎。最边上的对虎纹样已经不清，为纬视纹样；其次为牵驼纹，一胡服装束的牵驼者牵了一匹双峰骆驼，正健步而行，为经视纹样；对狮的变形较大，作蹲踞状，张口、扬尾、鬃毛竖立，亦为经视纹样；大象形象十分生动，以蓝色显示花纹，象鼻垂至地面，背上搭着坐垫，象牙亦清晰可见；居中的对波圈中是

---

① 参看张君奇、程起骏：《都兰出土帛画与马王堆帛画的考辨》一文，载中共都兰县委宣传部编《吐谷浑与丝绸南路文化研讨会文集》。

一纬视的人物纹样，其造型与红地对波楼堞狮面锦中的人物基本一致。在一殿堂式建筑之中，一交手人物，盘坐于一座高台之上，两旁亦是持三叉戟的人物，然后又是对象、对狮、对牵驼和对虎等圈。专家认为，这类对波带式织锦与新疆吐鲁番出土的公元6世纪后期的"胡王锦"比较，无论是纹样组合（牵驼、狮、象）还是具体的造型，均有相当的一致性。尤其是其组织结构均系平纹经二重，故可以判定，对波狮象牵驼人物锦也应是胡王锦的同时期产物，即在公元558～589年之后，相当于北朝晚期。

3. 绿地对波联珠狮凤龙纹锦。出自海西蒙古族藏族自治州都兰县热水一号大墓封堆陪葬墓中。这类织锦图案出土较多，其组织为1：1斜纹经二重，这种锦共出土4件，丝织品85号残存有两个对波卷，一圈对狮，一圈对凤，纹样较为清晰，对狮蹲踞，是全侧面形象，对凤十分漂亮；丝织品155-2号存有一个对波圈，圈内为对凤，纹样与丝织品85号完全一致；丝织品86号残存有半圈对龙，这件织物很可能原与丝织品155-2号缝于同一幡，因此可能就是与丝织品155-2号原属同一织物，故而把织物全称为狮凤龙纹饰：还有一件1号墓丝织品110-2色彩已模糊，但还能判断出其中的对龙纹样。根据实测图案的骨架，纬向循环为10厘米，即在40厘米的幅连内应

绿地对波联珠狮凤龙纹锦

有7个完整的对波圈，那么，不同的对波圈中安置不同的纹样还是可能的。其年代在北朝末至隋代之际。

4. 经地对波联珠狮凤龙雀锦。出自海西蒙古族藏族自治州都兰县热水一号大墓封堆陪葬墓中。该锦为红地黄花，也是由两件残锦拼合而成。一件是1号墓丝织品5号，锦面上残存一个完整的对波圈，其中有对凤纹样，对凤图案与上述绿地狮凤龙纹锦的风格一致，但在造型上略有区别，凤冠如鸡，尾如绶带。另一件丝织品150-1号上有3个较为完整的对波圈，上为对龙，中为对孔雀，下为对狮。龙的造型相当灵动，中有一柱和一珠，颇有后世"二龙戏珠"的意境。对孔雀的

造型初看与凤凰相近，但仔细观察就有所不同，其尾只有一条，中有圈纹，正观与流行的孔雀纹造型一致。对狮纹与绿地对波联珠狮凤龙纹锦略有不同，颈上系有飘带，较为敦厚可爱。根据一些资料进行比照判断，其年代在北朝末至隋代之际。

以上4件丝织品均为中国蜀锦。[①]

三、柴达木出土唐代中国织造丝织品选介

1.簇四联珠对马纹锦。出自海西蒙古族藏族自治州都兰县热水一号大墓封堆2号陪葬墓中。这一类出土的织物较多，都是斜纹经锦，但它们之中有相同，亦有不同者。1号墓丝织品17号、68号、143号等是第一种。它以黄色做地，浅黄色勾勒。各区域中再由蓝、绿分区换色显主要花纹，由八瓣小花把连珠圈构建成簇四骨架。联珠圈之间由十样小花填充，在主圈内则对马图样，马带神翼，颈上系有一对后飘的绶带，头上饰有小花，马的一前足提起，后足亦提起，作疾步前行的姿态。马上的莲蓬状花草图案。

丝织品159号、丝织品38号等属马的第二种，它与前一种有较大的区别。在色彩上，它是以橙色作地，浅色勾勒，而以绿色和紫红色交替显示主要花纹。联珠圈之间的十样小花与前者基本相同，但里面的对马却有较大的区别。前者的马颈线被马头遮住，但后者却是弯曲的全部显露，因此可称之为弯颈。前者马头上提小花，飘带水平向后，后者则饰以像日月之象的头饰，飘带斜上向后；前者马上为莲蓬状物，而后者则是忍冬状装饰：从整个马的造型来看，前者线条平直有力，而后者线条多弯曲，反而显示出一种不稳定感。

丝织品109-4号可以列为第三种。其色彩总体类似第一种对马锦，即以黄、白为基本色彩，而以蓝、绿交替显示主花。但在具体纹样造型上，却几乎与第二种对马纹锦相同，但稍有不同。根据一些资料进行比照判断，年代当在初唐之际至7世纪初。

2.黄地簇四联珠对羊锦。出自海西蒙古

簇四联珠对马纹锦

---

① 参见许新国：《都兰出蜀锦与吐谷浑之路》，载许新国著《西陲之地与东西方文明》，燕山出版社，2006年，第199～201页。

族藏族自治州都兰县热水一号大墓封堆 2 号陪葬墓中。这一类织锦仅一件，多面幅边均存，幅宽 52.5 厘米，织物组织是 1：3 的斜纹经二重。基本色彩是，在联珠圈和圈外以黄色作地，在联珠内则以紫色为地，蓝和绿变区交替显示主花纹，

白色勾边并用作联珠。由于色彩的使用上有独到之处，从而便利该锦的风格也有些特殊。联珠圈由于用深色勾边显得十分鲜明。但联珠本身却由于黄、白反差小而不引人注目：连接各圈的是八出小花，但由于花瓣方向变化及色彩有紫、黄多种而显得有些像蝴蝶；图内的小羊绝不是中西亚常见的带长角的羚羊，而为小绵羊形象，回头张口，呦呦而鸣，两只小羊的图已填满了联珠圈内的构大部分空间，羊足下为忍冬纹样。这一件在其他地方没有找到同类的出土物，在

黄地簇四联珠对羊锦

图案上缺少比较和研究的参照。但从其簇四骨架的联珠纹来看，应断定在初唐时期较为合适。

3. 黄地小窠联珠对凤锦。出自海西蒙古族藏族自治州都兰县热水一号大墓封

堆 2 号陪葬墓中。共出两件，但实为同一织物上的不同裁片。是明显的 1：2 斜纹经锦。质地比较密。黄色为地，白色勾勒及显珠色，蓝和绿分区交替显示主要纹样。联珠环的外径与纬向较大，经向稍短，环内对凤是较简单的形式，凤身有汉代朱雀的风格，但凤冠呈火焰状，已是吸收了外来风格的因素。两凤头之间有小花，凤足之下亦有花盘，开花如圆珠形，颇引人注意。其十样小花用作联珠环之间的缤花，是最简单的形式之一，中间一圆点，向四面伸出 4 个花蕾，形成了"十"字形的花纹。

黄地小窠联珠对凤锦

以上 3 件织品均为中国蜀锦。[①]

4.黄地中窠卷草对鹿锦。亦出自 1 号大墓中。该锦色彩已褪得相当厉害，但还能看出是以绿色为主显花，以棕黄色与白色辅助显花。从纬线中也能分辨出它是 1∶3 的斜纹纬二重。团窠环的外径约为 20 厘米，它由四组卷草环组成，卷草较流畅，基本形是 S 形，再用蔓藤相连，上面开满了

黄地中窠卷草对鹿锦

小花。环中对鹿，似共同衔着一花，鹿的前一足提起，三足着地，身上显有四瓣的梅花斑纹，头上有鹿角。足下有云形花。[②]

5.黄地大窠联珠树下对虎锦。都兰热水大墓出土。这一件是所有大窠联珠纹中保存最好的一件，虽然已残碎，通过拼凑、复原，还能显出原来的图案概貌。

拼接之后，可以看出，织锦原大为 110 厘米 × 110 厘米左右的大张锦，幅宽 110 厘米存有幅边，上下均有裁边，较典型的斜纹纬二重组织。以黄色做地，紫、棕色勾描出联珠圈和花树对虎的主要纹样轮廓，以棕黄色做树干色和虎斑上的一些层次色，绿色为树叶及虎身的层次色，整个色调较为平和，已没有任何分区换色的现象。大联珠圈由上下左右的四个回纹和五个一组的 20 个珠组

黄地大窠联珠树下对虎锦

① 参见许新国:《都兰出蜀锦与吐谷浑之路》，载许新国著《西陲之地与东西方文明》，燕山出版社，2006 年，第 201 ～ 202 页。

② 许新国、赵丰:《都兰出土丝织品初探》，《中国历史博物馆馆刊》，1991 年第 15、16 期合刊。

成。圈内居中一树，树上绿叶黄花，分成四簇，树下似为山石状物，左右对虎作相扑状，一足着地，三足腾空，张口瞪目，虎尾上翘。虎的造型采用半侧的立体写实，与普通全侧的有所不同，虽不及全侧法使用的那么娴熟，但已达到相当水平。圈外缤花十样花也较为复杂，与宝花相类似。团窠直径达 38 厘米。[①]

6.橙地小窠联珠镜花锦。这种锦在海西蒙古族藏族自治州都兰县热水一号大墓中出土颇多。其中一号墓丝织品 127 号有完整的幅边。实测得幅宽 44 ~ 44.5 厘米。各件锦的色彩基本相同，橙地，白勾，绿和紫交替分区显花，组织均是 1∶2 的斜纹经二重。联朱团窠环由 26 颗圆珠联成，中间中花是由四出花蕾，然后转 45 度角是四出叶尖，而团窠间的十样小花只是以六瓣小花为中心的四出花蕾。这一种图案，在吐鲁番阿斯塔那墓地亦有不少出土，年代在公元 633 年前后，图案几乎与热水所出完全一致。判断它们在初唐前后流行是可信的。[②]

7.黄地中窠双联珠对龙纹绫。出自海西蒙古族藏族自治州都兰县热水一号大墓中。此件织物保存尚未属完好，现存 49 厘米 × 46 厘米，并存双面幅边，可测得幅宽为 49 厘米，组织为平纹地上起斜纹花。其图案的经纬向循环为 29 厘米 × 26 厘米，在一幅之中可排列两个团窠，可能就是史载的两窠绫一类的大小。但联珠环外经却并不十分大，约在 23.5 ~ 25.3 厘米之间，内径在 16.3 ~ 18.7 厘米之间，而作为缤花的十样花却十分复杂而庞大。联珠环的内外两层均由 40 颗联珠环绕而成，环内是对龙，两龙均被置于分割后的半圆内，但纹样十分适合，龙体扭曲变形很大，龙首在中央，角、嘴等均明晰可辨，前二足在下，后二足在上，均是三爪，尾从后二足中生出，整个造型飘逸雄健。将环内空间分割成两半的是一联珠柱，该柱下座莲台，上顶莲花，中间装饰的小团花在视觉上把联珠柱分割成两段，上下各有五颗珠。联珠环的十样花呈卷草状，中心位置上亦是一小联珠团窠，18 颗珠联成的环中安置着 8 瓣的小花，然后便是花蕾式的卷草反复回卷向向 4 个方向推出。根据一些资料进行比照判断，这类龙绫是在公元 8 世纪初所流行的。很可能这类绫的图案流行年代更早一些，初唐至盛唐均流行。

8.黄色大窠珠瓣对龙绫。出自海西蒙古族藏族自治州都兰县热水一号大墓中。这是一件保存颇佳的织物，虽然不完整，但可以复原。实测团窠环外径为 44 厘米，

---

① 许新国、赵丰:《都兰出土丝织品初探》,《中国历史博物馆馆刊》, 1991 年第 15、16 期合刊。
② 许新国、赵丰:《都兰出土丝织品初探》,《中国历史博物馆馆刊》, 1991 年第 15、16 期合刊。

内径为 18.5 厘米，经向循环约为 46.5 厘米左右。团窠环从里到外分成四个层次。图案中龙的造型十分生动，虽与其他对龙绫有些区别，但与盛唐时期流行的刻花银碗、盘龙镜中的龙的造型还是相当一致。因此，其年代还是可以定在盛唐时期。

9. 紫地中窠宝花立凤锦。出自海西蒙古族藏族自治州都兰县热水一号大墓中。共出两件，组织是 1∶3 的斜纹纬二重。紫地、在团窠内却是黄色作地，蓝、绿和白地显花。图案的经向循环为 16.5 厘米，纬向循环尚不能定，团窠外经约为 12 ~ 13 厘米，由于织作密度的关系，整个图案显得有些拉长，经向大于纬向。团窠环由 16 出花蕾构成，环内用 16 个弧作花藤连接各花，花蕾分两种，在正十字形的四个方向及 45 度角处是显花瓣的花朵，而在相错 15 度角的方向上乃是带有放射线类似柏枝叶式的花实。团窠环中则有一立凤，两足一齐立地，相当稳健。凤冠呈火焰状，吸收了较多的西域风格。凤伸展，其余的羽毛多而复杂。但其尾羽还是上翘过顶，十分得意。根据一些资料进行比照判断，当也是在盛唐时期流行。

10. 红地雁鹊穿花锦。出自海西蒙古族藏族自治州都兰县热水一号大墓中。此锦是红地上显花。图案为花卉卷草，花坐中有三只飞禽，中间是一只小飞雁，长颈，展翅，还有两只属鹊类，故称雁鹊穿花。织物残存 13.5 厘米 ×8 厘米，其中 8 厘米中是图案经向的单位长度及裁边、而 13.5 厘米中也能看出它纬向对称的长度，推得图案的纬向循环为 20 厘米左右。根据一些资料进行比照判断，这类穿枝花锦的年代应在盛唐左右。以上 4 件织品均为中国蜀锦。[①]

11. 黄地中窠宝花锦。出自海西蒙古族藏族自治州都兰县热水一号大墓中。长 88 厘米、宽 35 厘米。丝织品残片，长方形。由黄地中窠宝花锦和黄地柿蒂纹绫缝合组成，锦为蓝、绿显花 1∶3 斜纹纬锦，绫为平纹地 1∶2 斜纹显暗花的绫。绫折出宽边完整的与锦缝合，应为其织物的边饰，缝合线保留完整。此织物质地良好，纹饰清晰，为汉地织物。1∶3 斜纹纬二重宝花锦与绫连缀一起似用做袖口。宝相花是盛唐时期常用的吉祥图案，珍贵的织物配以大气富贵的装饰图案更显豪华。此织物厚实，图案清晰，保存良好。晕绚绫工艺复杂，纤维组织保存良好。二者均为中唐时期织物。[②]

① 参见许新国：《都兰出蜀锦与吐谷浑之路》，载许新国著《西陲之地与东西方文明》，燕山出版社，2006 年，第 204 ~ 207 页。

② 许新国、赵丰：《都兰出土丝织品初探》，《中国历史博物馆馆刊》，1991 年第 15、16 期合刊。

四、柴达木出土以西域织造体系为主的丝织品选介

（一）含绶鸟织锦及钵罗婆文字锦

1.棕榈座花瓣团窠型含绶鸟织锦。都兰县唐代墓出土的一个含绶鸟织锦标本是红绫袍的衣缘，被裁成长条，红色为地，以青、黄、绿等色显花，图案基本可以复原，经向循环约为 26 厘米。以花瓣组成团窠环花瓣之间伸出 14 朵折枝小花，团窠内是一对含绶鸟，站立于棕榈基座上。鸟身为较细密的方格纹颈部和腹上部饰以连珠条饰，尾羽分开上翘下钩，缤花为对称的十样花。

2.连珠台座花瓣团窠型含绶鸟织锦。标本是根据十余件残片复原得的。织锦用深红色为地，其上用藏青、灰绿、黄三色显花，配色和用色都非常讲究，晕色处按青绿、红、黄诸色依次排列。复原之后的图案中心是一个呈椭圆形的团窠。团窠外围是八片花瓣构成的环，中间立有一鸟。

棕榈座花瓣团窠型含绶鸟织锦

该鸟身披鳞甲片状的羽纹,尾部呈板刷状,翅和尾用横条或斜条表示,带有向上翘起的弯钩,颈部饰有带连珠的项圈状物。翅与尾部均有饰以连珠竖向的条带,两足立于平台座上,平台正面饰以横向的连珠。该鸟头后生出两条平行的、带结的飘带，口部衔有项链状物，其上布满连珠，下方垂有三串璎珞。缤花为对称的十样花，花中心为八瓣小团花，四周有方形花，朝四个方向伸出花蕾，复原后的纹样循环约为经向 17 厘米、纬向 13 厘米。[①]

含绶鸟织锦是学界对口部衔有璎珞或项链、颈后系有绶带的立鸟图案的总称。许新国先生认为，这种含绶鸟的艺术，来源于伊朗系民族的文化，但其中不乏希腊文化影响的痕迹。这类图像不仅象征着帝王的伟大、荣光、幸运和胜利，对于一般庶民来说，自然也应当具有吉祥、繁荣昌盛、幸运等极广泛的含义。都兰出

---

① 参看许新国：《都兰吐蕃墓含绶鸟织锦研究》，载《中国藏学》，1996 年 1 期。

土的含绶鸟织锦主要来自西域，也有来自中原的，其中粟特锦[1]和波斯锦具有厚实、平挺、覆盖严实等特点，说明其织造技术相当高超，而且配色和用色都非常讲究，对比强烈、鲜明，色牢度特佳，均不亚于中国织锦。[2]都兰墓群出土的大量来自东方和西方的织锦实物，足以表明此时的柴达木确已成为交流东西物资的中心和融合东西文化的中心。

3. 钵罗婆文字锦。出自海西蒙古族藏族自治州都兰县热水唐代墓中，青海省文物考古研究所藏。织锦缝合成套状，长 28.5 厘米，宽 8 厘米。锦套一面为连续的桃形图案，另一面红地，织有外国文字，经专家鉴定，是波斯萨珊朝所使用的钵罗婆文字：第一

钵罗婆文字锦

行"MLKanMLKA"，第二行"LBAGOH"。钵罗婆文字由阿拉美亚字母演化而来，翻译成拉丁文就是：SahanSah（MLKanMLKA）和 Wuzurgxwarrah（LBAGOH），意思是"王中之王"，"伟大的，荣耀的"。专家认定，此钵罗婆文字锦是"目前所发现世界上仅有的一件确证无疑的 8 世纪波斯文字锦"[3]。

（二）太阳神织锦

都兰出土太阳神织锦均出于热水一号大墓封堆 2 号陪葬墓中。按图案的不同，织锦可分为以下三个类型。

1. 黄地卷云太阳神锦。该锦采用一种由圆环相互搭接而成的四方连续展开的骨架式构图，整个图案以卷云纹作环，以小团花作组（簇）连接。残片共有 3 件，其中 1 件保存得相对完整。地部基本色彩为橙黄，用浅黄色显部分花加以勾勒。主要花纹在不同区域中由蓝、绿等多色分区变换显示。全幅内有 3 个卷云图，两边的两个圈纹样相同，并且对称。这两个圈的内部画面仔细看可分为四组：第一组最上方是一对象，象作浅色，用蓝色勾边；第二组为骑马射鹿图，一男人骑在

---

[1] "粟特"是"索格底亚纳"的不同音译，原是古代生活在中亚阿姆河、锡尔河和泽拉夫善河三河流诸地，操伊朗语族东伊语支的古老民族。粟特人，汉文史籍也称之为"昭武九姓"，从我国的东汉时期直至宋代，往来活跃在丝绸之路上，以长于经商闻名于欧亚大陆。

[2] 参看许新国：《都兰吐蕃墓含绶鸟织锦研究》，载《中国藏学》，1996 年 1 期。

[3] 参看许新国：《都兰吐蕃墓含绶鸟织锦研究》，载《中国藏学》，1996 年 1 期。

一奔驰的马上，回首弯弓搭箭，射向身后之鹿，鹿作惊慌回首嘶鸣状；第三组为对狮，黄地蓝线，狮子形体较大，前爪高举，另外三爪均着地，对称的狮子之间有一莲花座塔状物；第四组为一对骆驼，系双峰驼，驼背上有骑士，背后有忍冬叶状饰物。整个图案构思奇妙，画面生动。

两个圈的中间一圈是母题花纹，画面是一人坐在四马驾的车上的形象。四马

黄地卷云太阳神锦

分成向着相反方向奔驰的两组，所拉之车的车轮依稀可见。车体形态也由于透视角度不同而呈前窄后宽状，车上带有遮拦挡护之物。车内置有莲花状台座，台座上坐有一人，带有圆形头光，面目不甚清晰。此人双手下垂相合于腹际，犹如佛像之手持定印。双脚斜靠而未交。头光之上有华盖，华盖上似有龙形饰物，两边挂有钟铃。在该人物两侧各有两小人，似骑在鸟状物上，似为有翼天使或迦陵频迦，手中持有锤状物挥舞，做击铃或驱赶马车状。在与该圈相邻的簇四圈外，装饰着对马衔花和忍冬草叶纹饰，在簇四圈与幅之间的圈外，饰有形象模糊的对兽。与此黄地卷云太阳神锦同类型的织锦在新疆吐鲁番阿斯塔那曾出土过，其年代约为北朝晚期，相当于 6 世纪末。[①]

2. 红地云珠吉昌太阳神锦。该锦是由缝在同一件幡上的 3 块残片构成。该锦全幅应由三个圆圈连接而成，其中作为母题纹样的太阳神圈应居中，狩战圈在太阳神圈一边，而另一边的圆圈已残损，估计两边的内纹样一致，也可能是狩战题材。太阳神圈中的纹样基本清晰完整。这是一组六马拉车的群像。六匹有翼的神马分成两组，列于车体两边系驾车体，相背而驰。车身前窄后宽，上有遮挡之用的栏杆。车轮清晰，可见放射状车辐。车上置有莲花形宝座，正中的太阳神手持定印，头

---

① 参看许新国：《青海都兰吐蕃墓出土太阳神图案织锦考》，载《中国藏学》，1997 年 3 期。

戴菩萨宝冠，身穿尖领窄袖紧身上衣，交脚坐于莲花宝座之上。太阳神的旁边是两个侧面向的持王仗戴圆帽的人物，似为太阳神的卫士。太阳神身后有靠背，头部带有一圈联珠状光圈，应系头光。头光旁侧和靠背上方有两个半身人像，面目为侧面向，均头戴中国式幞头，为官吏形象。在太阳神的头部正下方有一华盖，华盖上有龙形饰物，在马车两旁并有龙首幡迎风招展，十分生动。两边的狩战圈纹样已被分割成两半，中间还有部分残缺。根据复原效果来看，圈中应有四组主要的纹样。按由上至下的顺序：第一组是一对骑驼射虎的纹样，骑驼者头戴圆形小帽，身穿窄袖短衫，下着长靴，骑在双峰骆驼之上，回首拉弓射虎；

红地云珠吉昌太阳神锦

第二组是一对骑马射鹿的纹样，马首带有花形头饰，与骑驼者装束相同的骑士在马上回首拉弓射鹿，鹿身上可见圆点形斑纹，该组纹样的马身残缺；第三组纹样上半部已残，仅能见对人对兽，人在兽前，身穿长袍，下摆至膝。兽的四腿粗壮，为狮类动物。据此推测，这一组纹样应系人物搏狮；第四组是一对手持盾牌和短剑的武士形象，相向而立，作互相搏战状。武士身后各有一只鹦鹉回首而视，鹦边饰附有灵芝状纹样。在太阳神圈上部圈外的空间处，装饰有云气纹和九个圆点，还有汉文"吉"字和相对奔跑的动物，在太阳神圈下部圈外亦有一个"吉"字和一对带角的野山羊。在狩战圈上部圈外（应与太阳神圈下部圈外相连），有对鹿、云气纹、七个圆点和汉文"昌"字，在狩战圈外靠幅边处，有云气纹、七个圆点和对狮纹。

3.绿地联珠太阳神锦。标本颜色为绿、黄二色，实物被裁成若干断片。该锦基本构图是把各圆环两两相连成二方连续的簇二型骨架。整个图案骨架是联珠圈，

绿地联珠太阳神锦

在沿纬向排列的联珠之间有直线连接，圈内纹样为纬视纹样。从纹样角度看应属上下连接。连珠圈之间为十样花，但这种十样花形体稍大，结构较为复杂。圈内之太阳神头戴宝冠，冠中最高的一珠中可见大瓣小花，身穿窄袖圆领衣，双手下垂（下面部分残缺），坐在车体之上，在肩部两面伸出两个带有二尖的玉杖（或胸带）。太阳神头部两侧各有一卧姿的双峰骆驼。身体下方为二侧视的车轮，辐呈放射状。两面为四马两两向背而驰。在两车轮之间的下方，以四条弧形线条相连，似乎是车轮或车轮的象征。整个图案与前述两件相比已大为简单。

赵丰先生注意到在青海都兰发现的丝织物图案中，有希腊神话中的太阳神赫利奥斯的原型。赫利奥斯是希腊神话中提坦巨神许珀里翁及其妹兼妻子特伊亚的儿子，每日驾驶四马金车在空中奔驰，从东到西，晨出昏没，用阳光普照人间。他的形象早在欧洲青铜时代已有发现，盛行于公元前5世纪的古典希腊时代。随着亚历山大东征，这一形象也随之传到东方。当赫利奥斯出现在北朝至隋之际的织锦上的时候，其所含的文化因素来源已经十分复杂，从新疆和青海都兰出土的太阳神织锦上，已经含有来自希腊、印度、波斯、中国等文化圈的多种文化因素。①但是，太阳神驾着四马所拉的马车奔驰这个最为基本的构图元素，却始终忠实地被保留在青海都兰出土的太阳神织锦当中，成为中外文化交流的一个重要物证。许新国先生根据平纹经锦的织造技术、纹饰特点等，认为其年代在北朝晚期，至迟在隋，约相当于6世纪末。图案中简化的车轮是传统的希腊样式，其车辐形式直接源于东罗马。有的有汉字"吉""昌"及幞头的中国人物，以及硕大而独特的车体形式等均未见于前述异域的图像，加上织物所具有的中国传统的平纹经锦

---

① 参看赵丰：《魏唐织锦上的异域神祇》，载《考古》，1995年2期。

织造方法，应该是中国内地制作的、具有中国特色的图像。从都兰发现的太阳神图像可知，这种含有希腊、印度、波斯等文化圈的图像经过中国本土优秀艺术观念的洗练，融合中国内地文化因素之后，又传播到了青藏高原的柴达木盆地。都兰出土的太阳神织锦为丝绸之路青海道的存在提供了直接证据，充分说明都兰是这条要道上一个重要的中间站。①

综上所述，都兰等地吐谷浑、吐蕃时期墓葬出土的丝绸种类之多几乎囊括唐代的所有品种，其中织金锦、缂丝，嵌合组织显花绫、素绫、绯锦等均属国内首次发现。据统计，残片共 350 件，不重复图案或色泽的品种达 130 余种。其中多半为中原汉地织造，占品种总数的 85%；18 种为西方中亚、西亚所织造，占品种总数的 14%。② 在中亚、西亚织品中，以粟特锦居多。这说明，青海是古丝绸之路的重要通道、关键节点，丝绸之路青海道在一定历史时期享有与河西走廊线同等重要的枢纽地位。吐谷浑亡于吐蕃后，"吐谷浑道"几乎全程在吐蕃辖境之内，也便于统一管理与使用，故又继续兴盛了一个时期。

---

① 参看许新国：《青海都兰吐蕃墓出土太阳神图案织锦考》，载《中国藏学》，1997 年 3 期。

② 参看许新国：《青海丝绸之路在中西交通史中的地位》，载《昆仑文汇》，1998 年 6 期。

第三节
丝绸之路青海道沿线出土的交通工具类遗物

一、诺木洪文化遗址出土的交通工具

诺木洪文化是柴达木盆地的古羌人创造的文化。1959 年在海西蒙古族藏族自治州都兰县诺木洪塔里他里哈遗址作了发掘。在遗址的北部发现有饲养牲畜的大型圈栏建筑，在圈栏入口处发现两件残木制车毂。毂的中间呈圆形外鼓，复原后可以安装 16 根辐条，毂上有一个穿轴的圆孔毂。从轴的大小和辐条的粗细数量估计，车轮不是很大。既有残车毂，就有车辆。木车可能是用马或牛来拉驶的。

二、汉代交通工具类遗物

1. 木轺车。轺车是汉代一马驾驶的轻便小车，单马，双辕，双轮，单厢，上置伞盖，专供上层贵族或帝王乘坐。西宁市彭家寨汉墓出土的木轺车由车、马、伞三部分组成。车通高 85 ~ 110 厘米，长 92 厘米，通体为黑色。伞直径 90 厘米。伞盖插有 25 根木弓，盖顶为圆形。轮毂为壶形，有木辐 17 根。辕后端连舆底，前为直辕。

彭家寨汉墓出土的木轺车马

马通高 105 厘米，长 90 厘米，头、颈、身、眼、尾等部分系分别雕制，对接而成。

马通身为黑色，昂首睨视，仅有眼、鼻、口腔部位用朱、白、黑三色彩绘。[①]它的出土为我们研究汉代的舆服制度和复原汉代的辒车，提供了极为难得的实物资料。

2. 木牛车。西宁市南滩汉墓出土。由牛、车组合而成。车双辕两轮，牛长28.1厘米，高8.2厘米，宽7.7厘米；车长33.2厘米，宽19.5厘米，高17.3厘米。轮径4.5厘米，轮辐10根，轴长2.8厘米。车厢用四块木板拼成。牛身用一块木头雕成，四条腿分别雕刻后拼起。牛车雕制手法古拙，是当时社会下层人员使用的交通工具。[②]

3. 木马。西宁市彭家寨汉墓出土，青海省文物考古研究所藏。木马高110厘米、长88.5厘米。马头、颈、身、腿分别雕成，马背雕饰马鞍，周身涂一层红粉[③]。

彭家寨汉墓出土的木马

三、汉以后交通工具类遗物

1. 唐石雕马。西宁市湟源县博物馆藏。长32厘米、高18.5厘米。马作站立状，尾部束扎，鞍鞯具备，马腹下雕刻四个人物像。[④]

唐石雕马

---

① 青海省文物处、青海省考古研究所编著：《青海文物》，文物出版社，1994年，图版第118；青海省博物馆、青海民族博物馆编著，祝君主编：《河湟珍藏·历史文物卷》，文物出版社，2012年，第168页。

② 青海省文物处、青海省考古研究所编著：《青海文物》，文物出版社，1994年，图版第117；青海省博物馆、青海民族博物馆编著，祝君主编：《河湟珍藏·历史文物卷》，文物出版社，2012年，第169页。

③ 青海省文物处、青海省考古研究所编著：《青海文物》，文物出版社，1994年，图版第116。

④ 青海省文物处、青海省考古研究所编著：《青海文物》，文物出版社，1994年，图版第156。

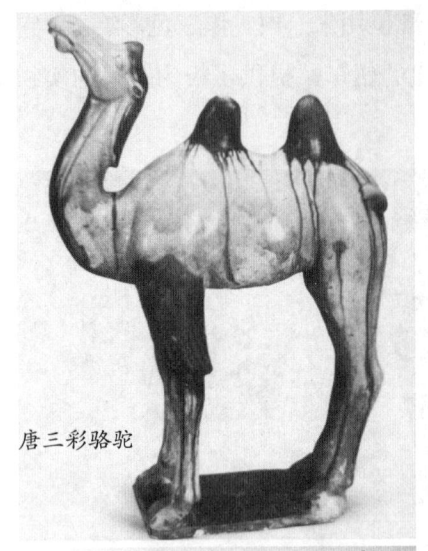

唐三彩骆驼

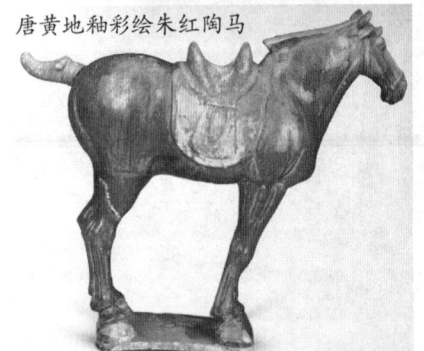

唐黄地釉彩绘朱红陶马

明骑马僧铁像

2. 唐三彩骆驼。"唐三彩"是盛行于唐代以黄、白、绿为基本釉色的一种釉陶器。青海省博物馆藏的唐三彩骆驼俑，高 54 厘米，长 36 厘米，底座长 21.5 厘米，底座宽 14 厘米。骆驼俑作站立状，四肢强劲直立，直颈昂首，头小长颈，双目圆睁，双峰直立，体型高大肥壮。整个驼俑造型准确，比例恰当。①

3. 唐黄地釉彩绘朱红陶马。长 55.5 厘米，高 49.5 厘米。底座长 21.5 厘米，底座宽 13.5 厘米。通体施酱黄色釉，马鞍施朱红色颜料，鞍鞯及马尾呈自然白陶色。马俑呈站立状，站在长方形釉陶板上，双眼圆睁，凝视前方，眉骨突出，两耳竖起，鬃毛直立，短尾上翘，显得膘肥体壮。造型细腻准确，神态生动传神。②

4. 唐玉雕卧马。青海省文物商店藏。高 12 厘米、长 18.5 厘米。1987 年征集，青白色玉，深褐色浸蚀。竖耳回首，尾部前卷。③

5. 明骑马僧铁像。西宁市湟中县博物馆藏。铁像长 48 厘米、高 47 厘米。④

①青海省博物馆、青海民族博物馆编著，祝君主编：《河湟珍藏·历史文物卷》，文物出版社，2012 年，第 200 页。
②青海省博物馆、青海民族博物馆编著，祝君主编：《河湟珍藏·历史文物卷》，文物出版社，2012 年，第 201 页。
③青海省文物处、青海省考古研究所编著：《青海文物》，文物出版社，1994 年，图版第 157。
④青海省文物处、青海省考古研究所编著：《青海文物》，文物出版社，1994 年，图版第 202。

第四节
陶器、金银器、铜器等

一、陶器

1. 齐家文化双大耳罐。海南藏族自治州贵南县尕马台齐家文化址第 24 号墓出土。泥质陶，呈橙黄色，饰红彩。通高 12 厘米，口径 9 厘米，胎厚约 0.2 厘米。喇叭形口，颈肩间有明显的分界，腹部外鼓，颈侧有两大耳，两耳上部镂刻有鸟头纹。[①] 1923 年，瑞典考古学家安特生认为此类齐家文化双大耳罐"就全体而论颇与希腊及罗马古代之安佛拉（Ampfora，一种两联底瓶）有几分相类之处"，他曾称此类双大耳罐为"安佛拉薄肉高领瓶"，[②] 故齐家文化双大耳罐一度又被称为"安佛拉式罐"，表明齐家文化双大耳罐与西域考古文化有一定关系。

齐家文化双大耳罐

2. 绳纹敛口陶盉。海东市民和回族土族自治县喇家遗址出土，属齐家文化炊煮器。陶盉为夹砂灰陶，通高 21.1 厘米，腹径 9.5 厘米。口部内敛，口沿处刻压有 5 道弦纹，并置一管状流，双耳较宽，平底。器身通体饰粗绳纹。器身烟炱痕较重。[③] 瑞典考古学家安特生认为此类领及耳部压刻花纹的齐家文化灰陶罐，"与出

齐家文化绳纹敛口陶盉

---

① 青海省文物处、青海省考古研究所编著：《青海文物》，文物出版社，1994 年，图版第 48。

② 安特生著，乐森璕译：《甘肃考古记》，转引自青海省文物考古研究所编《青海省考古资料汇编》（一），1996 年内部刊印，第 11 页。

③ 青海省博物馆、青海民族博物馆编著，祝君主编：《河湟珍藏·历史文物卷》，文物出版社，2012 年，第 97 页。

自西伯利亚及北欧所谓之康式陶器（Kamm-Keramit，即一种陶器，其花纹颇似以梳齿所压而成多数行列之点）关系极为切近，以其花纹制作酷似故也"[①]。如此说成立，则表明青海地区与西域的文化交往由来很久。

辛店文化彩陶靴

3. 辛店文化彩陶靴。海东市乐都区柳湾墓地出土。为夹砂红陶质，通体器表施以紫红色陶衣并绘以黑彩。通高 11.6 厘米、底长 14.6 厘米、壁厚 0.3 厘米。彩陶靴的口部呈圆形，直径为 6.6 厘米，口微侈，与该地出土的彩陶罐的口部相仿。从整个造型来看，分为靴勒，靴面和靴帮，靴底三部分，靴勒与靴帮、靴面之间用两条曲形的条纹相隔，而靴面靴帮与靴底则有明显的衔接痕迹。靴底厚 0.4～0.6 厘米，头部呈圆形、跟部呈方折形。彩绘纹饰有如下几种：双线条纹，饰于靴勒的缘部、靴勒与靴帮的分界处。靴面有竖线条纹，分两种形式，一种为双线，饰于靴勒处，一种三线条纹，饰于靴鞯的口部与靴帮靴面等处；对直角双线条纹，饰于靴勒处；双线波折纹，饰于靴帮处；三角纹，饰于靴勒的前部和靴面部，中间均填以"X"纹。这件彩陶靴

卡约文化涡纹彩陶鼎

虽然是一种容器，但它的造型应是当时古代先民所穿靴的直接反映，据此可见当时的制靴工艺。此彩陶靴属青铜时代辛店文化。[②]

4. 涡纹彩陶鼎。海东市互助土族自治县张卡山遗址出土。高 18 厘米，口径 13 厘米。泥质红陶。侈口，短颈，圆垂腹，三锥形足。器物通体施红陶衣，黑彩纹饰。颈部绘多组竖线纹，肩腹部绘连续涡纹。器形规整，纹饰简练，富有动感，为典型的卡约文化"唐

---

① 安特生著，乐森璕译：《甘肃考古记》，转引自青海省文物考古研究所编《青海省考古资料汇编》（一），1996 年内部刊印，第 11 页。

② 青海省博物馆、青海民族博物馆编著，祝君主编：《河湟珍藏·历史文物卷》，文物出版社，2012 年，第 131 页；青海省文物处、青海省考古研究所编著：《青海文物》，文物出版社，1994 年，图版第 85。

汪式陶器"之一。[①]

5. 无耳素陶罐。海西蒙古族藏族自治州都兰县诺木洪塔里他里哈遗址出土。属青铜时代诺木洪文化。夹砂粗陶，胎呈橙黄色。通高 9.2 厘米，口径 7.5 厘米，底径 6 厘米。直口，短颈，腹微鼓，平底，素面，罐面有划纹痕迹。

二、都兰县出土的金银器

1982～1985 年，青海省文物考古研究所在海西蒙古族藏族自治州都兰县的热水乡、夏日哈乡发掘了一批隋唐时期的墓葬，这批墓葬除出土大量的丝织品、陶器、木器、铁器、铜器、珠饰、木简牍、皮革制品以外，还出土一批金银器。经过主持都兰县墓葬发掘工作的许新国先生比较研究认为，都兰县出土的这批金银器在图案造型、布局方式等方面都有共同的特点，与中亚粟特人（汉文史籍也称之为"昭武九姓"，原是古代生活在中亚阿姆河与锡尔河一带操伊朗语族东伊朗语支的古老民族，从我国的东汉时期直至宋代，往来活跃在丝绸之路上，以长于经商闻名于欧亚大陆）所使用的金银器在题材上和造型纹样上非常近似。由此可知，唐代西域文化对吐谷浑、吐蕃有不可忽视的深刻影响，也充分说明丝绸之路青海道在沟通中西文化方面曾经发挥过重要作用。兹据许新国先生的《都兰吐蕃墓中镀金银器属粟特系统的推定》一文，对这部分金银器选介如下。[②]

（一）镀金银质鹿形饰片

1 件。出自都兰县热水 1 号墓封堆 2 号陪葬墓东回廊东南角，银片较薄，表面镀金，锤揲出一卧鹿形象，鹿嘴部钻有一孔，应系钉在某种木质物件上的饰物，残损。长约 5.6 厘米，高 3.5 厘米。

（二）镀金银质鐏饰片

出自都兰县夏日哈一号墓中。该墓在基建中被推开后进行了临时清理，出土位置不详。银片表面镀金，出土时呈弯曲的圆形，内包有圆形朽木，展开时为长方形，上有钉孔 6 个，其中两孔内残穿有铁钉，应系鐏类饰片，即戈柄下端的圆锥形金属套。该镀金银质鐏饰片长 10 厘米、宽 6.2 厘米、厚 0.01 厘米。平面上锤打出鱼子状地纹，其上锤出较平整的具有浅浮雕效果的桃形四方连续状忍冬纹

① 青海省博物馆、青海民族博物馆编著，祝君主编：《河湟珍藏·历史文物卷》，文物出版社，2012 年，第 137 页。
② 以下（一）至（六）资料来自许新国：《都兰吐蕃墓中镀金银器属粟特系统的推定》，原载《中国藏学》，1994 年第 4 期，本文引自许新国：《西陲之地与东西方文明》，燕山出版社，2006 年，第 246～253 页。

样，线条流畅活泼。

（三）银带饰

共 26 件，均出自都兰热水 17 号墓中，是皮带上的泡状饰物。可分为几种不同的形状：第一种，21 件，银片锤压而成，长方形，四角和中心锤出花纹，中心为四出小花纹样，菱形，中心有圆点纹，底部焊有两小钉，铆合在皮带表面，长 2.5 厘米、宽 2.1 厘米、高 0.4 厘米、厚 0.01 厘米。第二种，2 件，银片冲压而成，三曲花瓣形，表面压有浮雕效果的忍冬纹样，背部有一小钉。宽 2.7 厘米、高 1 厘米、厚 0.01 厘米。第三种，2 件，银片冲压而成，菱形，中心压有圆圈纹，忍冬纹样。长 3.3 厘米、宽 1.7 厘米、高 0.5 厘米、厚 0.1 厘米。第四种，1 件，银片冲压而成，桃形，中心有圆圈纹，忍冬纹样，长 2.5 厘米、宽 1.7 厘米、高 0.5 厘米、厚 0.1 厘米。

（四）银钉托片

1 件，出在都兰热水 1 号墓封堆 2 号陪葬墓中，四出十样花形，中间内凹形成一圆形，有一孔，一铁钉从中穿过，铁钉帽为圆形，正好与凹陷部分相符。宽 4.1 厘米、高 0.5 厘米、厚 0.1 厘米。

（五）花形镀金银饰

2 件，平面形状有差别，均出在都兰热水 1 号墓封堆 2 号陪葬墓中。一种银片，平面呈三瓣花形，表面锤出浮雕状忍冬纹样，中心有一三角形方孔，表面镀金，应系某种木质容器上的装饰物。长 4.2 厘米、高 0.24 厘米、厚 0.03 厘米。一种银片平面呈四瓣花形，正好是前面那种形式两片拼合的纹样。表面锤出浮雕状忍冬纹样。中心有一四方形孔，表面镀金，亦为某种木质容器上的饰片。径 4.8 厘米、高 0.24 厘米、厚 0.03 厘米。

（六）残损木器上的镀金银饰

均出自都兰县热水乡 1 号大墓 1 号殉马沟中部，出土被封石压住，有残碎木片共出，像是一件木质宗教祭祀性质容器上的装饰物。除立凤外，均为镀金银质饰片，种类较多。

1. 纵列式环状忍冬唐草纹饰条。共 18 件，银质，表面镀金，包在长条木片上，故其形亦系长条状，长 16.8 厘米左右，宽度不等，有 2.6 厘米、2.5 厘米、2.7 厘米、3.2 厘米等几种尺寸，银质较薄，仅 0.01 厘米。饰条两侧面均穿有小孔，每面 2

～ 3 个不等，有的孔内还有铜钉遗留，显然是固定木片之用。饰条底部贴有一层平纹绢丝织物，绢的尺寸与饰条相同。饰条表面均镂空，锤出纵列式环状忍冬唐草纹图案，花纹满布，显得十分富丽。

2. 横列式环状忍冬唐草纹饰条。干残片，包在长条木片上，银质，表面镀金。宽 3 厘米、高 0.8 厘米，长度不明。边饰一面有凹槽，有小孔，内有铜钉残留，底部贴有绢片。表面镂空，锤出横列式环状忍冬唐草纹饰，花纹满布，具浮雕效果。

3. 梯形四方连续式环状忍冬唐草饰片。2 件，形状为一头高、一头低的不规则梯形。银质，表面镀金。长 23.5 ～ 25.6 厘米、宽 13 ～ 16 厘米。表面镂空。锤出四方连续式排列的环状忍冬唐草纹，边饰为条形，上饰以斜向的短线条纹，极富丽。器壁较薄，仅 0.01 厘米，底部蒙贴有丝绢。

4. 方形立凤环状忍冬唐草饰片。2 件，不规则方形，边长 15.3 ～ 16 厘米。边饰一圈条纹，上饰以斜向的短线条纹。纹宽 0.3 厘米。表面花纹呈镂空状，整个画面锤出一站立的凤凰形象，凤凰周围绘环状忍冬唐草纹。凤凰昂首翘尾，展翅欲飞。头顶有冠，头后具有羽毛状饰。嘴衔忍冬花枝，颈部系象征飘带的忍冬花叶。翅膀上各饰一排竖向的连珠纹，身部和尾羽均以忍冬花进行装饰。尾部上扬，以忍冬花枝分垂两边的侧面形式表示，图案富丽堂皇。两件饰片，一件微残，另一件残损特甚，应系并列的一对饰片。

立凤镀金银饰片

5. 不规则形四方连续环状忍冬唐草饰片。1 件。整个形状呈上宽下窄的梯形，中部高出似塔形。边饰大部残损，从残留处观察，为条状，上饰以斜向的短线条纹。中间纹饰呈镂空状，满布四方连续式排列的环状忍冬唐草纹饰。最高处为 30 厘米、最宽为 26.5 厘米、厚 0.01 厘米。

6. 宝花形环状忍冬唐草纹饰件。2 件，一完整，一残碎。出土时装饰在一块同样大小的木件表面。木器以绿色平纹绢贴面，其上即为这件镀金银饰片。片作四瓣花的对称宝花形式，整个图案由环状忍冬唐草纹组成。纹饰呈镂空形式。中间有一长方形孔，长 2.2 厘米、宽 1.2 厘米、厚 1.2 厘米。应系插饰件之用。整个银片饰件长 9.8 厘米、宽 7.3 厘米、厚 0.01 厘米、高 1.2 厘米。

7. 包铁立凤与底座银条。1 件。出土时底座银条完整，立凤均残。从底座上的位置判断，原器应有 6 只立凤，仅发现 5 只，另 1 只残损。立凤中间为铁质，镀金银片叠合包在其上。凤凰形状为直立，昂首翘尾，收翅，尾部上扬。头顶部有向后的螺旋状冠饰，颈部系有后向的象征飘带的忍冬形花饰，嘴部无衔物，颈后花饰与冠饰、尾尖相连。足底呈扁平状椭圆形，足前穿有小孔两个，孔中有铜钉残痕。足底中部伸出一铁钉，穿于底座之上，与底座连为一体。鸟身胸部刻有较平的阴线，表示叶片状的羽毛；翼部和尾部以饰有短斜线的条纹来表示羽毛。翅膀和尾部以阴线刻出忍冬花形，眼睛和翅膀中心各镶嵌绿松石 1 粒，尾部的 5 朵忍冬花蕊部不镶或各镶绿松石 5 粒，正反两面相同。立凤底座表面的长方形条状饰片亦为镀金银质，其下为一同样大小的

包铁立凤银条

木片，银饰底部贴有绢片。饰条表面均镂空，锤出纵列式环状忍冬唐草纹饰。在与立凤足部连接处，有与立凤足部大小形状相同的位置，上有一稍大的方孔和两个小圆孔。大孔用以通穿立凤足底铁钉，小孔用以通穿立凤足面的铜钉。条饰两面各有小孔 7 个，中间有铜钉相通将其和木条接为一体。长 44.5 厘米、宽 3 厘米、高 0.8 厘米。

（七）波斯银鎏金双面人头像

出自海西蒙古族藏族自治州都兰县热水墓中。头像为典型的中亚波斯人形象。高 3.3 厘米，宽 2.5 厘米。银质鎏金，模制，中空。两面连作人头，头戴小圆帽，深目高鼻。头像为某一器具的组件之一，是中西文化交流的实物例证，也是丝绸之路青海道兴盛的历史见证。[①]

[①] 参见青海省文物处、青海省考古研究所编著：《青海文物》，文物出版社，1994 年，图版第 147；青海省博物馆、青海民族博物馆编著，祝君主编：《河湟珍藏·历史文物卷》，文物出版社，2012 年，第 207 页。

（八）鎏金西方神祇人物联珠饰银腰带

鎏金西方神祇人物联珠饰银腰带

出自海西蒙古族藏族自治州都兰县热水墓中。通长95厘米，宽3.3厘米，厚0.4厘米，牌饰直径6.5厘米。腰带用银丝编织，长条形，上嵌7块圆形牌饰。牌饰鎏金，铸压西方神祇人物图案，周边饰联珠纹。工艺精湛，文化特色鲜明，为中西方文化交流的历史见证资料。①

（九）2019年新发现的金饰片

1. 骑射形金饰片。都兰热水墓群2018血渭一号墓2019年发掘出土大量文物，新发现有藏文木简、金银带具、饰品

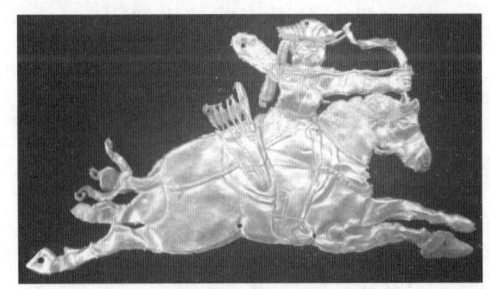

热水墓群2018血渭一号墓出土骑射形金饰片

等，其中一件骑射形金饰片很有特色。饰片中的武士留有八字须，头戴山形冠饰，身着窄袖对襟翻领带有联珠纹图案的服饰，革带上佩有宝剑和箭箙，手持满月弓，作策马飞奔状。饰片中战马强悍，马鞍、马镫等骑具刻画细致，周缘饰有钉孔。这件骑射形金饰片可能是当时工匠吸收中原和西域元素创作的艺术品，形象生动，气势夺人，艺术震撼力强。

2. 人身鱼尾金饰片。该饰片前端为人物形象，额头有束发带，后有绶带，身着翻领袍服，左手抓羽尾，右手握来通（是一种西方酒杯的形式），身带

热水2018血渭一号墓出土人身鱼尾金饰片

双翼，下为鸟足，身后是回旋状的四节鱼身和鱼尾，鱼鳞纹饰清晰可见。器身镂空处原镶嵌有宝石，发掘时已脱落。此饰片轻而薄，花纹系錾刻而成，可能是剑鞘的装饰物。整个饰片构思奇妙，造型独特，制作精致，是不可多得的艺术佳品。

①青海省博物馆、青海民族博物馆编著，祝君主编：《河湟珍藏·历史文物卷》，文物出版社，2012年，第202页。

匈奴狼噬牛金牌饰

三、其他地区出土的金银器

1. 匈奴狼噬牛金牌饰。海北藏族自治州祁连县出土。长 15 厘米，宽 9.5 厘米。纯金制作，匈奴文化遗物。器形似起伏的山峦，用浮雕的方法表现出山峦、森林、狼、牛等自然形态，画面中一只狼在森林中正咬噬一头牛的后腿，牛作痛苦挣扎状，弱肉强食的自然法则跃然纸上。金牌背部略平展，有两个矩形横扣，应为系挂之用。金牌饰是我国北方草原文化的典型器物，多以动物为题材，是显示身份等级的标志性佩物。该金牌饰件反映了北方匈奴文化进入河湟流域，开始和羌文化交流发展的历史事件。[①]

2. 上孙家寨出土西域风格银壶。西宁市大通回族土族自治县后子河乡上孙家寨汉晋墓的乙区 3 号墓出土。该银壶口径 7 厘米、腹径 12 厘米、底径 5.4 厘米、高 15.8 厘米，为直口长颈，鼓腹平底器，腹侧置单耳。器身系由整块银片切割、锤揲而成，装饰有三组镀金装饰纹带。口沿饰一周波浪纹，宽约 0.8 厘米，波浪自右向左奔涌，以戳点纹为地。腹部饰卷草纹，为齿状叶片及细长茎蔓围绕多瓣花朵自右向左以二方连续的形式展开，带宽约 3 厘米。共有 6 朵不同形式的花叶，每朵中心伸出一花蕾，底部正面展开 3 至 5 片花瓣，花瓣有叶状、石榴状、卷曲状等。各花瓣之间伸出 1 或 2 条细长的花须，每条顶部托 3 圆点，象征花蕊。在齿状叶片以及个别花瓣上也缀以圆点。底部饰一周雉堞纹，宽约 0.8 厘米，

孙家寨汉晋墓出土西域风格银壶

[①] 青海省博物馆、青海民族博物馆编著,祝君主编:《河湟珍藏·历史文物卷》,文物出版社,2012年,第159页。

每座雉堞共有5阶,也以戳点纹为地。波浪纹和卷草纹均属典型的希腊装饰纹样,雉堞纹是伊朗阿黑门尼德王朝时期流行的装饰纹样。此银壶风格奇特,在迄今为止中国境内的考古遗物中鲜有可类比者。[1]在3号墓以南65米处同一时期汉墓中,出土了一枚"汉匈奴归义亲汉长"驼钮铜印。专家推测,这件希腊化帕提亚装饰风格的银壶,可能是公元3世纪的安息(其范围大致相当于今伊朗的呼罗珊地区)制品,经匈奴人辗转输入到青海省境的。

3. 宋代联珠纹金钵。海东市互助土族自治县沙塘川乡五下村窖藏出土。金钵高2.9厘米,口径7.9厘米。采用纯金锤揲工艺制作而成。大口,圜底,卷唇沿。外口沿处錾刻联珠纹装饰,其余部位光素无纹。此器材质贵重,造型简单,装饰朴素,反映出宋代崇尚质贵形简的审美艺术风格。[2]

宋代联珠纹金钵

四、铜器

1. 七角星纹铜镜。海南藏族自治州贵南县尕马台齐家文化墓地25号墓出土。镜面呈圆形。直径8.9厘米,厚0.4厘米,重109克,镜面平滑,背面有钮。镜边缘钻两小孔,两孔之间有一道凹形细绳纹的痕迹,在清理时发现有木质镜柄,镜柄是通过镜缘的双孔用细绳捆绑固定使用的。镜背面钮区一周凸弦纹,内区有不太规则的七角星,各角外填充斜线纹。

齐家文化铜镜

① 青海省文物考古研究所:《上孙家寨汉晋墓》,文物出版社,1993年,第220页。
② 青海省博物馆、青海民族博物馆编著,祝君主编:《河湟珍藏·历史文物卷》,文物出版社,2012年,第214页。

塞伊玛－图尔宾诺式倒钩铜矛

卡约文化鸠首牛犬铜杖首

该镜经中国社科院考古研究所实验室用快中子放射分析法鉴定，属青铜器。这是迄今为止我国发现的年代最早的一面有纹饰的青铜镜。与此类似的青铜镜在新疆维吾尔自治区也有出土，表明青海地区与西域的交往由来很久。[①]

2. 塞伊玛－图尔宾诺式倒钩铜矛。西宁市城西区沈那齐家文化遗址出土，现藏青海省博物馆。这件铜矛长 61.5 厘米、宽 19.5 厘米；刃呈蕉叶状，叶尖浑圆，叶中部两面有高 1.5 厘米的脊梁，脊两侧是片形翼；矛銎较长且较宽，下部有三道凸弦纹，两侧均有脊；銎与刃部结合处有一尖部向下的刺钩，銎内留有柲的残迹。器体宽大，铸造精美。经北京科技大学李延祥教授检测，这件铜矛的成分为红铜，属于齐家文化。塞伊玛－图尔宾诺文化是广布欧亚草原东部的一种青铜时代考古学文化，其分布，东起南西伯利亚，西经乌拉尔山，直迄乌克兰草原，并曾南下中国的新疆、甘肃、青海乃至中原的陕西、山西、河南等地。其年代，大致为距今 4000 ~ 3000 余年。祁连山南北的齐家文化和塞伊玛－图尔宾诺文化有密切关系。[②]沈那遗址出土的大型倒钩铜矛与塞伊玛－图尔宾诺文化同类典型器既十分相似，又有一定差异。它的发现表明中西交流的历史很早，丝绸之路在史前时期已被开辟。

3. 卡约文化鸠首牛犬铜杖首。西宁市湟源县大华乡中庄卡约文化墓地 87 号墓出土。在青铜鸠头状长嘴杖銎之上，一端塑铸一条昂首翘尾的猛犬，犬

① 青海省文物处、青海省考古研究所编著：《青海文物》，文物出版社，1994 年，图版第 46。

② 参看林梅村：《塞伊玛－图尔宾诺文化与史前丝绸之路》，载《文物》，2015 年第 2 期。沈那遗址出土的大型倒钩铜矛图，见青海省博物馆、青海民族博物馆编著，祝君主编：《河湟珍藏·历史文物卷》，文物出版社，2012 年，第 111 页。

张口，面向母牛，作吠状。另一端塑铸一头耸肩奋力的母牛，母牛腹下又有一头正在吮乳、神态安然的牛犊。犬牛相向而立，作欲斗状。銎高 12 厘米，圆形，鸠圆眼，饰联珠纹。一件权杖首，由飞禽走兽四个动物组成，构思巧妙，造型生动，动静相宜，展现出一幅浓郁生活的画面。①

诺木洪出土五孔铜钺

4. 诺木洪出土五孔铜钺。海西蒙古族藏族自治州都兰县诺木洪塔里他里哈遗址出土，长 14 厘米，宽 8.3 厘米。属青铜时代诺木洪文化。铜铸，椭圆銎，蚀残较重，有五条横方格纹装饰带，下端有一个乳钉式内。体扁平，弧刃，近銎处纵向排列五孔，孔缘凸起，并向刃部形成一条纵向脊，两面相同。是柴达木盆地诺木洪文化的珍贵铜器。②与此类似的铜钺在新疆维吾尔自治区也有出土。

5. "汉匈奴归义亲汉长"铜印。西宁市大通回族土族自治县上孙家寨汉墓出土。铜印高 2.9 厘米，边长 2.4 厘米。驼钮，阴文篆书"汉匈奴归义亲汉长"8 字。此印为东汉中央政府颁给当时河湟地区匈奴部族首领的官符印信，形制按西汉宣帝以来颁给少数民族首领的官印规制。③汉代起源于甘肃张掖一带的匈奴别部"卢水胡"，在东汉时越过祁连山，与青海东部湟中一带的"月氏胡"及羌人杂处。此印所称的匈奴，即指"卢水胡"而言。

"汉匈奴归义亲汉长"铜印

6. "谨封"铜印。由海西蒙古族藏族自治州都兰县牧民角巴从一座塌墓中捡得，捡拾古印的古墓距都兰热水一号大墓只有 100 多米。铜印由紫铜铸造，长、

① 青海省文物处、青海省考古研究所编著：《青海文物》，文物出版社，1994 年，图版第 55。
② 青海省博物馆、青海民族博物馆编著，祝君主编：《河湟珍藏·历史文物卷》，文物出版社，2012 年，第 149 页。
③ 青海省博物馆、青海民族博物馆编著，祝君主编：《河湟珍藏·历史文物卷》，文物出版社，2012 年，第 178 页。

唐"谨封"铜印

金国道路巡检铜印

宽只有 3 厘米，厚仅 0.3 厘米，"谨封" 2 字为阳文篆书，文体浑厚，刀法纯熟。印的背面有一个蛇形环钮。[①] "谨封" 铜印作为印信，担负着记录、传递重要军情等的功能，在国内堪称孤品。1989 年 11 月，程起骏先生将此印捐赠给青海省档案馆。后经中国文史研究馆馆长启功先生鉴定，认为此印的使用年代可能在公元 8 世纪上半叶，也不排除吐蕃占据河西之后在往来信函上继续使用这种封印的可能。其铸刻时代应略早于它的实际使用时间。唐时往来公函弥封后，用线捆绑，再打上封泥，封印即压盖在封泥上，然后方可递送。此铜印的出土从一个侧面证明当时唐、蕃之间有过十分频繁的交往。

7. 金国道路巡检铜印。1986 年出土于西宁市大通回族土族自治县窎沟乡。铜印高 5.2 厘米，印座方形，边长 4.5 厘米，直纽，上刻篆字阳文"通津堡道路巡检之信"9 字，印座一侧凿刻不规整楷书"正隆五年六月内少府监造"[②]。"正隆"为金国海陵王完颜亮之年号，时当宋高宗绍兴三十年（公元 1160 年）。是印为金国道路通关勘验的官方印符无疑。现由青海省博物馆收藏。

五、其他重要遗物

1. 玉刀。海东市民和回族土族自治县喇家遗址出土，属齐家文化。玉刀为长方形，残体长约 30 多厘米，宽 16 厘米，厚 0.4 厘米。带有一个半孔，复原后长度能达到 60 ~ 70 厘米。[③] 中国社会科学院

① 参看程起骏：《我国唯一的"谨封"古印》，载《古老神秘的都兰》，青海人民出版社，2009 年，131 页；谢佐：《我省发现迄今为止最早的一件邮电文物——"谨封"铜印》，载《青海邮电史料选编》，1990 年第 5 期。

② 青海省博物馆、青海民族博物馆编著，祝君主编：《河湟珍藏·历史文物卷》，文物出版社，2012 年，第 221 页。

③ 新华网西宁 10 月 18 日电，记者逯寒青、侯德强：《青海喇家遗址出土国内出土的最大一把玉刀》，见 http://www.sina.com.cn 2002 年 10 月 18 日 13:11。

考古研究所专家说，这是目前国内出土的最大一把玉刀，堪称重要发现。玉刀是当时最重要的礼器之一，象征着权力。如此大而薄的玉刀，在玉石加工工艺上讲是非常困难的。这充分说明了 4000 年前喇家遗址地区石器加工工艺水平的高超。除了玉刀外，考古人员在喇家遗址还发现了玉璧、玉琮、玉锛、玉片等玉器。这一地区不产玉，这些玉器的原材料经专家鉴定属广义的和田玉，来自西域，这些玉器的出土，证明青海地区与西域地区的交往由来很久。

刀形大石磬

2. 刀形大石磬。海东市民和回族土族自治县喇家遗址出土，属齐家文化。石磬用黑色沉积岩加工制成，长 96 厘米，宽 61.5 厘米，厚 4.3 厘米。形似石刀。靠上缘钻有一孔，两面对穿而成。[1] 器身特殊，古朴厚重，该石磬为目前所见铜器时代早期同类器物中最大的一件，被誉为"黄河磬王"，是古代大型的礼奏乐器或农业祭祀用品。

3. 齐家文化玉凿。海南藏族自治州同德县宗日墓地出土。棕灰色石质，呈长条形。长 24.9 厘米，宽 6 厘米，厚 0.6 厘米。柄部钻孔，下端两面磨出平刃，较为锋利。两面纵向被琢磨成柔美的凹面，横剖面呈弧形。形制规整美观，表面经抛光，显得光洁细润。这件玉凿由石凿发展而来，推测不是实用的劳动工具，应属礼器。[2]

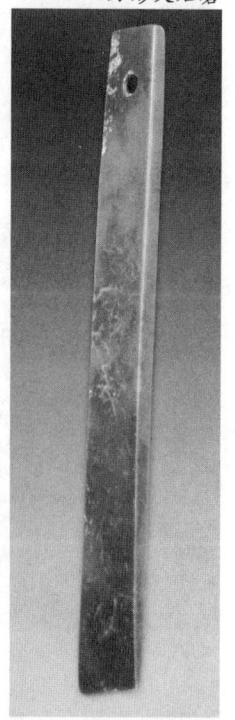

齐家文化玉凿

4. 齐家文化玉璧。海东市民和回族土族自治县喇家遗址出土。直径 20.2 厘米，内径 4.5 厘米。石质为青灰色，形状有如圆饼，中间穿孔，单面钻成，素面无纹。[3]

5. 唐羽人瓦当。海东市民和回族土族自治县川口镇享堂古城出土。瓦当圆形，直径 12.9 厘米，厚 1.7 厘米。泥质灰陶，图案浅浮雕式。瓦当正中为双翼飞人，双手合十于胸前，

喇家遗址出土
齐家文化玉璧

① 张成志：《从"黄河磬王"谈石磬的起源》，载《中国土族》，2009 年 1 期。

② 青海省博物馆、青海民族博物馆编著，祝君主编：《河湟珍藏·历史文物卷》，文物出版社，2012 年，第 117 页。

③ 青海省博物馆、青海民族博物馆编著，祝君主编：《河湟珍藏·历史文物卷》，文物出版社，2012 年，第 113 页。

唐羽人瓦当

汉骑马武士模印砖

双翼平展，腹部以下饰横纹裳，当缘一周饰联珠纹。这种题材的瓦当唐代并不多见，羽人形象应为西亚文化的本土化反映，丝绸之路古道上也有带翼天使小像出土。此件瓦当制作精良，形制规整，文化特征特殊，散发出唐代自由舒展的艺术气息。①

6. 平安汉墓骑马武士模印砖。海东市平安区东村汉墓出土。模印砖为灰色，略呈长方形，长20厘米，宽18厘米，厚6厘米。一面平，一面采用浮雕模印技法制作。画面骑士身着盔甲，手持长矛，目视前方。所骑之骏马，鞍镫俱全，呈行进状。②

7. 胡人牵驼图模印砖。西宁市湟中县总寨镇徐家寨汉晋墓出土。模印砖是汉晋时期砖室墓中一种带有浮雕图像的墓壁砖，由雕好的印模压铸而成。徐家寨汉晋墓出土的模印砖呈长方形，长18.7厘米，宽15.5厘米。画面主题为一双峰骆驼，驼峰背部置有骑具，驼前有一牵驼胡人，头戴扁帽，脚穿长靴，右手执缰绳，左手握长巾，身穿窄袖短袍，背景是一排起伏的山峦。③ 画面构图新颖、简洁，风格粗犷而古朴，是青海独具风格的珍贵文物，也是中西文化交流中丝绸之路青海道存在的历史见证。

---

① 青海省博物馆、青海民族博物馆编著，祝君主编：《河湟珍藏·历史文物卷》，文物出版社，2012年，第197页。
② 青海省博物馆、青海民族博物馆编著，祝君主编：《河湟珍藏·历史文物卷》，文物出版社，2012年，第181页。
③ 青海省博物馆、青海民族博物馆编著，祝君主编：《河湟珍藏·民族民俗文物卷》，文物出版社，2012年，第21页。

第九章
丝绸之路青海道上的
古桥梁、道路要隘、寺窟等遗存

　　青海境内河流众多，丝绸之路青海道经过的河流主要有黄河、湟水、大通河（古称浩亹河）、布哈河、柴达木河、格尔木河、通天河等，古代行人要在丝绸之路青海道上通行，必须千方百计跨过这些河流。青海道上明清以前的古桥梁保存至今的极少，即便是曾经建过桥梁的基址也不多。东汉时在黄河上建过以船相连的浮桥。南北朝时期吐谷浑人修建的河厉桥十分著名，它首次以木桥的实体飞跨黄河，形式新颖，工艺精湛，成为后世悬臂桥梁的先驱，为发展青海古代交通事业，也为中西经济文化交流做出了杰出贡献。明清时期青海桥梁逐渐增多，集中分布在湟水、大通河、隆务河等中小河流上，桥的形式多样：在河谷深窄处采用河厉桥形式；在河床宽浅之处则多采用下有墩柱、上铺木梁的桥梁形式；在城镇附近流量小、跨径小的河上则采用砖石拱桥形式，以为城镇增添景观。另外，临时的简易桥有独木桥、吊桥、浮桥、冰桥等，玉树地区杂曲河等河上有用牛皮绳结成的"藤桥"，均具有因地制宜、就地取材、施工简便、经济适用的民族特点和地方特色。丝绸之路青海道上因牲畜长期踩踏、木轮车反复碾压留下的古道遗迹很多，有些至今清晰可辨。青海道上历代关口要隘也很多，然而受史料和实地调查条件等的限制，将其罗列齐备是很难做到的，本书只选其中较著名的一部分予以简介。青海道上与丝路关系较为密切的寺窟虽然不多，但以西宁北禅寺为代表的寺窟是往来西域僧人们重要的歇脚点。明清以后青海的各类寺庙数量猛增，但它们与丝绸之路的关系已不是太密切。丝绸之路青海道附近有数以千计的史前文化遗址，本书只简单介绍与丝路关系相对密切一些的个别遗址。

第一节
丝绸之路青海道上的历代桥梁、渡口遗存

一、明以前黄河上的桥梁

1. 贯友所建黄河浮桥。据《后汉书·西羌传》记载，东汉和帝永元五年（公元 93 年），护羌校尉贯友"夹逢留大河筑城坞，作大航，造河桥，欲渡兵击迷唐"①。这就是说，在此前邓训制"革船箄"渡河的归义城、逢留河一带，建造了一座用数只大船连接的浮桥，用以渡黄河攻打羌人。这是见于记载的在黄河上游建造的第一座桥。这种浮桥在当时的交通运输中起了很大的作用，直到近现代一些地方还在建造浮桥。

2. 吐谷浑所建河厉桥。吐谷浑于公元 5 世纪初在黄河上所建之桥。根据郦道元《水经注》引段国《沙洲记》载："吐谷浑于河上作桥，谓之河厉，长百五十步，两岸垒石作基，陛节节相次，大木纵横更相镇压，两边俱来，相去三丈，并大材以板横，次之施钩栏，甚严饰。"《水经注》认为这座桥在清水川之东。当今学术界主流观点认为清水川约即今兴海县曲什安河（一说在今循化撒拉族自治县东），如此则这座吐谷浑所建河厉桥的位置应当在曲什安河入黄河口不远

同德县班多桥址

处，这里恰是黄河上游河面较窄处，且两岸石基坚固，极适宜建桥。当代同德县与兴海县相连的水泥大桥就在此处。河东为同德县班多村。此桥位置正在丝绸之

---

① 《后汉书》卷 87《西羌传》。

路"吐谷浑道"上，恰是"吐谷浑道"青海境内东段南支线必经之所。吐谷浑所建河厉桥桥中无墩柱，在两岸陡崖岩石上铺设伸臂木梁，好似飞渡，故有"飞桥"之称。"河厉"二字为鲜卑语，本来就是"飞鹰"的意思。另因桥梁系木材纵横

相间叠起，层层向河中挑出，中间相握而成，故也称为"握桥"。这种桥结构科学，施工简便，因而在西北地区广为采用，并延续了上千年的历史。吐谷浑所建河厉桥不止上述清水川东这一座，除特指外，它又是吐谷浑所造同

河厉桥样式

类型所有桥梁的总称。青海境内明清时期所建部分桥梁及在民国时期所建的小峡、扎马隆、大通桥头的桥等，都是这种桥型，有的两边还建有牌楼，桥上覆盖成廊，形态颇为壮观。①

3. 吐谷浑所建大母桥。北魏太平真君五年（公元444年），北魏派晋王伏罗间道袭击吐谷浑，军至大母桥，慕利延逃奔西域。这座大母桥，为吐谷浑所建，时间在这次军事行动之前。当时，慕利延就在浇河郡（治今贵德县河西乡黑古城）

当代尕毛羊曲桥

---

① 欧华国主编：《青海公路交通史志编纂文集》，人民交通出版社，1992年，第88页。

至赤水（今兴海县东部）一带活动。北魏间道偷袭，没有走西平（治今海东市乐都区碾伯镇）、临羌（治今湟中县多巴镇）、木乘谷这条平坦而迂回的大道，而是自乐都南渡湟水，过荔谷，沿勒姐岭（今拉脊山）南山至今化隆县扎巴，再顺山岭南路朝柴达木盆地方向追击。从伏罗间道袭击吐谷浑至大母桥的路线来看，大母桥当在黄河上游，今尕毛羊曲一带，此处河面狭窄，地形险要，是较为理想的建桥位置，这里黄河南岸和北岸都有为保护古桥渡而建的古城遗迹。此桥位置正在丝绸之路"吐谷浑道"上，恰是"吐谷浑道"青海境内东段中支线必经之所。这座桥可能是吐谷浑在黄河上建造的第二座桥。

4. 吐蕃所建洪济桥。唐中宗景龙四年（公元 710 年），吐蕃因金城公主"嫁妆"而得到黄河九曲之地（约当今青海省海南藏族自治州、黄南藏族自治州大部）后，在黄河上修建了洪济桥。史书记载："积石军在廓州西百八十里"，"金天军在积石军西南一百四十里洪济桥"[①]，积石军址在今贵德县，据此，洪济桥址当在今龙羊峡一带。在今龙羊峡水电站大坝的位置，黄河南岸和北岸考古部门均发现有唐及以前的古城遗址，叫姊妹城。古城等是保障黄河渡口安全的。还有在岩石上钉的铁桩遗迹等。唐长庆元年（公元 821 年），大理卿刘元鼎入使吐蕃会盟，中途曾经过洪济桥。此桥位置正在丝绸之路"吐谷浑道"上，恰是"吐谷浑道"青海境内东段北支线必经之所。

5. 吐蕃所建骆驼桥。唐景龙四年（公元 710 年）杨矩为鄯州都督，表请黄河九曲为公主汤沐邑，唐与吐蕃以黄河为界，于是吐蕃修建了此桥。据史书记载，玄宗开元十六年（公元 728 年）七月，"陇右节度使、鄯州都督张忠亮引兵至青海西南渴波谷，与吐蕃接战，大破之。俄而积石、莫门两军兵马总至，与忠亮合势追讨，破其大莫门城，生擒千余人，获马一千匹、犛牛五百头，器仗衣资甚众，又焚其骆驼桥而还"[②]。较多的研究者根据文献记载，结合地面遗迹，认为骆驼桥可能与大母桥同址，先后异名而已，即在今尕毛羊曲（一作尕马羊曲）一带。也可能与洪济桥同址，在今龙羊峡一带。

6. 吐蕃所建盐泉桥。约在今海东市循化撒拉族自治县东积石关附近（一说在循化县境古什群附近）。为吐蕃所建，也为吐蕃所毁。唐玄宗开元二十六年（公

---

① （唐）李吉甫《元和郡县图志》卷 39 "廓州条"。

② 《旧唐书》卷 196《吐蕃传》。

元 738 年)，鄯州都督杜希望"发鄯州兵夺虏河桥，并河筑盐泉城，号镇西军，破吐蕃兵三万"①。唐玄宗大中三年(公元 849 年)，吐蕃鄯州节度使尚婢婢与洛门川（今甘肃武山境）讨击使论恐热大战时将桥焚毁。这座桥从建成到被毁前后维持了百余年，曾经为丝绸之路青海道所利用。

7. 宋溪哥桥。北宋时，宋军继收复鄯州(治今西宁市，旋改称西宁州)、廓州(治今化隆县群科)之后，又欲进讨黄河以南吐蕃诸部。徽宗大观二年(公元 1108 年)，知西宁州刘仲武奉命在黄河上造桥，以为大军进出黄河以南吐蕃诸部之道。刘仲武认为，在黄河上修桥"功力大，非仓促可成"，请求便宜行事，得到童贯的允准。②可是等到桥建成时，占据溪哥城（今贵德县一带）的吐蕃"王子"臧征扑哥，在宋军及吐蕃大首领赵怀德等的协助招谕下，归降北宋，宋遂在溪哥城置积石军。③此桥地址约在今贵德县境黄河沿岸一带。

8. 西夏所架大通浮桥。南宋嘉定十五年（公元 1222 年），西夏大举进攻金积石州（治今甘肃省积石山县保安族东乡族撒拉族自治县大河家镇），部分西夏兵攻占了该州所属的大通城（在今循化撒拉族自治县查汗大寺），并在城北黄河上架设浮桥以通兵。金宣宗令陕西行省元帅白撒自镇戎（今宁夏固原）分南北两路西进。金兵在积石州境击走部分西夏兵，进而包围大通城。西夏神宗急分大通守兵 7000 人扼浮桥与白撒战。后夏兵战败，溺死者近 3000 人，"余兵焚其桥西遁"④，金兵收复大通城。西夏于战争期间在今循化县查汗大寺北所架大通浮桥存在时间很短，与丝绸之路青海道基本无关。

二、明以前湟水及浩亹河（今大通河）上的桥梁

1. 赵充国主持建造的桥梁。青海历史上有记载的最早桥梁是在西汉时出现的。据《汉书·赵充国传》记载，汉宣帝神爵元年（公元前 61 年)，后将军赵充国在《屯田奏》上说："臣前部士入山，伐材木大小六万余枚，皆在水次，愿……冰解漕下，缮乡亭，浚沟渠，治湟陿以西道桥七十所，令可至鲜水左右。"⑤得到朝廷的批准。

①《新唐书》卷 216《吐蕃传》。

②《宋史》卷 350《刘仲武传》

③（宋）杨仲良 :《皇宋通鉴长编纪事本末》卷 140。

④《金史》卷 130《白撒传》。

⑤《汉书》卷 69《赵充国传》。

引文中的"鲜水"即青海湖。从这段引文推断，在赵充国主持下，汉朝士兵在古青海道上湟水入黄河口至青海湖的湟水上修建了约 70 座桥，从而保证了"羌中道"的畅通。这些桥是怎样的形式不得而知，估计是纯木桥。这些桥虽没有保存至今，但它们为此后该地区的经济和社会发展起的作用是不可估量的。

2. 长宁桥。据《新唐书·吐蕃传》载，唐玄宗开元二十九年（公元 741 年），"虏乃悉众四十万攻承风堡，抵河源军，西入长宁桥、安仁军，浑崖峰骑将臧希液以锐兵五千破之"①。承风堡约在今湟中县与贵德县交接处，河源军驻今西宁市，长宁城在今西宁西，晋析汉临羌县地置长宁县，长宁谷有长宁水，有长宁亭。唐代的这座长宁桥，应该在湟水支流的长宁水（今北川河）上。一说即西宁西、北两川会合处，今西宁城西新宁桥附近。②

3. 湟州桥。又叫宗河桥。在宋代湟州（约治今民和回族土族自治县下川口镇）城北湟水上。宋崇宁元年（公元 1102 年），宋军第二次西进河湟之役中，河州（治今甘肃省临夏市）知州兼洮西安抚使王厚和监军童贯统领 8 万兵马从河州安乡关北渡黄河，连克来宾（今民和县中川丹阳古城）、宁洮（今民县和转导乡黑城子古城）及安陇（今民和县柴沟北古城）诸寨，直抵湟州城下，列旗帜、鸣钟鼓攻城。吐蕃首领丹波秃令结率众坚守。宋军昼夜强攻，夺占湟水北岸的桥城，王厚派勇将王用指挥军士在湟水上游击败吐蕃援军，"因以其众入据桥城而战。贼势犹未沮，遂火其桥，中夜如昼"③。宋军最终攻占了湟州。④ 李远在其《青唐录》中记载，宋军行至湟州，"北临宗河桥"，即此。宋时湟水中下游称宗哥河，可简称"宗河"。

4. 隋军所建木桥。隋炀帝时，为了交通西域，发展丝路贸易，招来西方奇货，决意征服拥遏丝绸之路的吐谷浑与突厥。大业五年（公元 609 年）三月，隋炀帝亲率百官、宫妃及多路大军浩浩荡荡来到河湟地区，曾在西平郡（治今海东市乐都区）陈兵讲武，在拔延山（今化隆县马场山）围猎，之后溯西宁北川河北上，越过达坂山，于五月二十二日至浩亹水（今大通河）。在浩亹水渡河时，令随行工匠在今门源回族自治县青石嘴一带造桥。因为这座木桥是为应急大军过河而建，

①《新唐书》卷 216《吐蕃传》。
② 青海省地方志编纂委员会：《青海省志·公路交通志》，黄山书社，1996 年，第 39 页。
③（宋）杨仲良：《皇宋通鉴长编纪事本末》卷 139《徽宗皇帝·收复湟州》。
④（宋）杨仲良：《皇宋通鉴长编纪事本末》卷 139《徽宗皇帝·收复湟州》。

加之此处浩亹河水深流急，匆忙修建而成，又急于通过庞大的军队辎重，导致塌桥事故。隋炀帝闻知桥塌，大怒，将负责修桥的朝散大夫黄亘及督役者 9 人斩首，并重新修造。[①]隋军所建浩亹桥是木梁实体桥，它是见于记载的浩亹河上最早的实体桥。此桥位于西平—张掖道必经之所，正在丝绸之路青海道上，曾为丝绸之路青海道东段的畅通做出过巨大贡献。

5. 宋军所建通济浮桥。 建于北宋时期，是浮桥。据《宋史·地理志》载：宋徽宗政和六年（公元 1116 年），建通济桥，又名震武军浮桥，桥头堡名善治堡。[②]其址约在琵琶峡，即今门源回族自治县东川镇克图口村浩亹河北岸（一说在今甘肃永登县连城一带）。通济桥是北宋陇右都护兼西宁州知州赵隆自西夏夺得古骨龙据点后，在其原址筑城（后赐名为震武城，又置震武军），为支援震武军，特在浩亹河上建的浮桥。此桥地理位置重要，向北可通位于今甘肃武威的西夏西凉府，向东可达今甘肃永登以南西夏卓罗和南军司所在地的卓罗城（盖朱城），向西可至多仁泉城与西平—张掖道衔接，东南可经今互助与西宁贯通，是西宁通武威的捷径。通济浮桥是当时为宋和西夏的争夺地盘而建的桥，带有临时性，对丝绸之路青海道的交通而言，作用不是很大。

三、明清时期的桥梁

明清时期丝绸之路日渐衰落，但青海境内古丝绸之路的局部，特别是人口密集的河湟地区，交通状况的发展、改善还是十分明显的。在桥梁渡口方面，主要体现在数量的增加及质量的改善上。顺治《西宁志》记载的西宁卫桥梁仅有 6 座（碾伯河桥、那孩川河桥、伯颜川河桥、西宁河桥、暖泉桥、通津桥），除碾伯桥外，其余均集中在西宁卫城周围。这大致反映了明末清初西宁、碾伯地区桥梁的概况。桥梁的不断增建主要在清代。据康熙年间成书的《碾伯所志》记载，当时仅碾伯所境（今乐都区、民和县）即有桥 6 座（水磨桥、石龙桥、通济桥、虎刺海桥、上川口桥、享堂桥）。乾隆十二年（公元 1747 年）成书的《西宁府新志》所载府辖范围的桥已达到 21 座。乾隆末年成书的《循化厅志》记载循化厅境的桥有 12 座（含建在大夏河上属今甘肃省者 5 座），此外还有丹噶尔厅境的桥以及西宁、大通、碾伯县境乾隆十二年至道光二十年期间增建的桥。这些桥大多未留

---

① 《隋书》卷 3《炀帝本纪》："丙戌，梁浩亹，御马度而桥坏，斩朝散大夫黄亘及督役者九人。"
② 参看《宋史》卷 87《地理志》。

下始建年代的准确记载。总之，1840 年以前青海境内已有的桥至少有 30 余座，其中能确知建于嘉庆朝以前的主要桥梁有 29 座（见下表）。

表 9-1 建于清嘉庆以前的主要桥梁名录

桥梁名	所处位置	资料出处
南川河桥	在西宁市南川河上，又名那孩川河桥、通济桥，雍正十年在旧址上重建	《西宁府新志》卷 7
河厉桥	今平安小峡口湟水上，乾隆三年重修	《西宁府新志》卷 13
惠民桥	原名西宁河桥，在西宁城北湟水上，乾隆十一年重修	《西宁府新志》卷 13
西川河桥	又名伯颜川河桥、惠宁桥，在西宁城西 3 里湟水上	《西宁府新志》卷 13
柴家桥	西宁城东北 2 里湟水上，后改名广济桥	《西宁府新志》卷 13
玉带河桥	西宁东关外瓦窑沟上	《甘肃通志》卷 11
暖泉桥	西宁南门外南川河上	《西宁志》135 页
多巴桥	西宁西 50 里，今湟中县多巴湟水上	《西宁府新志》卷 13
扎麻隆桥	西宁西 60 里湟水上	《甘肃通志》卷 11
晶龙宫桥	西宁城北 70 里永安堡东半里北川河上	《西宁府新志》卷 13
坤多洛桥	西宁城西 70 里今湟源峡口湟水上	《西宁府新志》卷 13
丹噶尔桥	在丹噶尔城南湟水上	《西宁府新志》卷 13
通济桥	碾伯县城西门外二三里处湟水上	《碾伯所志》8 页
石龙桥	碾伯县城南 5 里湟水上	《碾伯所志》8 页
虎拉海桥	碾伯县东南 80 里今民和县境湟水上	《甘肃通志》卷 11
上川口桥	在今民和县城北湟水上	《碾伯所志》
水磨桥	碾伯县东 2 里许的水磨沟	《碾伯所志》
享堂桥	在大通河下游临近入湟水处	《碾伯所志》
永安桥	又名东峡桥，在今大通县桥头一带北川河上	《西宁府新志》卷 13
峡门桥	今大通县老城关东 10 里宝库河上	《甘肃通志》卷 11
大通河桥	在今大通县老城关南 5 里宝库河上	（嘉庆）《大清一统志》
白塔河桥	在今大通县老城关西南 15 里宝库河上	《甘肃通志》卷 11

续表

桥梁名	所处位置	资料出处
隆窝桥	在循化厅治东 5 里一小土沟上	《循化志》卷 2
广济桥	在循化厅治东 15 里起台沟水（即清水河）上	《循化志》卷 2
隆务桥	在今同仁县保安大河（隆务河）上	《循化志》卷 2
江什加桥	在循化厅治西 165 里，今同仁县隆务河上	《循化志》卷 2
多哇桥	在循化厅治西 175 里，今同仁县隆务河上	《循化志》卷 2
尕什济桥	在循化厅治西 180 里，今同仁县隆务河上	《循化志》卷 2
宗卡桥	在循化厅治西 200 里，今同仁县隆务河上	《循化志》卷 2

资料出处：崔永红著《青海经济史》（古代卷），青海人民出版社，1998 年，第 244 页

四、历代渡口

渡口指的是道路越过河流以船渡方式衔接两岸交通的地点。青海的古渡大都在交通要道咽喉处，以黄河上、通天河上的为多，湟水中下游次之，故当地素有"湟水多桥，黄河多渡"的说法。明清时期渡口增多，弥补了无桥梁设施的不便，也在一定程度上促进了水上交通的发展。这一时期的渡口，视其地理位置的重要分一、二、三等，并分官渡、民营两种。一等官渡，如循化乙麻木庄黄河渡口，设有夫头 7 名，水夫 63 名，昼夜把守摆渡。又如贵德滴水崖黄河渡口，除置官船 2 只，配水手 16 名外，还专配救生船 1 只，水手 4 名，以资救急。而三等渡口，则大都因陋就简，没有官船的渡口，大多用民用船只。通天河上、湟水中下游多用皮筏摆渡。循化地区则较多采用"木洼"作为渡具。所谓木洼，就是独木船，"以整木大一围有余者为之，长可八尺，其上挖槽，人坐其中，深广约俱二尺。水流急处滚转，波浪中颇危险。然头尾各有孔，以椽木贯之，或二或三联为一，如筏，亦安稳也。行水以木锹划之，甚速"[1]。

（一）黄河上的渡口

1. 官亭渡。又叫临津渡，是黄河上重要渡口，位于黄河上游甘青交界处，河

---

[1]（清）龚景瀚编，李本源校，崔永红校注：《循化厅志》卷 2，青海人民出版社，2016 年，第 71～72 页。

南是今甘肃省积石山保安族东乡族撒拉族自治县的大河家镇，河北是今青海省民和回族土族自治县官亭镇。由今甘肃渡黄河入青海，主要有两条通道：一是由枹罕（治今甘肃省临夏市西南）西行，在今甘肃永靖莲花渡、炳灵寺及积石山保安族东乡族撒拉族自治县大河家等渡口过黄河到民和县境最为重要；二是由金城郡（治今甘肃省兰州市）往西，在钟泉河、新城、八盘、小寺沟四渡口（均在今甘肃省境内）过黄河入青海，其中小寺沟是首要津渡，八盘、新城次之，西汉时赵充国入河湟就是由金城西行渡黄河的。[①] 官亭渡（临津渡）位于南岸滩头到北岸崖脚的缓流处，该渡口早在汉代以前即存在，是陇右进入河湟地区的重要津渡。从官亭古渡渡河后，可经允吾（今民和县西沟乡境）经今乐都到今西宁，再分路去河西走廊或柴达木盆地以及吐蕃乃至南亚地区。三国时，魏将夏侯渊遣张郃等"渡河入小湟中"。[②] 隋朝时该渡口叫临津关，得名于前凉在此设立过的临津县（治积石山保安族东乡族撒拉族自治县大河家）。隋大业五年（公元609年），炀帝"出临津关"，[③] 经西平—张掖道到河西走廊又返回长安。唐朝时，该渡仍是重要的渡口。当时来往印度的使者，多从此过河。南宋绍兴八年（公元1138年），金在此设立积石州，元代因之。宝庆三年（公元1227年），成吉思汗亲自领军渡河攻打积石州。明清时期，该渡口改称河州上渡。明朝曾在此设立长宁驿，从此东行可到河州（治今甘肃临夏），西进可到贵德，北上可到西宁。清朝时，此渡口为一级渡口，置有官船两只，水夫20名。新中国成立初，用一条长约15米、宽约10米的大船摆渡，可载百人及卡车，现已建成钢筋混凝土大桥一座。古渡口遗址仍在。

2. 群科渡。 在今海东市化隆回族自治县群科镇黄河北岸，对岸为尖扎县。群科渡口的记载最早见于东汉时期。东汉元和三年（公元86年）烧当羌迷吾战败后，或即经由群科渡

古什群峡古渡口

① 欧华国主编：《青海公路交通史》（第一册），人民交通出版社，1989年，第35页。

②《三国志》卷9《魏书·夏侯渊传》。

③《隋书》卷3《炀帝纪》。

口由尖扎县退居黄河北的归义城。

3. 古什群渡。位于今海东市黄河岸边，南岸为循化撒拉族自治县查汗都斯乡红光上村，北岸属化隆县甘都镇西滩新村。此峡自古以来是青海通往甘肃的交通要隘，本名古什群峡，因南岸悬崖处建有一座"拱北"，故又得名"公伯峡"（"公伯"由"拱北"转音而来）。汉代即有此渡口，有桥头堡古城遗址 3 处。

4. 河源古渡。在今果洛藏族自治州玛多县黄河沿至两湖（扎陵湖、鄂陵湖）间。《新唐书·地理志》记载，"鄯城（县名，在今西宁市——引者注，下同）……又经暖泉（今兴海县温泉）、烈谟海（今兴海县与玛多县交界处的苦海，一作豆措），四百四十里渡黄河"，[①] 即指此。唐贞观十四年（公元 640 年）江夏王李道宗护送文成公主进藏曾经此。以后唐蕃之间通使、和亲、会盟多由此渡黄河。《西宁府新志》亦有"肖力麻川黄河源"渡口的记载。

5. 拉加渡。位于果洛藏族自治州玛沁县东部的拉加寺一带。唐代为党项北入河曲的主要津渡。明时亦为入藏之要津。明洪武二十五年（公元 1392 年），邓愈西征即由此渡黄河直抵大积石山。

6. 九曲渡。包括今海南藏族自治州龙羊峡西、共和县尕毛羊曲及同德县的班多等处。先秦及汉代即是羌人渡黄河之处。南北朝时是吐谷浑来往的重要津渡。明嘉靖至万历间（公元 1522 ~ 1619 年），居住在环青海湖地区的蒙古鞑靼火落赤、真相台吉等部，常由此渡黄河。这几处本是黄河上建古桥梁的位置，有时桥梁遭破坏，又是渡口处所。

7. 滴水崖渡。位于今海南藏族自治州贵德县城东北河东乡阿什贡一带。清乾隆四年（公元 1739 年），西宁兵备道杨应琚曾在此增设官船摆渡。后渡口上移至今贵德县城附近，直至 1934 年建浮桥。

8. 康家寨渡。在今黄南藏族自治州尖扎县康杨乡康家寨黄河边一带，北岸为化隆县西南部。隋唐时在此设达化县，是廓州（治今化隆县群科）通向浇河（治今贵德城）的重要渡口。清乾隆五年（公元 1740 年）设官船摆渡。[②]

9. 循化诸渡口。今循化撒拉族自治县东西 60 里内黄河边上有乙麻木庄渡、

---

① 《新唐书》卷 40《地理志》。

② （清）杨应琚撰，崔永红校注：《西宁府新志》卷 13《建置志（五）》，青海人民出版社，2016 年，第 210 页，滴水崖渡同。

草滩坝庄渡、清水工渡、孟打工渡、木厂庄渡、查汗大寺工渡、苏只工渡、别里庄渡、定匠庄渡、石头坡庄渡等渡口。这些渡口俱无船，用木洼。其中乙麻木庄渡位于今循化撒拉族自治县西 15 里，亦名掌教坊渡，明、清时为河州（治今甘肃临夏）赴西宁的要津，清代设有官船。[①]

除此之外，在黄河上游还有松噶尔渡、噶哈渡、乌兰芒奈渡、阿拉尔查等渡口。

（二）今玉树藏族自治州境内的渡口

1. 巴哈苦苦赛渡。亦作库库赛或柯柯赛渡，在玉树藏族自治州曲麻莱县境内的通天河上游入藏大道上。长江上游一段蒙古语为穆鲁乌苏，故苦苦赛又称穆鲁乌苏，为青海赴西藏重要津渡。《西宁府新志》载："柯柯赛渡口，有草无柴，由秀番子住牧。自此赴藏有三路，惟柯柯赛有渡河皮船……官兵入藏，皆由柯柯赛。"[②]清康熙五十九年（公元 1720 年），抚远大将军允禵移驻穆鲁乌苏，管理进藏军务粮饷。乾隆五十六年（公元 1791 年）大将军福康安等率领军队由此渡江赴西藏平定廓尔喀入侵。

2. 七渡口。一作七叉河，位于玉树藏族自治州曲麻莱县曲麻莱乡勒池牧委会西。七渡口藏语叫"拉普敦"。自古以来是通天河上的重要渡口、要隘。历史上唐蕃古道曾经途经此地。

3. 尕朵渡口。位于玉树藏族自治州称多县细曲入通天河处。是"唐蕃古道"上的重要津渡。

4. 直布达渡。位于玉树藏族自治州称多县与玉树市交界处的直布达，在歇武寺直布庄南通天河边。为西宁进入玉树的重要津渡，夏用皮筏，冬有冰桥。

除此之外，还有玉树市下拉秀西子曲河上的陇喜寺渡、扎武通天河边上的蓝达庄渡、玉树固察通天河边上的种毛籍庄渡、扎曲河边上的蒙古尔津谄他渡、子云渡和觉拉寺渡，玉树州囊谦县觉拉扎曲河上的古特知庄渡、囊谦县南巴日曲河边的囊谦南渡和囊谦境鄂穆曲边的挞朵寺渡等。

（三）湟水、大通河上的渡口

1. 郑伯津渡。《汉书》卷 28《地理志》记载：令居，洞水出西北塞外，至县西南，入郑伯津，即指此。其位置约在今海东市民和回族土族自治县下川口，亦称下川

---

① （清）龚景瀚编，李本源校，崔永红校注：《循化厅志》卷 2，青海人民出版社，2016 年，第 71 页。

② （清）杨应琚撰，崔永红校注：《西宁府新志》卷 21《武备志（四）》，青海人民出版社，2016 年，第 380 页。

口渡，对岸是甘肃省的红古城，为古代由兰州西入湟中的重要津渡。汉赵充国进军青海，唐刘元鼎入蕃会盟均经此。

2.大通渡。在今海北藏族自治州门源县城南大通河上。为南北往来通衢，隆冬履冰而过，冰解则有官船摆渡。

3.杏园口渡。在今海东市民和回族土族自治县县城东25里马场垣与海石湾间，为小路通津，夏季备筏以济，冬季履冰而过。

第二节
古道遗迹及历代关口要隘

一、古道遗迹

古代交通工具以牲畜和畜力木轮车为主，牲畜长期踩踏、木轮车反复碾压在土路上，势必留下明显的痕迹。丝绸之路青海道上这样的古道遗迹很多，可惜被正式著录的少而又少。已故青海省考古研究所所长卢耀光研究员生前曾讲过，他曾留意过古道遗迹，其中保存较好且距离较长的有两处：一是从化隆回族自治县扎巴镇往西，经湟中县群加乡通往日月山的一段；二是从兴海县河卡乡东幸福村往南行，翻越河卡山，前往县城的一段。这两处均有较深的木轮车碾压留下的路槽。笔者在湟源县和平乡、日月乡境考察时，曾目睹这里的古道遗迹。在药水河西岸当代高速公路西侧山坡上，断断续续遗留有与高速公路平行的两重旧路痕迹：一重是废弃不久的旧公路，较宽且平，靠近高速公路；一重是更古旧的古道遗迹，较窄且不平，位置比旧公路更高。类似的古道遗迹不少，仅有个别的被记录在案。

1. 扁都沟古道。位于海北藏族自治州祁连县峨博乡峨博村西北。"古道沿山脚自然延伸，时而在沟东岸，时而在沟西岸，并经常沿河滩发展。踏出的路面宽约2米，痕迹明显，部分地段与民国时期的简易公路、现在的国道227线重合。古道沿线有城址、烽火台等遗迹。从峨博村始，至扁都沟北端出口处，全长约35公里。"①扁都沟古称大斗拔谷，这里海拔3000米，谷长25公里，宽不足1公里，山高坡陡，地形险要，自古以来就是河西走廊南部的重要门户。扁都沟古道是湟水流域通往河西走廊的必经之地，汉代至清一直沿用，是丝绸之路青海道使用频率最高的古道之一。据史书记载，隋大业五年（公元609年），炀帝西巡，在去张掖和返回长安的途中，都经由了大斗拔谷。返途中炀帝及其大臣们在此谷遇到

---

① 国家文物局主编、青海省文化厅编制：《中国文物地图集·青海分册》，中国地图出版社，1996年，第126页。

了意想不到的灾难。《资治通鉴》记载说：秋七月，"车驾东还，行经大斗拔谷，山路隘险，鱼贯而出，风雪晦冥，文武饥馁沾湿，夜久不逮前营，士卒冻死者大半，马驴十八九，后宫妃、主或狼狈相失，与军士杂宿山间"[1]。

2. 老虎沟古道。位于海北藏族自治州门源回族自治县浩门镇西北老虎沟口。从老虎沟口北行，经东岔沟，翻大坂掌，入乱石窝沟，至大草坂进入河西走廊地区，全长约50公里。古道沿沟依自然地形而延伸，经长年踏走而形成。现存路面宽2～4米，沿途有古城址、明长城、烽火台等遗迹。[2]汉代以来老虎沟古道一直沿用，至今仍是青海往通河西走廊的交通孔道之一。

3. 上沟后古道。[3]位于海南藏族自治州共和县恰卜恰镇北约15公里处的上沟后堡西南侧，古道依青海南山南麓山底缓坡分布，呈东西走向。此古道使用时间很长，曾是"吐谷浑道"向东南区段的北支线的组成部分。向东可去日月山（以至西宁等处）、龙羊峡（以至甘南、川北等处），向西可去今茶卡、德令哈（以至西域等处）。2017年丝绸之路南亚廊道（青海段）考古调查队踏查路段全程直线距离5公里，道路里程11公里。

4. 色娘沟古道。位于海南藏族自治州共和县恰卜恰镇与倒淌河镇的连线上，在青海南山西北段色娘沟内。该道路主要连接倒淌河上游和尕海滩，其直线距离6.7公里，道路里程约15公里。道路在今214国道之北，大体与214国道平行。道路沿色娘沟内冲沟两侧分布，整体呈东南—西北走向。2017年丝绸之路南亚廊道（青海段）考古调查队的调查始于色娘沟北侧，止于色娘沟南侧新修公主佛堂。调查发现色娘沟古道存有大量人工痕迹，这类人工痕迹大致可分四种：（1）在裸露岩体上形成的磨损凹槽，凹槽宽约0.4～0.5米。一般并排有2～3条平行的凹槽，凹槽与凹槽之间距离1～2米，但凹槽中间保持岩性本体未见磨损情况。该类情况较为常见，在色娘沟看到7处该类痕迹，可能是古代车辆碾压所致。（2）靠近冲沟处用石块垒砌路边，一般用3～4层石块垒砌，垒砌高度0.5～0.7米。（3）在地形较陡处，为便通行，存有多处人工开凿痕迹，一般凿为0.65～0.75米的

---

① （宋）司马光：《资治通鉴》卷181《隋纪五》，中华书局，1956年，第5646页。

② 国家文物局主编、青海省文化厅编制：《中国文物地图集·青海分册》，中国地图出版社，1996年，第128页。

③ 此条及以下3～8诸条资料来自2018年1月30日青海省文物管理局、青海省文物考古研究所在西宁召开的"丝绸之路南亚廊道（青海段）学术研讨会"，承蒙省文物考古研究所领导允准，得使用尚未正式公开发布的部分资料。

凹槽。（4）开挖垭口，该类痕迹一般在较为陡峭的无岩性山梁上，隘口宽度均在10米以上。

5. 切吉古道。位于海南藏族自治州兴海县河卡镇切吉沟内，连接切吉滩和河卡镇区域，与曼丈沟古道隔沟相望。其直线距离约 5 公里，道路里程约 10 公里。呈西北—东南走向。道路状况较好，可驱车通过。

6. 曼丈沟古道。位于海南藏族自治州兴海县河卡镇，与切吉段隔沟相望，连接河卡镇至大河坝区域。其直线距离约 12 公里，道路里程约 18 公里。呈西北—东南走向。在调查过程中发现一处由两条石块垒砌的通道，石块整齐排列，每条有 2 ~ 4 块石块并排构成长 0.4 ~ 0.8 米的路面，并排两条路面中间有 1 米左右间隔。整条道路长约 20 米。

7. 幸福沟古道。位于海南藏族自治州兴海县河卡镇幸福沟内，是连接河卡镇至大河坝的另一通道，在曼丈沟古道东南方，与曼丈沟古道处在同一条山脉即河卡山脉中，位于该山脉的东尽头。其直线距离约 10 公里，道路里程约 20 公里。呈西北—东南走向。以上色娘沟、切吉、曼丈沟、幸福沟等古道都曾是唐蕃古道上的重要道路遗存。

8. 塔拉滩段古道。该段道路横穿塔拉滩，在共玉高速东侧，部分与共玉高速重合，连接共和至幸福沟。该道路的修建及使用时间有待继续调查后确认。

9. 赛尔龙古道。位于黄南藏族自治州河南蒙古族自治县境内。起自赛尔龙乡赛尔龙村的柯能山口，途经赛尔龙沟、延巴沟等，长达 80 千米，当地人叫"万行道"。古道宽约 3 米，与现行公路时分时合，有些地段已模糊不清。该古道应是古代四川至西域古丝绸之路的组成部分。

二、历代关口要隘

青海高原地处中国第一地势阶梯，境内地形总体是北部为山地、中部为盆地、南部为山原和山地。形态地貌有极高山、高山、中山、低山、丘陵、平原、戈壁、沙漠、沼泽、草地等。境内河谷纵横，山大沟深，丝绸之路青海道上历代关口要隘众多。青海旧地方志书所载"关隘"包括省境之内历代关口、要隘，但内容以明清时期的为主，且大多不在丝绸之路孔道上。实际上，位于丝绸之路青海道上的历代关口要隘很多，此处只简介其中较著名的一部分。

老鸦峡东口

（一）历代重要关口简介

1. 绥远关。位于今海东市民和回族土族自治县与乐都区之间老鸦峡地区。老鸦峡全长 20 公里，南山顶高 2100 米，北山顶高 2300 米，西距碾伯城 25 公里、西宁 85 公里，湟水自西向东从峡中流过，是西宁到兰州捷径的必经之地。古时老鸦峡人迹罕至，东来入湟者多走永登–冰沟道。该峡汉代称四望峡，又名"四望关"，宋代称省章峡，宋曾在此处建绥远关。宋人李远《青唐录》记载："西入省章峡……道出峭壁间，萦行曲折，不容并驰。其道断处，凿石为栈，下临湟水，深数百尺，过者寒心。崖壁间多唐人镌字。"《续资治通鉴》宋崇宁二年（公元1103 年）六月条记载，王厚与童贯及诸将商议说：大军西进必经的省章峡，是"青唐往来咽喉之地，汉世谓之湟峡，唐人尝修阁道，刻石记其事，地极险阻。若不城之，异日出兵，贼必乘间断我归路。"于是，在省章东峡之洒金平地方（今莲花台一带）建 500 步城一座，派军戍守，后赐名曰"绥远关"。如今老鸦峡内石壁上仍有唐代石刻，字迹大多不能辨认，唯有其中"从郭子仪者九人"7 字可识。唐代所修栈道朽烂废弃后，此道不通行旅者千余年。民国时期又始通行。1941年后，使用炸药崩石，展宽道路，渐成通途。老鸦峡是丝绸之路青海道上的重要关隘。

2. 临津关。位于甘肃省临夏回族自治州积石山保安族东乡族撒拉族自治县大河家镇。大河家地处黄河南岸，河北岸即青海省民和回族土族自治县官亭镇辖

区。大河家北有黄河天险，西有积石关
屏障，村内有临津古城址。官亭镇辖区
有古白土城址，有古渡口。这一带自古
以来是兵家必争之地，既处交通要道，
又系军事要隘。著名的唐蕃古道由此经
过，隋炀帝西巡时曾在此处渡黄河。宋、
金、元、明时这里仍处在河州（治今甘

临津关遗址

肃省临夏市）与西宁地区联系的要津大道上，城池内常有官军戍守，是丝绸之路
青海道上的重要关隘。

　　3. 小峡河南、河北关。位于海东市平安区小峡镇西端湟水河两岸，西距西
宁市 10 公里。小峡地势险要，峡谷长 1.1 公里，谷底最宽 200 米，最窄 50 米，
湟水河由西向东流过，其两侧石崖峭壁，坡度在 59 ～ 90 度之间，南高北低。小
峡自古以来是兵家必争之地，又处交通要道，被视为西宁屏障。清同治年间（公

小峡西口

元 1862 ～ 1874 年），青海回民起义军据此天险拒阻清军，与清军鏖战数月。后
清军拼命攻下峡口，战事方定。光绪三年（公元 1877 年），西宁办事大臣豫师捐
俸修建两关，命兵士"严司启闭"。后来，河南的关被命名为"武定关"，河北的
关被命名为"德安关"。① 左宗棠撰有《西宁小峡河新筑南北两关记》曰："西宁

---

① （清）邓承伟修，张价卿、来维礼等纂，基生兰续纂，王昱校注：《西宁府续志》卷 2《建置志》，青海
人民出版社，2016 年，第 58 页。

城东，悬崖陡壁，对立千仞，湟水中流，霆惊箭激，山径狭隘，车不方轮，马不并辔者凡三十里……河西有事，守者得人，以一当百。攻者逾此而入，则西宁不可复守。"南、北两关筑成后，"戎羌是宁。关门夜启，荡荡太平"[1]。《甘肃通志》《西镇志》等认为小峡河南、河北关原是宋崇宁二年所筑"绥远关"，误。绥远关在老鸦峡。小峡关是丝绸之路青海道上的重要关隘。

　　除上述诸关外，丝绸之路青海道上的关口还有不少，只是它们大多没有在典籍中留下"关口"的记载罢了。例如今共和县尕毛羊曲（一作尕马羊曲）、共和县龙羊峡、循化撒拉族自治县古什群等处，均地形险要，扼黄河桥渡要津，河两岸都有为保护古桥渡而建的古城遗迹，实际上它们均发挥过丝绸之路青海道上重要关口的防守稽查等作用。行人经过这样的关口，须出示相关证件。

　　（二）历代交通要隘简介

　　1.扁都口要隘。位于海北藏族自治州祁连县峨堡乡正北牧场山与三关岭之间，

扁都口要隘

北距甘肃省民乐县28公里。扁都沟南北贯通，沟长32公里，谷宽仅30～200米，海拔3200～4150米。两侧山峰连绵起伏，多为悬崖绝壁，山坡灌木丛生。扁都沟古称大斗拔谷，沟内有古城、烽火台多处，千年古道清晰可辨，是丝绸之路青海道上的重要关隘。民国《大通县志》记载：扁都口要隘"去县城西北三百九十里。群峰若帐，一口如瓶，为北出甘州之要道。"扁都沟为当代西宁—张掖公路之咽喉，除有主要干线通往张掖外，另有数条简易公路通往山丹军马场、山丹县，可接兰新公路。

　　2.鸾鸟口要隘。位于海北藏族自治州门源回族自治县境内，北依祁连山，是河湟地区通往河西走廊的重要隘口之一。民国《大通县志》记载：鸾鸟口"去县城二百二十里。地有古城，名鸾鸟城。北有暗门横塞于口，南则鸾鸟山脑，双支

①（清）邓承伟修，张价卿、来维礼等纂，基生兰续纂，王昱校注：《西宁府续志》卷9《艺文志》，青海人民出版社，2016年，第315页。

垂下，东西环绕，有如两臂"。

3. 浩门隘（享堂峡）。位于今海东市民和回族土族自治县川口镇享堂村东北4公里大通河两侧。以大通河为界，西岸属今青海省，东岸属今甘肃省兰州市红古区。大通河自北向南流经峡谷，在享堂村南汇入湟水，河两岸峭壁峻岭，

享堂峡

峡长10公里。《西宁府新志》记载：浩门隘"在县（碾伯）治东，故浩门县境。汉光武建元中，先零诸羌数万拒浩门隘，马武与马援击破之，即是处也"[1]。该峡是青海省东部第一峡谷，有青海"东大门"之称，是丝绸之路青海道上河湟地区通往甘肃永登、兰州及河西走廊的要隘之一。

4. 当金山口。位于青海省西北部阿尔金山与祁连山相接处，原在青海省与甘肃省交界处，近年省界调整后在甘肃省阿克塞哈萨克族自治县境内。山口北至敦煌124公里，南至格尔木400公里，

当金山口

东南至大柴旦215公里，西至冷湖116公里，至茫崖市（花土沟）约410公里。该口是阿尔金山与祁连山的分界，西为阿尔金山系的当金山，东部祁连山系的党河南山，两山相接处开成一条29公里长的大峡谷。峡谷南口宽227米，北口宽119米，两侧多为沟谷台地，山峦重叠，地形较为险要。该口为柴达木盆地与河西走廊、新疆之间的交通要道，是古丝绸之路青海道柴达木北线要隘，唐代吐蕃通沙州（治今甘肃省敦煌市）之驿道由此通过，当代柳（园）格（尔木）公路、

阿尔金山口

① (清) 杨应琚撰，崔永红校注：《西宁府新志》卷7《地理志》，青海人民出版社，2016年，第136～137页。

敦（煌）格（尔木）铁路由此通过。

5. 阿尔金山口。阿尔金山是新疆维吾尔自治区东南部、青海省西北部的一座山脉，蒙古语意为"有柏树的山"，其山脉东西长约730公里，南北宽约60～100公里，近似东西走向。阿尔金山口原在青海省与新疆维吾尔自治区交界处，近年省界调整后在新疆若羌县境内。从青海茫崖市茫崖镇西偏北行，经过新疆若羌县巴士库尔干（又作"巴什考供"，汉语称为红柳沟口）一带时，阿尔金山口山势险峻，峡谷绵长，自古以来是丝绸之路的要隘。当代青新公路、格（尔木）库（尔勒）铁路由此通过。

6. 噶斯口。原在青海省与新疆维吾尔自治区交界处，近年省界调整后在新疆若羌县依吞布拉克乡境内。清代文献中的"噶斯淖尔"指今噶斯湖（一作噶斯库勒湖），而"噶斯池"则指今乌苏肖（一作乌宗硕），噶斯口在"噶斯池"附近。噶斯口自古以来丝绸之路青海道经柴达木盆地与西域相通的最关键的要隘，也是清代以来重要的驻军防守关口。

7. 日月山口。日月山位于西宁市湟源县西南40公里，属祁连山脉支脉，长90公里，海拔最高为4877米，青藏公路通过的日月山口为海拔3520米。日月山顶部由第三纪紫色砂岩组成而呈红色，故古时被称为"赤岭"，藏语称"尼玛达娃"，蒙古语称"纳喇萨喇"，即太阳和月亮之意。日月山历来是内地赴西藏大道的咽喉。早在汉、魏、晋以至隋、唐等朝代，都是中原王朝辖区的前哨和屏障。故有"西海屏风""草原门户"之称。是丝绸之路青海道的重要隘口。

大力加山口

8. 大力加山口。大力加山一作达理架山，位于海东市循化撒拉族自治县道帏藏族乡东南，海拔3510米，西北距循化县城约35公里。处在青海向东南行通往甘肃临夏的要道上，是丝绸之路"吐谷浑道"青海省境东段北支线上的重要隘口，当代平（安）大（力加山）高速公路（原临平公路）纵贯其山。

9. 昆仑山口。昆仑山，藏语称"阿玛尼木占木松"，即祖山之意，被尊为"万山之宗"。昆仑山口位于青海西南部昆仑山中段，格尔木市区南 160 公里处，是青海、甘肃两省通往西藏的必经之地，也是青藏公路上的一大关隘，因山谷隘口而得名，亦称"昆仑山垭口"。离昆仑山口不远的东西两侧，海拔 6000 米以上的玉虚峰和玉仙峰终年银装素裹，云雾缭绕。唐代吐蕃通沙州（治今甘肃省敦煌市）之驿道由此通过。

10. 唐古拉山口。位于格尔木市西南 475 公里处，北距位于沱沱河畔的唐古拉山乡 54 公里。"唐古拉"，藏语意为"高原上的山"，由于终年风雪交加，号称"风雪仓库"。唐古拉是青海和西藏的分界线，是沿青藏公路进入西藏的必经之地，也是丝绸之路青海道上的重要隘口。这里海拔 5206 米，气势磅礴、雄伟高峻的唐古拉山两峰对峙，高数百米，南坡较陡，北坡较缓。山口一带雪峰绵延，属多年冻土区荒漠地貌。唐代吐蕃通沙州（治今甘肃省敦煌市）之驿道由此通过，当代青藏公路、青藏铁路通过此山口。

11. 巴颜喀拉山口。位于果洛藏族自治州玛多县东南部与玉树藏族自治州称

巴颜喀拉山口

多县交界处。海拔 4824 米，但相对高度不大，地势较平缓，呈山原地貌形态。是河湟地区通往青海省南部及四川省、西藏自治区的重要通道，为原青康公路咽喉要隘，是历史上唐蕃古道的必经之地。

12. 花石峡。位于果洛藏族自治州玛多县境东北部花石峡镇，是青海南部门户。峡两侧山峰对峙，东曲河从山脚下流过，注入托索湖。此处平均海拔 4500 米，附近为天然牧场。花石峡是历史上唐蕃古道的必经之地，现代青康公路、花阿公路在此交汇，为青南交通要冲。

13. 直门达峡。位于玉树藏族自治州玉树市东南部通天河出省境处，为青海省南部高山峡谷，峡谷两侧山势高耸，通天河由东南向西北流过，河道狭窄，水急浪高。峡谷中草木茂盛，栖息有野牛等野生动物。是青海省东部向南通往西藏自治区的交通要隘。

14. 郭由拉山口。位于玉树藏族自治州杂多县与西藏自治区交界处，是唐古拉山上的隘口之一。清代入藏官道经过此处。过山口后可到西藏自治区安多或聂荣县。

15. 查吾拉山口。位于玉树藏族自治州杂多县与西藏自治区交界处，是唐古拉山上的隘口之一。唐蕃古道经过此处，过山口后可到今西藏自治区聂荣县。

第三节
历代寺窟遗迹

一、石窟寺

1. 丹斗寺岩窟。位于海东市化隆回族自治县金源乡境内的丹斗寺峡谷。这里属于小积石山脉，地理坐标东经 102° 31'，北纬 35° 56'，海拔 2100 米。岩窟主要分布在两个地点，一处在丹斗寺峡谷西端的丹斗寺，另一处在当地人称"拉色囊"的峡谷下游，二者相距约 4 公里。"拉色囊"处岩窟分布在河床南岸距河床约 50 米的悬崖上，东西向排列，共 3 个窟，基本上处于同一水平面，相互间距 23 ~ 25 米。丹斗岩窟属于天然岩窟，壁面是在岩体上经过大体的泥层磨平处理后，再涂以白

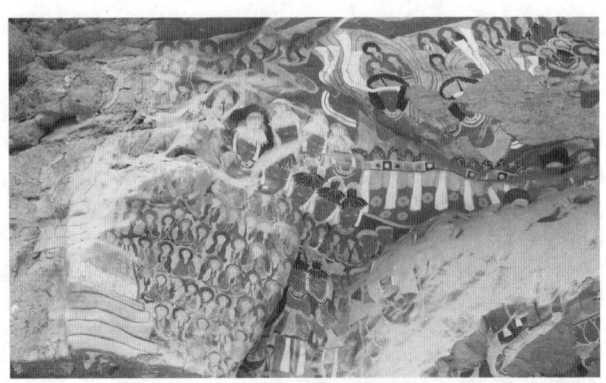

丹斗寺岩窟第 2 窟壁画局部

色涂料打磨而成的。跟传统洞窟相比，壁表凹凸不平，显得极不规整。受壁面条件的限制，壁画内容较为单一，图像主要以千佛为主，配以说法图和供养人。画面组织较为随意，技法略显粗糙。据专业人员初步研究，丹斗寺岩窟的开凿时代为十六国至唐代之间。[①]

2. 文成公主庙。即大日如来佛堂，文成公主庙是俗称，位于玉树藏族自治州玉树市巴塘乡贝纳沟（又称白都满沟）内。庙堂内正上方的石灰岩质山崖壁上，浮雕有 9 尊巨幅佛像。佛像由两只背向伏卧呈莲花宝座状的雪狮驮着，宝座又由两根粗大的木柱相支撑。正中主佛为大日如来佛像，高约 7.3 米，结跏跌坐在

① 参看伯果：《青海化隆旦斗寺岩窟壁画调查》，载《考古与文物》，2014 年第 2 期。

狮子仰莲座上，头束高发髻，戴三瓣法冠，身着对襟翻领胡服。在主佛像的两侧，各有 4 尊高约 4 米的菩萨像，分上下两排站立在小莲花座上。这 8 尊菩萨，也都头束高桶状发髻，戴三瓣法冠，身着对襟翻领胡服。他们个个手持宝物：有的手拿莲花，有的手持金刚杵，有的手捧海螺，有的手托宝瓶，有的手端如意宝食碗，有的手握七星尚方剑，姿态各异，形象逼真，栩栩如生。整组浮雕佛像依山就势，安排巧妙，布局合理，构图新颖；人物造型大方，体态丰满，容貌秀美，形神兼备，立体感很强。崖壁上还有汉藏经文、题记多处，文字多漫漶不清。尽管后世历次修复对文成公主庙的佛像石刻原貌有不少破坏，但其基本造型仍带有明显的唐代或吐蕃早期风格。相传唐文成公主嫁往吐蕃在贝纳沟停留期间，率领工匠、艺人在沟内悬崖峭壁上雕凿了佛像、大小佛塔和重要经文等数十处，金城公主再次联姻重走文成公主之路入藏路过此地时，主持修建了这座庙宇，并命名为"文成公主庙"。据专家考证，很可能文成公主庙内石雕像、庙内外石刻题记是赤德祖赞之子赤松德赞（为金城公主所生）出生的那一年（即

文成公主庙

公元 742 年）凿刻的。如果这一推断成立，则佛像的实际雕凿年代比文成公主入藏时间要晚大约一个世纪。后世在文成公主庙外环垒筑了土坯墙院，小院正面紧靠岩壁处建有三层土筑石砌的藏式平顶建筑，两侧各有平顶式房屋 3 间。2006 年文成公主庙被国务院公布为国家重点文物保护单位。文成公主庙一年四季香火不断，前来朝拜的藏汉族群众络绎不绝，可见文成公主在广大民众心中地位之崇高。①

3. 红崖石窟。位于乐都碾伯镇西大古城北。洞窟开凿于红砂岩上，原有洞窟数 10 处，现存大小石窟 7 处，洞窟前沿部分已坍塌，窟内皆空无一物。从洞窟形制观察，近似甘肃敦煌千佛洞窟某些洞窟形制，推测可能开凿于北魏至唐宋时期。

---

① 参见崔永红主编：《文成公主与唐蕃古道》，青海人民出版社，2017 年，第 83 ~ 91 页。

4. 寺台石窟寺。位于平安寺台乡寺台村西。共有 5 窟，开凿于红砂砾石岩上，高出地面 5 米余，其中 4 窟保存较好，1 窟已坍塌。洞窟平面皆长方形。窟内有泥塑佛像及部分壁画。壁画部分脱落残损。从壁画风格观察似为宋代作品。此寺暂定为宋代开凿。

5. 岗龙沟石窟寺。位于海北藏族自治州门源县克图乡巴哈村。"岗龙"为藏语，意为雪沟，因沟内冬季积雪不易消融，故名。石窟开凿于东西长 100 米、高 15 米的红砂石崖上，共有大小石窟 13 处。但多空无一物或坍塌。2005 年笔者曾经亲临考察，见到现存释迦窟及石塔窟较好。释迦窟内为一石造释迦牟尼坐像一尊，高 1.2 米、宽 1.8 米。石塔窟内的石质佛塔，莲花座，覆钵式塔身，并开有眼光门，腹中空（可能原有造像），塔顶为十三天相轮。各石窟尚存有小型佛塔及佛像，都为线雕。塔的北部石崖上还有块高石，上刻藏文六字真言和汉文"宝塔建在戊寅年"字样。凿刻时代不详，一说北凉沮渠牧建太建四年（公元 438 年），

岗龙沟石窟寺佛像

一说唐代，一说清初。一般认为乃宋、明时期所凿。系省级文物保护单位。许新国的《青海门源岗龙石窟的年代与族属》一文认为，岗龙石窟是公元 12 世纪末至 13 世纪初期西夏人刻造的。

6. 雪山佛洞。位于湟中县什张家乡黄蒿台，此洞又名"灵台仙佛洞"。此窟原为道教寺观。相传开凿于元末明初时期。洞窟长 14.6 米、宽 5.6 米、高 3 米，似利用原有山洞修整而成。窟内原有一些泥型造像，已毁。现存有石碑一通，系清光绪癸未年（公元 1883 年）立，碑高 0.97 米、宽 0.43 米、厚 0.16 米，碑文为 16 句七言诗，描述山景。洞窟附近原来尚有一些建筑。

二、藏传佛教寺院及灵塔

（一）明以前的藏传佛教寺院及灵塔

1. 达那寺。位于玉树藏族自治州囊谦县吉曲乡西、尕永乡东和吉尼赛乡南三

乡交接处的达那山山腰，是玉树地区最早的寺院之一，也是目前藏区仅存的一座藏传佛教叶尔巴噶举派寺院。为与印度撒格本日地方的达那寺相区别，囊谦达那寺一般又称之为"北部达那寺"。达那寺最初为苯教寺院，后改宗藏传佛教叶巴噶举派。据《达那圣地经》记载，达那寺始建于唐垂拱二年（公元686年）。约在北宋天圣五年（公元1028年），迦湿弥罗的吽迦罗大师派其婆罗门弟子凯达周游各地传法，凯达在离达那山几里外的宗巴卡修建了16柱经堂1座，并收徒传法。北宋熙宁元年（公元1068年），凯达第五子达查益西生格在达那山腰修建了100柱9层佛堂1座，称之为"噶吾拉康"，为达那寺雏形。当时有僧300人左右，信奉苯教。从达查益西生格起，家族中叔侄传承法位。宋乾道六年（公元1171年），帕摩竹巴弟子桑结叶巴·伊西则于喀木（今西藏自治区昌都及四川甘孜地方）建成叶巴寺，从这里发展出叶巴噶举派。宋淳熙十五年（公元1188年），伊西则改建达那寺为叶巴噶举派寺院。从达那寺改宗时间算起，这座寺院迄今有800余年的历史。该寺最盛时期，僧侣达2000余人，活佛有30多位。寺院建有帕摩竹巴、直贡觉阿、桑结卜巴伊西则、萨迦曲柏、玛吉拉卓、宇妥元旦贡保等佛教大师的灵塔。寺院主要供奉四臂护法神、妙音天女、胜乐金刚等像。属寺曾有西藏自治区的多宗寺，青海杂多县的巴艾寺，囊谦县的叶文寺、嘎扎西寺等。[①]1982年开放后，现存的主要建筑物为叶巴经堂，呈方形，高20余米，占地44平方米；帕摩竹巴灵塔殿1座，为二层楼厅式建筑，内供帕摩竹巴灵塔；叶巴殿1座，供奉着传为桑结叶巴·伊西则自塑的自身药泥像和该寺前身主供的苯教祖师敦巴辛饶的镀金铜像。主要宗教活动有藏历正月纪念噶举派"玛米塔三师"圆寂的法会，正月的荟供轮法会，九月的金刚咒念诵会，十月的修心会，十二月的静猛合修会和跳神会等。堂内靠东墙中间塑有9米高的格萨尔像，南侧供放着格萨尔王妃珠牡的各式腰带等。

2.格萨尔三十大将军藏式灵塔。位于玉树藏族自治州囊谦县，在离达那寺不远的达那山岩洞中，建有《格萨尔王传》中岭国30员大将的灵塔群。灵塔用石块、泥土砌成，塔身大部分为圆形或半圆的覆钵形结构，其上置有造型简单的塔刹，塔身下建造有不规则的塔座。灵塔外表施以泥背抹光，外表涂刷为白色，上有各

---

① 参见蒲文成主编：《甘青藏传佛教寺院》，青海人民出版社，1990年，第391～393页。

色藏文字，惜因风化雨淋，岩羊舔蹭，字迹已难辨认。经中国科学院考古研究所测定，这些塔属于宋代建筑。塔内还有大小不等的宋代泥制塑像"叉叉"（一作"擦擦"，即小型泥制佛像），一般有 4 种，最大者白色，次为浅红，再次为深红，最小者为黑色。泥像上均印有近似六字真言的梵文字。格萨尔 30 大将军灵塔是青藏地区藏式灵塔中布局最早最大的一种"群组式灵塔"，在建筑形式上保留了唐代晚期藏式灵塔营造风格及建筑艺术，不仅传承了印度佛塔的基本规格，又是一种别具风格的古老藏族宗教建筑艺术和藏传佛教建筑艺术，在青藏地区是极其罕见和珍贵的历史文物。

　　3. 白马寺。位于海东市互助土族自治县红崖子沟乡白马寺村红崖子沟沟口东侧的半崖上，隔湟水河与平安镇相望。又名金刚崖寺或金刚窟寺，因半山崖雕凿有一尊金刚佛像的石像而得名，藏语称"玛藏观"；白马寺又称"觉化寺"，取意于藏传佛教后弘鼻祖喇勤·贡巴饶赛在此地"自觉""化众"，开启后弘法道，直到圆寂。白马寺始建于公元 10 世纪末（藏传佛教后弘期），总面积 4516 平方米，全寺由居于半山崖的经堂、僧舍、石窟、金刚佛像和大佛塔组成。"白

白马寺弥勒佛石雕像

马寺"的来历传说较多，一说明万历十二年（公元 1584），第三世达赖喇嘛去佑宁寺等地途经此地，坐骑死去，遂塑白马于寺，故名；一说该寺为安多地区首建的佛寺，类似河南的白马寺，故名。[①] 清代后多次被毁。1980 年重新开放，陆续修建大经堂、金刚亭、金刚崖、金刚佛像等等。大经堂为三层砖木结构房屋，一层有白马奔驰壁画，二层有观音菩萨塑像，三层有喇勤·贡巴饶赛塑像。金刚亭位于大经堂左下方，为披檐歇山顶。金刚石雕像 5 岁身量，为坐状，左手托钵，右手做推移状。通高 3.7 米，佛座宽 2.35 米。雕像古朴浑厚、轮廓粗犷。白马寺历史悠久，素享盛名，是丝绸之路上著名的景点之一。

---

① 参见蒲文成主编：《甘青藏传佛教寺院》，青海人民出版社，1990 年，第 79 页。

4. 藏娘佛塔及桑周寺。亦称"桑主寺""楞主寺",位于玉树藏族自治州玉树市仲达乡歇格村藏娘社通天河畔的二三级阶地上。系藏传佛教萨迦派寺院。北宋天圣七年(公元 1030 年),藏传佛教后弘期第一个赴吐蕃传法的外籍高僧弥底,在藏娘选址修建了佛塔。据说在佛塔修建到一半时,就进行了开光、加持仪式。藏语把这个塔叫作"藏娘桥丹贝吉隆宝",汉语意思是"藏娘佛塔·盛德山"。15 世纪初,弥底二世噶然江巴·更噶益西修补了佛塔的上半部分。[①] 弥底是藏传佛教建筑及壁画绘制规范标准的制定者,这个标准收在大藏经《丹珠尔中》。藏娘佛塔在修建中严格遵循了这个标准,且塔身保存完好,为研究藏传佛教佛塔和壁画等藏传佛教建筑提供了实物资料。明宣德五年(公元 1430 年),噶然江巴·更噶益西把藏娘地区的三个宁玛派寺院——仁真敖赛寺、巴钦班觉寺、巴格达宗寺合并成了桑周寺,又称"三成寺",改宗为萨迦派。后来,弥底三世阿如喇嘛更噶广筑佛殿、行宫,寺院具有了一定的规模。20 世纪 80 年代寺院被批准开放,寺院建筑得到了重新修复。现有大小佛殿 3 座、庙殿 5 座、僧舍 13 间,以及伙房、仓库、跳神场地等,总占地面积 2910 平方米。法会有藏历三月抛施六十食子会、五月供养会和十二月廿九大施食会等。

5. 大佛寺。位于西宁市西大街和教场街相接处,是西宁地区历史悠久、地位较高的藏传佛教寺院。大佛寺可能肇建于宋淳化元年(公元 990 年),一说建于元代。清顺治《西宁志》记载:"宁番寺,旧名大佛寺,创建无考。唯佛像三,高三丈九尺。洪武二十三年土官李南哥重建,二十七年奏请敕赐额曰'宁番'。"

西宁大佛寺

大佛寺属藏传佛教格鲁派寺院。清乾隆二年(公元 1737 年),土司李承唐将大佛寺让给三世夏茸尕布(俗称白佛),做为其驻锡寺。民国十一年(1921 年),七世夏茸尕布更敦丹增诺尔布整修了大佛寺。竣工后的大佛寺占地 30 多亩,建筑有前院(山门、经堂、僧舍)、后院(大殿)、花园、马房

---

① 参看青海省文物局:《玉树仲达藏娘佛塔及桑周寺》,载《青海文化》(内部刊物),2006 年第 2 期。

等。其中大殿系三层的空心楼阁，雕梁画栋，是当时西宁地区最雄伟的建筑之一。民国二十四年（1935年），九世班禅返藏途中曾食宿于大佛寺。1951年，八世夏茸尕布将大佛寺的一部分奉献给十世班禅额尔德尼确吉坚赞，大佛寺随之正式成为班禅堪布会议厅驻青海办事处。同年，中央人民政府特派习仲勋到青海，在大佛寺隆重举行了欢送十世班禅返藏的仪式。1985年和1987年，又分别修建了后院和经堂。经堂曾为十世班禅行宫，坐北朝南，歇山式建筑，高大雄伟，顶饰赤铜宝瓶，殿脊两侧龙尾高高翘起。大佛寺现由班禅办事处管理。信教群众到此煨桑、进香者仍络绎不绝。十世班禅大师圆寂后，更成为人们凭吊参观之地。[1]

6. 乌兰县委家属院佛塔。位于青海省海西蒙古族藏族自治州乌兰县希里沟镇东大街7号县委家属院西北角，整个建筑分两个时期建造，早期为佛塔，佛塔平面呈正方形，边长4.6米，剖面呈梯形，塔残高6.2米，佛塔用土坯横平错缝垒砌，土坯形制为40厘米×25厘米×9厘米。佛塔基部东、西两面各有一佛龛，龛壁上有背光壁画，现已脱落殆尽。南面有三个佛龛，中间一个较大，两侧的佛龛较小。佛塔外围有围墙，围墙多已残损，墙基平面呈"回"字形，南部居中有一门，墙基于佛塔之间形成一周宽2米的回廊，墙基最高部分残高1.9米，墙基宽1.5米，墙基用土坯横平错缝垒砌，土坯形制与佛塔的土坯形制一致，墙基应与佛塔属同一时期的建筑。遗址周围采集到大量的布纹板瓦和少量的泥质灰陶片。可能是宋元时期所建。[2]

7. 丹斗寺。又称"旦斗寺""丹豆寺""丹兜寺"，藏语全称"丹斗谢吉央贡"，意为"丹斗晶寺"。位于海东市化隆回族自治县县城东南31.5公里，在今金源藏族乡南18公里处。寺处黄河北岸10多公里的小积石山中，寺周悬崖陡立，石壁高耸，佛殿或建于峭壁之中，或建于悬崖之下，或依天然岩洞而成，别具一格。据史书记载，公元9世纪中叶，吐蕃赞普达磨禁佛，在西藏曲卧山修行的玛·释迦牟尼、藏·饶赛、肴·格迥等人驮载部分律经，逃来青海，定居丹斗，凿洞为室，诵经坐静，招徒弘法，史称"三贤哲"。公元911年，今循化甲徐村藏族青年穆苏赛拔投拜三位大师，出家为僧，终于成为深明佛教理义的大师，后

① 参见崔永红主编：《文成公主与唐蕃古道》，青海人民出版社，2017年，第198～199页。
② 辛峰主编：《海西州第三次全国文物普查资料精选》，中国民族摄影艺术出版社，2013年，第87页。

在丹斗建立道场，讲经弘法，最终使丹斗寺成为藏传佛教"后弘期"的发祥地。《安多政教史》称该寺在清代有寺僧百余人。寺院有阿尼鲁加殿、热杂帕殿、比丘阿吉达修行殿、三世达赖修行殿、"三贤哲"及喇勤修行殿、弥勒殿、阿柔格西修行室、释迦殿、大经堂、才旦夏茸拉章、叶东佛塔及僧舍、大厨房等，共约200余间，是一个规模宏大又较为完整的建筑群。[①]1980年丹斗寺重新开放后，国家先后拨款整修经堂、佛殿，塑立佛像，彩绘壁画，添置刺绣佛像、经卷，全寺焕然一新。

8.珍珠寺。藏语称"觉觉拉康"。位于海南藏族自治州贵德县河东乡政府所在地保宁村村口，距县城2公里。《安多政教史》中载，"觉觉"系汉语"珍珠"的变音，相传公元1244年萨迦班智达衮嘎坚赞在甘肃凉川（今甘肃武威）得知在青海贵德建有以赞普赤热巴巾的长发装藏的白塔，于是就驮着一驮珍珠前来朝拜，并打算修建一座寺院。当他行进到现珍珠寺所在地时，驮珍珠的骡子卧地不起。便意识到这就是他该修寺塑佛的地方，遂以珍珠做资金建寺，故得名珍珠寺。按此，该寺应初建于南宋淳祐年间，[②]距今已有700多年的历史。历史上珍珠寺无寺主、僧侣，历来由贡巴寺代管。1958年前，珍珠寺有主事3人，二层正殿1座6间，观音殿1座12间，厢房32间。正殿虽小，但殿堂顶脊以琉璃瓦覆盖，顶部中心有铜制镀金塔，塔底直径4米，高5米。内供三世佛巨型塑像，大门两侧仿拉萨大昭寺塑有四大金刚像，工艺精良，造型美观。

9.夏宗寺。亦作"峡峻寺""夏峻寺"等。在今海东市平安区三合镇瓦窑台村所在的阿尼吉利山。据传，早在东晋安帝隆安三年（公元399年），僧人法显等赴印度求经，曾到此处活动，留有遗迹。宋代，这里建有静房。南宋高宗建炎年间，宋朝在这里觅得唃厮啰的后裔益麻党征，赐名赵怀恩，令其措置湟鄯事，夏宗静房得到扩建。元至正十九年（公元1359年），西藏噶玛噶举派黑帽系第四世活佛乳必多杰（公元1340～1383年）应元顺帝之召去北京，路过平安时一度居住在夏宗寺，曾给刚满3岁的宗喀巴在这里授近事戒。清代夏宗寺发展成为一座较大规模的寺院，以塔尔寺为母寺，历辈当彩活佛成为夏宗寺寺主，最盛时有僧400余人，殿堂僧房约400间。整个寺院依山而建，由经堂、噶玛、八卦亭等

①参见蒲文成主编：《甘青藏传佛教寺院》，青海人民出版社，1990年，第111页。

②参见蒲文成主编：《甘青藏传佛教寺院》，青海人民出版社，1990年，第168页。

三个建筑群组成。

10. 文都寺。藏语称"文都贡钦扎西曲科尔林",意为"文都大寺吉祥法轮洲"。位于海东市循化撒拉族自治县文都藏族乡西南 5 公里的拉代村之北侧山坳。该寺的初建年代可追溯到元代以前,是循化地区最大的寺院,曾有 7 座属寺。清末及民国前期为文都寺的鼎盛时期,主体建筑以大经堂为中心,有三世佛殿、东科尔灵塔殿、香维拉康、十一面观音殿、弥勒殿、护法殿、森康、吉康等 10 余座殿堂,共计 342 间。文都寺是十世班禅额尔德尼确吉坚赞大师幼年学经的地方,也是他回乡进行宗教活动的主要场所,故在青海藏区群众中颇有影响,每年来寺朝拜的省内外佛教信徒和观光旅游者络绎不绝。

11. 尕藏寺。藏语称"尕藏班觉楞",意思是"善缘富乐洲"。位于玉树藏族自治州称多县称文镇嘎哇隆巴沟(今称文沟)口的当隆庄,东距县治约 5 公里。始建于元代,是今称多县境内历史最久、规模最大的萨迦派寺院。相传公元1265 年,元朝帝师八思巴大师于此地讲经灌顶,聚集信众万余人,并在上庄收徒一名,叫阿尼当巴,3 年后,阿尼当巴按八思巴在称多修建一座"尕藏班觉楞"的旨意,创建尕藏寺,并在八思巴讲经的地方修建"百玛尕宝"坐台,以示纪念。在元王朝和八思巴扶持下,该寺发展迅速。元代最盛时,传说寺僧多达 1900 余人。八思巴去世后,阿尼当巴哀噶扎巴还任过元朝帝师,声势显赫。清朝以后,该寺屡遭兵乱,寺势渐衰。该寺原藏文物甚为丰富,最为珍贵的是唐王朝赠送吐蕃的释迦牟尼佛像 1 尊,高 2 米许,此外还有明永乐年间所铸妙金刚菩萨像、明宣德年间所造铜钹、清乾隆年间所铸无量寿佛像,以及历代中央王朝所颁锦缎封号等,皆有极高价值,惜均遭焚毁。现尚存八思巴宝座等重要文物。[①] 现该寺主要建筑有大经堂、尕钟经堂、千佛殿、释迦牟尼殿、护法神殿、夏日经堂、闭修殿等,并有八宝塔等 9 座塔。

(二)明及以后的藏传佛教寺院

明代及以后藏传佛教寺院数量猛增,全省均有分布。以下对主要的寺院举例予以简介。

---

① 蒲文成主编:《甘青藏传佛教寺院》,青海人民出版社,1990 年,第 328 ~ 329 页。

表9-2　明代及以后青海主要藏传佛教寺院名录

寺院名	所处位置	建成年代
金塔寺	位于今西宁市南大街东侧宏觉寺街的西端	约建于明代
广惠寺	位于大通回族土族自治县桥头镇东北18公里处，在今东峡镇所在地衙门庄	清顺治七年建
塔尔寺	位于湟中县鲁沙尔镇南的莲花山，南距西宁市26公里处	明洪武十二年建
会宁寺	位于大通县治西南部，今景阳镇土关村，俗称土官寺	明宣德年间
尕主寺	位于湟中县治鲁沙尔镇西北20公里处，在今共和镇北偏东5公里的转嘴村西北山坡上	约建于明万历年间
东科尔寺	位于湟源县治西南约28公里处的日月乡寺滩村，在日月山北麓（黑山）东科河河畔	清顺治五年创建
赵家寺	亦称"广济寺"。位于乐都县城北19公里处，在今寿乐镇的赵家寺村	该寺系明末赵土司所建
章嘉寺	亦称"张家寺"，位于乐都县城东北21公里处，在今李家乡北6公里的东马营村	创建于明永乐年间
莲花台寺	位于民和回族土族自治县县城西偏北11公里处，在今松树乡北9华里的杨家店村	建于清康熙三十三年
龙合寺	位于民和县城西南23公里处，在今李二堡镇西南10.5公里的松山村	明万历四十七年建成
鸿化寺	亦写作"弘化寺""宏化寺"等，位于民和县城东南34公里处，在今转导乡东北2公里的红花村	明永宣德年间初建
卡地喀寺	亦称"卡地卡哇寺"，位于民和县城南43公里处，在今甘沟乡南3公里的光明村东南隅	明永乐年间初建
佑宁寺	位于互助县城东南35公里处，在今五十镇东北6公里的寺滩村	建于明万历年间
曼头寺	亦写作"馒头寺"，位于互助县城东偏北18.5公里处，在今丹麻镇景州村东	建于清康熙年间
却藏寺	位于互助县城北约20公里处，在今南门峡所在的却藏滩	清顺治六年扩建为土房寺
斗合道寺	位于循化撒拉族自治县县城西南17公里处，在今文都藏族乡西南6公里的毛玉沟恰牛村和河哇村之间	清康熙年间建成
仙米寺	位于门源回族自治县浩门镇东36公里的讨拉沟南端，即今仙米乡政府所在的大庄村，南距浩门河4公里	明天启三年修建
班固寺	位于门源回族自治县县治东36公里的东川镇的麻当村	该寺初建于清顺治年间
阿柔大寺	位于祁连县治八宝镇东南21公里处阿柔乡政府东侧	初建于清顺治年间
沙陀寺	现址位于刚察县治西南46公里青海湖西岸的黑土根，在今泉吉乡境内布哈河畔的单龙沟	始建于清顺治年间
白佛寺	位于海晏县治西偏北29公里处，在今青海湖乡的同宝山山脚下	初建于明万历年间

续表

寺院名	所处位置	建成年代
麻秀寺	位于海晏县包忽图河与哈拉乌洛河交汇处北 3 公里处，在今海北州同宝牧场境内	始建于 18 世纪初
赛宗寺	位于兴海县治西偏南，在今桑当乡西 18 公里的赛宗山下	20 世纪 20 年代建成
俄合沙寺	位于兴海县治南部，在今中铁乡南偏西 31 公里处，坐落在中铁沟上部北侧的拉日夏嘎尔山下	始建于 1898 年
多合旦寺	在今兴海县温泉乡偏东 12 公里的南木塘村冬季牧业点	初建于 1887 年
石藏寺	位于同德县治南偏东，在今河北乡政府所在地东 12 公里的果什布沟西台地	初建于清乾隆三十年
赛力亥寺	位于同德县治西南，在今谷芒乡西南 10 公里的赛乃亥北侧，即尤龙村冬季草场之南侧	约在清康熙三十四年建成
托勒寺	在今贵南县茫拉乡西北 18.5 公里的郭玉乎村东南侧	创建于 1916 年
塔秀寺	位于贵南县治西南 15 公里处，在今塔秀乡东南 22 公里塔秀农业点南 5 公里的山谷中	清康熙十年初建帐房寺
贡巴寺	位于贵德县河东乡南 3 华里的贡巴村	明宣德年间
白马寺	位于贵德县城东北 24.5 公里处，在今尕让乡西北 1.5 公里的大磨村	建于清康熙四十八年
都兰寺	位于乌兰县城东北部，在今铜普乡东北 10 公里的山坡上	始建于明万历十二年
香日德寺	位于都兰县城西南部，在今香日德镇西南约 4 公里的上柴开村	清乾隆四十四年
隆务寺	位于同仁县隆务河畔隆务镇西山脚下	明初形成正规寺院规模
年都乎寺	位于同仁县县治北 1 公里的年都乎乡政府所在地北山脚下	初建于明末
郭麻日寺	位于同仁县县治北 5 公里处，在今年都乎乡的郭麻日村	初建于明万历年间
瓜什则寺	位于同仁县县治东 44 公里处，在今瓜什则乡政府所在地绒穷多	据传建于明代
南宗尼姑寺	位于尖扎县坎布拉乡南宗沟阿琼南宗寺北	建于清康熙年间
拉加寺	位于玛沁县治东北部黄河北岸的拉加镇阿尼琼贡山下	清乾隆三十四年建成
白玉寺	位于久治县治西南的白玉乡，距县治 149 公里处	1857 年建帐房寺
结古寺	位于玉树市结古镇木它梅玛山	明洪武三十一年
夏日寺	位于原称多县巴干乡代曲村附近的角群科夏日林卡地方	初建于明正统十二年

续表

寺院名	所处位置	建成年代
斯日寺	位于杂多县阿多乡境内的文欠沟口	明万历二十八年修建
改加尼姑寺	位于吉尼赛乡改雄沟保佐山腰上	创建于公元 1893 年。

资料来源：此表主要参考蒲文成主编《甘青藏传佛教寺院》一书，青海人民出版社，1990 年

三、主要清真寺

青海省境内的清真寺几乎均建于明代及以后，从宗教史学的观点来看，伊斯兰教在世界各地传播发展的历史，实际上就是不断兴建清真寺的历史。新中国成立后，清真寺不断增加，截至 2013 年，全省共有清真寺 1327 座。

表 9-3　明代及以后青海主要清真寺名录

寺院名	所处位置	始建年代
东关清真大寺	位于西宁市城东区东关大街 31 号	始建于明朝初年
南关清真寺	位于西宁市城东区中南关 23 号	始建于明朝初期
玉带桥清真寺	位于西宁市城东区大众街 49 号	始建于明朝洪武年间
北关街清真寺	位于西宁市城东区东关大街北关街 14 号	建于明洪武元年
白玉巷清真寺	位于西宁市城东区白玉巷 3 号	始建于清末民初
塔尔镇塔尔湾清真寺	位于大通县塔尔镇塔尔湾村	建于清乾隆十五年
良教乡上治泉清真寺	位于大通县良教乡上治泉村	清康熙五十二年
上五庄镇邦巴清真大寺	位于湟中县上五庄镇邦巴村	始建于明洪武年间
汉东清真大寺	位于湟中县汉东回族乡汉东村	始建于清光绪二十一年
多巴清真大寺	位于湟中县多巴镇一村	始建于 1895 年
鲁沙尔清真大寺	位于湟中县鲁沙尔镇西山村	始建于清同治四年
湟源清真寺	位于湟源县城关镇万安街	始建于民国时期
寺院名	所处位置	始建年代

续表

洪水泉清真寺	位于海东市平安区洪水泉回族乡洪水泉村	清乾隆年间
新庄尔清真大寺	位于海东市平安区古城回族乡新庄尔村	始建于康熙五十一年
沙沟清真大寺	位于海东市平安区沙沟回族乡沙沟村	始建于清雍正七年
川口镇清真北寺	位于民和回族土族自治县川口镇川口村	始建于1894年
瓦窑清真寺	位于民和回族土族自治县西沟乡瓦窑村	始建于1895年
来家山清真寺	位于民和回族土族自治县古鄯镇来家山村	始建于1850年
官亭镇清真大寺	位于民和回族土族自治县官亭镇官亭街道	初建于1885年
马营镇沙楞沟村西道堂清真寺	位于民和回族土族自治县马营镇沙楞沟村新城湾社	始建于民国时期
瓦匠清真寺	位于民和回族土族自治县转导乡转导村瓦匠社	始建于1915年
黑泉清真寺	位于民和回族土族自治县转导乡中湾村黑泉社	始建于1893年
核桃庄清真寺	位于民和回族土族自治县核桃庄乡核桃庄村内	建于民国时期
米拉湾上寺	位于民和回族土族自治县川口镇米拉湾村	建于民国时期
甘都镇拉目清真寺	位于化隆回族自治县甘都镇拉目村	始建于1490年
扎巴镇上洛乎藏清真新寺	位于化隆回族自治县扎巴镇上洛乎藏村	始建于1779年
群科镇公义清真寺	位于化隆回族自治县群科镇公义村	始建于1854年
扎巴镇窑洞清真寺	位于化隆回族自治县扎巴镇窑洞村	始建于1896年
巴燕镇北街清真寺	位于化隆回族自治县巴燕镇北街村	始建于1833年
巴燕镇角落清真寺	位于化隆回族自治县巴燕镇西上村	始建于1818年
城车清真寺	位于化隆县回族自治县黑城乡城车村	始建于1656年
昂思多镇红一清真寺	位于化隆回族自治县昂思多镇红一村	始建于1892年
甘都镇阿河滩清真寺	位于化隆回族自治县甘都镇阿河滩村	始建于1323年
拉目清真寺	位于化隆回族自治县甘都镇拉目村	始建于1490年
白庄清真寺	位于循化撒拉族自治县白庄镇民主村	始建于1516年
积石镇城关清真寺	位于循化撒拉族自治县积石镇西街村	始建于1734年
街子镇塘坊清真寺	位于循化撒拉族自治县街子镇塘坊村	始建于1450年

续表

寺院名	所处位置	始建年代
查汗都斯乡阿河滩清真寺	位于循化撒拉族自治县查汗都斯乡阿河滩村	始建于 1790 年
孟达清真寺	位于循化撒拉族自治县孟达乡孟达村	始建于 1480 年
清水清真寺	位于循化撒拉族自治县清水河乡河东村	始建于 1425 年
青石嘴镇大滩清真寺	位于门源回族自治县青石嘴镇大滩村	始建于 1895 年
浩门镇南关清真寺	位于门源回族自治县浩门镇南关村南关路 16 号	始建于 1735 年
八宝镇上庄清真大寺	位于祁连县八宝镇西村	始建于 1919 年
海晏清真寺	位于海晏县三角城大街南侧	始建于民国时期
隆务清真大寺	位于黄南藏族自治州同仁县隆务镇民主街 1 号	始建于 1865 年
康家清真大寺	位于黄南藏族自治州尖扎县康杨镇南部	始建于 1387 年
坎布拉镇下李家清真寺	位于黄南藏族自治州尖扎县坎布拉镇东南部	始建于 1571 年
西香卡村五社清真寺	位于海南藏族自治州恰卜恰镇西香卡村五社	始建于 1919 年
恰卜恰清真大寺	位于海南藏族自治州恰卜恰镇东河沿 82 号	始建于 1942 年
河阴镇清真大寺	位于海南藏族自治州贵德县河阴镇南小街 10 号	始建于 1932 年
河西镇清真寺	位于贵德县河西镇格尔加村五社	始建于 1927 年
尕让乡清真寺	位于贵德县尕让乡尕让村一社	始建于 1945 年
阿什贡清真寺	位于贵德县尕让乡阿什贡村	始建于 1939 年
茫曲镇那然清真寺	位于贵南县茫曲镇那然村二三社之间	始建于 1940 年
结古镇清真寺	位于玉树藏族自治州玉树市结古镇当代村	始建于 1935 年
希里沟镇清真寺	位于乌兰县希里沟镇西庄村	始建于 1931 年

料来源资：此表主要参考青海省伊斯兰教协会编《青海省清真寺概览》一书，甘肃民族出版社，2014 年版

四、道教庙宇土楼观

土楼观位于西宁市城北区土楼山山腰。该山之上半部分为红土砂岩，因长期的风雨剥蚀，致其形似土楼，故有斯名。土楼山又叫北山，加之土楼观与南禅寺遥遥相对，故土楼观也习惯上被称为北禅（山）寺。土楼观是依特殊丹霞地貌造

型而建造的，当地人称大小不等的洞穴为"九窟十八洞"，栈道回廊将殿宇楼阁与洞穴群相连，使殿中有洞，洞内套洞，洞中藏佛，栈道回曲廊紧靠悬崖，甚至悬空架设，可称得上是一座名副其实的悬空寺了。北魏地理学家郦道元在《水经注》中说："湟水又东，径土楼南，楼北依山原，峰高三百尺，有若削成，楼下有神祠，雕墙古壁存焉。"该神祠就是当地人为东汉时期的护羌校尉邓训所立的乡贤神祠。[①] 东汉后期，佛教传播到河湟地区后，土楼神祠便逐渐成了佛教和道教共同活动的场所。魏晋南北朝时期，丝绸之路青海道的作用日益得到加强，经过丝绸之路青海道去天竺礼佛的僧人也逐渐增多，因此佛教与土楼神祠的联系也更趋紧密。

土楼观有99个洞窟，由上而下，由西向东排四层。前二层依次为玉皇洞、无量洞、七真洞、三官洞、三师洞、八仙洞、菩萨殿、圣母殿、灵官洞、关帝洞、王母娘娘洞、金刚洞等。第三层有17个洞，分西、中、东三组。第四层有11个洞。这些洞凿自不同的时代，留存下来的塑像、彩绘也就有了不同时期的艺术风格。这些壁画主体部分多是藏传佛教中的形象，多是一洞一个形象，有广目天王、多闻天王、飞天大圣、散花天女等，还有一些

土楼观全景

陪侍的佛像、飞天以及圆形宝盖图案、各式藻井等。西、中、东3窟中西窟为长方形，仅存窟顶藻井装饰画，绘有千佛、莲花彩色图案，颇具隋代风格。中窟是正方形，残存有北墙壁画中的一佛、二菩萨、二弟子，以石绿色为主。东窟长方形，壁画基本保存完整，壁及顶部绘有众多佛像，颜色以土红为底色，上敷青、绿、赭、白诸彩，形象丰圆，肢体肥壮，神态温静，服饰保留着西域印度的风俗。眉眼、鼻梁及人体轮廓画白粉，以突出立体感，无论从人物形象、色彩运用还是服饰上看，都有新疆拜城克孜尔等石窟西域佛画的影响，又与敦煌莫高窟北凉、西秦时期

---

① 辛存文：《西宁土楼山访古采今录》，青海人民出版社，1988年，第15页。

北禅寺"闪佛"

某些壁画风格相似。因此，当地人称土楼山的"九洞十八窟"为"西平莫高窟"。土楼观东侧有一座高达数十米名叫"露天金刚"的巨大佛像，这是广大信徒在原造型地貌基础上雕凿而成，当地群众叫"闪佛"，远远可清晰地看出它的头、身躯、下肢和面部五官，显得雄浑粗犷，具唐代艺术风格。约明代以后，又陆续建起魁星楼、灵宫殿、王母大殿、财神殿、城隍殿等建筑，供奉诸位神像。20世纪80年代，经西宁市人民政府批准，将土楼神祠改名为土楼观，作为道教活动场所。土楼观经过修整，现在其内绿树成荫，鸟语花香，庙堂建筑群错落有致。

第四节
重要遗址举例

一、喇家遗址

喇家遗址位于海东市民和回族土族自治县官亭镇喇家村黄河谷地北岸二级阶地的前缘。遗址东邻中川乡朱家村和王石沟村，南临黄河，以黄河为界与甘肃省积石山保安族东乡族撒拉族自治县隔河相望，西临官亭镇鲍家村，北距官亭镇约2公里。1981年发现，1999年开始发掘，探明遗址分布面积在25万平方米以上。喇家遗址是齐家文化的一处中心聚落，兼有马家窑文化马家窑类型、马厂类型、辛店文化等多种文化类型，内涵十分丰富。遗址内还发现了深6~8米、宽10多米的环壕，供人们集中活动的小型广场、结构独具的窑洞式建筑、土台遗迹和祭祀性墓葬等重要遗迹。出土了大量陶、石、玉、骨器等珍贵文物，其中最有价值的是反映社会等级和礼仪制度的"黄河磐王"、玉璧、玉环、玉刀、玉斧、玉锛等玉器。据专家考证，这些玉器的原料产自西域，证明史前时期青海即与西域有交往。喇家遗址最重要的发现是史前灾难遗迹。遗址的地层关系表明，该灾难地震在先，洪水在后，从而导致了遗址的毁灭。[1]喇家遗址对黄河上游地区史前聚落形态类型的研究具有重要意义。喇家遗址2002年6月被评为2001年度全国十大考古新发现之一，2005年被国家文物局列入全国100处重点遗址保护项目。2014年开始建设国家遗址公园。

二、沈那遗址

沈那遗址位于西宁市城北区小桥大街小桥办事处小桥村北，坐落在湟水及其支流北川河交汇的二级台地上。遗址呈长方形，总面积约10万平方米。"沈那"是羌语，为依山面水、黑刺林茂密之意。该遗址由裴文中先生于1948年发现，

---

[1] 参看叶茂林：《青藏高原东麓黄河上游与长江上游的文化交流圈——兼论黄河上游喇家遗址的考古发现及重要学术意义和影响》，《中华文化论坛》，2005年第4期。

起初叫"小桥遗址"，20世纪50年代改为今名。沈那遗址文化堆积厚，内涵极为丰富，是一处包含少量马家窑文化和卡约文化遗存、以齐家文化为主的原始聚落遗址。遗址中发现了一些铜器，其中一件大型倒钩铜矛，是迄今已知齐家文化体量最大的一件铜器，表明冶炼铸造技术达到了一定的水平。而且更为重要的是，该铜矛与广布欧亚草原东部的塞伊玛－图尔宾诺文化的同类典型器很相似。这件铜矛的发现，表明西宁地区在丝绸之路开辟早期的"铜之路"时期，即已具有十分重要的地位。总而言之，沈那遗址是西宁盆地乃至湟水流域齐家文化的聚落中心，是早期中西交流通道上的重要节点，是中国从石器时代迈向铜器时代的典型遗址，保护、开发、利用的价值巨大。西宁市已启动沈那遗址公园的建设工作。

三、塔里他里哈遗址

塔里他里哈遗址位于海西州都兰县宗加镇宗加街道办事处西南方向约6公里处。塔里他里哈为蒙古语，是5个山包的意思。该遗址1956年文物普查中被发现，1959年作了发掘，2002年又进行了复查。遗址由4个大沙包和3个小沙包围成一圈，面积约20万平方米。发掘房址11座，有松木木柱和土坯墙，圈栏1处。该遗址的遗物有陶器、青铜器、石器、骨器、毛织品、木器几大类。遗址中发现麦类作物痕迹，出土60多件农业生产工具骨耜。在圈栏入口处发现两件残木制车毂。毂的外形，中间呈圆形外鼓，复原后可以安装16根辐条。从轴的大小和辐条的粗细数量估计，车轮不是很大，它可能是畜力挽拉的木车。木车的出现，标志着青海的古代交通业进入了一个新的历史时期。塔里他里哈遗址是内涵丰富的诺木洪文化遗存，是生活在此地的古羌人创造的文化，它的发现为研究史前时期柴达木盆地的部族文化和社会历史提供了极为珍贵的资料。塔里他里哈遗址正在丝绸之路青海道上，诺木洪文化遗存也为了解丝绸之路青海道提供了极为珍贵的历史资料。

四、虎台遗址

虎台遗址位于西宁市城西区杨家寨村东，为正方体覆斗式夯土建筑，顶边各长13米，底边各长40米，高32米。关于虎台遗址的用途，民间有多种说法，学术界对虎台的由来也是众说不一。有人认为它是南凉第三代王秃发傉檀的儿子虎台修筑的阅兵台，有人说它是南凉王的陵墓，也有人认为它是烽墩，还有人猜测它是北宋时期唃厮啰青唐政权修建的阿里骨佛塔。正史资料没有记载虎台，一些旧方志仅有简略的描述，如明嘉靖《西宁卫志》记载："虎台，西距卫治五里，有台九层，高九丈八尺。相传南凉王所筑。秃发傉檀子名虎台，或是其所筑也。或曰将台，亦传南凉所筑。"① 以后的地方志基本沿用了此说。在上述诸说法中，南凉所筑阅兵点将台之说较为可信。筑虎台用于阅兵，以彰显军威，提高士气，是有可能的。这样的高台功能很多，如祭祀、会盟、誓师、封禅、拜相、拜师等等，其中祭祀可能是最重要的功能之一。②2006 年，西宁市政府依托虎台文物遗址，修建南凉虎台遗址公园，向社会开放。

虎台遗址公园

① （明）刘敏宽、龙膺纂修，王继光辑注：《西宁卫志》卷1《地理志》，青海人民出版社，1993 年，第 44 页。
② 参看曾永丰：《西宁虎台遗址浅析》，《青海社会科学》，2008 年第 1 期。

大事记

史前及先秦时期

距今约 3.7 万年前的旧石器时期晚期　青海目前已知最早的先民生活在柴达木盆地西北部今茫崖市一带，青海最原始的道路开始产生。

距今约 3 万年前的旧石器时代晚期　青海有先民生活在今柴达木盆地一带，他们打制的石器已在小柴旦湖滨发现。

距今约 1 万年前的旧石器时代晚期　青海先民制作和使用过的打制石器、细石器以及烧土、炭屑等从格尔木南东昆仑山一带及果洛州、海南州等多处被发现。

距今约六七千年　青海先民制作和使用过的石器和骨器等在今青海贵南拉乙亥被发现。

距今约 5800 ～ 4000 年　新石器时代晚期马家窑文化、宗日文化的遗存在今青海境内被广泛发现，表明其时青海先民的数量大幅度增加，活动范围也比以前有所扩大。马家窑文化出土的海贝、蚌壳、绿松石等均非青海所产，表明其时今青海地区与外部存在着联系和交往。青海的原始道路得到初步发展。

距今约 4000 ～ 3600 年　金石并用时代的齐家文化遗存在今青海境内被广泛发现。青海先民的活动范围向西抵达今青海湖畔，反映出今青海境内早期道路交通有了新的进步。

今青海民和县喇家遗址出土距今约 4000 年齐家文化石磬等许多玉器，据分析，玉器原料属于广义的昆仑山玉。与青海贵南县出土的形制类同的齐家文化铜镜在新疆也多有发现。表明其时今青海地区与西域已有交往，"玉石之路"业已存在。

西宁市城北区沈那齐家文化遗址出土的大型倒钩铜矛与广部欧亚草原的塞伊玛—图尔宾诺文化的同类典型器很相似，表明西宁地区在丝绸之路开辟早期的"铜之路"时期即已是其重要节点。

距今约 3600 ~ 2740 年 青铜器时代卡约文化遗址遍布今青海广大地区，青海先民的活动范围和密度进一步扩大，加之这一时期游牧业的出现，使青海道路交通得到进一步发展。

距今 2900 年左右至汉代 青铜器时代的诺木洪文化先民活动在今青海柴达木盆地。今青海都兰县诺木洪文化塔里他里哈遗址出土的残木车毂 2 件，证明其时今青海腹地已有先进的交通工具——木车，标志着今青海地区道路交通发展进入到一个新的历史时期。

战国时期（公元前 475 ~ 前 221 年） 公元前 3 ~ 4 世纪在中亚地区岩画中广泛流行的带有"缒杖"武器的形象，出现在青海较早期岩画如舍布齐、野牛沟、卢森等地点中。

战国时期成书的《穆天子传》中提到今青海境内的地名"乐都""积石"等。

从战国末期开始，河湟地区古羌人部族首领无弋爱剑的后裔迫于秦国的压力，纷纷离开青海地区迁往西藏、西域和西南各地。"羌中道"最迟在这个时候就已经正式形成了。

两汉魏晋南北朝时期

西汉高祖六年（公元前 201 年） 居住在河西走廊一带的大月氏因遭匈奴攻击，部分退保今祁连山一带，与湟中羌人杂居，史称"小月氏"。他们的南迁促进了今祁连山南北交通的发展。

西汉武帝元朔元年（公元前 128 年） 张骞从西域返回，打算取道"羌中"返汉，未果。尽管张骞没有途经青海,但"羌中道"的声名大震是由张骞通使西域开始的。

西汉武帝元鼎五年(公元前112年) 居住在河湟地区的羌人沿乐都－武威道与匈奴合兵攻汉令居、安故、枹罕等地。

西汉武帝元鼎六年(公元前111年) 汉王朝派将军李息、郎中令徐自为率军反击羌人,获胜后陆续设立兼有军事和邮驿性质的机构——西平亭、长宁亭、东亭、邯亭、罗亭等,并开始向河湟地区迁移汉族农民。西汉王朝开始控制中原到湟水流域的道路交通。

西汉宣帝神爵元年(公元前61年) 汉后将军赵充国率军深入湟水谷地并平定羌人。汉军与先零羌作战时曾缴获木车4000余辆,可见当时车的使用规模已相当可观。

西汉宣帝神爵二年(公元前60年) 汉在青海东部设置金城郡及其所辖破羌、临羌、安夷等县,在郡县体制建立起来的同时,河湟地区的邮驿设施开始出现,金城郡与河西走廊张掖、酒泉、敦煌、武威诸郡的联系加强。赵充国令屯军在屯田分布区交通线路旁的高岭上视野开阔处建木樵(高楼),修筑烽火台和堑垒,计划在湟水中上游搭建70座桥梁。"羌中道"得到有效维护。

西汉平帝元始四年(公元4年) 西汉王朝在今青海海晏三角城设西海郡,郡下辖5县,并设亭驿和烽火台。史称这一时期环青海湖地区"羌中道"上"边海亭燧相望焉"。7处汉代城堡、多处坞堠遗址已在环青海湖地区发现。

西汉平帝元始五年(公元5年) 王莽开始将内地成千上万的犯法者强行迁徙至西海郡,青海湖环湖地区以及柴达木盆地人口剧增,"羌中道"上行人络绎不绝。

东汉章帝建初二年至和帝永元十四年(公元77～102年) 今甘青地区羌人爆发第一次大起义,东汉前后更换8名护羌校尉,经过五六次战役,合计出兵10余万人(次),才将羌众镇压下去。由于战事频繁,出于行军、辎重运输等的需要,"羌中道"利用率得到提高。

东汉和帝永元元年(公元89年) 护羌校尉邓训令长史任尚率兵从湟水流域向南追击迷唐,曾制造皮木筏子渡黄河。

东汉和帝永元元年至东汉和帝永元十三年(公元89～101年) 烧当羌联合诸羌与东汉军队作战,多次被东汉军击败,烧当羌首领迷唐远徙至赐支河首

——今青海黄河河源一带，后与居于今果洛、玉树一带的发羌共居。

东汉和帝永元五年（公元 93 年） 护羌校尉贯友败迷唐于大小榆谷（今青海黄河南岸贵德、尖扎、贵南、同德一带），后在今青海贵德境内黄河上用数只大船连接建造浮桥，欲渡黄河攻迷唐。

自西汉景帝时至东汉和帝永元十三年（公元 101 年） 今青海东部的羌人经过至少 6 次较大规模的东迁，陆续被迁至今甘肃、陕西一带。这些迁徙对道路交通的开拓与发展起到积极的作用。

东汉安帝永初元年（公元 107 年） 汉朝廷令骑都尉王弘征发金城、陇西、汉阳三郡羌兵 1000 余骑，前往西域接应都护及汉兵返回内地。羌人惧怕不能如期回家，行到酒泉时大部逃散。汉朝廷命令附近各郡县发兵围堵，激起羌人第二次大起义。战事长达 12 年之久。

东汉桓帝延熹二年至灵帝建宁二年（公元 159 ～ 169 年） 发生东汉镇压羌人第四次起义之战，"羌中道"局部路段十分繁忙。

东汉献帝建安十九年(公元 214 年) 汉将军夏侯渊派张郃渡黄河，入小湟中，平河西诸羌，改善了羌中道的交通状况。

曹魏太和四年（公元 230 年） 蜀将领凉州刺史魏延率军进入羌中，开始与曹魏武力争夺今甘青交界一带地区。

曹魏正始九年（公元 248 年） 西平羌人蛾遮塞等屯河关、白土故城，据黄河拒阻魏军，被郭淮设计击破。郭淮率军西进并在龙夷之北击败治无戴。

蜀汉后主延熙十七年（公元 254 年） 姜维复出陇西，大败魏军，攻下河关、狄道、临洮三县，并迁三县羌汉民户入蜀。

公元 3 世纪末至 4 世纪初期 辽东鲜卑慕容部首领慕容涉归的庶长子吐谷浑约于公元 283 ～ 289 年间率部西迁，于公元 313 年左右留居到今甘青交界地区大夏河流域一带。约公元 329 年，其孙叶延正式建立起以鲜卑贵族为核心、联合羌人豪酋共同执政的地方政权，并用"吐谷浑"作为国号。吐谷浑国盛时疆域宽广，北与丝绸之路主要通道河西走廊相连，西与西域诸国接壤。丝绸之路青海道一个时期被称为"吐谷浑道"。

东晋孝武帝太元十五年（公元 390 年） 河西鲜卑首领秃发乌孤率众由广武（今甘肃省永登县）一带南下进入湟水流域。后建立南凉国。

　　东晋安帝隆安三年（公元 399 年）　僧人法显约慧景、道整、慧应、慧嵬等人结伴西行求经。法显一行自长安出发西行，过陇山至国都在今甘肃兰州市西固区的乞伏乾归为王的西秦国，"夏坐"一段时间后，来到"僇檀国"即都城在西宁的南凉王国。又由湟中道转西平张掖道即经今大通、门源，越达坂山，出扁都口至张掖。后经西域赴天竺抄录搜求佛教经律。

　　公元 4 世纪末～公元 7 世纪　在东晋南北朝时期小国林立、南北对峙的情况下，吐谷浑国既与北魏和以后的北朝各政权建立良好的关系，又与南朝的宋、齐、梁各政权一直保持着和平友好的朝贡关系，引导、护送西域商使往来，同时积极参与较大规模的国际商贸，使丝绸之路青海道一度繁盛，甚至发挥了主道的作用。都兰香日德吐谷浑都城、青海湖西北伏俟城（也是吐谷浑都城）是东西方贸易的关键中转站。

　　东晋安帝义熙元年（西凉太祖元年，公元 405 年）　西凉太祖李暠遣舍人黄始、梁兴至东晋奉表。两年后，李暠复遣僧人法泉奉表。西凉两次遣使至东晋所行的路线为：由今甘肃敦煌南下，经今柴达木盆地后由河南道至益州，后前往建康。走的正是"吐谷浑道"。

　　东晋安帝义熙年间（公元 405～418 年）　西秦在今甘肃永靖西南炳灵寺的黄河边上架起长 40 丈、高 50 丈的飞桥，方便了丝绸之路青海道东端的通行。

　　东晋安帝义熙十二年（北凉玄始五年，公元 416 年）　北凉主沮渠蒙逊令前将军沮渠成都率骑袭乙弗勿敌国，他亲自率中军 3 万随后西巡青海湖，至盐池（今茶卡盐湖），祀西王母寺。他们行走的是"吐谷浑道"向东、向东北的支线。

　　南朝宋武帝永初元年（北燕太平十二年，西秦建弘元年，公元 420 年）　北燕僧人法勇（昙无竭）招集志同道合的和尚僧猛、昙朗等，共计 25 人从龙城出发，先到西秦国都枹罕（今甘肃临夏），之后过西秦所造飞桥，基本沿着 21 年前法显一行曾走过的路线西行求经。

　　南朝宋少帝景平元年（吐谷浑阿豺七年，公元 423 年）　吐谷浑王阿豺遣使由河南道经今甘肃、四川到江苏南京，向南朝刘宋贡献方物。此后，吐谷浑国遣使南朝很频繁，见于宋、齐、梁书本纪记载者达 37 次之多。

　　南朝宋文帝元嘉六年（公元 429 年）左右　柔然遣使至南朝朝贡，所行路线为"河南道"，即"吐谷浑道"。

北魏太武帝神麚四年（吐谷浑慕璝六年，公元 431 年） 吐谷浑首次遣使至北魏。据《魏书》帝纪所载统计，从公元431年至520年，吐谷浑向北魏先后遣使 64 次，另外，吐谷浑还曾向西魏和北周遣使 9 次，向东魏和北齐遣使约 10 次。吐谷浑遣使至东魏和北齐多取道柔然。西域商人与东魏、北齐的贸易多经柴达木盆地至吐谷浑都城一带，再北入居延路至柔然，后从阴山南下至邺（在今河北省临漳县）。途中多有吐谷浑人引导并护送。吐谷浑与四方的交往十分频繁，这些交往促进了"吐谷浑道"的发展。

南朝宋文帝元嘉十九年（公元 442 年） 北凉沮渠无讳遣常侍氾俊使至建康，献方物。北凉还于此后两年遣使至刘宋。一般认为这几次使者所行路线为从高昌出发，经鄯善（在今新疆维吾尔自治区若羌县一带）至吐谷浑城，后沿河南道至益州，然后至建康。

公元 5 世纪上半叶 吐谷浑人在今青海兴海曲什安河入黄河口附近黄河上建河厉桥，此外还在今兴海县尕毛羊曲建大母桥等，大大方便了过往的使团商队，促进了"吐谷浑道"的发展。

北魏太武帝太平真君五年（吐谷浑慕利延九年，公元 444 年） 吐谷浑内讧，北魏派晋王拓跋伏罗率军征吐谷浑，取间道至大母桥，吐谷浑王慕利延逃奔白兰（以今鄂陵湖、扎陵湖为中心的地区，西端延及柴达木盆地东南缘），慕利延从弟伏念等率众 1.3 万人投降北魏。

北魏太武帝太平真君六年（吐谷浑慕利延十年，公元 445 年） 北魏又派军追讨吐谷浑，吐谷浑王慕利延带领部落往西沿"吐谷浑道"西段逃逸，并率部攻打于阗（今新疆维吾尔自治区和田县），将其吞并后，又南征罽宾（今克什米尔地区），取得了胜利。此后，吐谷浑控制了丝绸之路南道。

公元 445 ~ 452 年之间曾游学西域的酒泉僧人慧览由今塔里木盆地南缘的于阗进入吐谷浑境内，经今柴达木、青海湖南、洮水、龙涸、岷江至今四川成都。慕利延世子琼等资助释慧览在蜀国成都修建了左军寺并留慧览住持。

萨珊波斯卑路斯王朝（公元 457 ~ 483 年） 这一时期的波斯（今伊朗）古币（计 76 枚）于公元 1956 年在今青海西宁城隍庙街（今解放街）出土，这是当时青海道兴盛并成为中西商业和交通的重要通道、西平成为中西贸易重要的商品集散地的有力佐证。

北魏文成帝和平元年（吐谷浑拾寅九年，公元 460 年） 北魏派阳平王新成、建安王穆六头等出陇西、枹罕南道，南郡公李惠等由凉州东南出北道征讨吐谷浑。两军会于西平（今西宁市），吐谷浑王拾寅走保南山（今阿尼玛卿山脉），魏军掠驼马等畜 20 余万而还。战事加大了对"吐谷浑道"的使用。

南朝宋后废帝元徽三年（吐谷浑拾寅二十四年，公元 475 年） 僧人法献从金陵（今江苏省南京市）出发，西游巴蜀（今重庆市），后由河南道过吐谷浑国，经芮芮到达于阗（在今新疆维吾尔自治区和田县一带），将从乌苌国（今巴基斯坦境内）传来的佛牙和 15 颗舍利并少量经卷带回金陵。

南齐高帝建元二年至南齐高帝建元三年（公元 480 ~ 481 年） 柔然频繁遣使经河南道（"吐谷浑道"）至南齐贡貂皮、杂物等。

南齐武帝永明三年（吐谷浑度易侯五年，公元 485 年） 南齐派给事中丘冠先"使河南道，并送芮芮使"。永明六年（公元 488 年）返回。

南齐武帝永明十年（吐谷浑伏连筹三年，公元 492 年） 益州刺史刘悛遣使江景玄使丁零，经河南道（"吐谷浑道"）到达鄯善、于阗等地。

梁武帝天监二年（公元 503 年） 龟兹（今新疆维吾尔自治区库车市）遣使至梁贡方物。梁朝时期（公元 502 年 ~ 557 年），波斯、嚈哒（在今阿富汗北）、龟兹和于阗等国多次（至少 14 次）遣使东行，多是经丝绸之路河南道（吐谷浑道）往返。

北魏孝明帝神龟元年（吐谷浑伏连筹二十九年，公元 518 年） 僧人慧生、宋云等由今河南洛阳出发经今青海乐都、西宁，越日月山西行 23 天，到达吐谷浑国都（今青海省都兰县香日德镇），又沿柴达木盆地北缘继续西行，越阿尔金山到达鄯善。后经今中亚地区入印度求经。

东魏孝静帝武定三年（吐谷浑夸吕十一年，公元 545 年） 吐谷浑王夸吕将其从妹嫁与东魏孝静帝。青藏高原丝绸之路上的政权与外部政权的和亲加大了对丝绸之路"吐谷浑道"的使用。

西魏废帝二年（吐谷浑夸吕十九年，公元 553 年） 西魏凉州刺史史宁在凉州以西的赤泉（在今甘肃省永昌县西）地方袭击由北齐返回青海的吐谷浑商队，获其仆射乞伏触板、将军翟潘密，商胡 240 人，驼骡 600 头，杂彩丝绢数以万计。

西魏恭帝三年（吐谷浑夸吕二十二年，公元 556 年） 突厥木杆可汗和西魏凉州刺史史宁合兵攻击吐谷浑，破树敦、贺真二城，劫掠财物甚多。史宁将所获人口、财宝尽送突厥，突厥人将俘获的吐谷浑人强制迁徙到西域居住。

北周明帝武成元年（吐谷浑夸吕二十五年，公元 559 年） 印度乾陀罗僧人阇那崛多一行 10 人东赴长安。他们所经的路线是：由今新疆和田过柴达木盆地，抵达今都兰县香日德镇、共和县伏俟城（均为吐谷浑国都所在地），又经今西宁、乐都，然后东行赴长安的。

北周武帝建德五年（吐谷浑夸吕四十二年，公元 576 年） 乘吐谷浑内乱，北周派皇太子宇文赟率大军沿今青海湖滨西上，攻占吐谷浑伏俟城，抢掠城里的财物后，班师回朝。

隋唐宋元时期

隋文帝开皇初年（吐谷浑夸吕四十七年至伏允四年，公元 581 ~ 600 年） 隋王朝在承风戍（今青海省贵德县尕让乡千户村附近与湟中县交界的南拉脊山口一带）设与吐谷浑固定互市的市场，双方百姓频繁的商贸往来促进了"吐谷浑道"局部的繁荣。

隋文帝开皇十年(吐谷浑夸吕五十六年,公元 590 年) 吐谷浑遣使至隋朝贡，后来"朝贡岁至"。隋也于开皇十一、十二年派大臣出使吐谷浑。

隋文帝开皇十六年（吐谷浑世伏六年，公元 596 年） 隋以光化公主嫁吐谷浑王世伏、柳謇之送公主至吐谷浑。

隋文帝开皇十九年至隋炀帝大业七年（吐谷浑伏允三年至十五年，公元 599 ~ 611 年） 时东突厥启民可汗在位，吐谷浑与东突厥和亲。吐谷浑公主嫁启民可汗，双方联系加强。

隋炀帝大业四年（吐谷浑伏允十二年，公元 608 年） 在隋炀帝所派使臣赴西域游说下，铁勒出兵进攻吐谷浑，伏允遣使向隋求救。隋炀帝派大兵配合铁勒夹击吐谷浑，伏允南奔雪山。

隋炀帝大业五年（公元 609 年） 隋炀帝亲率官兵数十万人西巡。于临津关渡黄河，至西平陈兵讲武、围猎，渡浩门河后赴张掖。后原路返回长安。隋炀帝西巡大大改善了沿途道路状况。

隋炀帝大业末年（**吐谷浑伏允十七至二十二年，公元 614 ～ 618 年**） 吐谷浑乘中原战乱，出兵收复故地。

唐高祖武德二年（吐谷浑伏允二十三年，公元 619 年） 吐谷浑遣使入唐。从这年到永徽五年（公元 654 年），吐谷浑至少向唐王朝遣使 29 次。这些使者负有朝贡、和亲、求和、朝见等使命。

唐高祖武德二年（公元 619 年） 唐高祖派使至吐谷浑，劝说伏允出兵助唐攻击李轨。从武德八年至永徽三年（625 ～ 652 年），唐遣使至吐谷浑至少 10 次。

唐高祖武德八年（公元 625 年） 唐与吐谷浑在承风岭开互市，吐谷浑的大批牛、马等被交易到内地。

唐太宗贞观八年（公元 634 年） 吐蕃赞普松赞干布首次遣使入唐通好。据统计，自此年吐蕃首次遣使入唐，至 9 世纪中叶吐蕃王朝崩溃，209 年间，双方往来使者共 290 余次，其中吐蕃入唐朝 190 余次，唐朝入吐蕃 100 余次。这中间有朝贡、议盟、盟会、修好、和亲、告丧、吊祭、封赠、求请、报聘、慰问、约和等。著名的唐蕃古道因此而兴盛。

同年，吐谷浑王伏允拘执唐行人，唐太宗在遣使交涉 10 次都无效的情况下，下诏进讨吐谷浑。

唐太宗贞观九年（吐谷浑伏允三十九年，公元 635 年） 唐派李靖、侯君集、李道宗、李道彦、李大亮、高甑领五路大兵进讨吐谷浑。吐谷浑兵败青海湖地区，伏允逃遁。唐军追至突伦碛（今新疆维吾尔自治区且末县与和田县之间的塔克拉玛干沙漠）。众将士刺马饮血止渴。伏允走投无路，自缢而死（一说被左右所杀）。唐浑双方作战过程中，数以万计的人、马、车辆行走在丝绸之路"吐谷浑道"上，大大提高了"吐谷浑道"的利用率。

唐太宗贞观十年（吐谷浑诺曷钵元年，公元 636 年） 吐谷浑王诺曷钵亲自到长安觐见唐太宗，并向唐朝请婚。

唐太宗贞观十四年（吐谷浑诺曷钵五年，公元 640 年） 唐王朝派淮阳王李道明送宗室女弘化公主与吐谷浑王诺曷钵完婚。

同年，吐蕃大相禄东赞入唐，献金 5000 两作为向唐公主请婚的聘礼。

唐太宗贞观十五年（公元 641 年） 唐太宗命礼部尚书江夏王李道宗持节送文成公主、唐蕃专使赴吐蕃完婚。吐谷浑王诺曷钵奉诏整治沿途道路。松赞干布亲临柏海迎亲。文成公主一行在玉树地区留驻休整较长时间后抵达吐蕃都城逻些（今拉萨）完婚。在此前后，唐蕃双方在唐蕃古道上各置驿传以方便唐蕃之间的往来。

唐太宗贞观十五至二十三年（公元 641 年～ 649 年） 太州僧人玄照第一次赴天竺（今印度）时行至吐蕃，蒙文成公主资助，被护送进入天竺。贞观二十二年（648 年）唐右卫率府长史王玄策出使天竺时，曾与玄照法师相会。玄照等人回国时，改行新道"吐蕃 – 泥婆罗（今尼泊尔）道"，到吐蕃后再次得到文成公主的资助。唐时期取道唐蕃古道的僧人还有玄太、慧轮等。

唐高宗永徽三年（吐谷浑诺曷钵十七年，公元 652 年）八月 弘化公主上表请求回长安省亲，唐高宗派鲜于匡济到吐谷浑迎接。11 月，弘化公主和诺曷钵一起到长安。唐王朝将宗室女金城县主许嫁诺曷钵长子苏度摸末（慕容忠）。金城县主于唐高宗麟德元年（公元 664 年）出嫁吐谷浑。

唐高宗龙朔三年（吐谷浑诺曷钵二十八年，公元 663 年） 吐蕃出兵攻灭吐谷浑国，吐谷浑成为吐蕃的属国。

唐高宗咸亨元年（吐谷浑诺曷钵三十五年，公元 670 年） 唐王朝派右威卫大将军薛仁贵领兵 10 万入今青海境内征讨吐蕃，欲助吐谷浑复国。吐蕃动员 40 万兵力应战。唐副将郭待封违令擅动，被吐蕃围攻，夺去军粮辎重，唐军兵败大非川，助吐谷浑复国的计划破灭。

唐高宗仪凤三年（公元 678 年） 唐王朝派李敬玄和刘审礼出鄯州，败吐蕃于龙支（今青海民和古鄯），西进至环青海湖一带。后被困于承风岭，力战方得返。

武后永昌元年（公元 689 年） 吐蕃王室女赞蒙墀帮出嫁吐谷浑王慕容忠。

唐中宗景龙四年（公元 710 年） 唐中宗命左骁卫大将军杨矩护送金城公主入蕃，嫁予吐蕃赞普赤德祖赞。金城公主一行沿着 70 年前文成公主的旧道入藏。吐蕃为迎娶公主凿石开路、修桥。唐王朝还将九曲之地划给吐蕃作为金城公主的汤沐邑，九曲之地后来成为吐蕃对唐发动战争的军事基地。金城公主进藏时带去几万匹锦缎，还有许多书籍和乐工杂伎，对唐蕃文化交流影响深远。唐朝公主与吐蕃的和亲有力地促进了唐蕃古道的繁荣。

唐玄宗开元二年（公元 714 年） 为阻止吐蕃攻击唐边，姚崇等奏请毁坏吐蕃在黄河上原大母桥基础上修建的洪济等桥。

唐玄宗开元十六年（公元 728 年） 鄯州都督张志亮与吐蕃战于今青海湖西南渴波谷，破大莫门城，焚毁橐它（驼）桥。

唐玄宗开元十七年（公元 729 年） 唐将李祎率兵攻破吐蕃在赤岭东侧所筑石堡城。石堡城为吐蕃东进河湟必经之地，交通地位十分重要。

唐玄宗开元十八至十九年（公元 730 年 ~ 731 年） 唐与吐蕃遣使讲和，双方协议于赤岭划界立碑，定点互市。

唐玄宗开元二十二年（公元 734 年） 唐派李佺监赤岭树碑。双方各派官员至交界处，布告"两国和好，无相侵扰"。唐蕃两国维持了一段时期的和平交往。

唐玄宗开元二十六年（公元 738 年）七月 鄯州都督杜希望由鄯州出兵夺取吐蕃河桥（今青海省循化县境黄河上），并河筑盐泉城（在今青海省循化县东清水乡一带），号镇西军。赤岭界碑于该年也被捣毁，双方互市贸易再次中断。

唐玄宗开元二十九年（公元 741 年）六月 吐蕃出兵 40 万攻唐承风堡（今青海省贵德县尕让乡千户村附近与湟中县交界的南拉脊山口一带），先后至河源军、安仁（人）军。

唐德宗时期（公元 779 ~ 805 年） 一位诗人出使戎乡途中为吐蕃所拘，由今甘肃敦煌一带被押往今青海。其所经行路线为：今甘青新交界处的当金山口、柴达木盆地、青海湖、日月山和位于今青海省湟源峡的白水古成，最后到达临蕃城。他途中写下的 50 余首诗在一定程度上反映了今青海省境内当时"吐谷浑道"的交通状况。

公元 7 世纪中后期至 8 世纪丝绸之路"吐谷浑道"被吐蕃控制，吐蕃利用其与中原和西域频繁贸易。"吐谷浑道"仍然兴盛。

唐穆宗长庆元年（公元 821 年） 吐蕃遣论纳罗为使至长安请求会盟，唐朝大臣奉命与论纳罗在长安西郊会盟。

唐穆宗长庆二年（公元 822 年） 唐王朝派大理寺卿刘元鼎由长安出发，经今甘肃天水、兰州和今青海民和、乐都、西宁赴今西藏拉萨与吐蕃会盟。刘元鼎曾在位于今兴海县尕毛羊曲的洪济桥渡黄河，并探视了河源。

唐武宗会昌元年（公元 841 年） 在今西藏山南一带修行的僧侣杰巴拉·藏饶赛、博东巴·约格伟君乃和多龙巴·马尔释迦牟尼携经书、法器西逃至今西藏阿里，后辗转经西域于阗、云南等地后来到今青海东部河湟一带传教，还收公巴饶赛为徒。后来，公巴饶赛至丹斗寺（在今青海省化隆县境内）弘法。

唐宣宗大中三年（公元 849 年） 吐蕃将领论恐热与尚婢婢混战于河湟地区。后尚婢婢带领部众到达甘州西境。

宋太祖建隆元年（公元 960 年） 北宋王朝建立，此后逐步结束了中原地区的混乱局面。西北地区的甘州（治今甘肃省张掖市）回鹘、西州（今新疆维吾尔自治区吐鲁番市东南）回鹘和于阗（治今新疆维吾尔自治区和田市）等地方政权纷纷遣使进贡。一时间，从内地到西域，道路畅通，昔日冷清的丝绸之路又逐渐恢复了繁忙。如甘州回鹘自公元 961 年至 1028 年遣使至北宋至少有 37 次，开始的时候走灵州道或草原道，后改走青海道。

公元 10 世纪末期 以今拉萨为中心向西辐射的卫藏地区鲁梅等 10 人到河湟一带学习佛法，后返回今西藏弘扬佛教。

北宋真宗大中祥符八年（公元 1015 年） 唃厮啰和李立遵向北宋贡马。从这年到公元 1104 年，唃厮啰政权及其属下的河湟吐蕃首领向北宋进贡达 45 次，北宋回赐或封赐则达 150 多次。二者之间的政治经济联系推动了"青唐道"的繁荣和兴盛。

北宋仁宗景祐三年（公元 1036 年） 西夏占据河西走廊地区，与宋连年战争。西夏还对商旅、贡使等征收重税甚至直接劫掠，导致大批贡使、商贾取道青海道，宋王朝出使西域的使臣也多经青唐（今青海西宁）西行。青唐城成为交通枢纽和贸易中心，是当时中西贸易的一大中转站。丝绸之路"青唐道"随之逐渐兴盛。

北宋仁宗宝元元年（公元 1038 年） 北宋每年支给唃厮啰大彩 1000 匹、散茶 1500 斤等笼络唃厮啰政权。

北宋仁宗康定元年（公元 1040 年） 北宋屯田员外郎刘涣奉命出使青唐，从河州（今甘肃省临夏市）国门寺渡黄河至青唐城，约唃厮啰讨西夏。

北宋仁宗庆历七年（公元 1047 年） 前龟兹公主嫁给唃厮啰疏族河湟吐蕃首领溪巴温，双方和亲。

北宋仁宗嘉祐三年（辽道宗清宁四年，公元 1058 年） 辽欲与吐蕃结盟共图西夏，故遣使将公主锡令结牟嫁予唃厮啰少子董毡。

北宋仁宗嘉祐八年（公元 1063 年） 回鹘公主嫁与唃厮啰政权首领董毡之子蔺逋毕，双方和亲。后回鹘公主成为阿里骨之妻。

北宋神宗熙宁三年（公元 1070 年） 北宋在今甘肃陇西等处设榷场，与吐蕃各部开展互市贸易。后榷场不断增多，西域、河湟和中原的很多商人都来此从事商业活动，促进了"青唐道"的兴盛。

北宋神宗熙宁五年（公元 1072 年） 西夏以皇妹出嫁蔺逋毕。后西夏公主为阿里骨之妻。西夏相梁乙埋还曾将女儿嫁予蔺逋毕。

北宋神宗熙宁八年（公元 1075 年） 北宋在今甘肃临洮等处设买马场，与吐蕃各部开展茶马市易。北宋王朝所易之马中"青唐十居七八"。

北宋神宗元丰四年（公元 1081 年） 拂菻国（即东罗马帝国）遣使从今新疆若羌及且末一带进入今青海柴达木盆地，过青海湖地区后，经林檎城、青唐至北宋朝贡。

北宋神宗元丰六年（公元 1083 年） 于阗国（在今新疆维吾尔自治区和田一带）经黄头回纥（在今青海柴达木盆地西部）、又经黄头鞑靼（或作"草头鞑靼"）居住的今甘肃河西走廊西部，然后南越祁连山，过青海湖滨，经林檎城（又名宁西城，在今青海湟中县多巴镇）到达青唐，再从青唐前往北宋朝贡。宋时于阗国多次遣使朝贡，还曾向宋进贡过西域地图。

唃厮啰政权阿里骨时期（公元 1083 ~ 1096 年） 北宋人李远自炳灵寺渡黄河至青唐，著有《青唐录》1 卷。《青唐录》是反映其时今青海地区道路交通情况的重要文献。

北宋哲宗元祐二年（公元 1087 年） 阿里骨与西夏联合攻北宋边境。后北宋派人焚烧黄河飞桥。

北宋哲宗元符二年（公元 1099 年）七月 宋军从河州安乡关（今甘肃省永靖县莲花渡）渡过黄河进兵湟中地区，后进取青唐，不久撤出。

北宋哲宗元符三年（公元 1100 年） 北宋下令将熙河兰会路的熙州等处存茶集中到湟州，专市蕃马。随着茶马贸易的发展，北连今青海海南、黄南等地专供茶马运输的党项茶马故道得到进一步的发展，逐渐成为茶马运输的干线。

北宋徽宗崇宁三年（公元 1104 年） 宋军再次进兵湟中地区，唃厮啰政权结束，河湟地区重又纳入中央王朝直接统治的范围之内。此后，北宋王朝基本恢复了唐王朝在河湟地区的邮驿路线，提高了邮驿传递的效率，促进了今青海地区邮驿和道路交通的进一步发展。

北宋末年（公元 12 世纪初期） 因海上丝绸之路繁荣，丝绸之路"青唐道"时断时续，繁荣程度远不及前。

南宋高宗绍兴元年（金太宗天会九年，公元 1131 年） 金将完颜宗弼（即兀术）派部将奔睹进军并占领今青海东部。

南宋宁宗嘉定十五年（西夏神宗光定十二年、金宣宗兴定六年，公元 1222 年）西夏在黄河上架浮桥过兵，占领大通城（在今青海省循化县查汗大寺一带），很快被金攻夺，桥被焚毁。

南宋理宗宝庆三年（蒙古成吉思汗二十二年，公元 1227 年） 蒙古军攻下积石州，后克西宁州。

公元 13 世纪初期～公元 14 世纪 伴随成吉思汗西征，大批中亚人、波斯人和阿拉伯人等东迁，被编入"探马赤军""西域亲军"，有些在今青海落户；蒙古军西征促进了中西交流和道路交通的发展，西域各地的穆斯林商人、传教士东来，有些人落户今青海。

南宋理宗嘉熙三年（蒙古窝阔台汗十一年，公元 1239 年） 阔端派部将多达那波率军从今甘青藏区出发入藏。

南宋理宗淳祐四年（蒙古窝阔台汗后乃马真三年，公元 1244 年） 吐蕃宗教界委派萨迦班智达贡噶坚赞从今西藏启程经今青海前往凉州（治今甘肃省武威市）见阔端。3 年后与阔端议定藏区归降蒙古事宜，今青海地区全境归属于元朝。

元世祖中统元年（公元 1260 年） 元世祖忽必烈派遣答失蛮（达门）到朵思麻地区（以河州为治所的吐蕃等处宣慰司辖区）的丹斗寺（在今青海省化隆县）。后奉命负责藏区驿站的修设。从汉藏交界处起至萨迦元代设有 27 个大驿站。这些驿站的设置有效地保证了经今青海入藏道路交通的正常运转。

公元 13 世纪中期 今青海东部地区驿传设施较前代完善。西宁州与甘州（治今甘肃张掖）之间，西宁州与贵德州、积石州（治今甘肃省积石山保安族东乡族撒拉族自治县大河家）之间应有驿站。

今土库曼斯坦的马雷州（一说今乌兹别克斯坦境内的撒马尔罕）的撒鲁尔人中一小部分人经今新疆、河西走廊迁居今青海循化，后不断吸收周围回、藏、汉等民族成分，约于明中期形成撒拉族。

公元 13 世纪中期～公元 14 世纪中期 蒙元时期，很多蒙古人以各种形式迁居今甘肃、宁夏、青海地区并落户。

公元 13 世纪中期~公元 14 世纪中期 蒙元时期,今青海地区藏族部落首领、僧侣前往大都的朝贡者络绎不绝,贡使团的规模可达千人。

明清时期

明太祖洪武三年(公元 1370 年) 明征虏左副将军邓愈率兵由临洮进河州,经略西北藏区,明王朝势力进入今青海东部东南部地区。

明太祖洪武五年(公元 1372 年) 明王朝在秦州(今甘肃省天水市)等地设茶马司,以内地的茶叶换取西北藏族地区的马匹。

明太祖洪武六年至明武宗正德九年(公元 1373~1514 年) 据统计,今青海境内地方少数民族首领、上层僧人和土官等进京进贡者计达 200 多次。这些朝贡带有明显的贸易性质。

明太祖洪武七年(公元 1374 年) 镇守今青海柴达木盆地的前元宁王卜烟帖木儿遣使入朝,表示归顺。次年,明朝册封卜烟帖木尔为安定王,并开始陆续设立安定、阿端、曲先、罕东四卫,受西宁卫节制。

明太祖洪武十年(公元 1377 年) 明将邓愈、沐英率军追逐今甘肃、四川交界地区不臣服明王朝统治的藏族部落,由拉加寺过黄河,沿党项故道北路直抵阿尼玛卿山。

明太祖洪武十九年(公元 1386 年) 西宁卫陆续设马驿 7 处,递运所 5 处,急递铺 14 个,主要集中在湟水流域。河州至贵德则设有"番站" 6 处。

明太祖洪武二十四年(公元 1391 年) 明将蓝玉西征,经罕东卫,次年至阿真川(约在今格尔木市西乌图美仁乡一带)。

明太祖洪武二十五年(公元 1392 年) 明太祖派官员动员青海藏族部落向朝廷献马,朝廷补贴一定茶叶。差发马制开始在藏区推行。

明太祖洪武二十九年(公元 1396 年) 明王朝派行人陈诚到撒里畏兀儿地区重建安定卫。

明太祖洪武三十年(公元 1397 年) 明朝撤销秦州茶马司,改设西宁茶马司。茶马贸易促进了道路交通的进一步发展。

明成祖永乐二年（公元 1404 年）　罕东卫指挥佥事等 16 人贡马。明王朝分别赐冠带、钞币。

明成祖永乐五年（公元 1407 年）　明王朝谕帕木竹巴灌顶国师阐化王等复置驿站。陕西都指挥同知刘昭等奉命在朵甘、乌思藏等处设立驿站，以通西域之使。明王朝还令洮州、河州、西宁三卫供应官军马匹，保证经今青海入藏道路的畅通。

明成祖永乐十二年（公元 1414 年）　明王朝派遣中官敕谕今甘青川藏区未恢复驿站的即行恢复，以通使命。今青海西宁经河源入藏驿路逐渐恢复使用。

明成祖永乐十六年（公元 1418 年）　中官邓诚出使尼八剌国（今尼泊尔），途经西宁、罕东等地。

明成祖永乐二十二年（公元 1424 年）　出使西域的明朝使臣乔来喜、邓成途经安定、曲先二卫地界（今大柴旦及以西以南地区）时，遭当地部众抢劫，明朝使臣被误杀。次年，明仁宗命陕西行都司土官都指挥同知李英等率大军征讨，明军逾昆仑山数百里，至雅令阔（约今可可西里一带）交战获胜。永乐至宣德年间至少有 15 位明朝使者出使乌斯藏，大多取道今青海境内且多经毕力术江（今通天河）进藏。

明宣宗宣德五年（公元 1430 年）　曲先卫又劫杀明朝使臣。西宁都督佥事史昭奉命率大军讨伐。保证了驿路的畅通。

明宣宗宣德九年(公元 1434 年)　明朝中官宋成等经今青海境内出使乌思藏，赵安送至毕力术江。

公元 16 世纪初期　东蒙古（鞑靼）亦卜剌、卜儿孩等部落先后迁入今青海湖一带。

明世宗嘉靖三十八年（公元 1559 年）　蒙古鞑靼部首领俺答汗由河套地区越河西走廊进入今青海湖地区。后留宾兔居松山（在今甘肃省天祝县境内），丙兔居今青海湖一带。

明神宗万历六年（公元 1578 年）　藏传佛教格鲁派领袖三世达赖索南嘉措和俺答汗在仰华寺（在今青海省共和县恰卜恰镇）会面。

明神宗万历十九年（公元 1591 年）　总兵尤继先由河州西进莽剌、捏工二川讨伐西海蒙古真相部和火落赤部，军用物资多由贵德所至河州之间的"番站"递送，使得"番民"疲于应对，废弃驿站。14 年后，兵备副使荆州俊复立"番站"，以通道路。

公元 16 世纪末期～公元 17 世纪初期　今新疆一带蒙古人进藏熬茶之风兴起，一直延续至清末。熬茶者多取道青海柴达木盆地。维吾尔商人在准噶尔进藏熬茶贸易中扮演贸易代理者的角色。进藏熬茶贸易促进了道路交通的发展。

明神宗万历四十六年（公元 1618 年）和明熹宗天启元年（公元 1621 年）西海蒙古兵两次由今青海入藏，给予格鲁派强有力的支持。

明思宗崇祯五年（公元 1632 年）　蒙古喀尔喀部却图汗率部进今青海境内后征服西海蒙古，占据了青海草原。

明思宗崇祯八年（公元 1635 年）　四世班禅、五世达赖秘密派人去新疆天山以北向厄鲁特蒙古求援。蒙古和硕特部首领顾实汗和巴图尔珲台吉化装成商人，带着少数随从经新疆东部、柴达木盆地、通天河入藏。

明思宗崇祯九年（公元 1636 年）　顾实汗率其部众从今新疆塔城出发，经过今伊犁、塔里木盆地进入今青海柴达木盆地西北的托勒地方，进行修整和围猎备粮。

明思宗崇祯十年（公元 1637 年）　顾实汗第二次进藏见五世达赖阿旺罗桑嘉措等。至冬返回今青海。

以顾实汗为首的西蒙古联军打败据有青海地区的喀尔喀蒙古却图汗部的军队，并将其擒杀。此后厄鲁特蒙古和硕特等部陆续由今新疆移牧至今青海境内的草原。崇祯十五年（公元 1642 年），顾实汗在拉萨组成了以蒙古汗王为主要执政、与格鲁派领袖达赖喇嘛合作的联合政府，开始统治整个西藏。厄鲁特蒙古数万人进入青海，提高了丝绸之路青海道的使用率。

明思宗崇祯十五年（公元 1642 年）　顾实汗与五世达赖、四世班禅共同遣使至盛京朝贡皇太极。从此至清顺治十二年（公元 1655 年）顾实汗向清王朝进贡 10 多次，加强了青藏高原与内地的联系。

明思宗崇祯十六年（公元 1643 年）　李自成农民军齐之宸和鲁文彬部由甘州经西平—张掖道越祁连山攻西宁。

清世祖顺治年间（公元 1644～1661 年）　清王朝与今西藏地区相互往来至少 17 次。这些来往大都经今青海西宁。

清世祖顺治九年（公元 1652 年）　五世达赖率领顾实汗和四世班禅的代表

从今西藏拉萨出发，经今那曲出郭由拉山口进入今青海境内，渡过当曲、通天河后在扎陵湖和鄂陵湖间渡黄河，后经今大河坝、塔尔寺、西宁、兰州、银川、呼和浩特、大同等地至今北京。次年2月返回，返回路线大致同进京路线。这条路是后来清朝出入藏官道的基础。

清世祖顺治十五年（公元1658年） 清政府规定蒙古和硕特部与内地贸易只能从西宁的镇海堡、北川口和甘州的洪水口（在今甘肃民乐）出入。后因贸易的发展，互市地点增加，如白塔儿（今青海大通老城关）、多巴等均成为互市地点。

清圣祖康熙十七年（公元1678年） 蒙古准噶尔部噶尔丹将女布木嫁予博硕克图济农子根特尔，以图通好青海蒙古。

清圣祖康熙三十三年（公元1694年） 前明遗民、地理学家梁份考察西北，完成了《秦边纪略》。该书为后人保存了其时今青海境内道路交通的重要资料。

清圣祖康熙三十六年（公元1697年） 顾实汗之子札什巴图尔进京朝贡。此后至雍正元年（公元1723年）青海蒙古王公贵族来京朝贡者络绎不绝。

清圣祖康熙四十三年（公元1704年） 清王朝派侍卫拉锡探查河源。拉锡会同当地蒙古族头人到达星宿海，还绘有《星宿河源图》。

清圣祖康熙五十七年（公元1718年） 夏，清军由今青海入藏。被准噶尔蒙古军击败于喀喇乌苏（今西藏那曲）。

清圣祖康熙五十八年（公元1719年） 抚远大将军允禵奏请自索落木（今扎陵湖、鄂陵湖地区）至柴达木路设5台站。清王朝自阿什罕（今青海共和倒淌河）至索落木设站15，每站设马20匹，自索落木至柴旦木设5台站，每站设马15匹，每站设兵20名。这些台站的设置方便了军务往来和军事行动，也保证了沿途的道路交通的正常运转。

清圣祖康熙五十九年（公元1720年） 清军分南北2路进兵西藏。北路从今青海经索罗木、木鲁乌苏，沿通天河南向入藏。

清圣祖康熙六十年（公元1721年） 四川提督岳钟琪奉命进兵郭罗克（即今果洛藏族自治州），上、中、下郭罗克归附。今成都、松潘至果洛的交通较以前频繁。

清世宗雍正元年（公元1723年） 青海蒙古和硕亲王罗卜藏丹津（顾实汗孙）公开发动反清叛乱。清朝廷任命川陕总督年羹尧为抚远大将军率各路大军平叛。

清副将军阿喇纳自新疆吐鲁番驰赴噶斯口（今青海省茫崖市茫崖镇），以断罗卜藏丹津西逃道路。

清世宗雍正二年（公元 1724 年） 清军分三路深入到柴达木地区追击，罗卜藏丹津由今青海德令哈、大柴旦一带西入今南疆地区，投奔准噶尔部。

清王朝选定那拉萨拉（今日月山）为青海蒙古各部贸易的地点。

年羹尧疏请收复青海盐池（今茶卡盐湖），设官驻兵。清王朝将盐业贸易收归政府。

清世宗雍正三年（1725 年）左右 罗卜藏丹津事定，清政府自哈什汉水向西沿交通要道至木克胡芦素设置 10 台卡，并派戍兵分柴达木南、北两路巡逻。这些台卡的设立有助于传达政令、军情，也保障了柴达木南、北二路交通的正常运行。

清朝对青海蒙古诸台吉朝贡制度做了明确规定，进贡之人分 3 班，每班每 3 年 1 次，进贡路线分南、北两路。南路经今西宁、兰州、西安至今北京；北路由今青海经河西走廊入河套，从今居庸关或北古口入今北京。

清世宗雍正五年（公元 1727 年） 清王朝始设驻藏大臣以管理今西藏地方事务。驻藏大臣出入西藏多取道今青海。

清世宗雍正十三年（公元 1735 年） 新疆战事结束，柴达木所驻的大部分巡逻戍兵撤走，清王朝又在哈什汉水至额色尔津设 13 个台站以传递文报。还在额色尔津设总卡 1 处，在得布特尔和依克柴达木设卡伦 1 处，派兵轮流巡逻。

西宁等茶马司被改为茶司，成为茶叶官卖的专门机构。传统茶马古道仍很繁忙。

清高宗乾隆四年（公元 1739 年） 西宁道佥事杨应琚从西宁出发进今北京述职，作随行日记《据鞍录》，详细记载了当时西宁至陕西的道路交通情况。

这一年西宁道佥事杨应琚等请准在滴水崖渡（在贵德所北黄河渡）渡口设官船 2 只，设救生船 1 只，以方便渡河。

清高宗乾隆五年（公元 1740 年） 西宁道佥事杨应琚、知府申梦玺等请准在康家寨渡（今尖扎县康家寨北黄河渡，为通贵德河南之要津）渡口设官船 1 只。

清高宗乾隆六年（公元 1741 年） 今新疆的准噶尔蒙古部赴西藏熬茶，顺便组织了 300 人的庞大商队，携带牛、羊、马、驼、硇砂、羚羊角以及大量葡萄和各色毛皮等到丹噶尔贸易，历时 4 个月，贸易额高达银 10.54 万余两。

清高宗乾隆八年（公元 1743 年） 新疆准噶尔部蒙古再次赴西藏熬茶，顺便组织 312 人的庞大商队，携带大量货物到丹噶尔贸易，历时 4 个月，仅皮货一项，贸易银额就达 78 000 余两。

清高宗乾隆九年（公元 1744 年） 川陕总督庆复由今四川成都启程至郭罗克以处理果洛纠纷。

清高宗乾隆十二年（公元 1747 年）《西宁府新志》纂成。据该志及其他志书记载，截至清宣宗道光二十年（公元 1840 年），今青海境内的桥梁有 30 余座，明清时期今青海境内主要渡口至少有 30 处。这些桥梁和渡口的修建对推动经济文化交流和道路交通发展有着积极作用。

清高宗乾隆二十六年（公元 1761 年） 清王朝允许商人过今日月山进入牧区贸易。促进了各民族间的经济联系和交往。自康定过结古至拉萨的茶叶贸易也十分兴盛。这些都促进了道路交通的进步。

清高宗乾隆四十四年（公元 1779 年） 六世班禅罗桑华丹益希经今青海赴今北京，所行路线同五世达赖入京路线。

清高宗乾隆五十六年（公元 1791 年）九月 清王朝派福康安率兵从北京出发，经今青海于次年二月至今西藏，后击败廓尔喀（今尼泊尔）军。为征廓尔喀，清王朝曾置西宁至西藏之间的台站。

清仁宗嘉庆至清宣宗道光年间（公元 18 世纪末期 ~ 19 世纪中期） 因互市贸易的兴盛和"路通西藏，逼近青海"的特殊地理位置等原因，丹噶尔逐渐发展成西北地区边地民族贸易中心。丹噶尔的商运驮队络绎不绝。

清宣宗道光十七年（公元 1837 年） 西藏堪布（藏传佛教寺院中的一种僧职）入贡被"四川番匪劫掠"，后经奏请贡道改由柴达木，由西宁办事大臣派兵护送。

清宣宗道光二十年（公元 1840 年）前后 西宁府府属地区有驿站 19 个，驿路 5 条，驿夫 141 人。

清宣宗道光二十四年（公元 1844 年） 法国人古伯察和加倍至今青海湖附近考察，这开了近代西方人到青海"考察"的先河。

清宣宗道光二十六年（公元 1846 年） 林则徐自凉州经今扁都口、大通至西宁处理河南藏族北迁等民族事务。

清文宗咸丰九年（公元 1859 年） 西宁办事大臣福济奏准将移居河北的河南藏族八部划地游牧。"环海八族"形成。

清文宗咸丰十年（公元 1860 年） 西宁镇裁兵，原署理西宁镇总兵马本源部下小军官巴燕戎格厅撒拉族人（一说回族人）马文义率循化、巴燕戎格一带的撒拉族群众和今民和县一带的回族群众约 3000 人起事，杀死碾伯县（今青海省乐都区）知县，多次击败清军，遂揭开今青海西宁地区回族、撒拉族群众反清斗争的序幕。

清穆宗同治元年（公元 1862 年） 太平军西进陕西，与入陕之捻军、四川义军联合，在他们的影响下，陕西各地回族掀起大规模的反清起义。消息传来，马文义再次集合回、撒拉族群众起事，攻占享堂（在今青海省民和县）至碾伯间的通道，切断了兰州至西宁间的交通。

清穆宗同治九年（公元 1870 年） 俄国人普尔热瓦尔斯基率考察队经今柴达木盆地至长江上游。

清穆宗同治十一年（公元 1872 年） 清钦差大臣、陕甘总督左宗棠派部将刘锦棠、何作霖等率大军西进青海碾伯，与已经降清河州（治今甘肃省临夏县）等地的回民武装联合攻打西宁回军。青海各地回、撒拉族农民起义军在首领马桂源、马本源率领下，与从陕西、甘肃西撤的回军联合在西宁小峡口、巴燕戎格厅（今青海省化隆县）等处抗击刘锦棠等所部清军。

清穆宗同治十二年（公元 1873 年） 西宁回军首领马桂源、马本源等兵败被捕杀，坚持了十多年的青海回、撒拉族人民的反清起义至此失败。

陕西回军首领白彦虎拒绝投降，继续在西宁以北地区抵抗清军。次年，白彦虎出大通城，由扁都口经甘州（今甘肃张掖）退至肃州（今甘肃酒泉），后转至今新疆地区。随白彦虎进入新疆的部分回民，后又坚持了一个时期的斗争，于光绪三年（1877 年）进入中亚地区。今中亚地区的"东甘人"（又作"东干回"），即其后裔。

清德宗光绪年间（公元 1875 ~ 1908 年） 输入今青海地区的外地商品以今陕西、四川、湖北等地的货物为主，多经今陕西汉中由东路运入今青海境内。由今青海贵德经四川松潘到成都、由今青海玉树结古经四川甘孜到康定的两条道路是川货和本地货进出今青海的两条重要通道。

清德宗光绪五年（公元 1879 年） 普尔热瓦尔斯基率考察队经今柴达木盆地东部溯穆鲁乌苏河上行，越唐古拉山口进入藏北"考察"。光绪年间（公元 1875 年～ 1908 年）外国（包括印度、法国、美国、德国、匈牙利等国）人到青海"考察"的至少 11 次。他们的足迹深入今青海腹地，"考察"的范围遍及几乎整个今青海地区。

清德宗光绪六年(公元 1880 年) 左宗棠奏请重新整修今青海境内道路桥梁。管带楚军恒营总兵王声扬自老鸦堡起至享堂修理道路 240 余里。管带安西左营总兵张世才、管带岳营总兵张星元在大通（辖今青海省大通、门源及西宁、祁连等部分地区）境内修理道路三百数十里，并修建桥梁，补置船只，栽树株，修复塘卡。左宗棠还在丹噶尔厅修筑东路西石峡（今湟源峡）峡道 10 里和南路药水峡峡道 30 里。

清德宗光绪九年（公元 1883 年） 今青海境内共有驿站 20 处（一说 19 处），驿路 5 条，额定驿夫 103 人，形成了以西宁府（治今青海省西宁市，辖今青海东部等地区）为中心的辐射状的交通邮驿网，通达西宁府所属 3 县 4 厅。

清德宗光绪十三年（公元 1887 年） 清朝在青海金厂沿途派驻防兵，自丹噶尔（今青海省湟源县）至玛沁雪山（今阿尼玛卿雪山）共设有 7 站，每站额定驻兵 6 名。后因今果洛地区藏民出劫，矿丁返回，金厂被迫停办，防兵亦停废。

清德宗光绪十七年（公元 1891 年） 英国牧师胡立礼夫妇来今青海西宁传播基督教新教。

清德宗光绪十八年（公元 1892 年） 英商设在今天津的新泰兴等洋行到今青海西宁等地采购羊毛、羊绒、羔皮等。

清德宗光绪二十年（公元 1894 年）左右 今甘肃临潭地区的西道堂成为回藏贸易中最成功的回族大商人集体，其行商的活动范围包括今甘南和青海玉树、果洛、海南等地区。商业的兴盛促进了今甘肃、青海、四川等地交通的进步和发展。

清德宗光绪二十一年（公元 1895 年） 英国买办开设在今河北张家口的洋行通过甘肃驼帮大量收购青海羊毛。

清德宗光绪二十六年（公元 1900 年） 英、美、俄、德等国商人或委托代理商人开始在今青海西宁、湟源、贵德、循化等地开设洋行，至民国九年（公元 1920 年）曾达到近 30 家洋行。洋行大量收购及运输羊毛，羊毛贸易的兴盛与繁荣促进了青海商业和道路交通运输的发展。

清德宗光绪三十年（公元 1904 年） 十三世达赖土登嘉措由今西藏拉萨经今青海逃往库伦。两年后，启程返回今西藏，过今青海西宁至塔尔寺后停止前行。次年由塔尔寺启程经五台山前往今北京。

清德宗光绪三十三年(公元 1907 年) 8 月 17 日 西宁府邮政分局正式成立，传统驿站逐步被取代。西安府邮政副总局开辟了兰州府至西宁府间的步差邮路。这条邮路今青海境内步差邮路的开端。此邮路由兰州府出发经今享堂、老鸦峡、高庙、碾伯后至西宁。后因邮件运量增加，兰州至西宁间的邮路改为逐日昼夜兼程步班邮路，分 4 段接力运递，全线配备邮差 16 人。

清德宗光绪三十四年（公元 1908 年） 十三世达赖喇嘛由今北京出发至塔尔寺。次年经塔尔寺、东科寺、今都兰县香日德，乘牛皮船渡通天河，过今西藏那曲至拉萨。这条入藏路线是清朝中后期逐渐发展起来的一条入藏路线。

清逊帝宣统二年（公元 1910 年）前后 洮岷协副将马麒开始在今青海循化、甘肃河州（治今甘肃省临夏市）等地开设德顺昌等商号，往天津等地贩运青海土产品，以换取军需品、百货等。

比利时神甫康国泰来西宁传播天主教。民国十五年（1926 年），康国泰离开青海赴宁夏。

截至清朝末年（公元 1911 年） 今青海境内以西宁府城为中心呈辐射状的道路交通计有主要道路 18 条（长约 1.5 万公里）、桥梁 57 座、渡口 31 处、固定驿站 20 处。

民国时期

民国元年（公元 1912 年）9 月 西宁镇总兵马麒带西军前军 3 个营为随护，离开洮岷协赴西宁就任。

民国二年（公元 1913 年） 今青海境内旧有驿站开始陆续被裁撤，公文等改由邮局传递。

民国三年（公元 1914 年）8 月 甘肃都督派周务学与周希武、牛载坤等前往玉树与四川代表共同勘界。

民国四年（公元 1915 年） 西宁至玉树沿途的湟源、哈拉库图、大河坝、长石头和竹节寺等台站（又称兵站、驿站）开始设置。恰卜恰、大河坝、野牛沟等还是转运军需物资的重点站。台站兼办通信。

民国五年（公元 1916 年） 中国伊斯兰教瓦尼派传播人马万福（经名海奴，被信教群众称为"果园哈智"）由今新疆哈密回兰州，至今甘肃张掖时，其子马遇道奔至西宁，马麒派人将马果园父子从今甘肃永登接至西宁。自此伊斯兰教伊赫瓦尼派在青海地区传播并逐渐兴盛。

民国六年（公元 1917 年） 清朝以来持续发展的寺院商业贸易在民国初年有了更进一步的发展和壮大。寺院长途贩运的规模相当可观，其商队频繁往返于青、藏、康之间，有时候还去今印度、尼泊尔等地，贩卖物品的规模十分可观。民国初年，结古成为玉树地区最大的商品集散地，商户约 200 余户，其中以川藏商人居多。

民国七年至民国十六年（公元 1918 ～ 1927 年） 青海羊毛大量行销国外市场，今青海境内经营羊毛贸易和运输的官、私商号有几十家。民国十三年（公元 1924 年）至民国十六年（公元 1927 年）青海羊毛每年出口量均达 700 万斤。西宁和湟源成为羊毛的主要集散地。从公元 19 世纪 80 年代开始，今青海境内的一些商人就将青海羊毛用骆驼或皮筏沿黄河东运，经河套、张家口，运往天津后售给英、俄、德等国商人。羊毛贸易的发展促进了车驮道的发展，也推动了今青海境内以及今青海地区和外界陆路运输和水路运输的发展。水上皮筏运输主要利用从贵德松巴峡至兰州、包头的黄河河道和西宁至河口的湟水河道，年运量可达四五百万斤。

民国八年（公元 1919 年）8 月 北洋政府派西宁道参议朱绣、青海宁玛派领袖古郎仓活佛、甘肃督军公府谘议李仲莲等进藏宣慰联络，争取十三世达赖内向。次年 4 月返回。

这年，西宁—大河坝段驿站大车道开始整修、拓宽；湟源—都兰寺马差邮路开辟，这是今青海境内第一条畜力班邮路；享堂—窑街—西大通（今甘肃永登连城）—平番（今甘肃永登）间 2 日班邮路开辟。

民国十年（公元 1921 年）

6 月 28 日，甘边宁海镇守使马麒以胞弟马麟为征果洛司令，率宁海军和民夫共计 3000 余人，同时电调驻防玉树马彪部和玉树二十五族的藏兵配合，前往果洛武力征服藏族部落。

9 月 23 日，甘肃邮务管理局四等二级邮务官徐兰生自今青海湟源出发经恰卜恰、大河坝等地于 10 月 30 日至玉树结古，撰有《路程日记》，详细记载了沿途的路况。

民国十二年至民国十三年（公元 1923 ~ 1924 年） 北洋政府矿政顾问瑞典人安特生进入今青海西宁、湟中、共和、贵德等地进行考古发掘工作，共发现 16 处古文化遗址。

甘肃省计划修筑由皋兰经永登、碾伯（今青海乐都）、西宁至湟源的兰湟路。碾伯老鸦峡道大小鹦哥嘴和"一条龙"的路基被加宽，路边还安装了栏杆。

青海当局试办丹噶尔—结古间的马班邮路。但不久停办。

民国十五年（公元 1926 年） 青海当局遵照甘肃省长通令开始在道旁植树。至 1949 年末，青海实有公路行道树 172 184 株。这些树木对青海的公路起着保护作用。

民国十七年（公元 1928 年）1 月 西宁—永登—兰州的公路初步开通，可通行汽车。

民国十七年至民国二十三年（公元 1928 ~ 1934 年） 青海当局在老鸦峡炸石辟凿路基。老鸦峡内大小鹦哥嘴、骆驼掌和一条龙等处设置了大量的栈桥、木笼和木石栅栏。

民国十八年（公元 1929 年）1 月 20 日 青海省政府正式宣告成立。24 日，孙连仲发表《青海省政府宣言》，将修筑公路和铁路作为其施政八条中的第六条。

民国十八年至民国二十三年（公元 1929 ~ 1934 年） 西宁—张掖路西宁经大通桥头段经衙门庄、卡子沟、门源至永安堡段分别按简易公路整修。

据西宁县商会统计，每年输入西宁的商品价值约为 620 万银圆，西宁输出商品的价值约 1550 万银元。繁荣的商业促进了西宁由传统的商业城镇逐渐向近代商业城市转变。商业的发展促进了西宁道路交通和交通运输业的进一步发展。

民国十九年至民国二十年（公元 1930 ~ 1931 年） 青海省交通处改组为青海省交通委员会，负责公路勘察、测设、公路桥梁的施工、征用土地、材料购置、植树造林、公路养护等事务。

民国二十一年（公元 1932 年）

3 月 24 日，西藏地方军在英帝国主义挑唆下进攻青海玉树大小苏尔莽地区。

西宁—大河坝段道路被拓宽，部分路面宽达 8 ~ 10 米，路长 632 里。

民国二十二年（公元 1933 年） 秋青海出现的第一批公用汽车 5 辆。

据青海考察团调查，青海民和等地的筏运业较为兴盛，川口地区有筏户近 60 户，有的筏户拥有大筏（120 个皮袋）10 多只。

民国二十三年（公元 1934 年）

据相关统计，截至本年，青海省共有自备公用汽车 10 辆。

全国经济委员会、甘肃和青海会同派员勘测甘青公路，决定甘青公路从兰州出发，沿黄河至达家川，经享堂、老鸦峡后沿湟水至西宁。

国民政府考试院院长戴传贤来青海视察交通、水利和农业等。

黎丹组织西藏巡礼团进藏参观、学习。

西宁征派差骡 3500 头，共和征派牛骡 1000 余头，向玉树接运军粮。

民国二十四年（公元 1935 年）

6 月 ~ 9 月，甘肃利陇公司试办兰州—西宁汽车邮路。这是利用现代运输工具运送青海邮件之滥觞。

7 月 ~ 8 月陕甘亚洲汽车行试开自兰州至西宁客车 2 次，单程行驶需 17 小时。这是甘青公路通行客车之始。

8 月，湟源至玉树间通邮。交通部邮政总局将此线列为国内乙种干线邮路，该线 1 年内共发班 9 次。但因该线沿途的自然条件及治安情况太差，故经甘肃邮政管理局与西川邮政管理局协商同意，自民国三十年（公元 1941 年）起，各地寄往玉树的邮件取道成都、康定、甘孜、邓柯转递，湟源—玉树马班邮路改为止于恰卜恰。

12 月 11 日，国民政府委任蒙藏委员会委员马鹤天（曾任甘肃教育厅厅长）为护送专使参赞，参与护送九世班禅仓珠嘉措入藏行动。马鹤天以日记形式记录了从西宁经结古到西康沿途的所见所闻，后集以《甘青藏边区考察记》出版。

12 月，西宁邮局首次试运寄至天津的羊毛包裹。先用马车将包裹运到兰州，再用汽车运至西安，后由火车运至天津，共需 18 天。青海的邮政包裹业务一度冲击了皮筏运输。

民国二十四年至民国二十五年（公元 1935 ～ 1936 年） 至少有 9 名日本人从天津、张家口来青海"游历"，以渗透进青海。

民国二十四年至民国二十五年（公元 1935 ～ 1936 年） 青海当局修筑甘青公路西宁享堂段，新修及利用桥涵、涵洞、过水路面等多处。修成后可通行汽车。

民国二十四年至民国二十九年（公元 1935 ～ 1940 年） 青海省出现第一次修筑公路的高潮。

青海省输出商品约值 1400 万元，输入商品约值 620 万元，输入的工业制成品、百货主要来源于邻省和内地。商品运输形式主要有驮运和皮筏运，也有畜力大车运。

居住在今新疆哈密一带的哈萨克族一部分迁至今青海都兰茶卡一带。民国二十五年（公元 1936 年），居于镇西（今新疆巴里坤）的哈萨克族迁至青海。至民国二十八年（公元 1939 年）先后有 1800 余户哈萨克族迁入青海。

记者范长江由四川北上游历青海。1936 年 1 月离开西宁，去门源、扁都沟、至张掖。其游历记录后集以《中国的西北角》出版。

民国二十五年（公元 1936 年）

5 月 18 日九世班禅离开塔尔寺经化隆、贵德、同仁、甘肃拉卜楞寺和青海河南蒙旗、果洛拉加寺、四川石渠等地于 12 月到达青海玉树结古，次年（公元 1937 年）8 月，九世班禅离开结古至拉休寺，欲从此入藏。10 月，九世班禅离开拉休寺返居结古，12 月在结古圆寂。

7 月 3 日～ 27 日，红四方面军左纵队先遣队与红二方面军共约 2 万人长征中途经青海班玛。

在甘肃河西走廊红西路军与青海马步芳所部国民党军队作战期间（民国二十五年即公元 1936 年冬至次年春），青马军先后将 6000 余名被俘的红西路军从甘肃民乐、青海祁连、门源、大通和甘肃武威、永登、青海民和、乐都两条线路分批押至西宁。1937 年春，红西路军被俘战士中的 300 多人被挑选组成工兵营，被调往民和享堂承担享堂桥东西两岸石方开凿工程。

民国二十六年（公元 1937 年）

3 月，自享堂溯大通河而上至窑街路线被打通。

4 月，省政府向国民政府行政院报送（西）宁玉（树）公路建筑计划及路线简图，拟 3 年完工。国民政府电令青海省政府："事关国防，赶筑竣工。"

9 月 1 日，青海暂编骑一师（后被整编为骑八师）从西宁出发，经甘肃兰州、平凉到达陕西乾县，东赴中原抗日。

下半年，西宁—大河坝段公路经整修雏形初具。青海省内实有公路约 3000 里。

民国二十七年（公元 1938 年）

3 月，青海省国民政府主席马步芳把修筑公路列为其六大中心工作中的一项，并责令制定第二次全省公路建设规划。该规划计划在全省修筑 6 条干线，19 条支线，干线长 3160 公里，支线长 1440 公里。规划的公路除青凉线和青川线外都得到了不同程度的修建。

西北公路运输管理局正式开办甘青线汽车运输业务，甘青线定期汽车客运业务开始营运。

5 月，国民政府贸易调整委员会奉命办理对苏联贸易，将青海羊毛输出改为西运。青海羊毛由青海经甘肃、新疆销往苏联。

9 月至次年 7 月 甘青线营运车辆月平均行驶里程在 8000 公里左右。营运班次每月一般在 10 次之内。

民国时期青海省最早的官办运输机构青海省商务队下设 3 个畜力驮载大队，共有驮牛千余头，往来于西宁至拉萨间进行贩运。

畜力大车进入青海盐运业，使青海盐的产销量增加。民国三十三年（公元 1944 年）茶卡盐池的产盐量为 48 826 担。

民国二十八年（公元 1939 年）

3 月 26 日，西北公路运输管理局在甘肃河口、青海享堂和西宁设立汽车站点。

6 月，国民政府财政部规定盐运每年增加 120 万担。青海当局征雇车辆，运青海盐至陕西、河南两省。

7 月 15 日，青海省国民政府主席马步芳派青马军师长马元海护送十四世达赖拉木登珠由塔尔寺前往拉萨。次年 2 月 22 日拉木登珠在拉萨布达拉宫坐床。

11 月，兰州至西宁改行新线。新线由甘肃河口过黑嘴子抵青海享堂，不再绕道甘肃永登。新线全长 236 公里，汽车行驶只需 1 日。

二十世纪二三十年代 青海筏运业进入兴旺期，西宁滨河一带、兰州七里河、骚牛圈等沿河多处都有筏子和羊毛、皮张的堆垛等。

兰州至西宁及沿途各邮局、所的邮件均由甘肃公路局班车承运。

抗日战争期间，德兴海商号贩运青海物资出口的道路有 3 条：由西宁经兰州、重庆至滇缅公路，与美、英公司贸易；由西宁经玉树、昌都入西藏至印度，与英、印商人取得联系并贸易；由西宁经甘肃临夏，沿黄河东下至包头，与日本人及其代理人进行商业往来。

民国二十九年（公元 1940 年）12 月 青藏商务联合办事处在西宁成立，办事处在拉萨、上海、兰州、包头、天津、西安、汉口等地设立分支机构，以青海的羊毛、皮张、沙金、药材等兑换日、英等国的军火物资。青藏商务联合办事处也垄断着青海商品的输入和输出。

青海省建设厅运输处（3 年后移交给德兴海商栈）下辖 8 个运输车队（4 个大车队、3 个骆驼队、1 个胶轮车队），共有木轮大车 200 辆，骆驼 300 余峰，胶轮大车 10 辆。运输处几乎包揽了青海省内大宗物资的运输。

青海全省共有汽车 13 辆。

哈萨克族西迁，小部分人逃到尕斯地区，大部分向西藏方向逃跑。在青马军队的追杀下，哈萨克族民众往返于甘肃酒泉、敦煌等地和青海尕斯、乌图美仁一带，损失惨重。

民国三十年（公元 1941 年）

3 月，国民政府交通部西北公路管理处拨款约 500 万元，派技术人员协助青海省启动改善甘青公路路基工程。改善工程效果明显。

5 月，青海省国民政府主席马步芳派青藏商务联合办事处经理马峻携现金、骡马等前往西藏贸易。同年，马步芳又派青海商务队入藏贸易，并派马建业驻印度加尔各答，与英国、印度商人直接接触，操纵西藏部分商务。

7 月，西北公路运输管理局将甘青线汽车客运调整为每周对开 1 次，所配汽车由 3 辆减至 2 辆，客运量也减少一半。

9 月，国民政府行政院组成康青经济交通视察团来青海视察，拟修筑康青公路康定—歇武段。

民国三十年（公元 1941 年）～民国三十八年（公元 1949 年） 青海出现第二次修筑公路的高潮。

（西）宁临（夏）公路经改善和整治，汽车可通行至甘肃临夏。

湟（源）海（晏）支线修筑后可通行汽车。

民国三十一年（公元 1942 年）

5月下旬，国民政府决定缓修康青公路，集中力量先修青藏公路。公路修筑由青海省国民政府负责，国民政府给予一定贴补。

8月，西北公路工务局奉交通部之命成立青藏公路（西）宁玉（树）段公路踏勘队。经两个多月的踏勘，决定该段采用经歇武、黄河沿、大河坝、共和、湟源的西线。

西宁、湟源、共和征派差骡 4000 头向玉树驻军送军粮。

民国三十二年（公元 1943 年）

5月14日，青海省驿运管理处正式成立。其主要职能是组织民间运力运输盐、粮及军用物资等。

6月14日，国民政府交通部会同青海省国民政府成立青藏公路工程处，处下设6个工务总段。青海省征派民工 6600 多人，7月23日开工修筑。

10月3日，青藏公路西宁至黄河沿岸约 1000 里的公路开通。

12月，玉树邮局开辟结古—香达（今囊谦县城所在地）5日班的马班邮路，结古—称多5日班的马班邮路。

青海省全年运输物资 83.4 吨，完成货运周转量 23 820.8 吨公里。甘青公路客运月平均里程超过 7000 公里。

民国三十三年（公元 1944 年）

9月，青藏公路西宁—玉树段工程完工。10月26日举行通车典礼并试车。这条公路在当时被称为世界上最高的一条公路，它的修建积累了高原筑路的宝贵经验教训。

德兴海商号在各县政府所在地和重要居民点开设分店。这些分店的开设客观上对当地的商业和道路交通发展都有积极作用。

民国三十四年（公元 1945 年）

5月，国民党陆军第四十集团军（马步芳任总司令）所辖骑兵第五军自青海开赴新疆。

11月，国民政府下令兴修西宁至新疆若羌的青新公路，青海省政府主席马步芳主持办理，路线为西宁经湟源、茶卡、都兰、格尔木、乌图美仁、芒崖至南疆索尔库里。筑路工程由青海省国民政府主持，交通部派技术人员协助；修路所需民工主要在青海、甘肃、新疆3省征用；调拨汽车百辆用于运输给养和器材；修建房屋400间以备储运及办公之用。

民国三十五年（公元1946年）

1月，青海省国民政府主席马步芳合并协和商栈和德兴海商号等，成立湟中实业公司。该公司下设70多处分支机构，在宁夏银川、今内蒙古包头增设办事处，在今四川康定、邓柯增设支号，在河南郑州、老河口、湖北汉口、陕西汉中设转运站，在上海设商栈，在印度加尔各答设经理处。湟中实业公司基本垄断着青海的官营运输，运输形式有汽车运输、马车运输、驮运和筏运等。

5月22日起，青新公路各工程总队分段次第开工。

民国三十五至民国三十六年（公元1946～1947年）为修建青新公路，青新公路工程处成立汽车队，共购进、调进卡车120辆。

民国三十六年（公元1947年）

9月初，青新公路倒淌河至芒崖段工程结束。青新公路通车至茫崖，全长1071公里。

12月，青新公路通至青新交界处的阿尔金山，全长2000多公里。

甘青公路按乙等公路的标准继续改善和养护使用。

西宁至乐都间的逐日自行车邮路开辟。

甘青线全年行驶客车106辆，货车1448辆，物资运输量为5952吨，完成货运周转量877 075吨公里。人力、畜力车货物运输逐渐衰落。

德兴海兼营的多处牧场统归西北畜牧公司管理。西北畜牧公司下有马、牛、骆驼运输队若干个，员工288人，一般驮运货物至西藏拉萨和四川等地贸易。

民国三十七年（公元1948年）

8月31日，国民政府交通部电令青藏、甘青两路改善工程处撤销，未完成的工程移交青海省公路局。截至年底，青海全省公路里程达3143公里，桥梁71座，民用汽车216辆。

据青海省公路局对出站车辆的调查，公路局车队担负货运的车辆有27辆，其中19辆至重庆。其时青海大宗物资主要流向重庆。

公元 1949 年

春，青海汽车队更名为青海省建设厅汽车运输大队，主要担任军需运输。至此，开办不久的青海民间汽车运输事业即告结束。

9 月 5 日，中国人民解放军第一野战军一兵团一军先遣骑兵侦察部队 600 余人取道民和、乐都、平安驿进入西宁城，西宁宣告解放。

9 月 10 日、12 日、14 日，中国人民解放军二军主力相继离开西宁北出祁连经甘肃民乐、张掖等地，后进军新疆。

截至 1949 年 9 月，青海能通汽车的公路有 472 公里，其中有路面的 290 公里；国防公路有 2189 公里，占公路总里程的 70%；共有桥梁 71 座（不包括被水冲毁、冲垮的部分桥梁），长 1348 米，其中永久式 11 座，长 110 米。

至此，青海有畜力车 1800 余辆，其中铁轮大车 300 余辆，木轮大车 1400 余辆；全省共有民用汽车 106 辆，军政机关和各部门共有自备公用汽车 39 辆；从事私营汽车运输业的共有 6 户，拥有汽车 11 辆。

至此，青海共有 1 等邮局 1 处（西宁），3 等邮局 5 处（乐都、民和、湟源、贵德、都兰）。全省共有步班邮路 10 条。到 1949 年底，全省各类邮路里程 1727 公里，其中自行车、畜力班邮路里程 549 公里，步班邮路里程 1616 公里，汽车邮路里程 111 公里。[①]

---

① 海公路交通史志编审委员会办公室编：《青海省志·交通志·附大事记》（1991–2005），青海人民出版社，2016 年，第 545 页。

参考文献

1.（汉）司马迁撰：《史记》，中华书局，1982 年。

2.（汉）班固撰，（唐）颜师古注：《汉书》，中华书局，1962 年。

3.（宋）范晔撰，（唐）李贤等注：《后汉书》，中华书局，1965 年。

4.（唐）房玄龄等撰：《晋书》，中华书局，1974 年。

5.（梁）沈约撰：《宋书》，中华书局，1974 年。

6.（唐）姚思廉撰：《梁书》，中华书局，1973 年。

7.（梁）萧子显撰：《南齐书》，中华书局，1972 年。

8.（北齐）魏收撰：《魏书》，中华书局，1974 年。

9.（唐）令狐德棻等撰：《周书》，中华书局，1971 年。

10.（唐）李延寿撰：《南史》，中华书局，1975 年。

11.（唐）李延寿撰：《北史》，中华书局，1974 年。

12.（唐）魏征、令狐德棻撰：《隋书》，中华书局，1973 年。

13.（后晋）刘昫等撰：《旧唐书》，中华书局，1975 年。

14.（宋）欧阳修、宋祁撰：《新唐书》，中华书局，1975 年。

15.（宋）司马光编，（元）胡三省音注，"标点资治通鉴小组"校点：《资治通鉴》，中华书局，1956 年。

16.（元）脱脱等撰：《宋史》，中华书局，1977 年。

17.（明）宋濂撰：《元史》，中华书局，1976 年。

18.（清）张廷玉等撰：《明史》，中华书局，1974 年。

19. 赵尔巽等撰：《清史稿》，中华书局，1977 年。

20.（北魏）郦道元著，王国维校，袁英光、刘寅生整理标点：《水经注校》，上海人民出版社，1984 年。

21.（梁）释慧皎撰，汤用彤校注，汤一玄整理：《高僧传》（中国佛教典籍选刊），中华书局，1992 年。

22.（唐）道宣撰，郭绍林点校：《续高僧传》（中国佛教典籍选刊），中华书局，2014 年。

23.（宋）杨仲良撰，李之亮校点：《皇宋通鉴长编纪事本末》，黑龙江人民出版社，2006 年。

24.（宋）李焘撰，上海师大古籍所、华东师大古籍所点校：《续资治通鉴长编》，中华书局，2004 年。

25.《明实录》（影印本），台湾商务印书馆，1962 年。

26.《清实录》（影印本），中华书局，1986 年。

27.（明）申时行等修：（万历朝重修本）《明会典》，中华书局，1989 年。

28.（清）昆岗等续修：《清会典》（万有文库本），商务印书馆，1936 年。

29.（明）吴祯纂修，刘卓增订：（嘉靖）《河州志》，临夏市图书馆藏本。

30.（清）王全臣修纂：（康熙）《河州志》，临夏市图书馆藏本。

31.（清）苏铣纂修，王昱、马忠校注：《西宁志》，青海人民出版社，1993 年。

32.（清）杨应琚撰，崔永红校注：《西宁府新志》（青海地方史志文献丛书），青海人民出版社，2016 年。

33.（清）龚景瀚编、李本源校，崔永红校注：《循化厅志》（青海地方史志文献丛书），青海人民出版社，2016 年。

34.（清）查郎阿、刘于义修，许容纂：（乾隆）《甘肃通志》，甘肃省图书馆藏。

35.（清）梁份著，赵盛世、王子贞、陈希夷校注：《秦边纪略》，青海人民出版社，2017 年。

36.（清）邓承伟修，张价卿、来维礼等纂，（民国）基生兰续纂，王昱校注：《西宁府续志》（青海地方史志文献丛书），青海人民出版社，2016 年。

37. 青海省社科院、青海省地方志编委会、王昱主编：《青海方志资料类编》（上、下），青海人民出版社，1987 年。

38. 白寿彝：《中国交通史》（中国文化史丛书），商务印书馆，1937 年。

39. 吴景敖编著：《西陲史地研究》（史地研究书刊），上海中华书局，1948 年。

40. 汉川、黄文弼：《罗布淖尔考古记》，北平研究院史学研究所、中国西北科学考察团理事会印行，北京大学出版社，1948 年。

41. 裴文中：《史前时期之东西交通》，载《边政公论》，1948 年第 7 卷第 4 期。

42. 周伟洲：《古青海路考》，载《西北大学学报》（哲学社会科学版），1982 年第 1 期。

43. 初师宾：《丝路羌中道开辟小议》，载西《北师大学报》（社会科学版），1982 年第 2 期。

44. 许新国，赵丰：《都兰出土丝织品初探》，载《中国历史博物馆馆刊》，1991 年 15、16 期合刊。

45. 汤开建：《解开"黄头回纥"及"草头鞑靼"之谜——兼谈宋代的"青海路"》，载《青海社会科学》，1984 年第 4 期。

46. 崔永红、王昱：《古代青海的邮驿业概述》，载《青海邮电史料选编·第一辑》，1988 年。

47. 唐长孺：《南北朝期间西域与南朝的陆路交通》，载《魏晋南北朝史论拾遗》，中华书局，1983 年。

48. 严耕望：《唐代交通图考·河陇碛西区》（第二卷），台湾历史语言研究所，1985 年。

49. 周伟洲：《吐谷浑史》，宁夏人民出版社，1985 年。

50. 赵生琛、谢瑞琚、赵信：《青海古代文化》，青海人民出版社，1986 年。

51. 祝启源：《唃厮啰——宋代藏族政权》，青海人民出版社，1988 年。

52. 青海公路交通史编委会编：《青海公路交通史》（中国公路交通史丛书·第一册），人民交通出版社，1989 年。

53. 陈小平：《唐蕃古道》，三秦出版社，1989 年。

54. 唐蕃古道考察队编，卢耀光主编：《唐蕃古道考察记》，陕西旅游出版社，1989 年。

55. 周伟洲编：《吐谷浑资料辑录》，青海人民出版社，1992年。

56. 青海省文物考古研究所编：《上孙家寨汉晋墓》，文物出版社，1993年。

57. 青海省文物处、青海省考古研究所编著：《青海文物》，文物出版社，1994年。

58. 国家文物局主编、青海省文化厅编制：《中国文物地图集·青海分册》，中国地图出版社，1996年。

59. 青海省地方志编纂委员会编：《青海省志·公路交通志》，黄山书社，1996年。

60. 青海省地方志编纂委员会编：《青海省志·唐蕃古道志》，黄山书社，1996年。

61. 崔永红：《青海经济史·古代卷》，青海人民出版社，1998年。

62. 崔永红、张得祖、杜常顺主编：《青海通史》，青海人民出版社，1999年。

63. 交通部中国公路交通史编审委员会编：《中国丝绸之路交通史》（中国公路交通史丛书·第一册），人民交通出版社，2000年。

64. 青海地方志编纂委员会编：《青海省志·文物志》，青海人民出版社，2001年。

65. 青海省地方志编纂委员会编：《青海省志·建置沿革志》，青海人民出版社，2001年。

66. 陈良伟：《丝绸之路河南道》，中国社会科学出版社，2002年。

67. 青海省考古研究所、日本国奈良丝绸之路研究中心撰：《中国青海丝绸之路的研究》，日本国奈良市丝绸之路研究中心，2002年专刊。

68. 芈一之：《撒拉族史》，四川民族出版社，2004年。

69. 青海公路交通史志编审委员会办公室编，童永生、刘秉德主编：《青海丝路》，青海人民出版社，2004年。

70. 崔永红主编：《青海史话》系列丛书第二辑，青海人民出版社，2005年。

71. 崔永红、毕艳君：《古道驿传》，青海人民出版社，2007年。

72. 青海省博物馆、青海民族博物馆编著，祝君主编：《河湟珍藏历史文物卷》，文物出版社2012年。

73. 王敬斋主编：《岩石上的历史画卷——青海海西岩画》，中国民族摄影艺术出版社，2012年。

74.辛峰主编：《海西州第三次全国文物普查资料精选·物质文化遗产卷》，中国民族摄影艺术出版社，2013年。

75. 王昱主编：《青海简史》（修订版），青海人民出版社，2013年。

76. 青海省地方志编纂委员会编：《青海省志·交通志（1991—2005）》，人民交通出版社，2016年。

77. 崔永红主编：《文成公主与唐蕃古道》，青海人民出版社，2017年。

后　记

　　近几年丝绸之路的话题十分热门，青海省省内外媒体对丝绸之路青海道的宣传报道兴起一波接一波的热潮，我多次接受采访。2019 年 3 月青海省博物馆、首都博物馆在北京联合举办《山宗·水源·路之冲——一带一路中的青海文物展》时，由青海省地方志编纂委员会主持编纂、由我主编的《丝绸之路青海道志》一书被摆放在展厅显眼的位置，受到国内外众多参观者的欢迎。该志以我为主撰，有青海省社科院原同事——文史研究所毕艳君研究员、张生寅研究员参与了部分内容的撰写。青海人民出版社的领导慧眼识珠，看到有关"丝绸之路青海道"的选题很有学术价值，而《丝绸之路青海道志》难免受体例的限制，存在某些美中不足，认为我已经有研究的基础和一定优势，于是于 2019 年 5 月郑重建议我在原志书的基础上，进一步挖掘史料，加强学术研究性，写一本《丝绸之路青海道史》。感谢青海人民出版社对我的信任和鼓励，我也感到此举十分有必要，因为学海无涯，我对丝绸之路青海道的研究还有许多不够深入的地方，将志改写为史，有利于使自己的研究成果进一步优化，成为更加经得起时间考验、无愧于时代，能推动学术发展及传承的作品。于是欣然应命，开始了这项工作。

　　众所周知，将普及性读物改写成研究性较强的专著难度很大，需要增加大量原始史料，补上大量注释。经过一年多查阅、核对资料，终于于 2020 年 7 月初完成了全部工作。在撰写过程中，我又实地考察了青海省茫崖市、新疆若羌县、甘肃敦煌市等地的若干处古城、烽燧等，在一定程度上弥补了以前的一些遗憾。重新写作后，注释大大增加，图片也有所增加，新发现的岩画、墓葬等史料以及有关茶马互市的内容也有补充。总体而言，与原志书相比，内容得到了较大程度的充实，个别观点得到了进一步匡正、更新，整体的学术性、研究性、原创性得到了显著增强。但是，基本框架仍然保持了原志书的面貌，毕艳君撰写的内容经过修改基本保留。

原志书中的5幅道路示意图均由我草绘、青海省测绘局制作，这次新增了茶马互市道路示意图，由郭慧媛制作。

本书的责任编辑李兵兵先生认真审改书稿，付出了大量心血。此外，还有不少同志对此书的写作和出版也给予了不同程度的支持和帮助，在此一并深致谢忱。

虽然我在撰写过程中尽了全力，但限于我的学力和学识水平，书中疏漏乃至错讹在所难免，恳请相关专家和广大读者批评指正。

2020 年 9 月 1 日